Drug Research Series

禁毒研究丛书

国家出版基金项目
NATIONAL PUBLICATION FOUNDATION

王宏斌 著

鸦片

日本侵华毒品政策五十年

1895—1945

上海社会科学院出版社
SHANGHAI ACADEMY OF SOCIAL SCIENCES PRESS

目 录

CONTENTS

目　录

CONTENTS

图表目录

绪　言

鸦片烟毒对于近代中国危害极大，不仅摧残了千百万人的身心健康，使中华民族蒙受了一百多年“东亚病夫”的羞辱，而且耗尽了一代又一代人创造的物质财富，使中国社会经济遭受了巨大破坏。近代中国110年，按照毒品输入情况可以1917年为界划分为两个阶段，前者以英国殖民者为罪魁，后者以日本侵略者为祸首。国内外史学界对于英国输入中国鸦片问题和造成的巨大社会经济危害已有较多论述，而对于日本侵略者炮制的毒化政策和犯下的严重罪行尚缺乏系统和深入的研究。现正值日本右翼势力猖獗、军国主义死灰复燃之时，作为中国的历史学工作者，应当拿出严谨的著作，以令人信服的证据和确凿的事实，将日军当年野蛮侵略中国的历史告诉世界人民。2005年8月，是中国抗日战争胜利60周年纪念，开展本课题研究，既符合学术研究向纵深发展的需要，也是面临挑战情况下的一种积极的学术回应。

日本侵略军在第二次世界大战期间对于中国人民犯下的滔天罪行罄竹难书。南京大屠杀、细菌化学武器的滥用，都是无可争辩的事实，远东国际军事法庭的审判记录，大量当事人的血泪回忆，生化炮弹等实物的一次次被发现，铁证如山。近年来，在抗日战争研究方面学术界取得了丰硕成果，发表了很多论文，出版了很多著作，可喜可贺。但笔者注意到，有些研究还很不够。例如，在揭露日军在中国的毒品政策及其严重后果方面，虽然发表过一些论文，相关著作中也有一些章节论及，但总的来说研究还相当薄弱，既不系统，也不深入，缺乏高质量的学术专著。

从1895年日军占领台湾开始到1945年日本天皇宣布无条件投降，在长达半个世纪的时间里，侵略者在中国占领区有计划、有组织、有步骤地推行了一种阴险毒辣的毒化政策。实施这种毒化政策有两个罪恶目的：一是通过大量兜售鸦片、吗啡和海洛因，搜刮社会财富，以毒养战；二是最大限度地麻醉中国人，以减轻其对日本占领军的抵抗，达到强化殖民统治的实际效果。日本在中国台湾、东北、华北、华东、华中和华南等各个占领区推行毒化政策，迫于世界禁毒形势和各种压力，尽管机构名称变来变去，条例换来换去，但实质一样。日本侵略者在中国占领区推行毒化政策，既违反了日本政府代表在海牙和日内瓦签署的国际禁毒条约，又背弃了国际人道主义，犯下了野蛮的战争罪。

第二次世界大战结束后，远东国际军事法庭检察官的起诉书这样写道：“对‘满洲国’经济的开发，日本人的活动并不全限于通常的严重的商业的与工业的企业活动，其活动尚有为全文明人所嫌恶、促使民众为之大规模堕落的企业，此即其对鸦片与麻醉品的扩大处理。鸦片的制造，在关东租借地内既（然）采取限制管理以防止走私输入，麻醉毒品的习惯则应被禁止，并为援助中国而采取有效的手段，受有关鸦片与麻醉毒品之国际协约的束缚(1912 年、1925 年、1931 年海牙与日内瓦公约禁止鸦片与麻醉药品)，但日本表面上树立对上述条约的欺骗性机构，实际则在此机构之背后，定有自己实行的贩毒计划。”①

远东国际军事法庭判决书指出，日本在中国占领区，“设置了政府统制的专卖机关，向官方许可的商店配给鸦片、麻醉品(吗啡和海洛因)。为了从麻醉品中增加收入，这些专卖机关不过是奖励使用麻醉品的征税机关而已。在被日本占领的所有地区，从占领之时起到日本投降期间，鸦片和麻醉品的使用都在增加”。“这种买卖，与军事及政治的发展是相互关联的。因为通过这种买卖而获得了日方所设置的各级地方政权需要的大部分资金……吸食鸦片者的急剧增加，给中国民众的志气所造成的影响是很容易想象到的。”②因此，远东国际军事法庭判定日本战争头目违反了国际禁毒条约，犯下了反人道的野蛮的战争罪。

法庭同时判决日本两家最大的贩毒公司三井物产株式会社与三菱商业株式会社负有战争罪。判决书指出：“此两大财阀公司曾在华垄断鸦片贸易，其与外务省共同拟订之办法，为日本及中国东北鸦片之买卖悉归三菱公司经营，而华中及华南则由三井负责。至于华北是由二公司共同经营。1937 年时，二大财阀公司曾向伊朗采购大量鸦片，运销日本、东北九省及中国本土。”③

后来由于缺乏资料，在弄清中日战争时期日本侵略者在毒化中国问题上究竟犯下了多大罪行方面，进展不大。日本在中国的毒化政策未能受到彻底清算，主要原因之一是资料方面的制约。远东国际法庭审判时所作的论证，大部分是根据中外人士耳闻目击所作的证词，有些数字是根据一个城市作出的估价和推

① ［日］黑羽清隆：《十五年战争史序说》，东京：三省堂，1984 年，第 204 页。转引自朝日新闻法庭记者团编《东京裁判》所载《极东国际军事裁判速记录》，第 8 卷。

② ［日］江口圭一著，宋志勇译：《日中鸦片战争》，天津：天津人民出版社，1995 年，第 4 页。

③ 《国际军事法庭宣判日本三菱三井公司在华贩毒罪行》中央社东京 10 日电，《文汇报》1948 年 11 月 11 日。沼野英不二，1896 年生于东京，1922 年毕业于东京帝国大学法学部，任职于大藏省专卖局。1941 年 4 月任烟草事业部烟草课课长，旋任盐脑部部长，负责食盐与樟脑的专卖工作。当年 6 月 14 日被任命为蒙古联合自治政府经济部次长。1942 年 10 月 27 日辞职。离职时从蒙疆带走了一部分自己在经济部工作的文件，其中有一袋是“关于鸦片的调查文件”。后来担任神户海关关长、神户海运局长等职。1981 年 7 月病死。

断，与实际情况难免有所出入；日本战犯古海忠之等人虽然有供词，但仅仅依靠记忆，缺少日伪政权内部原始文件记录，有些数据与事件模糊不清。关键的问题是，缺乏日本对华毒品政策的原始公文。

由于日本侵略者刻意隐瞒，并销毁了大量档案资料，中国史学界对于日本在中国实施的毒化政策的研究起步较晚。这一领域的历史研究大致在20世纪80年代中期才开始引起中日学界的重视。

首先，在这一方面作出重要贡献的是日本爱知大学历史学教授江口圭一先生。研究的起因是他发现了当年曾任伪蒙疆政权经济部次长沼野英不二带回日本的蒙疆原始鸦片文件31份。江口圭一教授是一位正直的学者，他以严谨的治学态度，将这一批原始的日伪蒙疆政权绝密文件编成一本资料集，略加注释，于1985年在东京岩波书店出版，书名为《日中战争时期的鸦片政策——以蒙疆政权资料为中心》。这一资料集的保存者是曾经担任蒙疆政权经济部次长的沼野英不二，可信度极高。沼野1896年出生于东京，1922年毕业于东京帝国大学法学部，进入大藏省专卖局。1941年，担任烟草事业部烟草课长。不久，升为盐脑部长，是年6月被任命为蒙疆政权经济部次长，可以说是鸦片政策的主要责任者。1942年10月27日，辞去次长一职，回到日本国内，并将关于蒙疆的部分鸦片文书带回日本隐藏起来。直到1981年他死去后，这一部分资料才流入古书肆，被江口圭一教授发现，得以重见天日。

该文书中的发文和行文机关涉及日本厚生省卫生局、满铁北支经济调查所、蒙古自治邦政府经济部烟政盐务科、兴亚院、清查总署、三井物产等。其中烟政盐务科和清查总署是蒙疆政权的经济部门，具体负责鸦片生产、运输和销售；而兴亚院由日本首相担任总裁，外务、大藏、陆军、海军各大臣担任副总裁，是中日战争时期负责中国地区政治、经济和文化的高级机关。兴亚院在战后东京审判时，被判为总管占领地鸦片供需等与鸦片有关的所有业务之机关①。由此可知，该文书是日本对华鸦片政策的原始文件。就其内容来说，该文书时间下限止于1842年沼野离开中国之时，大致反映的是1937年到1942年蒙疆地区的鸦片政策制订与实施情况，对于我们了解中日战争时期日本的毒化政策是至关重要的资料。

第二年，美铃书店出版了由日本学者冈田芳政、多田井喜生与高桥正卫合编的《续·现代史资料(12)鸦片问题》。该书的第一部分收录了有关日本、中国的台湾、关东州、满洲及整个亚洲的鸦片文件；第二部分收录了从日中战争到太平

---

① 《极东国际军事裁判速记录》，东京：雄松堂书店，1968年，第718、724页。

洋战争期间日本的鸦片政策，特别是与“兴亚院”有关的文件；第三部分收录了外务省的电报及文件。

随着相关史料的整理出版，历史的本相渐渐显露。以上两种资料的公开出版，为研究日本在战争时期的鸦片政策，重建史实，提供了基本条件。江口圭一先生利用这两种资料写成了《日中鸦片战争》一书。是书对于1937年到1945年间日本在中国的鸦片政策，特别是蒙疆的鸦片生产、收缴和配销情况作了实事求是的描述，一针见血地指出：“日本促进鸦片政策之目的，不只在经由鸦片生产、销售以攫取利润，且有麻痹人之精神与肉体，削弱其抗战力之意图。”[①]到目前为止，这一成果仍然值得重视。该书由宋志勇执笔翻译，由天津人民出版社于1995年出版。该书的缺点在于没有利用中国大陆现存的档案资料和报刊资料。由于受到资料的限制，江口圭一的研究重点只能以蒙疆为中心，关于中国东北、华北、华中与华南地区的研究相当薄弱，显然缺乏整体性的关照。特别是日本学者对于日军在华推行的鸦片“渐禁”政策的虚伪性缺乏充分的揭露。

进入1990年代，中国台北学者李恩涵先后在台北《中央研究院近代史研究所集刊》第25期、第27期、第29期和第31期上发表了《九·一八事变前后日本对东北的毒化政策》(1996年6月)、《日本在华北的贩毒活动》(1997年6月)、《日本在华中的贩毒活动》(1998年6月)、《日本在华南的贩毒活动》(1999年6月)等4篇文章。这是中国学者迄今为止探讨日本毒化政策比较系统的一项研究，所利用的资料除了江口圭一与冈田芳政等人公布的日文资料之外，还有一些英文资料与大陆的文史资料，资料范围显然有所扩大。就研究成果来说，应该说在许多地方有所深入。不过，他的写作也存在明显缺点，不仅对于资料缺乏深入考辨，堆砌痕迹明显，而且有些观点过于武断，缺乏材料根据。更令人遗憾的是，他没有全面利用南京国家第二历史档案馆的资料，也没有查阅各省残存的档案资料。

与此同时，中国大陆学者对于日本在中国占领区推行的毒化政策也开始了研究。首先是王金香对《东方杂志》《大公报》和《禁烟公报》等报刊上的资料进行了初步梳理，在1993年《抗日战争研究》第3期上发表了《日本鸦片侵华政策述论》一文。接着是南开大学魏宏运教授在1995年《第二届近百年中日关系史国际研讨会论文集》(北京：中华书局，1995年)上发表了《三四十年代日本的侵华政策》一文，也是利用各种公开出版的资料进行归纳整理。与此同时，出版了几本专题著作：一是蒋秋明与朱庆葆合撰的《中国禁毒历程》(天津教育出版社，

① [日]江口圭一：《日中アヘン战争》，东京：岩波书店，1988年，第207页。

1996 年),二是苏智良撰写的《中国毒品史》(上海人民出版社,1997 年),三是王宏斌所著《禁毒史鉴》(长沙:岳麓书社,1997 年)。这三本著作对于日本侵华时期的鸦片政策都有章节涉及,但由于研究重点不在这里,也没有取得重要进展。此外,美国著名作家马丁·布思在《鸦片史》一书中关注了世界范围内的毒品起源、生产、销售和消费的历史,但对于日本侵华时期的毒化政策很少涉及。2001 年 6 月 26 日,中国社会科学院近代史研究所与河北师范大学历史文化学院联合发起的"毒品问题与近代中国"学术讨论会在石家庄举行。在这次讨论会上,有 6 篇论文着重讨论了日本对华毒品政策:蒋秋明的《日伪在华北各地的鸦片统制政策》、朱庆葆《日本侵华毒化机构——宏济善堂研究》、郭贵儒的《日本毒品政策及其在华北的实施》、张同乐的《试论日伪统治下的蒙疆烟毒》、连心豪的《日据时期台湾鸦片专卖及其流毒中国》、农伟雄的《大平正芳与蒙疆烟祸》。这一组文章大多利用了新资料,尤其是前两篇文章比较充分地利用了中国第二历史档案馆的资料,因此取得了新的进展。但是,缺点也很明显,既没有利用日本已经公布的资料,也没有充分吸收其研究成果。

特别值得重视的是韩国学者朴橿的《中日战争与鸦片》一书。该书出版于 1998 年,将研究锁定在以下几个重点:"第一,重视因蒙疆地区在战略上之重要性而有必要维持此一地区的特殊性,及其与促进鸦片政策之关系性,并从具有脆弱经济结构的后进帝国主义日本之对外侵略过程中,探讨其鸦片政策。第二,不单个别地就蒙疆地区之鸦片政策作研究,而且将之纳入日本所属的所有全殖民地及占领区,探究其与其他地区之关联性。第三,日本透过各个国际会议公开发行的文献,强调日本根据渐禁主义施行之鸦片政策决非为确保财源或有财政之目的,而是以禁绝鸦片中毒者为目的。在此将探讨日本施行之鸦片政策是否真以禁绝鸦片中毒者为目的。第四,是与鸦片生产有关的问题,着重在透过栽培鸦片农家之生产条件及鸦片与其他栽培作物之比较,来透视与鸦片有关的农村经济问题。第五,有关收购鸦片的问题,则以鸦片收购机构为中心来探讨。因为在中日战争期间,日本大致上只掌握到点与线(主要都市和铁路、河川周围地区),未能完全掌控作为生产地带的农村地区,而将此等地区区分为'治安不良地区'。"①

朴橿将日本在蒙疆地区的鸦片政策划分为三个时期,即日本鸦片政策之形成时期、鸦片专卖政策之实施时期,以及鸦片政策之失败时期。日本鸦片政策之形成时期,是指 1937 年到 1938 年,承袭和改变中国国民政府时代之鸦片税收政

① 朴橿:《中日战争与鸦片》,台北:国史馆,1998 年,第 10 页。

策时期。鸦片专卖政策之实施时期，是指 1939 年到 1942 年全面推行时期。鸦片政策之失败时期，是指 1942 年到 1945 年对于鸦片失控时期。据此，朴橿将蒙疆地区的鸦片问题分为六章加以分别探讨。

最后，朴橿指出："中日战争爆发以后，日本在蒙疆地区施行之鸦片专卖制度，不仅对日本维持并确保此一地区所需之财源有贡献，对矿业资源之掠夺也提供了动力。蒙疆地区经由鸦片专卖制度之实施而获得之鸦片利益金，部分移转为政府财政，其移转额最高达一般会计预算之 30%上下。当时政府之支出，集中投资在最急迫的与蒙疆地区之维持有关的巩固统治力及整顿交通上。""再者，鸦片为蒙疆地区之主要输出品，占其总输出额的 50%……由于鸦片在蒙疆之输出上占有极大之比重……日本利用鸦片收入已达到开发及掠夺蒙疆地区之矿业资源，则是不争之事实。"[①]总的来说，就日本占领的蒙疆地区的鸦片问题来说，该项研究取得了重要成果。

在资料方面，先是中央档案馆在《日本帝国主义侵华档案资料选编·东北经济掠夺》(北京：中华书局，1991 年)一书中公布了东北地区伪满洲国的部分鸦片公文资料。接着是国家禁毒委员会办公室委托马模贞主编了一套字数为 210 万字的《中国禁毒史资料》(天津人民出版社，1998 年)，其中以《日本侵略者对我中华民族肆行毒化政策》为题，辑录了各地历史档案馆的残存资料 10 万余字。这些资料的公布，毫无疑问为进一步的研究提供了重要条件。但必须指出，由于编辑时间匆忙，不仅各省档案馆的资料没有全部收录进来，就是国家第二历史档案馆中的资料中也还有许多重要内容没有被充分利用。为了厘清历史，还原其本相，不仅需要对于已经公布的史料进行系统而准确的解读，而且需要发掘新的史料。

史家研究历史，都非常喜欢史料，可谓不厌其多，不厌其详。但厘清历史不仅仅是堆砌资料，关键在于对于史料的准确使用，如果不能将各类新旧史料融会贯通，则无法将史料安排在恰当位置，对于历史的认识仍难免模糊不清，甚至偏于一隅。从目前情况来看，发掘新的资料固然必要，而对于已经整理出版的资料进行认真考辨，更为迫切。

总的来说，关于日本在中国占领区推行的毒化政策的研究，无论资料还是成果，都取得了一定进展，但也明显存在一些缺点：一是现有的研究成果只是部分利用了个人手中的资料，没有综合利用已经公布的全部中文、日文、韩文和英文资料；二是研究成果还处于孤立分散状态，不仅缺少系统性的研究，而且也不够

---

① 朴橿：《中日战争与鸦片》，台北：国史馆，1998 年，第 246～247 页。

深入;三是对于资料没有经过深入考辨,使用不当,随处可见,结论难免出现失误。

因此,目前亟需一部综合性的高质量的研究成果问世。是书的撰写,力求做到既要充分吸收、利用前人的研究成果,又要有所质疑、创新;既要全面系统,又要深入;既要全面占有资料,又要披沙拣金、钩沉索隐、去芜存菁。这是笔者追求的目标,希望读者也用这一标尺衡量其质量。

第一章　毒品的种类与国际禁毒公约

20世纪前半期，在中国、在亚洲、在世界流行的毒品主要有哪些类别呢？在反对滥用麻醉品和预防毒品犯罪方面国际间缔结了哪些公约呢？在禁毒方面中国与日本代表参加签订了哪些国际公约，两国政府应当履行哪些禁毒义务呢？第一章我们首先了解这三个问题。

一　毒品的种类及其化合物

20世纪前半期，在中国、在亚洲、在世界主要流行的毒品有鸦片、吗啡、海洛因、可卡因和大麻等。鸦片、吗啡和海洛因的原生植物是罂粟，可卡因的原生植物是古柯树，大麻取自一种叫作印度大麻的植物叶。

罂粟（Papaver Somniferum，图1），属于罂粟科草本植物，产区主要分布于北半球的亚热带与温带地区，以庭院观赏植物和药用植物著称。有2～3枚显眼的离生萼片，4～12枚离生花瓣。花落结为蒴果，如核桃大小，成熟后的罂粟籽可以食用。将未成熟的果实用尖利的工具轻轻划破后流淌出一种白色汁液，待汁液自然凝结后被采集下来，这就是生鸦片（Opium）。

生鸦片汁液经过干燥后变成褐色或黑色，通常被制成球状或饼状，需要进一步加工时，再进行切割和粉碎性处理。生鸦片经过加热，熬制成黏液体，叫作熟鸦片膏，在中国，这种直接用于吸食的东西被称作鸦片烟膏，简称“烟”“大烟”或“烟膏”。

鸦片的合法用途是医疗，包括提取纯生物碱：吗啡（Morphine）和可待因（Codeine）等。鸦片的生物碱按化学结构和作用分为两大类：一类作用于神经系统，以吗啡、可待因及蒂巴因为代表，具有镇痛、麻醉作用，可以成瘾；另一类包括罂粟碱、诺司咳平等，能松弛平滑肌，而无麻醉、镇痛作用。近些年来，虽然有各种效力比较好的人工合成麻醉代用品，但要缓解人类剧痛，仍然离不开吗啡。吗啡临床应用，可以注射，可以口服。鸦片酊可以止泻，可以治疗痢疾等病症。

对于瘾君子来说，鸦片及其衍生物是他们获得幻想的东西，也是他们逃离现实、暂时进入天堂的手段。对于吸毒者来说，鸦片及其衍生物还是永远无法摆脱的奴隶主。对于阴谋家来说，鸦片乃是谋财害命的秘密东西。对于执法机关来

图 1　罂粟花、罂粟果与鸦片的采集

说,鸦片是罪恶的渊薮,是打击的对象。对于不负责任的政府来说,鸦片是腐蚀灵魂的毒品,是财政的来源。对于侵略者而言,鸦片不仅是经费的来源,而且是改变国际贸易逆差的秘密手段,还是麻醉反抗民族的工具。

罂粟原产于小亚细亚,后来逐渐传播到世界各地,楔形文字的亚叙医药文献就曾提及罂粟。在古代希腊文献中也曾多次提及罂粟的种植情况。希腊民间流传着一个美好的故事,相传在一个炎热的夏季,司谷女神吉利斯出外旅游,在一农家门前休息,听说主人的幼儿得了重病,善良的女神不顾疲劳,走到麦田里采集了一把野生的罂粟花,回来后将其捣成花浆,让病儿和着乳汁饮下,这个小孩的病便奇迹般地痊愈了。为了纪念这件事,在希腊人雕刻的神像中,司谷女神吉利斯手持的就是一束盛开的罂粟花。

罂粟的种植技术由西而东传播。阿拉伯人在公元 6 世纪已经认识到罂粟的药用价值,公元 7 世纪的中国可能以阿拉伯人或印度人为媒介也掌握了罂粟的栽培技术,[①]15 世纪日本人开始种植,20 世纪初期墨西哥的许多山区开始盛开

① 王宏斌:《中国鸦片源流考》,《河南大学学报》1995 年第 5 期。

罂粟花，后来秘鲁、厄瓜多尔等中美洲国家亦开始种植。19世纪以来，亚洲成为主要产区，如印度、中国、伊朗、阿富汗、土耳其、缅甸等国，人们为取得鸦片而大量种植罂粟。古代欧洲人、亚洲人曾将鸦片制成药丸加以服用。

罂粟生长的范围很广，从湿润的亚热带到比较干旱的温带，都可以广泛种植。罂粟种子在温暖的土壤下很快会发芽，6个星期之内幼苗就长成了。这时候，罂粟苗有点像卷心菜苗，叶子呈蓝绿色。8个星期左右，幼苗长到60厘米高，发育处一杆主茎。罂粟长到90～150厘米的高度，叶子会长成不同的形态。那些在主干的叶子为长圆形，有锯齿状边缘，长约10～40厘米。主茎和各分蘖顶部生长出一个花蕾。花蕾在发育过程中，逐渐向下弯成一个钩状，但当花蕾发育完全时，主干就会伸直，花蕾朝上，准备开放。罂粟花开时，最初是皱巴巴的，等四片花瓣完全开放后，花瓣的边缘会互相重合在一起。由于品种不同，花色各异：有白色的、粉红的、猩红的，也有紫色的。在花心中有一个粉囊，花粉的受精一般由昆虫来完成。花的开放时间一般在2～4天。花瓣凋落之后，就会露出一个绿色的小果，这个小果迅速成长为一个小鸡蛋似的青果，或为椭圆形，或为圆形。罂粟果由外果皮、子房壁、子房侧组成，分三层三腔，其间有上千粒种子。罂粟果有两个重要产品：一是种子，完全无毒；一是鸦片，既是麻醉性的特效药片，也是产生人体依赖性的毒品。

生鸦片是从罂粟果外壳中采集的汁液，采集的时间一般在傍晚，采集的方法是用一把专用的刀，在罂粟即将成熟的果壳上切上数刀，切入的深度不能深也不能浅，一般在1～1.5毫米之间。切入得太深，不仅汁液会快速流淌在土壤上，而且会伤及果壳，影响罂粟子的发育；切入得太浅，鸦片汁液淌出不够充分，影响鸦片的产量和价值。经过一夜的流淌之后，白色的生鸦片汁液就会凝结在罂粟果壳上，并且变成褐色的物质，触摸时有黏性。第二天早晨，采集者就用一把大约长10厘米左右的竹片或钝刀将鸦片汁液刮取到器皿中。一个罂粟果可以连续采集数天，反复切割5～6次。等到罂粟果不再产生汁液时，再让罂粟果继续成长数日，直到成熟之后，再采集下来。晾干之后，准备秋季或下一次播种。

生鸦片包含的不仅是凝固的鸦片汁液，而且在刮取时，果皮上的附着物也可能被同时刮入器皿当中，因此不免有一些渣质。此外，农民在出售鸦片时为了卖一个好价钱，还可能有意掺入一定的渣质。生鸦片必须进一步加工成熟鸦片才能吸食。生鸦片加工成熟鸦片的方法是：首先把生鸦片加入煮沸的开水中，待生鸦片溶化后，其中较轻的杂质就会漂浮起来，较重的杂质就会沉淀到锅底，汁液经过过滤之后，就会纯净一些。如此反复，鸦片的纯度就会大幅提高。然后，用文火将鸦片水逐渐煮成黏糊状。煮成的熟鸦片汁液或者放入鸦片盒中，或者进一步晾干，加工成鸦片球，以备吸食之用。

吸食鸦片烟的习惯是新大陆发现后才开始流行的，最初的“鸦片烟”是鸦片与烟草的混合物，[①]18世纪中期单纯吸食鸦片法发明之后，吸食方法迅速传播，在中国逐渐成为严重的社会问题。

单纯鸦片吸食方法是，用特制的签子将熟鸦片烟膏挑起来，放在以香油（或酒精）为燃料的鸦片烟灯上焙烧，如此反复数次，直到烟签上累积成一个类似葡萄干大小的烟球，这个烟球就是烟泡。到一定程度后，把烟泡放在大烟枪的烟斗上，抽出签子，然后用烟枪把烟泡送到烟灯上直接烧烤成烟雾，用力吸入腹腔。所有吸食鸦片烟膏的人，都是在深吸之后，尽量把吸入的烟雾长时间的保存在肺部，以便充分吸收有效成分，然后才转入正常的呼吸。理想的吸食一口就要将一个烟泡的烟雾全部吸进腹腔，因为鸦片汽化得很快，一般在15秒左右，不尽快将鸦片烟吸入，就会造成较大浪费。烟瘾比较大的人在吸食鸦片时，尽量一口将鸦片烟吸入腹腔，然后通过鼻腔慢慢呼出，因为只有这样，才能将没有被肺叶吸收的部分通过鼻腔再次吸收，也就是要最大限度地利用。一般2～3个烟泡才能满足烟瘾患者的需要，他们每天需要吸食3次左右，越吸对于鸦片的欲望越强烈，很快就会达到不能离开的程度。在医学上这叫作毒品依赖，俗称大烟瘾。

吸食鸦片成瘾后，这种欲望一旦得不到满足，就会出现一种持续的病理反应。首先是感到心神不宁，满世界的愁云惨雾，全身倦怠，腰疼、头痛、战栗，同时伴随打哈欠、流泪、发汗、发热、恶心、呕吐、腹痛，还可能出现失眠、遗精等症状，而且精神上出现苦闷、忧郁等状态。特别是身心衰弱、年老体弱的患者，可能出现虚脱状况。所以，吸食鸦片成瘾的人总是千方百计地保证按时吸食鸦片，以防止出现以上各种痛苦反应。长期吸食鸦片，体质逐渐衰弱，精神颓废，劳动能力丧失，成为废人，寿命也会缩短，人称“大烟鬼”。1800年，为了制止鸦片流毒，清朝政府开始禁止鸦片输入。英国人为了改变对华贸易逆差，千方百计地向中国走私鸦片。鸦片问题遂演变为两次长期国际战争。鉴于鸦片的严重社会危害，清末有这样一首竹枝词：“杀人无血一烟枪，煎海干灯豆吐光；烁尽资财吸精髓，弱民贫国促华亡。”[②]

吗啡(morphine)，是一种麻醉止痛药品。1806年，首先由德国化学家F. W. A. 泽尔蒂纳从鸦片中分离成功。由于产地不同，生鸦片的吗啡含量也不同，一般为5%～15%，有的达到20%的。其镇痛麻醉作用是自然界天然化合物

---

① 王宏斌：《鸦片史事考》，《近代史研究》1993年第5期。

② 上海市文史馆编：《旧上海的烟赌娼》，上海：百家出版社，1988年，第196页。

中效力最大的，用于治疗癌症的疼痛以及其他所有止痛药都无效时的剧烈性疼痛。吗啡还有镇静安神作用，可以用来防止机体因外伤性休克、内出血、充血性心力衰竭和各种消耗性疾病所引起的衰竭。吗啡可以口服，而制成针剂，通过肌肉注射见效最快。用药后，可以产生欣快感，同时也有毒副作用，如对循环系统、消化系统和肠胃系统产生副作用，并抑制呼吸。当然其最大的缺点是容易成瘾。吗啡还可以合成海洛因。吗啡的其他衍生物有甲基吗啡、乙基吗啡、二氢可待因酮和二氢吗啡酮等。关于吗啡代替鸦片烟的流毒情况，上海的竹枝词唱道："药水拿来戳进肤，能将烟瘾立时过；吗啡费省功效大，从此无须鸦片呼。"①

海洛因(Heroine)，又名底埃西吗啡(Diacetylmorphine)，或二乙酰吗啡，由吗啡与醋酸酐化合而成。海洛因作为吗啡的衍生物，是目前世界高度成瘾的毒品之一，其药理作用比吗啡强 4～8 倍。就人类所做的每一项发明而言，总是善恶参半。海洛因于 1898 年由德国贝尔公司首先制成，最初只是一个注册名词，本来是为了寻找吗啡的替代物，不料，这种东西一经发明，其毒害作用迅速超过吗啡。海洛因的主要药理作用虽然是收缩瞳孔、抑制呼吸和心脏功能，降低消化道活动和催眠等。而其最强的作用是经静脉注射后能迅速地使人产生一种欣喜若狂的感觉；几秒钟内就能感到一种暖流迅速流遍全身，顿时感到容光焕发；尔后伴随着轻松的睡意，有一种意识朦胧的满足感。这种药效一般能持续 2～4 小时。

海洛因可以放进烟卷里吸食，可以放到鼻腔里吸食，也可以皮下和静脉注射。正如鸦片是 19 世纪全球性的毒品一样，海洛因则属于 20 世纪。海洛因在华北被称为"白面"，在江浙地区被称作"老海"，现在云南按其纯度叫作"四号"。海洛因是一种成瘾性很强的毒品，其成瘾性来自它的欣快感和脱瘾症状。为了避免出现脱瘾的痛苦症状，吸毒者每天需要注射两次以上。脱瘾症状主要表现为焦躁不安、浑身酸疼、失眠、腹泻、恶心、呕吐、哈欠不断、涕泗交流、冷汗淋漓等。过量使用海洛因，会立即出现严重的呼吸抑制、昏迷等症状，甚至休克死亡。关于海洛因的毒害，上海的竹枝词是这样说的："最毒无如海洛因，吗啡虽烈逊三分；高居鸦片红丸上，北地人多白面称。"②

所有的海洛因吸毒者都遵循着一个基本规律：从吸食、皮下注射到静脉注射。每增加一个吸毒档次，毒瘾也随之加大一个级别，而且，毒品产生的欣快感和轻松感会立即变成身体对毒品的依赖性，吸毒的剂量须不断增加才能达到预

① 上海市文史馆编：《旧上海的烟赌娼》，上海：百家出版社，1988 年，第 198 页。
② 上海市文史馆编：《旧上海的烟赌娼》，上海：百家出版社，1988 年，第 197、198 页。

期的效果。过量的麻醉品可抑制中枢神经系统的功能，严重者还可因呼吸抑制而死亡。治疗海洛因吸毒者的主要药物是合成性鸦片制剂美沙酮。从医学角度来说，麻醉品是最佳的镇痛药，但因其成瘾性，使用须格外谨慎。晚期癌症患者可以使用这类麻醉药品，因为它不仅能缓解疼痛，而且还能减轻恐惧和源于疼痛的惶恐不安。

对于非吸毒者而言，最大的迷惑就是明知会有可怕的危险，为什么还有人在吸毒。也许有些人，特别是那些年轻人，并没有意识到他们在吸食什么，这可能是当今世界越来越多吸毒成风的原因。吸食毒品有很多种方法，由于方法不同，又有不同的名称。例如，服用海洛因，有人利用针剂注射，有人点燃吸食。一般来说，静脉注射不仅药效快，而且欣喜感特别强烈。点燃吸食又有三种方法。一种是将海洛因放进烟卷中吸食。具体方法是，将烟卷的一头捻出一点烟丝，将海洛因放入空头，用火柴直接点燃吸食。在当时，华北地区吸食者喜欢用哈德门牌烟卷，因为这种烟卷比较长，而且卷得松一些，比较容易撴出空间，装入海洛因。使用烟卷吸食海洛因时，为了防止海洛因散落，必须把装有海洛因的一头抬高，需要仰着脸吸食，因此也有人把这种吸食方法称作"高射炮"。另一种方法是，将海洛因放入卷成圆筒的锡纸(卷烟的包装纸)中，用火柴烤烧锡纸后，将其吸入腹腔。还有一种方法是，利用特制的小烟斗，先放入烟丝，再放入海洛因，点燃后吸入肺部。

以吗啡、海洛因为原材料，进一步加工成的烈性毒品，还有"红丸""金丹""花瓶"等名堂。"红丸"，大概开始使用于民国初年，又名"枪上戒烟丸"，传说由日本人发明，用吗啡加糖精制成，行销中国东北、华北、华东和华中地区。上海的竹枝词这样唱道："人间万恶是红丸，其毒犹逾鸦片烟；直是东洋达姆弹，打进身上命难延。"[①]"金丹"，又称"一粒金丹"，大小如黄豆粒，以鸦片烟灰、吗啡、海洛因为原料，毒性类似于鸦片，一经沾染便不能自拔。"花瓶"，形状大小如阿司匹林，主要成分是海洛因。

药物引起的兴奋不能长时间持续。吸毒者的兴奋可能持续几个星期或者几个月，这取决于人体的代谢能力。随着耐药性的增强，毒品吸食者的兴奋程度就会逐渐下降。吸毒者要维持其需要的兴奋感，就要不断地增加剂量。随着对药物依赖性的增加，吸毒者的兴奋程度急剧减少，他们期望达到的欣快感越来越难以得到，甚至完全消失。是时，药物依赖更为严重，一旦停药，患者就会表现出烦躁不安，甚至出现绝望情绪，接着忍受巨大的痛苦，这就是停药综合症。

① 上海市文史馆编：《旧上海的烟赌娼》，上海：百家出版社，1988年，第197、198页。

戒毒研究者对于烟毒患者的停药综合症作了如下记录：用完吗啡或海洛因之后 12 小时，患者开始感到不安，周身软弱无力，哈欠连连，浑身发抖，汗流浃背，同时鼻涕、眼泪横流不断。再过几个小时，患者处于癫狂状态。虽然十分嗜睡，但是辗转难眠。停药 18～24 小时后，患者的哈欠打得很大，好像下巴就要变形，眼泪哗哗，鼻涕不断，瞳孔放大，毛发竖直，皮肤冰凉。是时，肠胃开始翻江倒海，引起呕吐眩晕，内脏的痉挛也开始发作，好像打了结一样，犹如蛇在腹腔游动，内脏痛得无法忍受。到了 36 小时，患者出现可怕的幻象，为了减少寒冷的折磨，只好将所有能够找到的取暖用品全部盖在身上，整个身体抖动摇晃不止，双脚不由自主乱踢。疼痛难忍的肌肉痉挛使其在床上不停地翻滚，有时站立起来，到处乱撞，同时发出悲惨的叫声，鼻涕、眼泪、胃液不停地流出，大汗淋漓，可以湿透被褥。这时患者满身污秽，头发蓬乱，形容猥琐，简直不像一个人。他不吃不喝，迅速消瘦，在 24 小时之内能掉下 10 磅肉。是时，虚弱的身体连头都抬不起来，徘徊于地狱之门，有的人因此而死去。到了第六天或第七天，患者的症状就会逐渐减弱，但身体也极度虚弱，神经紧张，坐立不安。大致两个月内，人体对于毒品的依赖会逐渐减轻，但是，鸦片、吗啡、海洛因和可卡因在心理上产生的依赖却终生难以忘怀。正是这种心理依赖，使许多已经戒断毒瘾的人不久又重新吸食毒品。

18 世纪和 19 世纪，有些社会学家认为某些种族对于鸦片有先天性的偏好。20 世纪的医生仍然认为某些人群对于吗啡、海洛因有着个人偏好。这完全没有根据。实际上，任何人，不论是白人、黑人或黄种人，不论穷人和富人，不论男女和老幼，也不论个人的社会、经济背景如何，更不论人体健康与否，每一个人都有可能成为毒品患者。尽管不同的人对于鸦片、吗啡、海洛因、可卡因和大麻的依赖性有所不同，但经常吸食，肯定会上瘾，这是普遍存在的问题。

一家世界权威的医疗机构，经过对海洛因瘾者多年的观察和研究之后郑重宣布：一个人一旦成为海洛因的俘虏，其最终命运肯定是悲惨的；这种悲惨的命运不仅是个人的，也是社会的。吸食毒品的人，往往事业有成、收入颇丰。他们中有的在社交场合染上毒瘾，有的因猎奇而吸食，一旦成瘾之后，就难以自拔。瘾君子在毒品的缠绕下，意志颓废，精神恍惚，好逸恶劳。一旦毒瘾发作，便不顾一切去追求，千方百计购买吸食。随着时间的推移，毒瘾越来越大。由于毒品价格昂贵，长期不间断消费的结果，必然把家产败得精光，到山穷水尽的地步。有人为了继续吸毒便铤而走险，有人为了满足毒瘾而出卖身体，有人靠偷窃以寻求毒品的短暂刺激，有的人出卖灵魂，背叛民族和国家，干尽伤天害理的勾当。个人中毒、家庭破产、社会犯罪相互纠缠在一起，难解难分。

可卡因(Cocaine,图 2),初期译名为“高根”,是从古柯树叶中提取而来的一种生物碱。古柯是一种热带灌木,原产于非洲、南美北部,东南亚也有栽培。株高约 2.4 米,枝条挺直,叶绿色,卵形,渐尖。古柯叶的一个显著特点是网眼状脉间区。花小而成簇,花冠由 5 枚黄白色的瓣片组成。花谢后结红色浆果。古柯适宜生长在炎热、潮湿的气候环境中,林中空旷地区最为繁盛,但以生长在小山坡比较干燥的地方的叶子质量最好。叶子被采摘下来后放在阳光下晒干,然后装入袋子,为保持质量应放置在干燥的地方。古柯叶质量差别较大,优质者有强烈的茶叶气味,置于口中咀嚼可产生一种温热感,并有一种令人愉快的辛辣味,在人体内其生理学作用类似鸦片。

图 2　古柯树

可卡因是从古柯叶中提取出来的生物碱,通常见到的是没有气味的白色粉末,如盐酸可卡因。它是从含有天然生物碱的灌木古柯(Erythroxylum caca)叶子中提取的净化产品。提炼可卡因时,把可卡糊溶解在稀硫酸中,用高锰酸钾氧化其中的杂质,过滤,加入氨水沉淀可卡因游离碱(Casale),游离碱溶解于丙酮或乙醚,加入浓盐酸,盐酸可卡因沉淀。可卡因也可用芽子碱合成,或者完全通过反应合成。天然原料分离的可卡因是光学活性分子,但是通过反应合成的可卡因是消旋体,光学异构体的生理活性比天然可卡因低得多。

这种麻醉品在中国有一定市场需求,但与鸦片、吗啡、海洛因相比差距甚大。由于可卡因在毒品市场上价格较为昂贵,吸食者往往称其为“国王的嗜好”。服用可卡因常用方法有鼻吸、口服、注射和抽服。可卡因对于人体中枢神经系统有强烈作用,服用一定剂量的可卡因后,可以使服用者在心理和精神上产生快感,并伴有幻觉,可以使人极度兴奋,行为丧失约束力,举止癫狂冲动。可卡因很容易使人产生心理依赖,即成瘾。可卡因在中国城市有所流行,而与鸦片相比,危害范围相对较小。

卡拉克(crack)是从可卡因盐获得的可卡因碱,便于吸食。之所以叫卡拉克,是因为其晶体加热时会发出“咔啦”的声音。把可卡因盐溶解于水中,加入碳酸氢钠或氨水,收集沉淀的粉末,就得到卡拉克。卡拉克常以白色片状、块状等形式,装在小瓶子中出售。通常用特制的水烟斗吸食,或者撒在香烟上抽吸。卡拉克有时和海洛因混合使用,以增强吸食者的生理快感。

图 3 印度大麻

大麻(marijuana，图 3)，系指从印度大麻(Cannabis sativa)的枝叶和花中提取的麻醉品，可以直接将其枝叶和花切碎、晾干，制成香烟，通过吸食的方法，得到麻醉效果，还可以通过鼻吸、咀嚼，或加入食物的方法，吸收其麻醉成分。由于产地、培植方法、炮制和贮存技术上的差异，其效力也大不一样。大麻的有效成分是四氢大麻酚(THC)，在雌雄二性植株的各个部位均有分布，但以在开花雌株顶部树脂中的含量为最多，如若将大麻脂收集起来并干燥，即可制成药性颇强的大麻麻醉剂(hashish)。

其药性视机体状态、用量、用药途径和服药者的经验不同而各异，但都以心理作用为主，如出现最常见的欣快感。由于视觉和判断力方面出现变化，可能出现时间和空间的识别障碍。急性中毒，可能出现幻觉、焦虑、抑郁等情绪的复杂变化，甚至出现狂想的精神失常状态，持续时间 4～6 个小时。生理反应包括结膜充血、口咽干燥、心率加快、困倦不安等。慢性服药一般不会产生生理依赖，故戒除时，戒服者也不会出现像戒鸦片那样的生理极度不适。印度大麻对于中国人来说，虽有危害，但危害的范围不大。

总之，鸦片、吗啡、海洛因、可卡因和印度大麻及其化合物对于瘾君子来说，既是帮助他们逃离现实、暂时进入天堂的通行证，又是令人厌恶的占有欲极强的情人；既是借以获得短暂幻想的工具，又是难以摆脱其长期统治的凶残的奴隶主。

鸦片、吗啡、海洛因、可卡因和印度大麻及其化合物，现在均被看成是毒品，但在民国时期，人们对于它们的定义有所不同。一般把鸦片称为“烟”，把吗啡、海洛因和可卡因看成是毒品。本书为行文便利起见，一般不作明显区别，但在分析当时的有关法律、条例的不同规定时，将尽量尊重时人观念。

毒品对于世界文化及经济的影响极其深远，上下几千年，纵横数万里。古代人认为鸦片具有神话的意义，浪漫主义作家认为毒品可以激发人的想象力。从希腊早期医药研究到近代发生的一次次鸦片战争，再到今天国际间价值数十亿美元的毒品贸易，鸦片成为人类历史的一个重要侧面。毒品的生产与加工，毒品的贩运与销售，无时无刻不与瘾君子的数量增长联系在一起。遍布全世界的瘾君子，遍布各个角落的贩毒者，鸦片对于近现代的世界始终是打开了瓶塞的魔兽。“毒品，是魔鬼用来汲取人类灵魂的毒药，它已经成为当今人类的一大公敌。”①

二　上海国际第一次禁烟会议

1859 年，清朝政府被迫承认鸦片贸易合法化，从此开始，鸦片生产、贩运、制作、吸食成为自由活动。到 1906 年中国再次掀起全国性的禁毒运动时，按照毒品消费量估计，全国吸毒人数当在 1 000 万～2 000 万之间，约占总人口的 2.5%，或 5%左右。② 鸦片流毒严重，不仅严重地损害了中华民族的身心健康，而且严重摧残了中国的社会经济，同时还造成了严重的社会犯罪问题。由于毒品价格昂贵，吸毒者需要大笔花销，若个人收入不太丰厚，就只能靠卖淫、拉皮条、抢劫、偷盗和贩卖毒品来维持吸毒。因此，吸毒人群成为犯罪的高比例人群。

20 世纪初，鸦片流毒不仅在中国十分严重，在东南亚国家（例如西班牙统治下的菲律宾）也相当严重，而且大有全球蔓延之势。1898 年美西战争结束后，美国人取代西班牙人成为菲律宾的殖民统治者。在这个群岛国家，美国人不得不面对日益严重的毒品问题，于 1903 年专门成立了一个委员会，研究和处理该地区的鸦片问题。根据菲律宾鸦片委员会（Phailippines Opium Commission）的报告，美国政府决定禁止鸦片输入菲律宾，这一法令自 1908 年正式生效。

1906 年 9 月 20 日，中国禁烟运动再度兴起后，菲律宾鸦片委员会的成员查尔斯·亨利·布伦特主教（Bishop Charles Henry Brent）致信美国总统西奥多·罗斯福，认为号召全世界起来反对鸦片走私、帮助中国根除毒品的时机已经来到。罗斯福总统同意这个看法，不过他可不是仅仅站在国际人道主义的立场上思考问题，他考虑的是中美关系的改善和美国人对于世界的影响。是时，由于美国国内出现排斥华工暴行，美国政府制订了限制华工赴美条款，在中国内地出现了抵制美货运动，两国关系处于冰冷状态，亟待改善。罗斯福总统高瞻远瞩，敦促国会通过法令，退还了一批“庚子赔款”，③用于中国文化教育事业，同时决定在禁止鸦片贸易方面给予中国以国际支持。

在美国的倡议下，1909 年 2 月 1 日，第一次国际禁毒大会在中国上海举行。参加会议的有 13 个国家 41 名代表，这些国家是美国、中国、法国、德国、英国、日本、荷兰、葡萄牙、巴西、俄国、意大利、奥地利和暹罗（泰国），大多数在远东地区

---

① [美] 弗雷达阿德勒等著，廖斌等译：《遏制犯罪——当代美国的犯罪问题及犯罪学研究》，北京：中国民主法制出版社，2006 年，第 231 页。

② 王宏斌：《禁毒史鉴》，长沙：岳麓书社，1997 年，第 258 页。

③ “庚子赔款”是指《辛丑条约》规定的中国赔款，因庚子年（1900）的义和团运动而得名。1909 年，美国宣布减免中国对美国的大部分赔款，并将所得赔款改为中国留美学生的教育经费。随后，英国、法国、日本也相继效仿。

有自己的势力范围或商业利益。会议从一开始就充满矛盾。土耳其作为重要的鸦片生产国拒绝派遣代表参加会议，而波斯只指定了一个当地商人来代表其利益。委员会由于缺乏授权，无力起草有约束力的国际公约，讨论来讨论去，达成了部分共识。最后以提案的方式作了一个分类归纳，形成9条议案，略谓：中国政府禁烟取得一定成效，国际社会应当采取措施，制订法律限制鸦片、吗啡及其衍生品贸易，并在其租界内给予必要的配合和支持。这9条协议，尽管都属于劝告性质的纸上谈兵，对于任何国家都没有强制约束力，然而由于这些国际协议首次把鸦片贸易视为非人道的毒品交易，对于英国政府及其鸦片利益集团造成了一种国际舆论压力，有利于中国禁烟运动的顺利开展。[①]

三　三次海牙国际禁毒会议

上海国际禁毒会议之后，美国代表汉密尔顿·怀特(Hamilton Wright)热心国际禁毒，积极游说美国政要，希望以此为契机使美国在国际舞台上扮演重要角色。同时，他还联络各个国家，倡议召开国际大会，制订禁毒公约。但各国态度依然冷热不同。一直到1911年12月1日，鸦片会议才在荷兰首都海牙正式召开。参加海牙鸦片会议的共有12个国家：美国、德国、中国、法国、英国、意大利、日本、荷兰、波斯(伊朗)、葡萄牙、俄国、暹罗(泰国)。土耳其仍然拒绝参加，奥地利也没有派遣代表。与会代表都站在本国利益的立场上，英国盯着印度的鸦片利益，德国保护着自己的大型医药工业，葡萄牙维护着澳门的鸦片贸易，波斯考虑着自己的罂粟种植业，荷兰守护着东印度群岛的麻醉品交易。尽管如此，这次国际会议对于鸦片及其毒品质料进行了科学定义，重点讨论了如何限制、禁止生产和销售问题。1912年1月23日会议结束，草签了一项国际协议——《海牙禁烟公约》(the Hague International Opium Convention)。

《海牙禁烟公约》首先给予罂粟和古柯产品(如鸦片、吗啡、海洛因和可卡因)以科学定义，强调除了医药之外，一切滥用均应禁止，从而堵住了各国法律中的一个漏洞，使走私者不能再利用所谓衍生物以逃避走私毒品的罪名。该《公约》共6章25条，有关中国禁烟问题的共有5条，载于第4章中。现将这一部分摘录如下：

> 第十五条，缔约各国与中国有条约者，应会同中国政府设立必需之办法，以阻止在中国地方及各国之远东殖民地、各国在中国之租借地将生熟鸦

---

① 王宏斌：《禁毒史鉴》，长沙：岳麓书社，1997年，第286～292页。

片、吗啡、高根及其化合质料,并本约第十四条所指各物私运进口。一面由中国政府设立相同之办法以禁止将鸦片及以上所指各物从中国私行运往各国殖民地、租借地。

第十六条,中国政府应订颁制药律以施诸本国人民。将吗啡、高根及其化合质料并本约第十四条所指各物之售卖散布一概政策,并将此项制药律通知与中国有条约之各国政府,由驻京公使转达。凡缔约各国与中国有条约者应研究此项制药律,如以为可允,即设立必须之办法,使此律实行于在中国之各该国人民。

第十七条,缔约各国与中国有条约者,应从事于采用必需之办法,以限制及检查在中国之各国租借地、殖民地及租界内吸食鸦片之习,并与中国政府同时进行,以禁绝现在尚有之烟馆及与烟馆相类之所,其公众娱乐所及娼寮内,亦禁止吸食鸦片。

第十八条,缔约各国与中国有条约者,应设立切实办法与中国政府所设办法同时进行,务令在中国之各国租借地、殖民地及租界内现在尚有之售卖生熟鸦片烟店逐渐减少,并采用有效力之办法,以限制及检查租借地、殖民地及租界内之零碎鸦片营业,其已有办法以规定本条所指之事项者不在此例。

第十九条,缔约各国在中国设有邮政局者,应采用有效之办法,以禁止各该邮政局将生熟鸦片、吗啡、高根及其化合质料并本约第十四条所指各物,作为邮便包件违禁运入中国,并不得由中国此埠向彼埠违禁转运。①

上述5条既规定各国不能任意向中国贩运和走私鸦片、吗啡、海洛因和可卡因之类的毒品,同时也明确规定中国应当承担的禁毒义务。应当说,这些条款在当时是有利于中国开展禁毒工作的,是对中国正在开展的禁毒运动的一种声援和支持。此外,《海牙禁烟公约》还规定,缔约各国应颁布法律和章程,以检查和制止鸦片、吗啡、海洛因和可卡因的制造、贩卖和吸食。最后规定,未参加会议的国家如愿意缔约签字,也可申请加入公约国。总的来说,《海牙禁烟公约》在制止鸦片、吗啡、海洛因和可卡因等毒品的生产、制造、贩运和滥用方面作了较为详细的规定,为未来的国际立法提供了一个蓝图。这是世界反对毒品传播的重要文

① 第十四条所指各物是,鸦片、含有千分之二吗啡的药品、千分之一以上的高根药品、海洛因及其他新从吗啡、高根提取的物品,具有同一之害人之结果者。参见书后附录一《海牙禁烟公约》。

件，此后国际间禁毒方案大都以《海牙禁烟公约》为依据，或进一步修订而已。①

写在纸上的协议看起来的确不错，然而各国的实际看法却有很大分歧，从毒品贸易中获得巨大利益的政府都不愿轻易放弃其税收。由于《海牙禁烟公约》只是规定各国有控制毒品生产、贩运和消费的义务，但“控制”一词却没有明确的定义。究竟各国应当采取什么行动，控制达到什么样的程度，尚需进一步研究。各国政府同意禁毒是一回事，而让它们赞成和支持《海牙禁烟公约》又是一回事。

《海牙禁烟公约》虽有 12 个国家代表草签，而未经本国政府批准不能生效，因此会议决定由东道主荷兰政府负责商请缔约各国政府批准。会议之后，荷兰政府代表即向各国发出照会，争取早日正式缔约。1913 年 6 月，召开了第二次海牙国际禁毒会议，到会的代表除了原来草签公约的 12 个国家之外，拉丁美洲的各国政府也派代表参加了会议，共有 34 个国家。会议结束后，签订了一项议定书，除了英国、德国之外，其余 32 个国家表示承认《海牙禁烟公约》的原则和精神。

由于还有一些与毒品贸易有巨大利益的国家没有签字，禁止毒品贸易又涉及各国的法律，《海牙禁烟公约》需要作一些补充规定。为此，美国与荷兰两国代表共同提议召开第三次国际禁毒会议。1914 年 7 月，除了土耳其和塞尔维亚两国外，各国代表再次集合于海牙城，共同研究人类制止毒品贩运问题，最后达成了一项协议，拟定于 1914 年 12 月 31 日开始正式履行《海牙禁烟公约》，但同时规定，该协议必须由各国政府批准才能生效。最后一次会议闭幕后的第三天，斐迪南亲王被暗杀，第一次世界大战爆发，许多国家相继卷入战争漩涡。只有美国、荷兰、中国等 11 个国家相继批准了这项协议。

第一次世界大战结束后，为了和平和发展，各国代表重新坐在一起研究毒品泛滥问题。1920 年《凡尔赛和约》中加入一条规定，凡是签订该条约的国家，应当承认 1912 年的《海牙禁烟公约》，即“凡是 1912 年 1 月 23 日参加海牙会议曾经签字的国家，或曾经签字而未批准者，现在均同意将该协议付诸实行，在本约生效后 12 个月内应制订各种必要的法规。凡是尚未批准《海牙禁烟公约》者，于批准本约后，与从前批准该公约者相同，即认为该公约有效”。② 有了这一规定，凡是在《凡尔赛和约》上签字的国家，无论是否乐意，都必须承认《海牙禁烟公约》的原则和精神，都必须承担控制毒品生产、贩运和消费的责任和义务。

1921 年，国际联盟“鸦片与其他危险药品走私顾问委员会”正式成立，担负

① 王宏斌：《禁毒史鉴》，长沙：岳麓书社，1997 年，第 343～348 页。
② 罗运炎：《毒品问题》，上海：商务印书馆，1936 年，第 111 页。

起管理麻醉品的生产和销售职责。该委员会的成员主要由麻醉品原料生产国、制造国以及与鸦片等毒品利益有特别关系的国家代表组成,英国、法国、荷兰、日本、葡萄牙、印度、暹罗(泰国)和中国均有政府代表参加。后来加入的国家有奥地利、比利时、埃及、波兰、西班牙和乌拉圭,共有15个成员国。按照规定,该委员会每年开会一次,负责编制鸦片生产贸易报告,向国际联盟提供各种建议。

截至1933年,已加入或批准《海牙禁烟公约》的国家有:亚斑尼亚、澳大利亚、奥地利、比利时、玻利维亚、巴西、保加利亚、加拿大、智利、中国、哥伦比亚、哥斯达黎加、古巴、士哥斯拉维启亚、丹麦、伊括多、艾斯多尼亚、芬兰、法国、德意志、英国、希腊、瓜地马拉、海地、航多拉、匈牙利、艾斯兰、印度、爱尔兰、意大利、日本、拉脱维亚、利比里亚、卢森堡、墨西哥、摩洛哥、荷兰、纽西兰、尼加拉瓜、挪威、巴拿马、秘鲁、波兰、葡萄牙、罗马尼亚、萨瓦多尔、暹罗、西班牙、瑞典、瑞士、南非洲联邦、美国、乌拉圭、维里苏艾拉、巨哥斯拉维亚55个国家。

四　三次日内瓦国际禁毒会议

无论在第一次世界大战进行时还是《凡尔赛和约》缔结之后,毒品问题在世界各地一直都非常猖獗,而且发展迅猛。有鉴于此,鸦片顾问委员会感到必须制订更加具体的协议以限制鸦片的生产、贩运和消费,于是建议召开远东鸦片会议和国际禁毒会议,前者由远东国家派代表参加,后者乃是国际联盟成员国与会。这两次会议后来被称为"国际鸦片会议"(The International Opium Conference)。

关于远东鸦片问题的日内瓦会议于1924年11月3日召开,到1925年2月11日结束,主要讨论了《海牙禁烟公约》签订以来的远东鸦片流毒问题,最后签订了一个协议,主要内容是:远东鸦片的生产、运输、零售应由政府实行专卖管理;零售鸦片烟店、烟馆应有数目限制,不得售于未成年人;无论在任何领地(殖民地、租借地和租界)内为供应吸食而输入的鸦片不得转运出口;各缔约国应尽力推广拒毒教育,编印禁毒书刊,劝诫人民远离毒品;各缔约国应互相合作,交换关于鸦片及其他麻醉品非法贩运的消息和情报。①

关于世界毒品问题的日内瓦会议于1924年11月17日开始举行,历时90天,于1925年2月19日结束,最后签订了《日内瓦鸦片公约》。此次参加会议的有41个国家的代表,主要讨论如何贯彻《海牙禁烟公约》,即如何限制和管理麻醉品的生产、运输和销售问题。会议认为:非采取比《海牙禁烟公约》更加严厉的措施、更加严格的管理办法,不能有效制止毒品在世界范围内的迅速蔓延。此

---

① 详见附录:1925年2月11日《日内瓦禁烟协定》第二条、第三条、第四条、第五条和第六条。

次会议美国因自己的提案被搁置而中途退出，苏联则认为此类会议徒劳无益，拒绝参加。中国代表亦因各列强拒绝在远东殖民地、租借地和租界实行有效的禁毒方案而中途退出，表示抗议。尽管美国、苏联和中国三个大国没有出席或中途退出，大会仍继续进行。《日内瓦鸦片公约》严格规定了麻醉品实行出入口执照制度和报告制度，借以控制麻醉品的生产和销售。

另外，日内瓦会议决定设立专门负责毒品问题的中心署（The Central Board），由 8 人组成，规定其委员不得担任本国政府职务，任期 5 年，可以连选连任。主要职责是监督麻醉品的国际贸易，可以提请国联秘书长质询麻醉品走私的国家政策及其行为，并将问答公布于国际社会。这个机构被称为国联中央鸦片常设委员会。《日内瓦鸦片公约》对于麻醉品生产和贩运的限制规定比《海牙禁烟公约》更具体、更严密，要求缔约国必须履行义务，必须执行进出口特许证制度，必须按时汇报麻醉品的生产量，必须遵守日内瓦公约的所有条款。“所以补《海牙禁烟公约》之不足也。”尽管这个松散的国际组织对于非法生产、贩运毒品不能有效制裁，尤其是后来对于法西斯国家的毒品政策缺乏干涉能力，但对于世界毒品问题表示了共同谴责，使一切国家毒品政策的炮制者都不敢冒天下之大不韪，公开对抗国际社会。

协议写在纸上挺像那么一回事，可实际并非如此。协议确实强调了国际走私这一主题，各签约国也同意对药用鸦片、吗啡和海洛因的生产、运输以及销售进行控制，并限制其使用，但是“控制”一词没有确切的定义，协议中模棱两可的字句要比明确的要求多得多，和 1907 年一样，各国政府都承认存在毒品问题，但都不愿意放弃鸦片带来的巨大利润。这次会议的重要作用更在于它为未来的国际立法绘出了一幅蓝图，同时从化学上定义了鸦片、吗啡的成分。

到 1933 年为止，加入或批准本条约的国家有：澳斯太利亚、奥地利、比利时、玻利维亚、保加利亚、加拿大、士哥斯拉维启亚、母聚、丹麦、多米利根、埃及、艾斯多尼亚、芬兰、法国、德意志、英国、希腊、匈牙利、印度、意大利、日本、拉特维亚、卢森堡、摩洛哥、荷兰、纽西兰、波兰、葡萄牙、罗马尼亚、萨瓦多尔、萨马利罗、暹罗、西班牙、苏丹、瑞士、南非洲联邦、乌拉圭、维里苏艾拉、巨哥斯拉维亚 39 个国家。

《日内瓦鸦片公约》虽然比《海牙禁烟公约》规定得更加细密，但有的规定仍然有些空泛，因此，有的成员国要求采用直接限制的办法，严格控制各国的麻醉品需求量。于是，国联第十次大会决定于 1931 年 5 月 27 日在日内瓦召开“限制制造及调节分配麻醉药品会议”。此次会议到会者有 57 个国家的代表，共同签订了一个新的条约。按照规定，签约各国应将其本国或领地内每年医药与科学研究的麻醉品需求量制作一份“估计书”，送呈国联中央鸦片常设委员会，再由该委员会会同“鸦片及其他毒品顾问委员会”、卫生委员会以及巴黎国际卫生局联合组成一个监察机关，负责审查各国的估计书。该监察机关有权向已经提交估计书的国家索取必要的补充材料，或详细的说明材料。凡是不提交估计书的国家，则由该监察机关代为编制估计书。收到各国估计书后，该监察机关应负责编制一个总报告，每年 11 月 1 日以前提交国联秘书长，转呈国联委员会以及各缔约国家。

该公约第六条规定：“在任何国家或领域（殖民地、租借地和租界——笔者注），于任何年度内，对于任何一种药品之制造，其数量不得超过下列各项数量之总数：甲、该国家或该领域对于该年度医药上及科学上所需药品之数量在估计书之限度以内者，其供制造药剂用之数量，而此等制剂之输出不须输出证，并不论其供国内消费或输出，均包括在内者。乙、该国家或该领域在估计书之限度以内对于该年度改制上所需用之数量，不论其系供国内消费或输出者。丙、该国家或该领域于该年度内依照本公约之规定，为履行输出定货所需药品之数量者。丁、该国家或该领域为保持该年度政府贮存品所需药品之数量，而与估计书规定之限度相等者。”①

该公约规定与 1925 年的《日内瓦禁烟公约》相辅而行，凡是超过 5 公斤以上的麻醉药品，均须得到中央鸦片常设委员会的证实，即证实该被输入国的麻醉药品需求量没有超过其估计书的估计量。如发现该国家或该领域的麻醉品输入量超过了估计书允准的估计量，则缔约各国有义务立即限制其麻醉品在一年时间内不得输入已经超过估计量的国家。各缔约国若发现某国不按国际公约履行其义务，有权要求国联中央鸦片常设委员会向违约国提出质问，中央鸦片常设委员会有权审察被质问国家的答复意见并将其公布于众。这些规定，应当说更加具体，也更加具有约束力。中国于 1933 年宣布加入该公约。

本公约截至 1933 年，已加入或批准者为：德意志、比利时、加拿大、智利、哥斯达黎加、古巴、埃及、西班牙、爱尔兰、美国、法国、英国、危地马拉、印度、意大利、里苏安尼亚、墨西哥、摩洛哥、波斯、波兰、葡萄牙、多米利亚、罗马尼亚、瑞典、瑞士、巨哥斯拉维夫、乌拉圭、丹麦、巴西、保加利亚、匈牙利、尼加拉瓜、秘鲁、沙维多尔、苏丹、中国、土耳其、海地 38 个国家。

从上述事实可知，中国政府与日本政府都派代表参加了 1910 年在上海举行的第一次国际禁烟会议，都参加了荷兰海牙的三次国际鸦片会议，也都参加了在

① 详见附录一，1931 年 7 月 13 日《限制制造及调节分配麻醉药品公约》。

日内瓦举行的三次鸦片会议；中国代表、日本代表于1914年都在《海牙禁烟公约》上签了字，于1920年在《凡尔赛和约》署了名，又在1925年和1933年分别成为《日内瓦禁烟公约》《限制制造及调节分配麻醉药品公约》的缔约国，中国与日本的代表都是中央鸦片常设委员会的委员。因此，中国与日本两国政府必须承担其共同禁止毒品的责任和义务。而事实则是，签订禁毒公约是一回事，履行国际禁毒公约又是一回事。日本侵略者出尔反尔，不仅强行向中国非法输入大量毒品，既谋其财，又害其命，而且任意曲解、肆意践踏国际公约，干尽伤天害理的勾当！国际禁烟禁毒公约在日本侵略者手中成为一张毫无约束力的废纸。

1936年，为了对付毒品走私中的犯罪问题，“制止危险药品非法贩运会议”(The Conference for the Suppression of the Illicit Traffic in Dangerous Drugs)召开。会上，与会国讨论了侦查方法和对麻醉品犯罪的惩罚措施。但这只不过是浪费口水，因为仅仅声明禁止是没有效力的。30年代末期，国联顾问委员会开始调查对毒品生产的限制，但进展缓慢。

总之，到1939年，已经有大量的对鸦片及其衍生物进行控制的国际立法，但大部分没有真正产生效力。它们之所以不能发挥作用的最大障碍是有关各国的巨大经济利益。为了使各方势力都能够接受，解决方案往往会一改再改，直至基本无效。毒品生产国要保护自己的岁入，其他国家也从鸦片输入的关税中分取了不少利润。尽管如此，这一系列的国际会议和国际条约的产生，标志着人类对于毒品生产、贩运和销售的基本态度，标志着人类正义立法已经形成。任何敢于公开藐视国际禁毒条约的行为，都是人类的公敌，必将受到正义法庭的审判和清算。

30年代，国联委员会逐渐开始发挥作用。1935年，印度的罂粟种植已比10年前减少了十分之九，尽管当时政府还拥有鸦片山庄，鸦片还是主要的税源。1936年，中国禁毒运动如火如荼展开，罂粟产地大幅度缩小，鸦片产量急剧减少，吸食者纷纷解除了毒瘾。鸦片的末日似乎已经来临，各个国家的公众对于毒品生产、贩运和销售表达了极端厌恶的态度。

但是，不是所有国家都赞同控制毒品。在反对控制毒品的国家中，日本用实际行动表达了对国际公约的蔑视。在中国，哪里有日本的商务和领事馆，哪里就有鸦片、吗啡和海洛因。参加日内瓦国际会议的中国代表试图用电影胶片提醒顾问委员会关注这一问题，但是中国代表提供的电影胶片在国际合作的名义下被禁止播放。中国拍摄的电影胶片中，详细介绍了在汉口日租界的鸦片提炼厂，日本继续在它的占领地上鼓励使用鸦片。“它还把鸦片走私活动作为国际恐怖主义的一种形式秘密地进行鼓动，甚至予以资助。在后来的第二次世界大战中，日本继续卷入鸦片问题。日本占领区(例如香港)的行政官员们和黑社会头目以及战争投机商沆瀣一气,用鸦片就可以贿赂到行政官员们合作。”[①]

那么具体说来,日本侵略者在中国占领区实施了哪些毒化方针和政策?日本的毒化政策给中国沦陷区人民造成了多大经济损失和生命代价?日本人究竟践踏了国际公约的哪些条款?这些问题都需要在以下各章中分别加以阐述。在中国由于台湾最早沦为日本的殖民地,下一章我们先从台湾的毒品问题研究起步。

---

① [美]马丁·布思(Martin Booth)著,任华梨译:《鸦片史》(Opium: A History),海口:海南出版社,1999年,第212页。

第二章　日本对台湾的鸦片“渐禁”政策(1895—1945)

众所周知，日本在明治维新时期，吸取了中国禁烟失败的教训，对鸦片等毒品采取了比较严厉的“断禁”政策。1867 年，明治维新政府一成立就以大政官布告的形式宣布严禁吸食鸦片，1870 年 9 月，又颁布《贩卖鸦片烟律》和《生鸦片管理规则》。后来因查获英国商人偷运鸦片事件，通过谈判成功地废除了治外法权，修改了不平等条约，避免了一场鸦片灾难。严禁鸦片乃是明治政府的一项既定国策，维新运动的成功也可以说是得益于行之有效的鸦片“断禁”政策。但是日军占领台湾之后，立即调整了这一鸦片“断禁”政策，在殖民地开始实施长达半个世纪的“渐禁”政策。那么，这种鸦片“渐禁”政策的实质是什么？这是本章讨论的重点。

一　台湾的鸦片专卖制度

1895 年 4 月《马关条约》签订后，侵略军在占领台湾时遇到了当地爱国武装的激烈反抗，大小起义连绵不绝，日本在台湾的总督府为了尽快稳定殖民地秩序，绞尽脑汁思考对策。由于清政府对于鸦片贸易和吸食采取自由放任的政策，台湾失陷以前，同大陆一样，鸦片流毒相当严重。面对军事反抗和鸦片吸食习惯这两大难题，在日本占领者当中出现了两种意见：一种意见认为应当采取坚决断绝的办法，控制鸦片的种植和吸食；①另一种意见认为必须把鸦片生产和吸食置于当局的控制之下，采取“渐禁”的方法，逐渐消灭鸦片烟毒。②

日本在台湾的总督府对于鸦片问题一度处于犹豫状态，认为“鸦片烟若遽尔禁止输入，即吸烟者为之生病，而输入商人亦招莫大损失，所以在施禁前几年要给予犹豫”。之所以采取这种态度，关键在于总督府看到了鸦片税收的巨大利益。在附录的 1893 年海关报告书中，当年淡水鸦片输入 207 900 斤，鸦片税厘

---

①　例如，加藤尚志向台湾总督府民政局长水野遵递交了《台湾岛取缔鸦片之议案》，有田口印吉撰写了《大国民的度量》，《东京经济杂志》第 790 号。

②　例如，军医总监石黑忠悳在《对新领地台湾的鸦片贸易》提案中认为，继续放纵鸦片吸食，日本本土鸦片烟毒势必再度复燃，而采取“断禁”的方案，可能激起瘾君子的激烈反抗，不利于日本的殖民统治。

228 690 两；安平输入 260 600 斤，鸦片税厘 286 783 两。鸦片税厘占两地财政收入的很大份额（1893 年，淡水财政收入总额为白银 261 573 两，安平为 301 600 两）。“本岛茶税率及鸦片之处理如何，对于本岛施政经费之税源关系莫大焉！”①

正当日本首任台湾总督桦山资纪难于决断之时，日本内务省卫生局长后藤新平适时抛出了《关于台湾鸦片制度的意见》，这个“意见”立即得到采纳。得到采纳后，后藤新平进一步把他的建议具体化，写成《关于台湾岛施行鸦片制度的意见书》，于 1896 年 3 月正式转交给台湾总督府。后藤新平因此得到赏识，于 1898 年出任总督府民政长官。他公开声称，将要付诸实施的是一个“禁烟制度”，特别强调台湾鸦片政策的重要性，认为禁烟政策一旦出现失误，结局将是日本人“胜于战场，而败于统治”。

然而在他的方案上写着的却是另一些内容：第一，将往年能收入相当于 80 万日元税利的鸦片，以禁烟税的名义抬高 3 倍的价格从事贩卖，保证每年给日本中央政府上缴 240 万日元的财政收入；鉴于一旦提高烟价，难免会有走私贩运的情况发生，于是又作了第二条规定，鸦片统由总督府实行专卖，鸦片原料的输入，鸦片烟膏的制作，统归总督府直接经营；“凡在这里制作的烟膏，只限于由‘身份可靠’、经警察署选定和‘特许’的经销商，或者警察保证‘身份可靠’又发给特许证的承包商才可以贩卖；第三，购买烟膏者只限于持有医生诊断书和由当地警察作保发给特许证的人。”②不久，后藤新平又写成《关于施工的意见书》，建议从鸦片代销商、经销商和吸食者身上征收特别费 100 万日元。

后藤新平的鸦片意见，名义是“禁烟”，实际是敛财；禁烟是假，纵毒为真。这种专卖制度的主要内容是，从鸦片原料的输入到烟膏的制作与销售，从流通到消费的全部过程均由总督府管理，无论是经销商还是承包商以至消费者都置于警察机关的严密控制之下。虽然明文规定，原则上禁止吸食鸦片，但经医生诊断确实有鸦片烟瘾者可以继续吸食，而在实际执行时，年满 20 岁只要申请就可以得到吸烟特许证，很快持有特许证的人数在台湾便达到了 17 万人，相当于总人口的 6.3%。

当日本政府在台湾实行这种办法的时候，还特别制订了两个法令：一是“鸦片法”，在日本本土实施“断禁”政策；一是“台湾鸦片令”，鼓励殖民地民众吸食

---

① 陈锦荣编译：《日本据台初期重要档案》，《台湾总督府公文类纂，1895—1898》首卷，乙种，永久保存 1～3 册，台湾省文献委员会 1978 年印行。

② ［日］山田豪一著，穆传金译：《1910 年前后日本对华走私鸦片吗啡的秘密组织的形成》，《国外中国近代史研究》第 12 辑，第 252 页。

鸦片。台湾的这套殖民地鸦片专卖制度，就其来源说，主要是接受了欧洲老殖民者在东南亚各地的鸦片政策衣钵，当时在东南亚的欧洲殖民机关的财政收入中约有30%～60%是靠鸦片专卖得到的。①

新老殖民者的统治大厦都是建立在殖民地人民的巨大生命牺牲和经济损失基础之上的。鸦片及其化合物在殖民者手中，既是以低成本掠夺殖民地物质财富的邪恶工具，又是强化殖民地政治统治的残忍手段。

二　台湾总督府的巨大鸦片收入

从历年统计表中可以看出，鸦片收入直线上升。很快，台湾的鸦片收入使日本中央政府免去了1904年以后对台湾的财政拨款，并为准备日俄战争而积极扩军备战的日本军事集团提供了重要财源。日本在其“台湾住民罚金令”中规定：“军人军属及其他帝国臣民吸食鸦片烟者处死刑。”对于台湾人吸食鸦片一再采取所谓“容忍政策”，于1902年、1904年、1908年和1929年，数次补发鸦片吸食特许证。这是侵略者对于殖民地人民偶发的“慈悲”之心吗？答案是否定的。这种严禁日本人吸食毒品而不禁台湾人的伎俩，把日本殖民者的险恶用心暴露无遗。1918年，中国大陆实现十年禁毒任务，吸食鸦片人数大幅度减少，台湾的鸦片税收仍在持续增加，达到年收入800余万日元。此后，在国际舆论压力下，台湾的日本当局开始有计划控制鸦片，吸食人数逐渐减少，但十分缓慢，一直到1931年仍保持每年450万日元的征收水平。1897—1941年合计鸦片收益为195 085 147日元。详见表1。这一时期日本的鸦片主要来自印度、土耳其和伊朗等国，还有一部分是朝鲜供应的。②

表1　1897—1941年台湾特别会计账上的鸦片税收　　(单位：日元)

年　度	鸦　片　收　入		年收入(c)	补充金
	金额(a)	(a)/(c)×100		
1897	1 610 210	30.9	5 315 879	5 959 013
1898	3 467 339	40.3	2 491 690	3 984 510
1899	4 249 577	41.8	10 153 651	3 000 000
1900	4 234 979	32.4	13 062 920	2 598 611

① ［日］野波静雄：《国际鸦片问题》，台北：平凡社，大正十四年(1925)，第178～195页。

② 《南方占领地域ニ於ケル政策暂定要领》，江口圭一编：《日中战争期阿片政策：蒙疆政权资料を中心に》，东京：岩波书店，1985年，第590页。

续 表

年 度	鸦 片 收 入		年收入(c)	补充金
	金额(a)	(a)/(c)×100		
1901	2 801 894	23.9	11 714 647	2 336 689
1902	3 009 483	25.3	11 876 853	2 459 763
1903	3 620 335	29.2	12 396 007	2 459 763
1904	3 714 012	23.0	16 170 335	
1905	4 205 830	19.4	21 699 928	
1906	4 433 862	17.3	25 656 672	
1907	4 468 514	15.5	28 850 117	
1908	4 611 913	17.2	26 832 437	
1909	4 667 399	15.2	30 606 087	
1910	4 674 343	11.3	41 364 163	
1911	5 501 648	13.0	42 393 795	
1912	5 262 685	12.4	42 530 920	
1913	5 289 595	13.8	38 330 994	
1914	5 226 495	13.4	39 007 619	
1915	5 870 405	15.3	38 347 436	
1916	7 132 520	15.4	46 220 937	
1917	7 970 107	15.8	50 335 536	
1918	8 105 278	14.8	54 700 182	
1919	7 641 054	11.5	66 630 150	
1920	7 847 739	9.5	82 263 551	
1921	7 533 625	10.7	70 438 196	
1922	6 440 441	7.9	81 832 456	
1923	5 873 518	6.8	86 124 027	
1924	5 575 020	6.5	82 255 818	
1925	4 120 954	4.5	92 052 322	
1926	4 252 699	4.4	96 288 353	
1927	4 377 444	4.7	93 215 763	

续 表

年 度	鸦 片 收 入		年收入(c)	补充金
	金额(a)	(a)/(c)×100		
1928	4 411 567	4.2	104 399 526	
1929	4 027 936	3.7	107 581 500	
1930	4 349 813	4.4	98 516 544	
1931	4 483 138	4.3	103 499 069	
1932	3 460 008	3.6	96 583 189	
1933	2 895 264	2.9	100 644 080	
1934	2 558 371	2.3	110 614 520	
1935	2 567 588	2.1	123 407 834	
1936	2 161 203	1.6	138 144 215	
1937	2 752 389	1.8	153 455 476	
1938	2 613 053	1.5	176 713 772	
1939	2 878 636	1.3	216 356 142	
1940	2 278 542	0.9	245 853 437	
1941	1 841 522	0.7	265 864 601	

资料来源：《后藤新平》第 2 卷，第 261 页。本表中的 1898 年的全年收入可能有误，按照鸦片收入为 40.3%的比率推算，全年收入应为 8 603 819 元。原文如此，请读者注意。

日本占领台湾初期，鸦片专卖收入在财政中占有相当大的比重，①1898 年为 40.3%，1899 年为 41.8%，20 世纪第一个十年鸦片专卖大抵维持在财政收入的 20%～25%之间，第二个十年维持在 15%左右，第三个十年维持在 6%～7%上下。②

第一次世界大战时期，欧洲生产的麻醉品出现过剩状态，日本人利用领事裁判权，开始大规模向中国走私吗啡、海洛因等毒品。1920 年，日本内务省出台了毒品制约法规，由于处罚非常轻而没有什么实效性。日本当局微弱的毒品管制，对于在中国居住的日本人的毒品买卖几乎没有任何约束。在中国进行毒品秘密

① Merrill, Frederick T., *Japan and the Opium Menace*, New York: International Secretariat Institute of Pacific Relations and the Foreign Policy Association, 1942, pp. 76 - 80.

② 《后藤新平》第 2 卷，第 261 页。参考刘明修：《台湾统治と阿片问题》，东京：山川出版社，1983 年，第 184～186 页。

买卖的日本人，因为能够享受治外法权，中国的官员无法对其进行直接的管制。“即使被管制，日本领事馆令与别的国家相比非常之轻，反而甚至是达到了一种像是在鼓励其（毒品）秘密买卖的程度。”①

30年代，日元对外币汇率开始逐渐下跌，到了1943年以后，比价变化朝夕顿异，通货膨胀严重，货币价值很低，单单用日元来衡量鸦片的收益是不够的，也是无法把握的。由于同一时期美元在国际市场上价格相对比较稳定，现在我们按照表2当年日元对美元的汇率，将台湾总督府的鸦片收益折合为94 695 033美元。这笔巨大收益仅仅是从销售鸦片烟膏中获取的，与此同时我们还可以看到，日本人在台湾生产和销售吗啡、海洛因等烈性毒品中也获取了巨大的收益，由于缺少原始档案资料，对此我们还无法作出精确的判断。考虑到这一因素，日本人在台湾获取的毒品收益超过10 000万美元，应当是没有问题的。

表2　1902—1945年日元对美元的比值

年　度	比　值	年　度	比　值
1902	0.510	1936	0.394
1914	0.500	1937	0.290
1925	0.500	1938	0.270
1929	0.460	1939	0.250
1931	0.389	1940	0.240
1932	0.323	1941	0.230
1933	0.257	1942	0.220
1934	0.378	1945	0.003
1935	0.498		

三　台湾吸食鸦片的人数

台湾实施鸦片专卖制度初期，吸食毒品人数呈明显上升势头。1897年，吸食人数不过5万余人，而到了1900年很快增加到165 752人，约占台湾总人口的6.1%。1902—1906年间吸毒人数仍然居高不下，平均每年仍在13万人以上（表3）。1930年，台湾总督府对于台北更生医院的1 000名烟瘾患者进行了调查，

① 朴橿：《20世纪前半期的东北亚韩人与鸦片》，国史馆印行，第268页。

回答是为了享乐的 124 人，其余则是为了治病。[①] 这样的统计数据不一定真实。1932 年，进口台湾的鸦片有 20 941 公斤；1935 年消费的鸦片是 17 678 公斤。[②]

表 3 台湾居民吸食鸦片人数统计表(1 贯相当于 3.75 公斤)

年　　度	特许吸食人数	占总人口的比率	烟膏消耗量(贯)
1897	50 597	1.9	13 616
1898	95 449	3.9	42 435
1899	130 962	5.0	52 634
1900	165 752	6.1	53 446
1901	157 619	5.7	36 572
1902—1906	平均 133 203	4.5	38 643
1907—1911	平均 107 014	3.5	34 399
1912—1916	平均 77 011	2.3	27 012
1917—1921	平均 52 617	1.5	19 905
1922—1926	平均 36 677	1.0	12 170
1927—1931	平均 25 029	0.6	9 270
1932	19 532	0.4	7 311
1933	17 820	0.4	6 100
1934	16 190	0.4	5 301
1935	14 644	0.3	5 060
1936	13 278	0.3	4 649
1937	11 960	0.3	4 369
1938	10 788	0.2	4 154
1939	9 613	0.2	3 777
1940	8 665	0.2	3 456
1941	7 717	0.1	3 128

1906 年，清朝政府在中国大陆发动了全面禁烟运动，日本在台湾的毒品专卖政策受到世人质疑，殖民地当局不得不采取措施限制台湾人的吸食；同时由于大陆全面禁烟，土产鸦片供应量大幅度减少，毒品市场价格暴涨(表 4)，一般消

① 刘明修：《台湾统治と阿片问题》，东京：山川出版社，1983 年，第 11～13 页。

② 《日本帝国统计年鉴》，转引自仓桥正直：《日本の阿片・モルヒネ政策》，《近きに在りて》1989 年第 4 号。

费者无力吸食，不得不戒断毒瘾，吸毒人数因而大量减少。① 总的说来，从 1918 年开始，台湾的吸毒人数在殖民当局的控制之下逐渐减少，但决不像侵略者自我标榜的那样，是什么“得意杰作”和“世界的模范”，②恰恰相反，小小一个台湾岛的禁毒，在日本军警的严密统治之下居然花费了半个世纪之久，而仍未成功。与日本维新时期本土迅速禁止毒品的情况相比，与其他国家短期禁毒成功的事例相比，日本在台湾实行“马拉松”式的禁毒方案，意图何在，不言自明。

表 4　1907—1917 年上海每担鸦片价格　（单位：银海关两）

鸦片名称	1907 年	1908 年	1909 年	1910 年	1911 年
白皮土	610	711	828	1 583	1 956
公班土	487	724	694	1 568	1 666
喇班土	276	698	686	1 559	1 652
四川土	388	450	510	939	1 326
云南土	591	709	868	1 245	1 360

鸦片名称	1912 年	1913 年	1914 年	1915 年	1916 年
白皮土	2 000	3 800	6 925	9 465	11 500
公班土	2 300	4 180	6 830	10 000	13 000

资料来源：徐雪筠等译编：《上海近代社会经济发展概况(1882—1931)》，上海：上海社会科学院出版社，1985 年，第 143、184 页。

四　加来佐贺太郎与《支那鸦片制度意见》

1906 年 5 月，英国自由党在大选中获得胜利，一名自由党议员要求采取措施尽快结束鸦片贸易，英国印度部大臣做出反应，他宣称：如果中国政府采取积极措施限制鸦片贸易，英国政府将予以配合。作为对于这一消息的反应，清政府立即颁布了一道禁烟圣旨，谕令立即关闭鸦片烟馆，以 10 年为期逐渐限制吸食和种植。中英两国代表经过长期谈判，最后签订限制鸦片贸易协定，规定印度输入中国的鸦片每年递减 10%，到 1917 年停止鸦片进口。在这种情况下，中国自上而下开展了一场轰轰烈烈的禁烟运动，采取一系列措施限制鸦片种植、运输、

① Merrill, Frederick T., *Japan and the Opium Menace*, New York: International Secretariat Institute of Pacific Relations and the Foreign Policy Association, 1942, p. 83.

② 《鸦片政策为日本人的得意杰作》，见《日本统治台湾秘史》，台北：武陵出版社，1989 年，第 158～162 页。

贩卖和吸食。1911 年的辛亥革命更加刺激了民族主义的高涨，湖南将 47 名种植和贩卖鸦片的犯罪分子执行了死刑，禁烟运动雷厉风行，取得了巨大成绩。但是，吸食鸦片是一种难于立即根除的社会痼疾，成千上万的毒瘾患者千方百计寻找毒品，鸦片价格暴涨。外国鸦片贩子、腐败官僚、黑社会势力惟利是图，继续秘密贩运毒品。正是在这种背景之下，日本侵略者为了巩固其在华的侵略势力范围，开始谋划对整个中国进行毒品进攻。

1916 年 9 月，正当中国禁烟运动达到高潮，印度鸦片已经停止进口，土产鸦片只有个别地区尚有零星种植之时，台湾总督府专卖局局长加来佐贺太郎正式向首相大隈提出了《支那鸦片制度意见》，狂妄地说，日本应当发奋进取，"使中国政府仿照我帝国根据渐禁政策所建立的专卖制度以确立他们的政策，并在实行中把它置于我最有管理经验的帝国的指导之下"。[①] 在这份"意见书"中，加来佐贺太郎提出这样一个设想，中国人口以 4.2 亿计算，假定其中 5%的人(即 2 000 万)吸食毒品，若按照台湾的办法，每年就能赚取 5.54 亿日元的利润。他甚至对北京、汉口等 11 个大城市里设立鸦片烟膏工场所需要的机械设备、建筑经费、工场位置、吸烟人数、烟膏消费量以及运输路线都作了周密的计划。因此，连日本人也认为，"这不单单是一个设想，而是一份具体的实施计划了"。[②]

在日本政府的指导下，生产鸦片、走私贩运、制造吗啡都开始进行了实验。为了向台湾提供鸦片，日本政府于 1905 年曾同意在大阪府的三岛郡试种鸦片，但在 1907 年停止了试种。此后，由于中国开展禁烟运动，鸦片供应急剧减少，鸦片黑市价格一路飙升，大阪府的丰能郡、三岛郡和河内郡又开始种植罂粟，而且面积年年扩大。特别是三岛郡福井村的二反长音藏，得到后藤新平的支持，竭力栽种罂粟，大量生产鸦片，因而被称为"鸦片大王"。在日本栽种罂粟和生产鸦片，全部置于内务省的控制之下，全部产品由政府收购。1920 年代初期，日本的罂粟栽种面积达到 800～1 000 公顷，鸦片产量每年约有 10 000 公斤。

当时制造吗啡的主要国家是英国和美国。根据英国贸易统计年报记载，英国的吗啡主要输出国是德国和日本，从 1912 年开始，由德国转卖日本的数量呈现不断增长的趋势，到了 1914 年，英国的绝大部分吗啡都卖给了日本。德国是制药比较发达的国家，输入较多的吗啡是可以理解的，但日本为什么能成为吗啡的最大输入国？日本是不是吗啡的主要消费国？根据日本大藏省的关税统计，输入日本的

---

① [日] 加来佐贺太郎：《支那鸦片制度意见》，原件由大隈赠给早稻田大学图书馆收藏。

② [日] 山田豪一著，穆传金译：《1910 年前后日本对华走私鸦片吗啡的秘密组织的形成》，《国外中国近代史研究》第 12 辑，1989 年，第 257 页。

吗啡与英国方面的输出数量悬殊很大。以 1914 年为例，英国对日本输出了 35 万盎司，而日本海关的统计进口只有 18 万盎司，其中 17 万盎司吗啡跑到什么地方去了呢？当时日本国内医疗方面的吗啡需求量最多不过 32 000 盎司，[①]而从英国购买的吗啡却是这个需要量的 10 倍以上，日本人为何购入这么多吗啡？

1917 年，大内丑之助在《支那鸦片问题解决意见》中对这些吗啡的去向作了说明。原来，这 17 万盎司吗啡从伦敦发出后，或者经过西伯利亚铁路，或者作为邮包，都直接送到了日本关东租借地大连，再从大连输往中国东北、华北各省区。另外 18 万盎司吗啡虽然名义上进入了神户港，但在交过进口税之后，又大部分被驳运到上海。当然，为了避免中国海关检查的麻烦，这些吗啡通常被混装在杂货之中。当时在中国经营杂货的日本人几乎都参与了吗啡的走私活动。

早在 1902 年，中英两国在《续议通商章程》中就明文规定禁止在中国制造和贩卖药用以外的吗啡，清政府为此向有约各国发出了照会，先后得到美国、巴西等国的响应，签订了类似条款。而日本迟迟不作答复，直到 1908 年 9 月才勉强同意限制本国人向中国输送吗啡。清廷外务部得到日本政府答复后，于 1908 年 9 月 28 日向各国正式发出照会，声明自 1909 年 1 月 1 日起，除少量医用吗啡需要按照一定呈报、验收程序进口之外，禁止吗啡与吗啡针剂任意输入中国通商口岸。[②] 日本政府既然声明遵照条约，就应当履行其义务。为什么要阳奉阴违呢？

吗啡、海洛因等烈性毒品由于体积小、携带方便，走私非常容易，在 1907 年中国掀起禁烟运动之前，日本人向中国输入的吗啡已经达到了令人吃惊的程度，从 1898 年到 1907 年总计输入 9 197 659 两，平均每年为 19 766 两(表 5)。

表 5　1898—1907 年日本向中国输入的吗啡　　(单位：两)

年　度	输入吗啡	年　度	输入吗啡
1898	13 376	1903	25 849
1899	6 324	1904	12 730
1900	25 570	1905	23 201
1901	13 795	1906	32 713
1902	17 668	1907	25 433
1898—1907	总计 9 197 659		

资料来源：《日本输入吗啡数量之可惊》，北京《晨报》1920 年 4 月 28 日。

---

① 当时日本国内用于医疗的吗啡量“1 年在 900 公斤左右”，折合 31 747 盎司([日] 江口圭一著，宋志勇译：《日中鸦片战争》，天津：天津人民出版社，1995 年，第 21 页。)。

② 《外务部奏与各国议允定期禁止贩运吗啡鸦片办法折》，《政治官报》，第 428 号。

1907 年中国开展禁烟运动后，日本人继续向中国疯狂走私吗啡，1917 年最高达到 600 228 两之多。1917 年以后，日本人经由大连、安东(今丹东市)和青岛输入的吗啡、海洛因等毒品仍然是有增无减。表 6 反映了上海海关 1916 年到 1921 年查获的走私吗啡量，也反映了迅速上升的趋势。在查获的案犯中，绝大多数都是日本人。在这个世界上，由于暴利的驱使，每一个民族都有一些丧尽天良的败类，每一个国家都有铤而走险的毒品贩子。20 世纪 20 年代，在中国的外国商人中，唯独日本商人普遍参与了对中国的毒品犯罪，这是为什么？

表 6　1916—1921 年上海海关查获的走私毒品　　(单位：盎司)

毒品名称	1916 年	1917 年	1918 年	1919 年	1920 年	1921 年
吗　啡	2 403	116	3 876	3 392	1 986	792
海洛因		1	364	2 333	2 721	5 537
可卡因	102	20	926	452	156	1 049

资料来源：徐雪筠等译编：《上海近代社会经济发展概况(1882—1931)》，上海：上海社会科学院出版社，1985 年，第 143、187 页。

大内丑之助这样写道：“我邦人在中国居住者达 10 万人(关东州除外)，其天资不及欧美人者虽然为数颇多，然欧美人之中无赖汉者流亦不乏其人。至肯去承担土匪行为，经营下流行业，乃至对支那人进行讹诈者，屈指算来——实属遗憾，不得不首推邦人为第一也……此种情况之出现，虽然与我帝国在国外之势力给予扶植有其不小的影响……此外，也与邦人敢于冒险，肯深入腹地，熟悉当地情况的有利条件亦不无关系……所谓下流行业经营者多数属卖药行商，他们几乎无一不是吗啡和可卡因的零售者。此等违禁品由于利润极大，操此业者又多善于伪装成姿态坦然，又能潜入满洲内地神出鬼没，因此中国当局很难查获。”①

大内丑之助是野波静雄的笔名，他于 1897 年被后藤新平带到台湾，担任调查员，最为了解后藤新平的纵毒意图，也最为了解日本浪人在中国走私毒品的状况。正是有了“治外法权”的护身符，这帮居住在中国的日本恶棍敢于成群结队深入中国内地兜售毒品，他们从不担心自己会受到中国法庭的公正审判和正义惩罚。正是得到了日本政府的“扶植”，这帮走私贩才敢于公开破坏中国的禁烟运动，敢于公开挑衅世界的禁毒事业！与其说日本人的毒品走私是不法之徒的个人行为，毋宁说是日本国家机关的集体道德堕落；与其说日本人从事的贩毒勾

① [日] 大内丑之助：《支那鸦片问题解决意见》，第 200～203 页。转引自山田豪一著，穆传金译：《1910 年前后日本对华走私鸦片吗啡的秘密组织的形成》，《国外中国近代史研究》第 12 辑，第 260 页。

当是一帮缺少道德观念的浪人的行为，毋宁说是日本权要人物的阴谋操纵。加来佐贺太郎的《支那鸦片制度意见》才真正是日本人的"杰作"。该"意见"的贯彻和实施，严重违反了《海牙禁烟公约》第十五条的规定。[①]

五　台湾总督府与吗啡制造

从英国进口吗啡所带来的巨大利润，极大地刺激了日本的药品生产商。由于日本国内鸦片处于政府垄断之下，民间无法插手，于是他们把贪婪的目光转向台湾日本总督府输入的鸦片原料上。是时，台湾总督府也被吗啡的巨大利润所吸引，双方一拍即合。在后藤新平的支持下，1915 年 4 月，专卖局局长加来佐贺太郎与"星制药"厂达成了精制吗啡生产协议，前者提供收购的原料，后者负责生产。而在协议未正式签订之前，总督府高级官员的夫人们组织的台湾妇女慈善会已经把"星制药"的股票买走了。

据报刊揭露，印度的加尔各答毒品拍卖市场上日本商人成了鸦片的最大买主。波斯所产鸦片所含吗啡成分较高，日本人因此也疯狂抢购波斯鸦片，"市上所售波斯红土之大半，均为日人买入，以供制造吗啡之用"。同时，"高丽所种之鸦片，及在满洲受日人保护而种之鸦片，即为吗啡之大宗供给品，亦台湾政府所需鸦片之供给区域也"。[②]

"从 1915 年到 1918 年，四年当中由总督府处理给'星制药'的粗制吗啡就有 9 200 磅，以后又有约 1 万磅(即 16 万盎司)的日本国产精制吗啡由'星制药'生产了出来，被送上了运往中国的走私线路，'星制药'因为这一批吗啡所获得的利润，据估计至少超过 280 万日元。"[③]

这种靠收购初级产品赚大钱的秘密很快就被嗅觉灵敏的商人发现，他们立即蜂拥而上，[④]"大日本制药""三共制药""内国制药"三家商社相继向日本内务省提出了申请。由于后藤新平与"星制药"有着特殊的关系，内务省不便排除"星制药"，于是批准四家商社都可以生产精制吗啡，但规定鸦片进口最高限额不得超过 47 000 磅。专卖局根据每年的需求量，派人到印度、波斯、朝鲜和西伯利亚

---

① "缔约各国与中国有条约者，应会同中国政府设立必需之办法，以阻止在中国地方及各国之远东殖民地、各国在中国之租借地将生熟鸦片、吗啡、高根及其化合质料，并本约第十四条所指各物私运进口。一面由中国政府设立相同之办法以禁止将鸦片及以上所指各物从中国私行运往各国殖民地、租借地。"(《海牙禁烟条约》)

② 《日人之吗啡鸦片两贸易》，《东方杂志》第 16 卷第 1 号，1919 年 1 月 15 日，第 202 页。

③ ［日］山田豪一著，穆传金译：《1910 年前后日本对华走私鸦片吗啡的秘密组织的形成》，《国外中国近代史研究》第 12 辑，1989 年，第 257 页。

④ 山内三郎：《麻药と战争：日中战争の秘密武器》，冈田芳政、多田井喜生、高桥正卫等：《续现代史资料》(12)，"鸦片问题"，みすず书房(美铃书店)，1986 年，xlⅲ。

购买鸦片，将其一部分制作成烟膏供给台湾吸食者，[1]另一部分加工成吗啡，转运到中国大陆销售。根据估算，这些鸦片按 10％被加工成精制吗啡，每年就会有 72 500 盎司的吗啡被四家药厂生产出来，走私进入中国的毒品市场。

海洛因在中国逐渐流行之后，许多日本人开始在中国本土秘密生产海洛因。"南满洲制药"KK 社长山内三郎承认，1920 年代初期，大阪修町的小制药商人们采用了在中国大陆就地生产海洛因的方法。山内三郎是制造海洛因的技师，他从 1929 年进入青岛，而后转移到大连，在 1934 年设立了"南满洲制药株式会社"，表面上是生产药品，实际是制造毒品。他根据自己的经历写了《麻醉品与战争——日中战争的秘密武器》一文，承认吗啡与海洛因的制造最初是在日本国内进行的，原料来自中国和朝鲜，加工成成品后再秘密运输到中国销售。但到了 1920 年代中期，大阪道修町的制药者认为在中国生产海洛因不仅可以节省往返运输的费用，而且是"安全"的。于是许多技师和工人受聘来到中国，以热河鸦片为原料，在东北、华北秘密加工海洛因。当然，制造海洛因不便在中国政府官员的眼前公然进行。"但是，日本制药业者开始就地生产的地方，无论是满洲还是华北，都是在日军的驻屯区域内，不仅把日军作为隐身草，而且会得到充分的保护，可谓固若金汤。就地制造海洛因，对于制药者有利的方面之一，就是非常简陋的制造用具即可满足需要。不需要大规模的工厂，除了鸦片外，只要备有充足的配料——无水醋酸和乙醚，即使在家里的澡池里开工厂，一天也能生产 5～10 公斤。在技术上，只是开始的时候需要专门的化学人员做耐心的技术指导。在这个过程中，即使是对制造技术一窍不通的门外汉，只要对工序看过四五次，便立即可以成为制造海洛因的高手。"[2]这些毒品加工者往往把工厂设在日军驻地附近，依靠日军的保护，利用热河的鸦片制造吗啡和海洛因，并在当地组成供销网络。

国际舆论对于日本公然违反《海牙禁烟公约》，大量向中国走私吗啡、海洛因和可卡因的罪恶行径进行了强烈谴责，美国驻华公使芮恩施发表谈话，[3]指出日本的贩毒是其侵略中国政策的一个重要组成部分，目的就是加重中国的衰弱与腐败，这是腐蚀一个国家的邪恶的阴谋。英国人在《北华捷报》中指出，日本人在中国贩毒既得到银行界的支持，也得到邮局的支持，大量毒品都是通过邮局寄

---

① Merrill, Frederick T., *Japan and the Opium Menace*, New York: International Secretariat Institute of Pacific Relations and the Foreign Policy Association, 1942, P. 87.

② ［日］江口圭一著，宋志勇译：《日中鸦片战争》，天津：天津人民出版社，1995 年，第 25 页。

③ Paul Samuel Reinsch (1869—1923)，1898 年获威斯康星大学哲学博士学位，1901—1913 年任该校政治学教授。1913 年任驻中国公使，1919 年辞去公使职务，被聘为北洋政府法律顾问，直到去世时为止。

出的。

《海牙禁烟公约》第十九条明文规定："缔约各国在中国设有邮政局者，应采用有效之办法，以禁止各该邮政局将生熟鸦片、吗啡、高根及其化合质料并本约第十四条所指各物，作为邮便包件违禁运入中国，并不得由中国此埠向彼埠违禁转运。"①

后藤新平不顾这一公约规定，在1918年2月召开的预算委员会议上竟然厚颜无耻地辩解说："大概列强因为战争关系顾不上走私，所以日本人的走私才多了起来……因此受到的谴责也就多起来了。"这种说法，如同"我为强盗是因为别人不为强盗"一样荒谬。他不顾日本人在中国大规模贩毒、制毒的事实真相，诡辩说日本政府对于吗啡的进口和生产的"取缔是严格的"。② 但这种说法需要限制一下范围才符合事实，即日本政府对于本土吗啡的进口和生产的取缔是严格的，而对于殖民地台湾和租借地关东州不仅没有任何限制，反而为吗啡、海洛因的走私、制造和消费直接提供军事和外交庇护。对待同样的毒品犯罪，一个政府采用两种不同的法令和截然相反的态度，充分反映了殖民当局心理的阴暗和日本政客行为的卑鄙。损人利己的人性之恶得到了彻底的暴露。

总之，日本在台湾实施的将近半个世纪的鸦片"渐禁"政策，主要是为了掠夺殖民地财富，麻醉中国人的反抗精神，加强殖民地统治。这种政策不仅违反了中日之间签订的禁止吗啡非法贩运的条约，而且违反了《海牙禁烟公约》和《日内瓦禁烟协定》。特别值得注意的是，日本对中国的毒化政策从一开始就没有局限于台湾岛，贪婪的目光很早就盯住了中国大陆。为此，侵略者不仅制订了《支那鸦片制度意见》，而且早就开始按计划一步步推行了。但在日本战败之后，他们将"相关资料彻底销毁或藏匿"，对于学术界寻找真相设置了重重障碍。③

---

① 第十四条所指各物是，鸦片、含有千分之二吗啡的药品、千分之一以上的高根药品、海洛因及其他新从吗啡、高根提取的物品，具有同一之害人之结果者。

② 1918年2月15日，后藤新平答贵族院议员阪谷芳郎质询。"贵族院预算委员会议事速记"第2号，第25页。转引自山田豪一著，穆传金译：《1910年前后日本对华走私鸦片吗啡的秘密组织的形成》，《国外中国近代史研究》第12辑，1898年，第262～263页。

③ 刘明修：《台湾统治と阿片问题》，东京：山川出版社，1983年，第2页。

第三章　日本对伪满洲国的鸦片统制(1931—1945)

1904年2月6日,日本对旅顺口的俄国舰队突然发动袭击,日俄战争爆发。这是为争夺中国领土并在中国领土上进行的一次帝国主义战争。日本和俄国双方陆海军经历了一年多的厮杀,俄国舰队在旅顺口多次受到重创。同时,日陆军一路自朝鲜新义州渡过鸭绿江,攻占九连城、凤凰城、宽甸、本溪,进逼辽阳;另一路从貔子窝登陆,攻占金州、营口,切断了俄军陆路与旅顺口的联系,双方在沈阳展开会战,俄军战败退却,日军占领辽东半岛。1905年6月,在美国的调停之下,双方签订了《朴次茅斯条约》,规定两国除铁路警备队之外,同时撤退在中国东北三省的军队;俄国将租自中国的旅顺口和大连湾、长春至旅顺口的铁路以及其他各项权益全部转让给日本。12月,日本又强迫清政府订立了《中日会议东三省事宜》,清政府被迫承认日本继承沙俄从中国所攫取的长春以南的全部利权,被迫承认日本享有改建和经营安奉铁路的权益,被迫承认鸭绿江右岸森林等开发权益,被迫划定辽东半岛的尖端部分为日本人的租借地。1907年,日俄再次签订秘密协定,规定从俄国和朝鲜边界的西北端划一直线,经珲春、镜泊湖北端,至秀水甸子,再沿松花江、嫩江,过东经122度,界北属沙俄,界南属日本。这样,日本侵略军的铁蹄踏上了中国大陆,日本对中国大陆的毒化政策首先就是从这里开始实施的。大连很快成为日本人向中国各地走私毒品的基地,日本毒品贩子到哪里,日本的军事渗透就到达哪里。毒品走私网络的形成反映了日本侵略势力在中国深入渗透的程度。

"九一八"事变之后,日本侵占了中国整个东北地区,向惊慌失措的世界表演了帝国主义的新花招。日本政府没有采取公开吞并或宣布保护权这样的19世纪以前殖民主义惯用的粗暴侵略方法,而是制造了一个完全受其操纵的政治组织,以"独立"的主权国家外衣作为伪装。伪满洲国名义上以逊位皇帝溥仪为元首,实际掌权者却是坐在关东军参谋部的司令长官;[①]中国人虽然名义上为各部大臣,但实权掌握在日本人担任的次长手中。从1932年3月1日"满洲国"成

---

① 关东军是指配备在关东州的满铁沿线的日本军队,他们是1931年"九一八"事变的主角。

立，到日本战败投降，这个傀儡政权存在了 14 年。日本侵略者在这个地方所做的事情，不仅仅是单纯地导演了一出独立政治实体的滑稽戏，在事实上已经将其变成向中国其他地区进一步侵略的巨大基地。

伪满洲国分为 19 个省，地域相当于今中国东北三省、河北东北部和内蒙古东部。具体区划如下：吉林省，治所吉林（1936 年 4 月设市），领 1 市 15 县 1 旗，地域在今吉林省内。龙江省，治所齐齐哈尔（1936 年设市），领 1 市 15 县 2 旗 1 设治局，地域相当于今黑龙江中西部、吉林西北部地区。黑河省，治所黑河屯（今黑龙江省黑河市），初领 8 县，后领 9 县，地域相当今黑龙江东北部。三江省，治所佳木斯（1937 年建市），领 1 市 11 县，地域相当黑龙江东南部。滨江省，治所哈尔滨（1933 年 7 月 1 日升为特别市，1937 年 7 月 1 日降为省辖市），领 1 市 16 县 1 旗，地域相当今黑龙江中部。间岛省，治所延吉（今吉林省延吉市），领 5 县，地域相当今吉林东部。安东省，治所安东（1934 年 12 月置市，今辽宁省丹东市），领 1 市 6 县，地域相当今辽宁东部。奉天省，治所奉天（1931 年 9 月 20 日改沈阳市为奉天市，11 月 20 日改辽宁省为奉天省），领 7 市 14 县，地域相当于今辽宁中东部。锦州省，治所锦州（1937 年 7 月 1 日升锦县为市，今辽宁省锦州市），领 2 市 10 县 3 旗，地域相当今辽宁西部。热河省，治所承德县（今河北省承德市），领 8 县 6 旗，地域相当今河北东北部、内蒙古东南部。兴安西省，治所巴林右翼旗大板上，领 3 县 6 旗，地域相当今内蒙古东南部。兴安东省，领 4 旗，地域相当今内蒙古东北部。兴安南省，治所科尔沁右翼前旗（今内蒙古自治区乌兰浩特市），领 9 旗 1 县，地域相当今内蒙古东部。兴安北省，治所海拉尔（1940 年升为市），领 2 市 6 旗，地域相当今内蒙古东北部。牡丹江省，治所牡丹江（1935 年设市），领 1 市 4 县，地域相当今黑龙江南部。通化省，治所通化街（1942 年 4 月设市，今吉林省通化市），领 1 市 8 县，地域相当今吉林南部。北安省，治所北安街（1940 年改为北安县，今黑龙江省北安县），领 15 县，地域相当今黑龙江中部。东安省，治所密山县（今黑龙江省密山市），领 7 县，地域相当今黑龙江东南部。四平省，治所四平街（1937 年设市，今吉林省四平市），领 1 市 9 县，地域相当今吉林西南部、辽宁东北部。

伪满洲国的毒品政策实际是日军侵略中国整体政策的一个非常重要的组成部分。1932 年到 1945 年间，伪满洲国的罂粟种植总面积不会低于 10 069 200 亩，鸦片总产量约为 2 亿到 3 亿两之间。日伪政权每年获得了数以千万计的毒品收益，东北地区的人民却遭受了空前绝后的毒害。根据 1944 年日伪政权的登记，鸦片烟毒患者大约有 100 万人，未成年吸毒者不在此列，估计约有 50 万人左右，一项调查研究认为未登记的潜伏瘾者约有 120 万人，三项合计伪满洲国的鸦片烟毒患者约有 270 万人，比日本占领前的烟毒患者 20 万人增加了 250 万人。因吸毒而死亡的人数约有 15 万人。

那么，日本侵略者在中国东北地区是怎样推行毒化政策的呢？鸦片专卖制度的具体内容有哪些？毒品的危害程度究竟有多大？这些问题是本章讨论的重点。

一 大连宏济善堂与毒品走私网络的早期形成

1918 年，一篇文章概括了中国毒品的走私形势："无论何处，日人一占优势，吗啡业即大发达。满洲及附近各省其吗啡乃由大连输入，山东、安徽、江苏等省则由青岛运往，而台湾以地势接近之故，吗啡业与鸦片业及其他禁品之贸易同时并行，用马达行驶之渔舟送至附近中国之陆地，然后分输于福建全省及广东之北部。"①

经过日俄战争，日军占领了大连和旅顺，1905 年，在辽东半岛的顶端部位设立了军事管制机构——关东州都督府。在关东都督府的纵容和支持下，大连很快成为日本向中国内地走私毒品的基地。关东都督府最初把鸦片贩卖权交给持有特许证的商人，官方只征收特许费，坐收渔利。从 1907 年到 1917 年，正是清末民初中国的禁烟运动从开始走向高潮之时，各地鸦片价格飞涨，通过发放鸦片经营特许证，关东都督府得到的鸦片特许费为 10 923 000 日元(表 7)，按照表 2 汇率，大约折合 5 461 500 美元。

表 7 1907—1920 年关东都督府特许费统计表 (单位：日元)

年 度	鸦片特许费	年 度	鸦片特许费	年 度	鸦片特许费
1907	31 000	1912	102 000	1917	5 314 000
1908	73 000	1913	132 000	1918	4 638 000
1909	83 000	1914	204 000	1919	1 948 000
1910	86 000	1915	2 288 000	1920	2 138 000
1911	89 000	1916	2 521 000		

1915 年，关东都督府看到台湾总督府利用鸦片专卖制度获得了巨大利润，立即宣布将鸦片输入改由官方垄断。② 与台湾相比，日本控制下的大连在向中国内地走私输入毒品方面虽然起步较晚，但占有更为便利的地理条件，发展很快。在这里，关东都督府委派职员，在一个挂着慈善招牌的机构——大连宏济善

① 《亟应立刻断然禁止的日本在中国贩卖鸦片丑事》，《字林西报》1918 年 12 月 17 日。

② 宫岛幹之助：《满洲の阿片と麻药》1935 年 11 月，冈田芳政、多田井喜生、高桥正卫等：《续现代史资料》(12)，"鸦片问题"，みすず书房(美铃书店)，1986 年，第 109～111 页。

堂里成立了“戒烟部”。大连宏济善堂分为慈善部和戒烟部两个部分，戒烟部在行政事务上与宏济善堂没有实际隶属关系，不过是借这个慈善招牌掩人耳目而已。它直接隶属于大连民政署长，内部设鸦片总局，置理事若干人，均由民政署长推荐，呈报关东州都督府委任。民政署长负责戒烟部的指挥和监督事宜，重大事项由关东州都督府来裁决。规定戒烟部所得收入的一半上交关东都督府。由于“戒烟部”的设立，1915 年的鸦片特许费迅速增长到 2 288 000 日元，相当于前一年的 11 倍；1917 年，鸦片特许费达到 5 314 000 日元。1918 年以后，鸦片特许费陆续下降，主要原因是中国处于军阀混战之中，禁烟法令遭到破坏，鸦片生产死灰复燃，土产鸦片供应量大幅度增加，导致价格迅速下跌，走私利润减少。

大连宏济善堂戒烟部的鸦片来源途径有两种：一是由三井物产株式会社从国际市场上购入的鸦片；二是收购当地的土产鸦片。关东州吸食鸦片的人数最初统计大约有 2 785 人，规定限制吸食量每人每日为一钱，总计每年需求不过 6 200 斤(1 斤等于 16 两)，5 年需求 31 000 斤。而实际上从 1916 年到 1920 年，关东都督府卖出的鸦片至少有 127 840 斤，远远大于该地的鸦片需求量。在中国禁烟时期，走私贩卖鸦片可以获取 13 倍的暴利。1919 年，“在印度所购之土每箱 3 500 卢比，即(关银)1 000 两；在神户交货则值 1 200 两；该土在上海每只售银 500 元，每箱共 40 只，则全价为 20 000 元(约合中国海关银 14 400 两)矣”。[①]

进入 20 世纪，继英国之后，在导致鸦片扩散方面日本很快成为备受关注的重点对象。1918 年，英国鸦片商退出中国市场之后，以三井物产株式会社为代表的日本公司开始从西亚大量进口鸦片，转贩中国台湾、关东等地。1931 年“九一八”事变之后，三井物产开始成为伪满洲国的鸦片供应者。由于三井物产发了横财，三菱商事等日本公司红了眼，立即加入竞争的行列。1935 年以后，三菱商事的进入破坏了三井物产的垄断体制，形成了双方对峙的局面。为了夺得伊朗鸦片的输入权，双方使尽浑身解数，竞争趋于白热化。不仅如此，两大商社为了维护各自商社的名誉还展开了商战。由于恶性竞争，双方损失巨大。为了化解两家公司的矛盾，日本外务省出面，用半强制性的办法，将日本及中国东北之鸦片买卖悉归三菱公司经营，而将华中及华南分给三井物产负责，至于华北，则由两个公司共同经营，从而避免了一场恶战。由此看来，虽然日本政府或军部，包括外务省在内，主导了日本殖民地以及占领地的鸦片政策实施，但是参与竞争的两大商社也难辞其咎，[②]正是这两家日本最大的公司——三井物产株式会社与

① 《日人之吗啡鸦片两贸易》，《东方杂志》第 16 卷第 1 号，1919 年 1 月 15 日，第 202 页。
② 朴橿：《鸦片与二十世纪中国》，第 254 页。

三菱商业株式会社战争时期不顾人间道义，不顾国际谴责，违反国际公约，向占领区大肆贩卖毒品。第二次世界大战结束之后，国际军事法庭判决："1937年时，(三井物产株式会社与三菱商业株式会社)二大财阀公司曾向伊朗采购大量鸦片，运销日本、东北九省及中国本土。"①

除了大量贩卖鸦片之外，日本人以大连为基地，还大量向中国内陆走私吗啡。据日本学者统计，1913年到1918年间日本从欧美输入的各种麻醉毒品(包括吗啡、海洛因和可卡因)如表8所示。由于存在缺项，这显然是一份不完全统计。就是按照这一不完全统计，6年合计进口了56 409公斤毒品，平均每年为9 402公斤，而每年日本国内合法消耗(医药与科学研究)的吗啡大约为900公斤。输入日本国内的吗啡远远大于其需求量，比例为10比1，大部分不会作为库存留在日本海关，主要通过走私途径输入到了邻国。大量的吗啡走私进入中国，正好填补了严厉开展禁烟运动后毒品黑市上的鸦片空缺。从表8可以看出，第一次世界大战期间，英国人是麻醉品的主要生产者，日本人是主要购买者。日本人输入的吗啡除了极小一部分作为国内用药外，绝大部分都转运到了中国。自欧美转口输入的吗啡自然不是日本人向中国输送吗啡的全部，如前所说，日本"星制药"公司已经开始大规模加工精制吗啡。

表8 1913—1918年日本从欧美国家进口的麻醉品 (单位：公斤)

年　度	输入总量	各输入国的输入量			
		英　国	德　国	美　国	国别不明者
1913	2 583	2 078	491		14
1914	5 124	2 776	2 169		179
1915	10 164	8 390	589	1 100	85
1916	15 842	15 279		428	135
1917	17 016	16 973		42	
1918	4 680	3 394		1 040	246
1913—1918	56 409	48 890	3 249	2 610	659

资料来源：仓桥正直：《日本の阿片丶モルヒネ政策》(3)，东京：不二出版社，1999年，第30页。

① 《国际军事法庭宣判日本三菱三井公司在华贩毒罪行》中央社东京10日电，《文汇报》1948年11月11日。沼野英不二，1896年生于东京，1922年毕业于东京帝国大学法学部，任职于大藏省专卖局。1941年4月任烟草事业部烟草课课长，旋任盐脑部部长，负责食盐与樟脑的专卖工作。当年6月14日被任命为蒙古联合自治政府经济部次长。1942年10月27日辞职。离职时从蒙疆带走了一部分自己在经济部工作的文件，其中有一袋是"关于鸦片的调查文件"。后来担任神户海关关长、神户海运局长等职。1981年7月病死。

人们公认,1920 年以前大连是日本向中国走私毒品的重要基地。青岛事实上也是一个毒品走私基地,这一点常常被研究者忽略。1914 年第一次世界大战爆发后,日本借向德国宣战为名,派兵占领了青岛。作为占领地区的日本行政机关军政署的主要军费来源就是依靠鸦片和吗啡。最初是贩卖台湾生产的吗啡,而后是仿照关东都督府的做法,挂起了“大日本鸦片局”的招牌,下设 7 个分局。在日本占领军的庇护下,日本毒品贩子纠合了一批流氓恶棍,四处兜售毒品,结果是青岛军政署的毒品收益每年不下 300 万日元。[①] 日本走私贩从国际市场上购买的鸦片和吗啡先是输入神户和大阪,然后转运到青岛,再利用其军队控制下的济南铁路,将毒品输入到天津、济南和上海。

在大连和青岛这两个城市,日本人走私毒品之所以畅行无阻,是因为他们享有四种侵略特权:第一种是日本人在中国的占领区中以其军政官员为后台,气焰嚣张,为所欲为;第二种是海关特权,日本人控制了大连和青岛海关,这两处海关事务完全由日本人管理,“无论何种货物在青岛上陆,有政府执照者不受海关检查”;第三种是日本在中国所设邮局,从来不准许中国海关人员检查包裹邮件;第四种是以“治外法权”为护符,不接受中国法律和司法机关的惩处。

关东都督府的藤原铁太郎在《鸦片制度调查报告》中承认,吗啡等麻醉品正从日本向中国秘密输出是没有任何疑问的。从 1916 年至 1920 年的 5 年间,日本所生产与输入的吗啡,减去合法输出的,尚剩余 68 540 公斤。国内合法的医疗和科学研究消耗的吗啡估计为 4 500 公斤(平均每年 900 公斤),尚有 64 040 公斤吗啡不知去向。用同样的方法计算海洛因与可卡因的剩余量,所得到的数据是,海洛因为 6 600 公斤,可卡因为 6 700 公斤。[②] 那么,这些成吨的吗啡、海洛因和可卡因通过什么途径输送到了哪些中国城市?答案是十分明确的。

大量事实证明,天津、济南、上海和厦门等沿海通商口岸首先成为日本毒品走私贩进攻的目标。关于日本将吗啡走私输入华北、华中与华南的情况我们将在以后各章中介绍,这里先看一看中国东北地区的走私情况。

凡是中国巡警查获吗啡案件,日本宪兵总是前往干涉,强行带走被拘人员。

---

① [日]野波静雄:《国际鸦片问题》,东京:平凡社,大正十四年(1925),第 429 页。
② [日]江口圭一著,宋志勇译:《日中鸦片战争》,天津:天津人民出版社,1995 年,第 23 页。

在吉林德惠县张家湾镇以日本人名义开设的鸦片烟馆就有 11 家，[①]中国警察前往查拿，日本人反而倒打一耙，“不云钱财丢失，即说前去强抢”。与日本官方交涉，日本官员一味庇护，中国警察多半失败，以至于当地警察分所根本无法履行其职责。日本药店无一不以走私吗啡为发横财之手段，无人不参与走私。一家药店账本显示，从 1919 年 8 月到 1920 年 3 月短短 7 个月内，后台日本人所得到的吗啡利润为 286 500 日元。[②] 除了这些专业走私贩之外，妓女也成为吗啡走私的重要成员，“凡日本娼妓所到之处，亦即吗啡所到之处。日娼之足迹所在地，如中国极边之地云南以至蒙古之库伦，无不有之”。[③]

这样，到 1920 年前后，日本人已经形成了一张巨大的走私贩毒网络：以中国沿海地区受日本影响最大的大连和青岛为据点；以大批日本人或日本奴役下的朝鲜人、台湾人组成的走私贩毒团伙为基层；以大连、神户、大阪的兼营毒品生意的杂货商为中层；以“大日本制药”“三共制药”“内国制药”“星制药”等制造吗啡商人为上层；而处于毒品走私机构顶层的是台湾总督府、关东都督府和青岛军政署。当然，在这个金字塔的毒品指挥部中心，首脑人物则是后藤新平、古贺廉造等人。

1931 年“九一八”事变之后，日本将台湾、朝鲜和中国东北视为其占领地和殖民地。为了攫取本地区的巨大财政收入以及维持该地区的鸦片供应，开始实施鸦片替代政策。为了减少对于国际市场上鸦片的依赖，日本开始实施鸦片自给政策，积极鼓励在朝鲜和伪满洲国种植罂粟、生产鸦片。随着朝鲜成为鸦片生产地和供应国，朝鲜人开始大批成为瘾君子，朝鲜因此又成为鸦片等毒品的消费地。日本军国主义者通过朝鲜生产鸦片毒害中国人，同时也毒害了朝鲜人。

韩国学者朴橿指出：“九一八事变以来日本的势力范围，即为了维持在台湾、关东州、伪满洲国的专卖税成为外国产鸦片的代替产地而呈现出朝鲜的重要性。特别是 1930 年以后的伪满洲国，朝鲜不仅生产鸦片，而且成为毒品的最大输出地。与此相同的是，作为殖民地的朝鲜，从前尽管是几乎没有鸦片消费的地区，但是由于日本的鸦片政策，成为作为鸦片的生产和供给地而沦落为毒品的消费

---

① 宽仁堂烟馆（日本人大金牙、中国人李三）、福寿堂烟馆（日本人首藤、中国人美升）、五福堂烟馆（日本人立川、中国人于云波）、顺天堂烟馆（日本人井口、中国人董兰亭）、大丰当烟馆（日本人首藤、中国人李子林）、松本洋行烟馆（日本人松本、中国人赵子培）、大世药房烟馆（日本人大野、中国人褚兴九）、开进楼烟馆（日本人松尾、中国人刘姓）、大兴号烟馆（日本人粕珞清吉、中国人孟广福）、柴田洋行吗啡铺（日本人柴田）、长生堂吗啡铺（日本人柏谷）。《吉林省长公署关于调查日人庇纵烟馆训令》1918 年 8 月附录，马模贞主编：《中国禁毒史料》，天津：天津人民出版社，1998 年，第 684 页。

② 《日本议会揭穿南满日吏贩烟之丑闻》，长沙《大公报》1921 年 2 月 23 日；《美人揭穿日人云土黑幕》，长沙《大公报》1919 年 10 月 3 日。

③ 《日人之吗啡鸦片两贸易》，《东方杂志》第 16 卷第 1 号，1919 年 1 月 15 日，第 202 页。

地区。”[①]

每年由日本人走私输入中国的毒品数量有多少？难以统计。走私毕竟是走私，无论是1860年的英国鸦片走私贩还是20世纪初期的日本贩毒者，他们当然知道自己所从事的活动都是反人道的罪恶勾当，都不愿留下系统的真实的数字记录。即使当时由于种种需要披露了一些数据，事后他们还要千方百计加以掩盖和销毁。例如，《关东都督府施政志》在最初10年业绩里曾经在地方会计栏目中列入特许费的收入数字，但是，关东州“二十年志”却有意把它删除了，到了出版关东州“三十年志”的时候连会计表也完全撤销了。显然，贩毒者对于公布毒品特许费的收入数字是很有顾忌的。因此，现在想找到一份详细而系统的统计数据是相当困难的。这里我们不得不借用1918年一位外国记者的估计：“每年由日本输入中国之吗啡，姑以最小之额计之，亦有18吨之巨，且有确据可以证明，此数尚日有增加。”[②]

正当日本走私鸦片、吗啡等毒品达到登峰造极的地步时，在国际舞台上日本的政要人物受到了强烈谴责。天津发行的《字林周报》于1918年11月21日以《谴责日本人走私鸦片》的报告为题，揭露了日本官商勾结在一起走私各种毒品的事实。1919年2月14日《纽约时报》也作了转载。英国《泰晤士报》著名记者莫理循对于日本政府言行不一的两面性非常反感，他在1918年6月28日致友人的信件中说：“日本是禁止向中国输入吗啡公约的签字国之一，然而再没有比进口日本吗啡的生意更旺盛的了。”[③]

在国际社会的强烈谴责下，日本政要人物不得不出来应付，接替寺内的原敬首相在1919年2月的帝国会议上公开声明说：“政府已在上月的18日决定采取严厉的禁止的方针。”[④]然而这种外交语言毕竟是虚伪的，仅仅过了3个月，当新任关东都督府长官林权助上任之际，日本内阁便发出了内部训示，告诫说，关东州财源缺乏，鸦片“断禁”方针不要列入计划。可见，日本政府并不打算改变其毒品政策，首相的声明只是说给国际社会听的。

20世纪20年代前期，中国处于政治动荡时期，由于内战的需要，各地军阀为了筹集内战经费纷纷开放鸦片烟禁，毒品生产量迅速增加，国际毒品走私利润大幅度下降，国际毒品走私活动受到市场价格抑制。不过，这种情况到了1928年又有改变。北伐军取得胜利后，在国民政府控制的行政区域内再度掀起禁毒

---

① 朴橿：《20世纪前半期的东北亚韩人与鸦片》，国史馆印行，第269页。
② 《亟应立刻断然禁止的日本在中国贩卖鸦片丑事》，《字林西报》1918年12月17日。
③ ［澳］骆惠敏编，刘桂梁等译：《清末民初政情内幕》下册，上海：知识出版社，1986年，第740页。
④ “第41届帝国贵族院预算委员会议事速记”第9号，大正八年(1919)2月20日，第83页。

运动，日本走私贩又开始频繁活动起来。自 1929 年 7 月 1 日到 1931 年 6 月 30 日短短两年时间里，中国海关共查获日本人利用船只贩毒案件 104 起，缴获毒品 73 249.9 两，价值白银 328 899 两。

20 年代后期，东三省仍然是日本贩毒的重点区域。据时人估计，沈阳的日本租借地有鸦片烟馆 200 余家，吗啡馆 10 余家；长春的日本居留地有鸦片烟馆 500～1 000 家；安东(今丹东市)的日本居留地有鸦片烟馆 2 000～5 000 家，吗啡馆 21 家，安东市内总人口当时不过 16 万人，鸦片烟馆却有 1 100 余家，大约有 40 000 人身染鸦片毒瘾。沿南满铁路线的城镇里，日本人的居住区全是贩毒的据点。哈尔滨成为东北最大的毒品市场，鸦片来自西伯利亚、黑龙江、蒙古，吗啡和海洛因则来自大连。20 家上等鸦片烟馆全部由日本人开设，门口飘着日本的太阳旗，站着气势汹汹的日本浪人。

1910 年以前，朝鲜很少有人种植罂粟，很少有人吸食鸦片。1910 年成为日本的殖民地后，朝鲜人对于日本人强烈不满，为了躲避日本人的政治、经济和文化侵略，他们背井离乡，离开故土，移居中国东北或其他滨海城市。这些朝鲜人在定居中国之后，日本人不承认他们已经归化中国，故拥有双重国籍。这种双重国籍对于朝鲜人来说，既有有利的一面，又有不利的一面。有利的一面在于可以利用治外法权，规避法律责任；不利的一面在于双重国籍的不稳定法律关系，维持生计比较困难。在中国东北的一部分朝鲜人为了反抗日本的压迫，开始利用中国官府的保护，从事独立运动。是时日本人大规模贩运毒品，遭到国际社会强烈谴责，在这种情况下，日本人开始鼓励朝鲜人贩毒。为了生计，一部分朝鲜人选择了鸦片等毒品走私活动，这不能不引起中国官民的反感。为了逃避中国政府和法律的制裁，他们开始利用治外法权，保护非法活动。

“一方面，在满洲的韩人被看成是‘日本人’，满洲地区的韩人的鸦片毒品问题和中国官民相对立，日本无论何时都会借此成为侵略中国的理由。满洲是失去国家的韩人移住生活最多的地方，也是独立运动的主要根据地。对于满洲地区的韩人，在独立运动方面，也需要拥有主管满洲地区权利的中国政府和人民的支持和协力。在此情况下，和鸦片毒品相关问题两地区的韩人对取得中国和国际社会的问题和支持有不利的影响。”①

日本人之所以鼓励朝鲜人贩毒，无非是一石三鸟：一是掩人耳目，转移国际社会对于日本政府的谴责；二是通过鼓励朝鲜人贩毒，消弭朝鲜人的反日意志；三是阻隔朝鲜人与中国人的被压迫民族之间的情感联系。

---

① 朴橿：《20 世纪前半期的东北亚韩人与鸦片》，国史馆印行，第 271 页。

1931年伪满洲国成立后，为了治安的需要，日本人对“满洲人”的关心似乎超出了在该地的朝鲜人，从事贩毒的朝鲜人暂时失去了价值。但是不久，当日本人的鸦片政策确定之后，当这些朝鲜人成为“日本的臣民”之后，他们的价值又重新被发现，因为他们可以冒险深入华北地区兜售毒品、搜集情报。1937年卢沟桥事变之后，移居到华北地区的朝鲜人比先前增加了10倍之多。在动荡的环境下，他们很难找到正式的工作。在这种情况之下，这些可以享受治外法权的朝鲜贩毒者，自然陷于不正当的行业当中，成为日本侵略者的帮凶。

专门从事近代中国毒品问题研究的韩国学者朴橿，在分析了各个阶段朝鲜人在东北和华北的贩毒活动之后，认为朝鲜人在中国的贩毒原因相当复杂。他说：

“1910年，由于日本对朝鲜的强占，在政治经济上处于困难之中的韩人纷纷前往外国移住。在这其中，面临经济困难的许多韩国人陷入‘不正当行业’的迷惑之中。特别是日本不承认韩人的归化，而拥有不稳定的法律上的二重国籍。前往农村的韩人与移住城市的不同，他们找不到‘正式的行业’，而陷入‘不正当行业’之中。另一方面，移住中国满洲和华北等地的韩人被看成是日本人而可以享受治外法权的特权，即在中国不论做出什么样的不法行为也不受中方的管辖而是受日领事馆的管理……前往满洲、华北等城市移住的韩人经不起这种特权的诱惑，很多都沦落成为‘不法经营者’。在这其中虽然有许多为了生计而从事‘不正当行业’，也有的是想借此生意而大发一笔前往满洲和华北的。”[①]这种看法不无道理。

黑龙江省敦化县有一家朝鲜人开设的博爱医院，与日本人相勾结，名为治病，实为贩毒，致使病室成为“吗啡鬼”的聚集场所。该县几次设法驱逐，“卒以日人保护，终未达到目的”。1930年7月，新任县长派遣游巡队队长前往查禁，查获大宗吗啡970块，同时还查获有枪支。正在审理时，日本驻哈尔滨领事派出外交科长到县提出抗议，“以中国对彼方无裁判权限，所有人犯、吗啡及八音手枪非强迫索去不可”。[②] 这一事件以中国方面被迫同意“引渡”才得以了结。东三省的鸦片、吗啡和海洛因的消费中心几乎都在日本人的居留地内。

在吉林省榆树县五棵树镇，有一伙租屋居住的日本浪人，他们名义上是经营粮食生意，实际干的是贩卖毒品的勾当，毫无忌惮，“地方人民受害甚烈”。1923

---

① 朴橿：《20世纪前半期东北亚韩人与鸦片》，国史馆印行，第271～272页。

② 《敦化县政府为朝鲜民贩卖吗啡请交涉呈》1930年9月，马模贞主编：《中国禁毒史资料》，天津：天津人民出版社，1998年，第962页。

年 7 月，榆树县警察奉命前往搜查，毒品贩子羽地朝德竟然敢于挥舞手枪，公然抗拒。警察将其制伏之后，当场在其住处查获“吗啡连盒 7 两、吗啡 23 小包、吗啡连筒 2.5 两、麻药连盒 2.1 两、麻药连瓶 4.1 两、天秤号码 1 盒、烟土约 6 钱、乳箔碗 1 个、烟药 1 小瓶、吗啡针 1 具、烟枪 1 杆、烟斗 1 个、六轮手枪 1 杆、子弹 2 粒、竹提包 1 个、官帖 1 500 吊、同字 68 枚、吗啡账 3 本、切结 2 纸”。同时在宇喜原康保、国武猛等吗啡贩子住处查获“吗啡连筒 3.5 两、吗啡 60 包、麻药连盒 1.9 两、烟枪 1 杆、烟斗 1 个、天秤 1 架、小罗 1 个、吗啡针 1 盒、官帖 724 吊”。[①]

日本驻日内瓦国际会议代表横山正幸在呈给外相的信件中也承认：“以往根据帝国驻华领事的裁判，对麻醉品秘密走私犯罪者的处罚，确有失之过轻之嫌。最近便有对二三犯人仅判决处以 20 日元罚金的实例。这与中国及欧美诸国官宪实行的严厉处罚政策相比就太轻了，因而受到没有任何取缔效果的指责。”[②]

大量事实证明，从 1918 年开始，日本人已经代替英国人成为向中国各地走私毒品的首要凶犯，并且在辽宁、吉林、黑龙江、河北和山东形成了一张巨大的毒品网络。如果说，西方侵略者对于中国内地的渗透是通过传教士进行的，是一种宗教文化渗透，是一种比较文明的精神渗透，那么，日本对中国内地的侵略则是通过毒品贩子进行的，是一种反人道、反文明的渗透，是一种极其野蛮的强盗式渗透。这种渗透的根本目的是激起渗透地区的社会动荡，便于侵略者施展阴谋，挑起外交事端，火中取栗。

二　傀儡政权伪满洲国的《鸦片法》

在伪满洲国成立之前，这个傀儡政权的鸦片政策已经由关东军拟订好了。1932 年 2 月初，关东军参谋长小矶国昭、副参谋长冈村宁次、第三课长原田熊吉、代理总务厅长官阪谷希一、伪财政部总务司长星野直树、伪民政部总务司长竹内德亥以及其他日本官吏一起进行了筹划，决定成立专卖公署，在伪满实施鸦片专卖制度。尔后，由总务厅长官驹井德三、星野直树召集主计处长松田、特别会计科长毛利、一般会计科长古海忠之等人讨论了实施的具体方案，决定聘请神户税务署长难波经一负责鸦片专卖事宜。2 月下旬难波经一到任后，立即着手鸦片的收购。当时，日本尚未占领鸦片的重要产地热河，为了解决鸦片的来源问题，难波经一亲自潜入天津收购华北鸦片，很快就收购了 50 万两。此外，又从日本和伊朗收购了 150 万两鸦片。

---

① 《榆树县为拿获贩卖吗啡之日人呈及吉林省长公署指令训令》，吉林省档案馆藏。
② ［日］江口圭一著，宋志勇译：《日中鸦片战争》，天津：天津人民出版社，1995 年，第 19 页。

1933 年 3 月，为了逃避国际社会的谴责，日本宣布退出国际联盟，并且立即发动了热河战役。日军占领热河之后，立即指定其为罂粟集中种植区。之所以选定热河为鸦片产区，既是为了便利控制，也是为了加强管理。1933 年 3 月，伪财政部税务司长源田松三飞到锦州上空，用飞机将大量传单撒到热河各地。传单的主要内容是：鸦片生产、运输、加工和销售由政府管理，可以杜绝新瘾者的增加，可以逐渐减轻鸦片流毒；罂粟可以自由种植，而收获的鸦片必须交给当局；只有采取这样的措施，才能完成建国的理想——“王道乐土”。他们鼓吹说：“鸦片是满洲国人民所喜欢的东西，政府为适应人民的需要，将来由政府专卖，准许人民领鸦片栽培证，许可栽种，领鸦片吸食证，公开吸食。”①4 月 4 日，关东军第四课下达的指示是：“从平津进逼热河时，应做好补充弹药和提供财政援助的准备，建立将热河栽培的鸦片得以销售至辽西一带的保护制度。”②

9 月，鸦片到了收获季节，伪满洲财政部正式公布“暂行鸦片收买法施行规则令”。该“规则令”共有 8 条，要求热河各县长、旗长和市长加强鸦片征收管理，对于鸦片的征收、运输和贮藏负责保护，向“鸦片收买人”发放执照，要求“鸦片收买人”将收购的鸦片数量每旬如实上报，全部呈交财政部官员。③

1932 年 11 月 30 日，伪满洲国正式公布了《鸦片法》。该法共有 22 条，只看前几条就可以知道，禁止吸食鸦片是幌子，鼓励吸毒是实意：“第一条，本法所称之鸦片，系指生鸦片、鸦片烟膏及鸦片烟灰而言。第二条，鸦片不得吸食之，但于康德五年一月十一日以前已达满 25 岁之鸦片瘾者，由政府认为治疗上有必要而许可者吸食政府所出售之鸦片烟膏时，不在此限。第三条，鸦片或鸦片吸食器具不得输出或输入之，但政府输出或输入制药用或鸦片瘾人治疗用之生鸦片或鸦片烟膏时，不在此限。第四条，鸦片除政府外不得制造之，但经罂粟栽种之许可者制造生鸦片时，不在此限。第五条，鸦片吸食器具非政府之指定者，不得制造之。”④

该《鸦片法》名义上虽然限制 25 岁以下的人吸食毒品，而实际执行时却没有任何限制；《鸦片法》名义上限制鸦片烟膏以及器具的制造与贩卖，但只是限制私人的行为，经过当局批准的“许可者”不在限制之内，根本目的在于实施政权机构

① 中央档案馆编：《日本帝国主义侵华档案资料选编 · 东北经济掠夺》，北京：中华书局，1991 年，第 815 页。

② 华永正：《倾毒中国理应赔偿：对于“中日联合声明”的再认识》，《日本侵华研究》第 12 期，1992 年 11 月，第 29 页。

③ 《暂行鸦片收买法施行规则》，马模贞主编：《中国禁毒史资料》，天津：天津人民出版社，1998 年，第 1523 页。

④ 《伪满鸦片法》，马模贞主编：《中国禁毒史资料》，天津：天津人民出版社，1998 年，第 1523 页。

的垄断性经营。表面看来，这个《鸦片法》与《日内瓦禁烟公约》第二章《生鸦片及古柯叶之国内管理》第六条规定并不矛盾，[①]似乎都是实行国家专卖制度，但目的则截然相反：一个是通过实施专卖制度，严格限制和禁止吸食，着眼于禁毒；另一个是通过专卖制度的推行，极力纵毒，最大限度地垄断鸦片利益。因此，伪满洲国的《鸦片法》是一个地地道道的全面纵毒法令。

三　伪满洲国1937年前的鸦片专卖制度

为了推广台湾和大连的经验，伪满民政部司长竹内德亥特意从台湾调来丹野技正，从大连调来黑静技正，安插进伪满民政部卫生司，主管鸦片政策企划和实施。指定伪满民生部警务司负责鸦片政策的有关取缔事项；指定伪满洲各省、市、县的警备厅、警察局、警务科、卫生厅、卫生处、卫生科共同负责推行辖区内的鸦片专卖政策。

1933年春季，鸦片专卖总署正式挂起了牌子，隶属于伪满洲国财政部，名义上以姜恩之为署长，实际权力掌握在副署长难波经一手中。下分总务科、收纳科、贩卖科、制造科和缉私科。将鸦片贩卖区域划分为奉天区、辽阳区、锦县区、安东区、辽源区、新京区、吉林区、滨江第一区、滨江第二区和龙江区，分别在奉天、新京、吉林、间岛、滨江、龙江、承德、营口、安东、锦州和四平街设立专卖公署。后来将鸦片专卖总署改为"鸦片专卖公署"，在各地设立鸦片专卖分所20余处，驻在所80余处，负责管理各地鸦片专卖业务。例如，奉天鸦片专卖署下设4科：总务科主管人事和财务；生产科主要负责鸦片烟膏和吗啡的生产，并将这些产品分配给各地区的鸦片零卖所；收购运输科负责收购、运送生鸦片；缉私科负责巡视各地的稽查活动。

日本侵略者在中国各个占领区推行毒化政策，不仅是有组织有计划地进行，而且是有预谋的，总是急不可待地提前做出安排。例如，准备向热河发动攻击的军队尚未出发，就指派鸦片专卖总署组成"承德鸦片工作班"，着手筹划热河的鸦片事宜，并委派川岛芳子担任安国军第二军司令官，主要任务是保护热河通向伪满洲国的"鸦片通道"。1933年2月2日，"承德鸦片工作班"随同日本关东军一起由锦州出发。3月6日，日军占领承德。3月8日，就开始网罗原来在热河省

---

① 各缔约国应加管理于制造、输入、售卖、分销或输出本公约内所载物品之人，及此等人所藉以经营工业或商业之场所，各缔约国为此应取下列办法：(A)只准有执照之工厂或局所制造第四条BC及G所载之物品；(B)凡制造、输入、售卖、分销、输出该项物品者，应具有准许办理此等事务之执照或特准；(C)该项人等应将其制造、输入、输出、售卖及其他种种方法分销该物品之数量记入册内，本规定并不适用于医生所消耗之数目及特准药房依照药方而售出之数量，惟每次药方必须由医生或药房保存之。

禁烟指导局的人员，搜集热河鸦片资料，以最快的速度组成了“鸦片专卖总署承德办事处”。

伪满洲国鸦片专卖制度下的罂粟种植，虽然采取了所谓种植许可制，但这仅仅是为了管理上的需要，实际上对于种植面积根本没有任何限制，侵略者与伪政权都希望罂粟种植越多越好。1934 年 10 月，伪满洲专卖公署许可栽种罂粟的主要地区有：热河的阜新、朝阳、建平、凌源、凌南、青龙、平泉、宁城、承德、围场、隆化、兴宁、滦平、赤峰等地，总面积为 335 000 亩；辽宁省的长白、安图二县，种植面积为 25 000 亩；吉林省的和龙、汪清、珲春、延吉、东宁、密山、勃利、宝清、富锦、同江、饶河、虎林、抚远等县，种植面积达 305 000 亩。计划种植面积共计 665 000 亩。1935 年指定罂粟种植面积是 309 800 亩，1936 年指定达到 600 000 亩，1937 年指标达到 700 000 亩，实际上种植面积远远超过计划的面积，当年 10 月 4 日公布的种植面积为 1 030 000 亩。当时热河全省农户为 631 300 户，被强令种植罂粟的有 398 800 户，占总农户的 63.2%。围场县有 44 200 户种植罂粟，平均每户的种植面积为 2.8 亩。赤峰县种植罂粟的有 28 280 户，平均每户种植 2.52 亩。[①]

伪鸦片专卖署最初征购鸦片表面上采用的是收买商代理制，实际是官方强制征收。专卖署首先把鸦片征收权益分别给予两个公司：大满号专门负责征收热河西部地区的鸦片，大东号则负责征收东部地区的鸦片。大满号与大东号经理划区域指定若干收买人，到各个地方收买农民手中的鸦片。收购时间为每年 6 月 20 日开始，10 月下旬结束。例如，大满号分别在承德、围场、滦平、隆化、平泉、凌原、凌南、青龙、朝阳、建平、赤峰、林西和克什腾旗设立分号 13 处，另外设立办事处 36 处。关于大满号收买业务的监督，除了由总号直接向分号及办事处派遣监督员实行内部监督之外，同时专卖署还派遣缉私官吏实施外部监督。大东号总公司设在长春，总经理是关东军五十岚少将。

专卖公署每年根据其产量和市场行情确定鸦片征收价格。鸦片收买价格最初是每两(1935 年为 16 两衡制，1 两约等于 31.25 克)1.5 元，中期每两(1936 年以后 1 两等于 50 克)涨到 8 元。不仅农民没有鸦片议价权利，就是代理商也无权调整其价格。专卖署的鸦片征收量逐年增加，由开始的 250 万两很快增加到 1 010 万两；鸦片专卖利益也逐年增加，从 1933 年的 300 万元到 1936 年的将近 4 000 万元(表 9)。据统计，1933 年收购了 340 万两，平均每两 2.24 元；1936 年收购了 1 030 万两，平均每两 1.92 元。1933 年销售了 120 万两，平均售价每两

---

① 田果如：《日伪在热河制造的烟害》，《河北文史资料》1989 年第 3 期，第 179 页。

4.58元;1936年销售了1 010万两,平均每两3.82元。[①] 随着鸦片征收数量的增加,鸦片利润如表9,也开始大幅度上涨。

表9 1933年与1936年伪满洲国鸦片收购销售情况比较一览表

年度	收购价格（元）	收购数量（两）	销售价格（元）	销售数量（两）	鸦片纯利（元）	财政收入比率(%)
1933	2.24	3 400 000	4.58	1 200 000	370 000	0.2
1936	1.92	10 300 000	3.82	10 100 000	13 310 000	5.0

鸦片专卖制度下的销售采用层层批发的包销制。由伪财政部指定吴子清为北满鸦片总批发人,大中银行经理孙某为南满鸦片总批发人。然后,由他们在各都市设立批发所。鸦片总批发人制度实行了一年多,到1934年被取消,代替鸦片总批发人的机构是鸦片专卖总署。鸦片零售商由各省市县专卖支所指定,逐级报请伪民政部官员认可。南北满鸦片总批发人,或鸦片专卖总署,通过各地的批发所将鸦片逐级批发给各地的鸦片零售商。手持特许证的鸦片零售商经营毒品的场所统一叫作"鸦片零卖所"。各省第一批指定的鸦片零售商人共有1 400余人。零售商办理执照后,"零卖所"可以张灯结彩挂牌营业,鸦片销售与消费于是完全合法化。鸦片销售价格最初是每两8元,后来上涨到15元。谁得到鸦片批发权和零售权,谁就可以在垄断体制内大发销售毒品的横财。

伪满洲国鸦片专卖政策一出笼,即遭到国际社会的批评和谴责。1933年11月2日,国联顾问委员会举行会议,美国代表富勒报告:"近今远东,尤其满洲热河麻醉品事态之发展,美睹之,不胜惊讶。例如,违犯中国法律,设立所谓鸦片专卖,此实可称为麻醉品违法贸易之唯一最大企业,其设立专卖,志在推广鸦片之吸食。现伪政府之预算案,估计鸦片专卖之余利,其数约达每年日金一千万元,其所销之鸦片,每年约达三千三百万日元。规模之大,可以想见矣。"他一针见血地指出:"鸦片之充斥,已使满洲与热河之吸者为之大增,且其产生之数,大逾其本地消费之数,恐其余剩者,将违法运销中国内地。"[②]

在毒品传播过程中总是伴随着色情和引诱。鸦片零卖所开始营业不久,为了招徕顾客,都不约而同地增加了女子烧烟服务项目,美其名曰"花烟馆"。例如,抚顺这种"花烟馆"就有五六十家之多。1933年,长春头道沟有一座两层高

① [英]琼斯 F. C. 著,胡继瑗译:《1931年之后的中国东北》(Manchuria Since 1931),北京:商务印书馆,1959年,第131页。

② 何新吾:《伪满洲国真相》,南京东北研究会,1934年,第230页。

的楼房，一家鸦片零卖所开设在这里，在各个房间中挤满了鸦片吸食者，约有400多人，有的人是为了吞云吐雾，享受毒品给予的短暂的欣快感，有的人是为了满足性欲而来，为色情而消费毒品。毒品创造了一种强有力的好奇诱人的亚文化。

为了装装样子，侵略者在各大城市中也象征性地设立了戒烟所。这些戒烟所由伪满民政部卫生司负责监督指导，设备大都非常简陋，名义上向患者提供免费治疗，实际采取虐待的方法，使鸦片烟毒患者不敢进入其中。各地戒烟所大多是空有其名。

假若一个国家或一个地区只是为了制止毒品蔓延而实行严格的国家专卖制度，倒也不违反《海牙禁烟公约》与《日内瓦鸦片公约》的精神与规定。而伪满洲国的专卖机构与专卖制度的设立，不仅不是为了控制鸦片烟毒的蔓延，反而是为了极力麻醉东北人民的反抗精神，最大限度地垄断该地区的鸦片利益，进一步加重该地区的毒害程度，与国际公约的禁毒精神与原则完全是背道而驰的。

伪满洲国成立之前，中国东北地区由张作霖等军阀统治，由于该地区历来不是鸦片种植和吸食的重灾区，染上毒瘾的多是较富裕的地方绅士，一般老百姓很少有机会接近毒品。1906年，东北地区总人口为18 415 714人，有毒瘾的人为105 686人，约占总人口的0.57%。1932年，东北地区总人口为3 000万人，吸毒人数最多不过20万人。[①] 伪满洲国成立后，鸦片生产、消费合法化，吸毒人数大量增加，1938年，估计伪满洲国吸食鸦片人数有100万左右，约占总人口的3%左右，年消耗鸦片在1 000吨以上，到1939年，吸毒人数高达150余万人，约占总人口的5%左右。

四　毒品在中国东北地区的严重泛滥

"九一八"事变之前，安东地区很少有海洛因患者，日本租界虽然聚居着贩卖吗啡的贩子，但在中国打击贩毒活动的压力下，他们的活动受到很大限制。事变之后，太阳旗所到之处，日本与朝鲜籍的毒品贩子紧随其后，鸦片烟馆和销售吗啡与海洛因的毒品店就像雨后的毒蘑菇一样一齐冒出地面，甚至医院、妓院和当铺都成了供应毒品的场所。财神庙街、前后聚宝街、兴隆街、中富街、县前街，以及其他大街小巷或明或暗，都有鸦片烟馆。1933年，经过申请得到特许证的鸦片零卖所和公开贩卖吗啡、海洛因的药店大约有860家(一说500家)，其中346

---

① 《金名世证词》，中国第二历史档案馆藏；又载马模贞主编：《中国禁毒史资料》，天津：天津人民出版社，1998年，第1521页。

家设于城内。吸食吗啡的约有 25 000 人，吸食鸦片的约有 15 000 人，合计 40 000 人，约占安东总人口 160 000 人的 16%。据 1935 年的一项不完全统计，安东的鸦片烟馆有 1 800 多家，尚不包括日本租界。

经过在华使领馆人员对中国东北地区流毒情况的调查，美国财政机关在 1935 年的报告中指出："'九一八'事变前，鸦片毒害的范围较小，仅威胁了安东一地。在日租界内私卖鸦片之时，中国当局为了对抗这一逐渐蔓延的毒害，曾采取果断的禁止措施，并曾颇有成效。但日本合并满洲、朝鲜之后，情况就完全变了。也即日本人及朝鲜人中的无赖汉等，利用其政治势力，从鸭绿江东岸新义州的制药厂，向当地公开输入鸦片及其他麻醉品。而且在七道沟设立了总经销处，日本人及朝鲜人经营的妓院，成了贩卖代理店。与此同时，当铺也被用于同一目的。那些可怜的沉溺于麻醉品的人，为了满足自己的欲望，不得不拿自己的衣服及其他物品交换麻醉品。"①

关于海洛因等烈性毒品在安东传播的情况，一位参与东京国际审判的美国官员指证说："本地区海洛因的情况是一个比较新的问题。'九一八'事变前，海洛因极少，且偷偷使用，其范围也仅限于铁路沿线的城市及村落。但是，事变后海洛因的毒害及影响则波及到铁路沿线以外的农村，使用海洛因的恶风甚至刮到了满洲的士兵中间。"②

在奉天，如同安东一样，"九一八"事变后，到处都是日本人、朝鲜人和当地的绅士开设的鸦片零卖所，总数不下 600 余家，其比例分别是 50%、40%、10%。除了这些鸦片零卖所之外，妓院和赌场也随时供应各种各样的毒品。由于许多人服用烈性毒品吗啡和海洛因，过量服用毒品致死的人经常出现在街头。吉林至少有 900 家供应毒品的场所，齐齐哈尔约有 500 家以上，营口至少有 400～500 家，承德城内也随处可见吸食毒品的场所。这种鸦片零售所的设备有的比较豪华，有的比较简陋。豪华的鸦片烟馆有烟榻几十张，营业需要占据一座几层高的楼房，安排数十名善于烧制鸦片烟泡的女招待；简陋的零售所，只是把普通的房子隔成若干小间，每个单间摆设两张卧榻。1932 年 2 月日军占领哈尔滨之后，在 Kitasky 大街和大成街一带就有 500 家鸦片烟馆，全城估计不下 1 300 家毒品营业场所。哈尔滨的鸦片主要来自长春，部分来源于朝鲜。

一位亲历者如此说："事变(即九一八事变)之后，日、鲜人在东北除售鸦片外，并以洋行药房作招牌，公开销售白面、吗啡。余曾见一鲜人开一吗啡贩卖机

① [日]江口圭一著，宋志勇译：《日中鸦片战争》，天津：天津人民出版社，1995 年，第 27 页。
② [日]江口圭一著，宋志勇译：《日中鸦片战争》，天津：天津人民出版社，1995 年，第 29 页。

关，曾参观其内幕，除门市零售外，特设一房间，内中置一长桌，两边置座位，备打针者之用，案上置火柴数盒，备吸白面者之用，每晨起门庭如市，蜂拥而来，有持杖者，有披麻袋者，有持饭盒者，店内设有管针一员，无薪金，每打十针者之顾客，与管针者一针。其工作代顾客与老板作钱袋之交易，老板特关一室置有数窗与管针者交易，该店约有针十数挺，观其势尚有不足用之憾，顾客打针较迟者，呤喔于床上。”①

1910 年日本合并了朝鲜，与台湾一样，在朝鲜这块殖民地上最初也采取所谓的鸦片“渐禁”政策。民国初年，中国禁毒逐渐走向高潮，亚洲市场上鸦片价格大幅度上涨，朝鲜的罂粟种植在侵略者的怂恿下大面积增加。1919 年，日本在朝鲜开始实施鸦片专卖政策，鸦片出口被日本控制，1933 年以后，朝鲜鸦片成为日本向中国输送鸦片的重要来源（详见表 10）。②

表 10　1933—1939 年朝鲜鸦片生产与输出情况一览表　（单位：公斤）

年度	罂粟种植面积(ha)	鸦片产区	鸦片产量	鸦片输出量		
				关东州	伪满洲国	台湾
1933	2 240		11 050			3 186
1934	2 177	京畿、江原、咸南、咸北	11 339			
1935	2 531	京畿、江原、咸南、咸北	18 160	7 500	3 572	
1936	2 497	京畿、江原、咸南、咸北	27 086	15 022	11 283	
1937	2 608	京畿、江原、咸南、咸北	27 608	6 700	17 461	
1938	5 110	京畿、江原、咸南、咸北、黄海道	26 538	9 010	28 668	
1939	6 729	全国各地(除平北之外)	26 702	8 524	4 259	10 659

资料来源：《极东国际军事裁判记录检察侧证据文件》第 82 卷；摘自：朴橿：《中日战争与鸦片——以内蒙古地区为中心》，台北：国史馆，1994 年，第 58 页。

1933 年，朝鲜鸦片产量急剧增加，可能与伊朗鸦片进口急剧减少有关。当时，伊朗鸦片是日本的主要进口对象。1930 年代，国际社会强烈谴责伊朗鸦片

---

① 何新吾：《伪满洲国真相》，南京东北研究会，1934 年，第 229～230 页。

② 《极东国际军事裁判记录检察侧证据文件》第 82 卷，并参考朝鲜总督府编纂：《朝鲜总督府统计年报》，汉城：1942 年，第 252 页；朝鲜总督府编：《朝鲜事略》昭和十一至十六年，汉城：1936—1940 年，第 107 页（昭和十一年），第 113 页（昭和十二年），第 119 页（昭和十三年），第 149 页（昭和十四年），第 157 页（昭和十五年），第 161 页（昭和十六年）。转摘自朴橿：《中日战争与鸦片——以内蒙古地区为中心》，台北：国史馆，1994 年，第 58 页。

生产，伊朗鸦片政策有所调整，产量逐年减少。在此情况下，日本打算实现控制区的鸦片自给，因此，开始大力扶持朝鲜鸦片生产。在1937年中日战争全面爆发之前，朝鲜鸦片主要输出到台湾。1937年以后，主要输出到中国东北地区。

据官方统计，1933年由朝鲜输入鸦片1 899公斤，到1936年增加到11 238公斤。毒品毒害了中国人，也毒害了生活在哈尔滨的日本人和俄国人，关东军的不少士兵也染上了毒瘾。

伪满总务厅的报告书说，在181个城市中，1936年领有执照的鸦片烟馆有3 840家，毒品馆所8 400家。① 这是官方掌握的毒品馆所，实际上还存在大量没有执照的鸦片烟馆。实行鸦片毒化政策，主要是从精神上麻醉中国人民，从而达到亡其国而灭其种的罪恶目的，许多中国人成为这种政策的牺牲品。根据伪专卖公署的不完全统计，1933年登记的毒品患者有56 804人，1937年达到811 005人，烟民人数在短短6年时间内增长了14倍。这还是官方公布的登记数字(表11)，实际吸毒者恐怕还要多得多。

表11 1933—1937年伪满洲国烟民登记情况

年　　度	1933	1934	1935	1936	1937
烟民人数	56 804	115 447	317 600	491 965	811 005

1938年，登记的鸦片吸食者是999 999人，吗啡使用者是44 000人，总数远远超过100万人。② 根据英国外交官的估计，约有1 600 000人，占总人口的5.3%。③ 这里应当指出，英国外交官的估计不是夸张的。伪财政部1939年的一项估计是9 000 000人有嗜毒倾向，这个数字可怕得令人难以置信，因为它相当于满洲地区总人口的30%左右。④ 另据记载，1941年单单热河省就有烟民600 000人。⑤

以上数据是就一般情况而言，具体到重灾区村镇，情况更加严重。据《凌源县志》记载：四官营子街里村有80户人家，在日军占领以前是一个吃穿有余的富裕村子。日本侵占以后，罂粟种植面积逐渐扩大，最多时达到175亩，平均每

---

① 《伪满洲国总务厅政务概况报告书》(1937年3月)上卷，第39页。

② 中央档案馆编：《日本帝国主义侵华档案资料选编·东北经济掠夺》，北京：中华书局，1991年，第817～825页。

③ Thomas D. Reins, *China and International Politics Opium, 1900 - 1931: The Impact of Reform, Revenue and the Unequal treaties*, Ph. D. Dissertation, Claremont Graduate School, 1981, p. 260.

④ Thomas D. Reins, *China and International Politics Opium, 1900 - 1931: The Impact of Reform, Revenue and the Unequal treaties*, Ph. D. Dissertation, Claremont Graduate School, 1981, p. 260.

⑤ 田果如：《日伪在热河制造的烟害》，《河北文史资料》1989年第3期，第184页。

户种植 2.2 亩。由于大量生产鸦片，吸食毒品极为便利，有 74 户吸食毒品。在 359 口人中吸毒成瘾的有 136 人，约占全村人口的 40%。因吸食毒品破产，将妻子卖掉的有 3 户。因吸毒致死的有 20 人，其中男子 14 人，女子 6 人。逃荒的有 54 户 80 口人。此外，还有很多男子因染上毒瘾，成了肩不能挑、手不能提的废人。有的妇女因中毒太深而不能生育，有的婴儿在胎中染上毒瘾。由于粮食面积大量减少，粮食产量逐年下降，各家生活极为困难。河坎子乡小河西村有 11 户 200 亩地。其中一户人家有 70 亩地，全家 4 口人住在一个大套院内，生活相当富裕。自从夫妇染上毒瘾之后，日子一天不如一天，很快把家产卖光，到了出外逃荒时，连祖坟上的 5 棵碗口粗细的小树也卖了出去，最后全家流浪死在他乡。

关于吸毒的场面，埃德加·斯诺于 1934 年 2 月 24 日在英国伦敦《星期六晚报》(The Saturday Evening Post)有一篇长篇报道："日本侵占二三个月之后，全满洲各大都市的毒害即到处蔓延。奉天、哈尔滨、吉林及其他各城市所设立的烟馆、麻药贩卖所无街无之，都是很多日本人、朝鲜人有组织地开设起来的。吗啡、可卡因、海洛因的嗜食者多为贫困之人，不准进入毒店内，只能在店窗敲门，由店方开一个小孔，送入 20 文钱，即可由店方付予一服毒剂过瘾。数千农民已不种大豆，而改种罂粟，因日本人的鼓励劝告之故。在满洲坐火车旅行，田野中多不见农作物，映入眼帘的，常是数千顷之广的罂粟田也……向中国运出的鸦片，即以日军军需品的名义寄至天津、北京、汉口及其他地方的日军司令部，如无司令部，鸦片即寄至领事馆。"①

美国驻沈阳领事郎顿(William R. Langdonz)在一项报告中指出："靠近捡破烂的市场附近有着约 50 个单位的小房舍，住着一些最低级的妓女，公开在吸海洛因。附近的垃圾堆上，却有赤裸的七具尸体，显然系为其吸毒同伴剥光了衣服所致。据说这是那里经常的一幕情况。这些尸体也经常为红十字会人员所捡拾而处理掉。不用多说，这些死者就是嗜吸海洛因毒品者的最后结局。"②

一位在华北和东北调查的英国女士指出："在昌黎、在唐山、在东北，日寇势力范围以内的地方，有很多荒郊都变成了吸食白面者的露骨场所，有些死尸赤裸裸地抛在野外，有些尸体用芦席包着，有些尸体已给野狗咬穿肚子，也有尚未断

---

① [日]黑羽清隆：《十五年战争史序说》，东京：三省堂，1984 年，第 223～224 页。

② John R. Pritechard and Sonia M. Zaide, eds., *The Tokyo War Crimes Trials: The Complete Transcripts of the Proceedings of the International Military Triburnal for the Far East*, Vol. 2, N. Y.: Garland Publishing Inc., 1981, pp. 4702 - 4703.

气而被抛在死尸堆里的。”①

婉容是末代皇帝溥仪的皇后，也是鸦片瘾君子。她19岁时第一次吸鸦片，最初的毒品由天津的日本人供给。她的毒瘾被日本当作宣传材料，她的侍卫长就是日本间谍，所以日本人知道婉容的所有情况。从1938年7月10日到那年年底，她一共吸食了740盎司的鸦片膏，平均每天2盎司(相当于56.7克)，这是一个很大的剂量，对于那些没有毒瘾的人来说，是可以致命的。她可能是唯一没有自己的象牙和玉质鸦片烟枪的中国皇后，使用自己在市场上购买的廉价鸦片烟具。婉容1946年死于监狱，是鸦片脱瘾导致的。由于在吉林的监狱里没有了鸦片供应，她的鸦片烟瘾发作后，便大吵大闹，向监狱的看守人员乞求鸦片，其他的犯人也替她求情。当她得到鸦片后，便会立即安定下来，其他犯人也能因此得到一阵安静。当她的烟瘾满足后，她仿佛又找到了皇后的尊严，召唤人替她洗澡更衣。而一旦烟瘾再次发作，她的意志便失去控制，呕吐、便溺，整个牢房污秽满地。

目睹这种悲惨的状况，对于任何有尊严有同情心的心灵来说，都不能不为之震撼。日本侵略者造成的如此严重的罪恶扩大到如此广大的区域，是有目共睹的事实。1937年5月20日在第二十次“中央鸦片常设委员会”会议上，美国代表富勒(Stuart J. Fuller)不无嘲讽地说：“什么东西与日本在远东的影响力齐头并进？答案应该是毒品贸易吧！”②埃及代表罗舒(Sir Thomas W. Russell)在第二十二次会议上针对日本在伪满的毒品政策和毒害情况愤怒指出：“其罪恶是如此普遍，扩及到这样广大的区域，对生活在舒适状况中的我们来说，很难集中起我们的意念想象到这类事物所代表的意义。”③瑞士代表质问道：“为何一个国家在自己本国内禁毒如此有效，却在本国控制的另一国家内有着如此可悲的情况。”④因此，“中央鸦片常设委员会”通过决议，强烈谴责日本政府在中国占领区内所推行的毒化政策，敦促其履行国际公约义务，尽快采取措施制止毒品泛滥。

实行毒化政策的另一目的是极力搜刮社会财富，以毒品来养军养战。鸦片价格虽贵，而种植罂粟的农民却得不到收获的效益。专卖署所定价格本来与市场价格已有很大差价，而征收者又利用其特权玩弄压低价钱和抑制等级等手段

---

① 《中宣政治两部就厉行烟禁以摧毁敌人的毒化政策告国人书》，《新华日报》1938年6月3日。

② League of Nations, *The Advisory Committee on Traffic in Opium and Dangerous Druge*, Minutes of the 22nd Session, Geneva, May 24 - June 12. 1937. p. 56.

③ League of Nations, *The Advisory Committee on Traffic in Opium and Dangerous Druge*, Minutes of the 22nd Session, Geneva, May 24 - June 12. 1937. p. 62.

④ League of Nations, *The Advisory Committee on Traffic in Opium and Dangerous Druge*, Minutes of the 22nd Session, Geneva, May 24 - June 12. 1937. p. 62.

来强行征购。农民不仅没有议价之权，没有出卖之权，也没有收藏剩余产品的权利，只好忍气吞声把收获的鸦片全部廉价交给收购者。每逢鸦片征收季节，鸦片缉私队便横行乡村，任意入户搜查，拷问强索，屡见不鲜。

鸦片专卖制度实行了几年后，在热河到处可以看到盛开的罂粟花，在各个城镇随时可以走进鸦片“零卖所”。这种纵毒政策与国民政府控制区正在轰轰烈烈开展的禁毒运动形成了鲜明对比。关于国民政府统治区的禁烟运动在第四章、第五章和第六章中将予以简略介绍。

五　伪满洲国务院《断禁鸦片方策要纲》的出笼

如前所说，日本侵略者在其占领区倾销毒品的政策和犯罪事实引起了世界舆论的广泛关注，在国际会议上日本代表受到强烈谴责。在这种情况下，日本侵略者既要坚持其既定的毒化政策又要掩人耳目，于是一项新的毒品政策被炮制出来。1937 年 10 月 12 日，伪满洲国宣布采取鸦片十年“断禁”政策[①]。那么，这一政策是如何炮制出来的呢？参与炮制的伪满洲国总务厅主计处处长古海忠之这样写道：

“在关东军主持下，经常召开有关禁烟会议。政府方面在总务长官星野直树主持下，以企划处为中心召开了十几次会议。结果，由企划处综合各方面的意见，决定了《满洲国鸦片断禁政策要纲》。在日满政府要员参加的会议上，没有人提出立即断禁的意见。”这段话似乎强调占领军与傀儡政权之间没有什么意见分歧。但是，他接着又说：“根据鸦片瘾者的治疗及其设施以及参照台湾禁烟的经验，否决了五年内断绝的意见，采纳了十年内断绝鸦片的政策。”[②]既然说“否决了五年内断绝的意见”，表明实际存在着意见分歧。那么，这种分歧是什么？

根据伪满总务厅次长王贤玮（湋）的说法，侵略者与傀儡政权在鸦片政策上出现了意见分歧。双方的意见是这样的：“所谓满系人的意见是：既然决定要断禁鸦片，在年限上说，不需要十年，有三五年即可。首先要杜绝鸦片烟的来源，禁止种植鸦片，加强取缔秘密输入。其次是取消鸦片零卖所，对吸鸦片的瘾者进行登记，凡是登记的瘾者，由政府供给一定数量的鸦片烟，并且逐年减量，促其戒除。新瘾者不致再产生，旧瘾者逐渐减少，很快就可以达到禁烟的目的。

“所谓日系人的意见是：鸦片断禁，不能操之过急，尤其不能强制，十年禁烟

① Merrill, Frederick T., *Japan and the Opium Menace*, New York: International Secretariat Institute of Pacific Relations and the Foreign Policy Association, 1942, pp. 102 - 103.

② 《古海忠之笔供》，马模贞主编：《中国禁毒史资料》，天津：天津人民出版社，1998 年，第 1517 页。

的期限并不算长。鸦片零卖所的弊病很大，可以改为公营。凡是登记的鸦片烟瘾者，一律不准在家吸烟，必须到卖烟机关去吸，这样可以杜绝瘾者把烟领回去，作私交易。没有登记证的人，不准吸烟，新瘾者不至再产生，旧瘾者在十年以内陆续到戒烟机关去戒烟，无论如何期限不能少于十年。"①

由于没有留下会议原始记录，我们不知道双方具体的讨论情况，而从上述这段资料来看，傀儡政权的主要代表王允卿、谷次亨和雍善耆等人，即所谓的"满系人"倾向于真正的禁绝，因为他们主张立即禁止罂粟种植，停止鸦片生产，并严禁鸦片输入，在五年内逐渐停止鸦片供应。这是"断禁"的真实意义。"日系人"以五年内禁止鸦片困难为借口，不仅不禁止罂粟种植和鸦片输入，而且把时间推迟为十年，无非是把鸦片私营改为"公营"，用意在于垄断鸦片利益，显然没有任何诚意。这样的"断禁"是一种欺骗。伪总务长官星野直树同意"日系人"的意见，傀儡政权的意见被否决。

伪满国务院《断禁鸦片方策要纲》声明：自 1938 年起，十年内根绝鸦片烟毒。明文规定满洲地区的鸦片采取集中种植的方法，指定热河省和兴安省的一部分地区种植罂粟，其他各地一律禁止。这只不过是对于前期鸦片集中种植政策的一种肯定而已。欺骗性的内容则是，规定采取严厉措施，使种植面积逐渐减少，吸毒人数逐渐减少，到第八年全部禁种，第十年全部禁吸。

在此我们不能不特别指出，日本侵略者有时还装出一副伪善的面孔，它假装要对鸦片采取"渐禁"或者"断禁"政策，可是它一方面强迫朝鲜、中国东北和蒙疆大力种植罂粟，使这些地方的粮食生产受到极大损害，另一方面又密谋垄断鸦片的收购、运输、加工和销售，将鸦片及其衍生物移交给当地伪政权和鸦片投机商，将毒品推销给中国的吸食者，极力增加鸦片利润，以毒养战。

为了欺骗世界舆论，日伪宣传机器全部开动起来，说什么十年渐禁是最有效的也是最适合满洲地区的禁毒方案。当时他们还成立了"禁烟促进委员会"，星野直树任委员长，伪满洲国各部次长、伪满协和会中央本部总务部长、实践部长、新京特别市长都是委员，委员会下设干事会，由总务厅次长谷次亨担任干事长。各省、市、县也成立了地方"禁烟促进委员会"，通常由官方、"协和会"和民间绅士代表组成，下设矫治、管理、教化和取缔四科，具体负责调查研究、审议立案、起草文件等工作。但这个组织只存在了一年时间，禁烟总局成立后，"禁烟促进委员会"就被解散了。

---

① 王贤玮(湋)：《禁烟政策的欺骗性》，孙邦主编：《经济掠夺》，长春：吉林人民出版社，1993 年，第 710 页。

禁烟总局归伪民生部直辖，任命袁庆濂为禁烟局长，日本人梅本为副局长。为了掩人耳目，1937 年，不仅宣布将鸦片专卖公署的事务全部转移给禁烟总局(表 12)，还宣布取消大满号和大东号以及特许的鸦片批发人。新京、哈尔滨和奉天成立了烟政科，其他各市县成立禁烟股。同时改"鸦片零卖所"为管烟所，鸦片营业由私人变为官吏"公营"。[①] 同时将戒烟所改成康生院，仍然是有名而无实，挂羊头卖狗肉。鸦片专卖局的招牌虽然改换了，本质却没有任何变化。这种做法无非是把原来的官督民营完全置于官方的控制之下，从未打算禁止，哪怕是减轻一点鸦片烟毒的危害。

表 12　1941 年伪满洲国管烟所分布情况一览表

地　名	数　量	地　名	数　量	地　名	数　量
新京特别市	28	滨江省	157	奉天省	210
吉林省	222	牡丹江省	34	锦州省	121
龙江省	42	兴安东省	6	东安东省	36
北安省	69	间岛省	32	兴安西省	28
黑河省	54	通化省	57	兴安南省	24
三江省	56	安东省	42	兴安北省	8
热河省	306	四平省	95	各省总计	1 643

资料来源：《伪满鸦片断禁政策概况》，中央档案馆等编：《日本帝国主义侵华档案资料选编・东北经济掠夺》北京，中华书局，1991 年，第 826 页。

伪满国务院《断禁鸦片方策要纲》实施后，日伪政权的确加强了对种植罂粟、征收鸦片的督促管理，"对鸦片之私种、私运及私行吸食等，彻底弹压之"，[②]但目的是为了最大限度地搜刮社会财富，以鸦片来养战。按照计划，热河省的罂粟种植面积 1938 年为 36 万亩，当即就把这个数字分配下去，规定农民在种植罂粟之前，每亩必须交纳鸦片栽培特税伪币 5 元。上等地每亩缴鸦片 15 两，中等地每亩缴 12 两，下等地缴 8 两，只许多交而不许私藏。鸦片指定收购价格，特等每两为伪币 8 元，一等每两伪币 6 元，二等每两伪币 4 元，三等每两伪币 2 元。

---

① 管烟所 1938 年为 1 430 个，1939 年为 1 612 个，1940 年 1 686 个，1941 年 1 631 个，1942 年为 1 579 个。李作权：《伪满洲国的鸦片政策》，孙邦主编：《经济掠夺》，长春：吉林人民出版社，1993 年，第 685 页。

② 《伪满国务院断禁鸦片方策要纲》，中央档案馆等编：《日本帝国主义侵华档案资料选编・东北经济掠夺》，北京：中华书局，1991 年，第 833 页。

伪满禁烟总局成立后，取消了大满号和大东号，改变了代理收买制，实行鸦片生产组合制。那么，鸦片组合制是什么货色呢？根据各种资料，可以看出“鸦片生产组合”类似于农村合作社，是一种集体种植方式。这种组合以种植罂粟的农户为成员，种植面积一般为50公顷到100公顷。每个组合的组长由中国人担任，常务理事则由与土地毫无关系的日本人担任。各县区的鸦片生产组合联合在一起，成立“鸦片生产组合地方会”。各地方会联合起来成立“鸦片生产组合中央会”。鸦片组合成立的根本目的是什么？1943年12月8日，伪满禁烟总局管理科在报告中说得很明白，就是为了消除个体栽培罂粟而造成的鸦片行政上的困难，为了掌握所有的鸦片，“必须加强罂粟栽培的管理，实行全部收缴的办法，防止私土的外流，实施国有民营的办法”。[①] 伪禁烟总局之所以急于推广兴安西省这种鸦片生产组合的初步经验，根本目的在于彻底控制鸦片的生产和收购。他们强调说：“虽然此项工作准备不足，技术不熟练，加以气候条件不好，因而未能达到预期的效果，但是从得以全部收缴鸦片这个最重要的目的来看，是完全成功的，也可以说防止了过去多年悬而未决的私土外流问题。”[②]

1938年，伪满洲国对于吸食毒品的人数又进行了登记，鸦片烟瘾登记者约60万人(另一种说法是999 999人)，吗啡瘾者44 000人。[③] 1939年调查的结果是，伪满洲国烟毒患者增加到82万人(包括20万兴安省的鸦片瘾者)。[④] 按照计划，鸦片吸食者每人每年配给20两掺了料子的鸦片，合计1 200万两，其中八成是鸦片，需要纯鸦片960万两。这一年，热河的实际播种面积为54万亩，按规定每亩交纳15两鸦片，应征收鸦片800万两。由于鸦片收割季节出现连阴雨，鸦片自然减产，据伪满专卖局局长卢元善回忆，实际收购了650万两鸦片。这样，伪满洲国生产的鸦片尚不能满足本地区的需要，便从朝鲜购买了200万两鸦片，经三井洋行从伊朗购买了200万两，由山西买来130万两，[⑤]共计1 180万两鸦片。本地区估计消费了960万两鸦片，其余220万两制成吗啡、海洛因，走私输入各地。

---

① 《伪满禁烟总局管理科关于栽种罂粟的报告节录》，马模贞：《中国禁毒史资料》，天津：天津人民出版社，1998年，第1564～1565页。

② 《伪满禁烟总局管理科关于栽种罂粟的报告节录》，马模贞：《中国禁毒史资料》，天津：天津人民出版社，1998年，第1564～1565页。

③ 《金名世证词》，马模贞主编：《中国禁毒史资料》，第1519页。按，金名世曾担任伪热河省省长，伪民生部、厚生部大臣，比较了解日本在中国的侵略政策。

④ 谷次亨：《鸦片毒害政策的双重作用》，孙邦主编：《经济掠夺》，长春：吉林人民出版社，1993年，第685页。

⑤ 卢元善：《鸦片毒害获得巨额财政收入》，孙邦主编：《经济掠夺》，长春：吉林人民出版社，1993年，第682页。

1938 年，伪满洲国征收与购买的鸦片费用是 3 432 万满元。鸦片的专卖价格每两是伪币 8 满元，按 1 200 万两计算，共收入 9 600 万满元，纯收入为 6 168 万满元。加上 200 万两鸦片制成的吗啡 67 万两，每两配给价值伪币 40 满元，约值 2 680 万满元。鸦片专卖纯收入不下 9 000 万满元，成为伪政权财政的重要来源。①

六　罂粟种植面积的扩大与鸦片总产量

日伪政权的十年鸦片"断禁"政策真真假假地持续了 4 年，鸦片种植面积按照公布的数字不仅没有任何减少，反而是不断扩大；吸食毒品的人数也不是在减少，同样是在急剧增加。伪满洲国历年罂粟种植面积如表 13 所示。

表 13　1933—1942 年伪满洲国各省罂粟面积历年统计表　（单位：亩）

年　度	热　河	兴安西	其他省区	合　计
1933	580 000		361 000	941 000
1934	393 000	40 000	1 115 200	1 548 200
1935	310 000	10 000	370 000	690 000
1936	600 000	50 000	230 000	880 000
1937	700 000	50 000	280 000	1 030 000
1938	650 000	60 000		710 000
1939	650 000	60 000		710 000
1940	500 000	60 000		560 000
1941	440 000	60 000		500 000
1942	300 000	60 000		360 000
1943				680 000
1944				730 000
1933—1944	总计 9 339 200			

资料来源：中央档案馆编：《日本帝国主义侵华档案选编·东北经济掠夺》，北京，中华书局，1991 年，第 850 页。原表面积单位为顷，为便利比较，换算为亩。王贵勤：《伪满时期的"鸦片断禁"政策》，孙邦主编：《经济掠夺》，长春，吉林人民出版社，1993 年，第 706 页。

1941 年，根据伪满洲民生部禁烟总局的命令，鸦片瘾者再登记，人数达到将近 100 万人。太平洋战争爆发后，为了适应战争扩大的需要，日本政府又一次调整了鸦片政策，借口却是鸦片生产量不能满足其需要。武部六藏接任伪满总务

① 《伪满洲国务院总务厅政务概要》1938 年 1 月，第 83 页。

厅长官后，[①]一把拽掉鸦片"断禁"政策的遮羞布，采取措施公开鼓励鸦片种植。第一，提高鸦片收购价格。原来按照规定，鸦片征收按等级付钱，但在实际征收时不论质量好坏，全部压低为每两伪币 2 元。鸦片生产成本每两为伪币 4 元左右，农民无利可图，不愿种植罂粟，不愿出售鸦片。日伪当局绞尽脑汁，费尽力气，征收的鸦片仍然不能满足其需要。于是，授意成立"裕东公司"，以每两鸦片 4 元的价格诱骗农民出售私土。第二，公开贴出告示，鼓励农民种植罂粟。古海忠之供认说，第二次世界大战爆发后，"挂着禁绝鸦片招牌的禁烟总局重操专卖署的旧业，戒烟所变成了公开的吸烟场所，登记制度也不知丢到什么地方去了，断绝鸦片的各种伪装彻底地消失了……满洲国在战时经济的名义下，毫无顾忌地扩大了鸦片种植面积，鸦片的收买量增加了，戒烟所开始繁荣，吸食鸦片的人越来越多"。[②]

据伪政权内部统计，"1943 年全满鸦片种植面积是 68 万亩，1944 年已达 73 万亩"。[③] 从 1942 年开始，不但把热河原来规定递减的种植面积完全恢复起来，并且重新指定奉天、吉林和四平三省为新的罂粟种植区域。为了鼓励农民种植罂粟，还实行了缴纳鸦片特别奖金制度。按照指令，1942 年到 1945 年，奉天、吉林与四平的罂粟种植面积每年都在扩大，计划播种面积略如下表所示。尽管这些指定数字也反映了罂粟种植面积不断扩大的趋势，但与实际面积相比毕竟太小。这只是为了掩盖真相，欺骗世界舆论，让公众看的！

表 14　1942—1945 年奉天、吉林、四平罂粟种植面积扩大情况一览表(单位：亩)

年度＼地区	奉　天	吉　林	四　平	合　计
1942	6 500	6 500	3 900	16 900
1943	9 100	9 100	6 500	24 700
1944	13 000	13 000	9 100	35 100
1945	17 500	17 500	13 000	48 000
总　计	46 100	46 100	32 500	124 700

资料来源：《金名世证词》，马模贞主编：《中国禁毒史资料》，天津人民出版社，1998 年，第 1519 页。李作权：《伪满洲国的鸦片政策》，孙邦主编：《经济掠夺》，长春，吉林人民出版社，1993 年，第 703 页。原来面积单位为陌，1 陌相当于 13 市亩。

① 武部六藏，1918 年毕业于日本东京帝国大学，旋入内务省。1935 年来华，任关东都督府司政部长等职；1939 年回国任内阁企划院代理总裁；1940 年 7 月再度来华，任伪满洲国国务院总务厅长官，直到 1945 年 8 月日军投降、被俘为止。1956 年经中华人民共和国最高人民法院特别军事法庭审判，处以 20 年徒刑，后因病假释回国，1957 年死于日本。

② 《古海忠之笔供》，马模贞主编：《中国禁毒史资料》，天津：天津人民出版社，1998 年，第 1517 页。

③ 王贵勤：《伪满时期的"鸦片断禁"政策》，孙邦主编：《经济掠夺》，长春：吉林人民出版社，1993 年，第 706 页。

1943 年 4 月 10 日，伪四平省警务厅长向警务总局局长汇报在开原县强行扩大罂粟播种面积的情况时，借用“有识者的”言论，提出了这样的质疑：“建国（伪满洲国成立于 1932 年 3 月）以来 10 年，与旧军阀时代同样栽培罂粟，怀疑国家之企图居心何在？而且正值计划增产农产物之时，用最好的上等地栽培罂粟，必然给一般粮食生产造成相应的障碍。”①

种植罂粟，收割鸦片，讲究一定的技术。首先是必须具有识别罂粟果是否到了收割季节的能力；其次是采割需要一定技术，用利器在罂粟果上刻划伤痕，既不可过深也不可过浅；收割的鸦片晾晒要讲究，否则将影响等级和重量。所以，罂粟是一种特殊植物，丰产不一定丰收。农民收割的鸦片往往达不到规定的上缴量，为了凑数，往往掺和杂质，希图过关。伪政权收购鸦片专门设立质量检验员，一经发现掺假，轻则压等罚款，重则没收捉人。在伪政权的鸦片生产特许制度下，农民既没有不生产的自由，也没有自由出售产品的权利。围场县农民刘德钢被县公署强制发放种植 5 亩罂粟的特许证，收获季节由于雨水过多，其中 4 亩罂粟被淹死，到了上缴时无法完成任务，全家遭受县烟政科人员的马棒毒打和灌凉水等折磨，其妻子被活活折磨而死。在热河，鸦片缉私队向农民逼索烟土，动辄掘地拆房，捉人罚款，甚至拷打施刑。

根据统计，1933 年到 1944 年伪满洲国的罂粟播种面积为 9 339 200 亩，由于 1942 年以后呈现的扩大趋势，1945 年的种植面积应当不会小于 1944 年度的 730 000 亩。因此，从 1933 年到 1945 年的 13 年间，伪满洲国的罂粟种植面积为 10 069 200 亩。正常情况下，每亩鸦片产量平均在 20～30 两之间，总产量约为 2 亿两到 3 亿两。在日本战犯的学习大会上，古海忠之谈到伪满洲国的鸦片政策时说，到伪满洲国灭亡时，生产鸦片合计达 3 亿两，是有一定根据的。

大量生产的鸦片除了加工成鸦片烟膏、吗啡和海洛因，毒害本地区的中国人之外，还将鸦片军运到新的占领区和国际市场。据金名世笔供，大宗毒品买卖是，1944 年春天，伪满洲国为了偿付 700 万马克的借款，经武部六藏与古海忠之协商，将 60 万两鸦片卖给了希特勒德国政府。② 双方的经手人，日伪方面是总务厅次长古海忠之，德国方面是德国驻伪满公使华根纳，由德国潜水艇运走。

---

① 《伪四平省警务厅长致警务总局局长的报告》，中央档案馆等编：《日本帝国主义侵华档案资料选编·东北经济掠夺》，北京：中华书局，1991 年，第 839 页。

② 金名世与古海忠之的供词有较大出入，据古海忠之笔供，卖给德国的鸦片是 7 吨，按照 1 两等于 50 克计算，为 140 000 两。

1944 年 10 月，经古海忠之之手，卖给伪南京政府 30 万两鸦片。[①] 另外，据古海忠之笔供，1944 年初根据日本政府的需要，运走鸦片 2 吨。[②]

七 东北各地的鸦片加工厂

鸦片收购后，用麻袋包装起来，一般每袋装 8 块，每块 100 两，合计 800 两。除了一部分被储存起来准备待价而沽送到国际市场上之外，绝大部分都被运送到奉天、铁岭、绥化等三个鸦片制造厂，在这些工厂将鸦片加工成鸦片烟膏和吗啡，由禁烟总局批发到各市县旗，再由各个烟管所供给鸦片烟毒患者。“烟管所”，俗称鸦片烟馆，负责零售鸦片烟膏。在奉天，最豪华的烟管所是“群英楼”“萃英楼”“会贤楼”和“裕兴楼”。零售鸦片烟膏分为走份和吸份两种方式：所谓“走份”，就是允许鸦片患者把鸦片烟膏带回家吸食；所谓“吸份”，就是在烟管所中吸食。

在奉天东关小东边门外的鸦片加工厂由四个车间组成：规格车间将运来的鸦片除去包装，然后送到熬制车间。加工鸦片烟膏的程序是，先将豆子、麦子等加工成粉状，掺入加工吗啡后的渣滓，然后包装起来送入烟份工厂，这种东西叫作鸦片料子。熬制车间将鸦片切成条状，装入铜锅注入水溶化，溶化后经过过滤再进行煎熬，然后按照一定比例加入鸦片料子(一般是八成鸦片二成料子，或者是七成鸦片三成料子)，搅拌均匀，熬制成鸦片烟膏。接下来的程序是，把鸦片烟膏分包成烟份小包，每个烟份的重量约有 0.5 克左右，这种工序需要大量人工劳动，所以有数百名包装工，其中绝大部分是妇女。1944 年鸦片烟膏的年生产能力达到 500 万两。按照鸦片质量分为三种：“福膏”“禄膏”和“寿膏”。

吗啡的加工技术要求比较高，技师、工人都是日本人，机器装备有大型蒸汽锅炉和各种化学分离、合成等设备。1938 年将 200 万两鸦片加工成 67 万两吗啡。当时，伪满洲国有吗啡瘾的人约有 44 000 人，每人每年配给 9 两，用去 396 000 两，尚余 274 000 两，走私进入华北地区和国际市场。1944 年生产的吗啡与海洛因总数达到 4 吨左右。

奉天毒品加工厂的一位警卫提供了如下证词：“该工厂在厂长之下设庶务

---

① 金名世与古海忠之的供词略有出入，据古海忠之笔供，伪满洲国卖给伪南京政府 10 万两，价值伪币 1 500 万元。南京方面由陈济成亲自押运回去。1945 年 2 月，经古海忠之之手卖给伪华北政务委员会吗啡 1 000 公斤，由古海忠之亲自押解到北平交货。《金名世证词》，马模贞主编：《中国禁毒史资料》，天津：天津人民出版社，1998 年，第 1519 页。

② 《古海忠之笔供》，马模贞主编：《中国禁毒史资料》，天津：天津人民出版社，1998 年，第 1518 页。

科、计划科、化验科等机构。工厂设备有三台机器，还有大小铜锅四五十个，分规格、煎熬制造、包装、麻药4个车间，工厂有500多工人，女工占70%。1. 原料来源于热河、东边道、朝鲜等地，都是用火车运到沈阳车站，经过国际运输公司用汽车运至工厂。2. 大烟规格，原来烟土是用麻袋包装，每袋8块，共800两。熬制之前，由女工将包装纸去掉送到煎熬部。3. 煎熬部领到规格烟土，用铡刀切成条，装进铜锅，注入水溶化，溶化后经过过滤再进行煎熬，制成烟膏转送到包装部。4. 包装部完全用女工进行包装。5. 按各地专卖署的需要量，把大烟委托国际运输公司送到各个鸦片专卖署，再转给鸦片零卖所，进行毒害人民。6. 该工厂日产烟膏大约1万两。”①

这样，在整个中国东北地区就形成了一张巨大的毒品网络，从罂粟种植到鸦片征收，从生鸦片的运送、加工到熟鸦片以及吗啡的分配销售，各个环节都实现了日本人对鸦片的完全统制。

八　一组令人触目惊心的数字

关于伪满洲国的鸦片收缴情况，目前还没有完整的统计资料。不过，《满洲国史分论》的作者提供了这样一幅统计图(图4)。

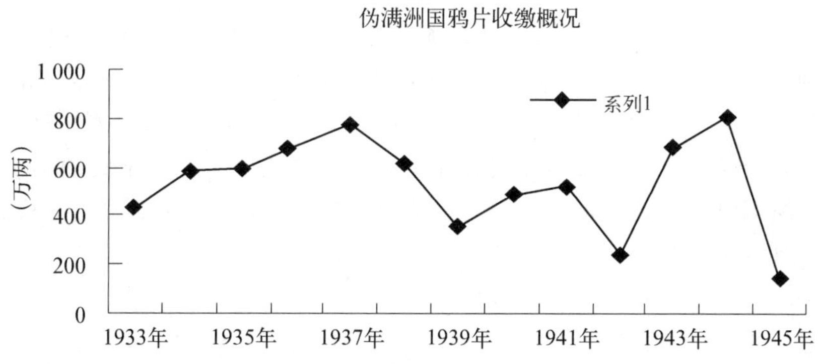

图4　伪满洲国鸦片收缴概况

资料来源：江口圭一著，宋志勇译：《日中鸦片战争》，天津人民出版社，1995年，第101页。

根据这一资料，1933年到1945年，伪满洲国在12年时间内一共收缴了6 820万两鸦片，伪满洲国1936年以后1两等于50克，合计3 410吨，按照每人

① 中央档案馆编：《日本帝国主义侵华档案选编·东北经济掠夺》，北京：中华书局，1991年，第848页。

每年平均吸食 30 两鸦片计算，仅供 2 273 333 人吸食鸦片一年。这个数字与事实有很大距离，不可信。

1938 年，中央社报道："据去年日方发表，全部登记烟民有 1 300 余万人，占东北全人口 1/3 以上，而年龄从 20 岁到 35 岁的，占全部烟民的 70%强，整个的东北已成烟毒化世界，东北的青年快多成为敌人毒化政策下的牺牲者了。"[①]我们没有查阅到这个数字的原始根据，战争时期作为宣传材料，可能有所夸大，也不可全信。

根据 1944 年日伪政权的登记，鸦片烟毒患者有 100 万人，未成年人吸毒者不在此列，估计约有 50 万人，一项调查研究认为未登记的潜伏瘾者约有 120 万人，三项合计，伪满洲国的鸦片烟毒患者约有 270 万人，比日本占领前的烟毒患者 20 万人增加了 250 万人。[②] 若以总人口 3 000 万左右推算，吸毒人数约占 9%。[③] 在如此广大地区毒品患者达到如此高的比率，这在人类历史上的任何地区、任何时期都是极为罕见的事例。

日本侵略者利用鸦片、吗啡和海洛因这种软武器大量制造烟毒患者，其罪恶目的无非是彻底摧毁中华民族的反抗精神，大量制造鹑衣鸠面的残废之人，企图永远占领中国的领土，长期奴役中国人民。一个人过量吸食鸦片和注射吗啡，就会出现比较严重的中毒病症，当即休克死亡。根据伪满洲国禁烟总局的统计，从 1939 年开始登记，到 1944 年，6 年间服用鸦片、吗啡中毒死亡的人数有 74 000 人。从 1932 年到 1938 年，虽然没有登记数字，这 7 年间中毒死亡的人数当也不下 7 万人。从 1933 年到 1944 年的 13 年时间内，伪满洲国因过量服用毒品死亡的人数大约为 15 万。[④] 日本侵略者在中国占领区实施毒化政策的根本目的就是要灭绝当地的人民，鸦片、吗啡乃是殖民者的帮凶，是杀人不见血的软武器。鄂伦春民族在"九一八"事变之前人口有 4 000 人，由于鸦片烟毒严重泛滥，到 1945 年 8 月仅剩 900 多人。

日伪统治者以低价收购鸦片，又以高价售出，因而获得大量利润。按纯度 90%以上，1936 年以前列为一等，收购价格：1933 年为 1 元，1934 年为 1.05 元。从 1937 年以后则列为特等，收购价格：1937 年为 1.30 元，1944 年上涨到 2 元，

---

① 《中宣政治两部就厉行烟禁以摧毁敌人的毒化政策告国人书》，《新华日报》1938 年 6 月 3 日。

② 《金名世证词》，马模贞主编：《中国禁毒史资料》，天津：天津人民出版社，1998 年，第 1521 页。

③ 清末为鸦片自由吸食时期，毒品泛滥相当严重。据推算，全国吸毒人数相当于总人口的 1/40，或 1/20，即 2.5%～5%之间。王宏斌：《禁毒史鉴》，长沙：岳麓书社，1997 年，第 258 页。

④ 李恩涵在《九・一八事变前后日本对东北的毒化政策》一文的结语部分说："1938 年一年内，因吸鸦片中毒而死的，即达 14 万到 15 万人。"此话没有根据。台北中央研究院近代史研究所《近代史研究集刊》第 25 期，第 310 页。

1945 年为 2.40 元,13 年中上增长率为 140%。而销售价格增长更大一些,1933 年每两为 40 元,1945 年则为 150 元,增长率为 275%。[①]

下面是一组关于伪满洲国鸦片税收的资料:

"1932 年,鸦片纯收入 370 000 元,占伪满全国收入的 0.2%,1934 年增至 5 465 000 元,占全国收入的 2.6%,1937 年增至 26 480 000,占伪满总收入的 8.5%,1939 年鸦片的收入达到 33 932 000 元,占全满财政收入的 5.6%,占专卖税的 50%,到 1940 年鸦片收入已达 1.26 多亿元。"[②]

"鸦片专卖利润 1936 年度为 1 331 万日元,占全年度总收入的 5%;1939 年度为 3 393 万日元,达 5.6%。"[③]

1935—1936 年伪满洲国登记的瘾者约有 60 万人,"每人每年预定配给 20 两,共 1 200 万两(其中纯鸦片 960 万两,料子 240 万两,每两配给价格 8 元,共为 96 600 万元),除收买鸦片及料子原价与杂费等,纯益约 5 000 万元以上"。[④]

1938 年,"鸦片专卖价格:配给瘾者价格每两 8 元钱,1 200 万两,共收入 9 600 万元,去掉收买价格与料子价格 3 432 万元,净纯益金 6 168 万元。以上是表面上的利益。至于 200 万两纯鸦片制造吗啡 67 万两,每两 40 元(伪满配给价),计算为 2 680 万元"。[⑤]

"而 1937 年的鸦片专卖收入为 4 780 万元,1938 年则为 71 045 200 元,1939 年为 90 908 400 元,均是年收入中仅次于关税收入的重要财源。"[⑥]

"1932 年的专卖收入为 19 409 637 元,至 1936 年则增至 37 692 641 元。"[⑦]

1945 年的预算高达 227 013 200 元,与前一年比较,几乎又翻了一番(表 15)。毒品成为日本以战养战的重要经济来源,成为傀儡政权赖以生存的财政支持。

---

① 李作权:《伪满洲国的鸦片政策》,孙邦主编:《经济掠夺》,长春:吉林人民出版社,1993 年,第 700 页。

② 李作权:《伪满洲国的鸦片政策》,孙邦主编:《经济掠夺》,长春:吉林人民出版社,1993 年,第 700 页。

③ [日]江口圭一著,宋志勇译:《日中鸦片战争》,天津:天津人民出版社,1995 年,第 28 页。

④ 卢元善:《鸦片毒害获得巨额财政收入》,孙邦主编:《经济掠夺》,长春:吉林人民出版社,1993 年,第 681 页。

⑤ 卢元善:《鸦片毒害获得巨额财政收入》,孙邦主编:《经济掠夺》,长春:吉林人民出版社,1993 年,第 681 页。

⑥ John R. Pritchard and Sonia M. Zaide, *The Tokyo War Crimes Trials : The Complete Transcripts of the Proceedings of the International Military Triburnal for the Far East*, Vol. 2, N. Y. : Garland Publishing Inc. ,1981, p. 4750。

⑦ 姜念东等人主编:《伪满洲国史》,长春:吉林人民出版社,1980 年,第 424 页。

表 15　伪满洲国 1944 年与 1945 年鸦片预算收入额比较表

鸦片用途	1944 年预算收入额		1945 年预算收入额		金额增减(元)
	金额(元)	数量(两)	金额(元)	数量(两)	
烟　膏	94 896 000	3 954 000	123 750 000	3 000 000	28 854 000
麻　药	5 329 250		5 578 000		248 750
售　出	4 079 250	906	4 920 000	600	840 750
药　用	1 250 000	500	658 000	350	−592 000
药用鸦片	40 000	250	98 800	260	58 800
机制吗啡	510 000	600	4 331 100	1 200	3 791 400
生鸦片	13 765 610	930 800	81 000 000	2 000 000	70 231 360
其他收入	1 297 440		3 674 000		2 376 560
合　计	121 197 550		227 013 200		105 845 650

资料来源：中央档案馆编：《日本帝国主义侵华档案选编·东北经济掠夺》，北京：中华书局，1991 年，第 851～852 页。

根据以上资料，我们编制了下表，其中虽然仍有缺项，但大致可以看出伪满洲国鸦片税收情况。从 1932 年到 1940 年仅仅通过垄断生产、销售鸦片一项就获利 73 745 220 美元(表 16)。1944 年与 1945 年是预算数字，不是实际数据。这两年通货膨胀相当严重，很难依据这些资料折合美元。

表 16　1932—1945 年伪满洲国鸦片专卖情况收益一览表

年　度	鸦片收益Ⅰ	鸦片收益Ⅱ	鸦片收益Ⅲ	折合美元
1932	370 000	19 409 637	370 000	119 510
1933		3 000 000	3 000 000	771 000
1934	5 465 000		5 465 000	2 065 770
1935		5 000 000	5 000 000	2 490 000
1936	13 310 000	37 692 641	13 310 000	5 244 140
1937	26 480 000	47 850 000	26 480 000	7 679 200
1938	61 680 000	71 045 200	61 680 000	16 653 600
1939	33 932 000	90 908 400	33 932 000	8 482 000
1940	126 000 000		126 000 000	30 240 000

续 表

年　度	鸦片收益Ⅰ	鸦片收益Ⅱ	鸦片收益Ⅲ	折合美元
1941				
1942				
1943				
1944		121 197 550	121 197 550	
1945		227 013 200	227 013 200	

资料来源：Ⅰ栏中的资料主要依据李作权的《伪满洲国的鸦片政策》和卢元善的《鸦片毒害获得巨额财政收入》，详见孙邦主编《经济掠夺》，长春，吉林人民出版社，1993 年，第 683～701 页；伪满国务院总务厅：《政务概况报告书》1937 年 3 月，上卷，第 139 页。Ⅱ栏中所列举的数据为估价或预计征收量，资料来源是 John R. Pritchard and Sonia M. Zaide, eds., op. cit., p. 4 750；王秉忠等人的《东北沦陷十四年大事编年》，第 481 页。Ⅲ栏是根据前两组资料选取的数据，主要以Ⅰ为主，缺项则选取Ⅱ。满元与日元同值，日元对美元的汇率，请参考本书表 2。

九　究竟是"康生院"还是"坑生院"

"康生院"本来的名义是戒烟机构，到了 1944 年又被日本侵略者变成掠夺劳动力的机关。中日战争进入后期阶段，为了支持战争，日本侵略军开始大量强行征用劳工从事修筑军事工程和挖煤开矿等重体力劳动。按计划，1944 年需要征用 160 万人，1945 年预计为 180 万人。如此大规模征用劳动力，自然困难重重。在这种情况下，侵略者把罪恶的目光投向尚未被彻底摧残的烟毒患者身上，借口是需要强制戒烟，勒令他们分期进入康生院戒烟，然后把这些人统统驱赶到各个工地上。1945 年，为了以这种名义征用劳动力，专门把各地 180 余处已经停歇的康生院全部恢复起来。

康生院的治疗采用简单扼制的办法。进入康生院的鸦片患者立即失去自由，不顾患者身体能否承受，强制戒断鸦片烟瘾，看守员动辄以棍棒相加。经过 10～15 天后，就宣布已经戒断，一律遣送到北满一带从事开发资源的苦力劳动。为了凑足按期规定的所谓"治疗"人数，许多无烟瘾的人也被强制拉到康生院"戒烟"。康生院事实上成为劳工征集院，许多劳工在矿山受尽折磨，丧失了宝贵的生命，活着回家的人很少。因此，当地老百姓把康生院称为"坑生院"。

十　战犯古海忠之的忏悔

日本在我国东北地区的毒品犯罪中，古海忠之作为首要战犯自始至终都参与了筹划活动。古海忠之，1900 年生于日本东京都，1920 年毕业于东京大学经济系，很快升任宇都宫税务署署长，得到星野直树赏识，调到伪满洲国任职，先后担任总务厅主计处特别会计科科长、一般会计科科长、总务科长，主计处处长等职务。在主计处处长任内，他伙同总务厅长官星野直树策划了所谓鸦片十年“断禁”政策。稍后，转升经济部次长，不久，调任总务厅次长，成为掌管财政经济的关键人物，成为伪满洲国的二号太上皇。

图5 中华人民共和国最高人民法院特别军事法庭1956年7月1日在沈阳开庭，审判古海忠之(右一)等28名日本侵华战争罪犯，前“满洲国”皇帝溥仪(左二)出庭作证。

1932年秋天，日伪头目一确定纵毒政策，古海忠之就成为最积极最卖力的执行者。古海忠之或参与密谋筹划，或负责积极实施，使得日本军国主义在中国东北地区的纵毒政策取得了相当大的成效。1945年战争结束后，在关押战争罪犯的监狱里古海忠之不得不反省自己的罪行(图5)，他在供词中承认：日军夺走了中国人上千万的宝贵生命，掠夺了中国几百亿美元的财产，作为重要战犯，他对于各种战争罪行负有不可推卸的责任。他承认参与了许多掠夺计划的起草与实施，诸如《满洲产业开发五年计划》《日满华经济建设联系要纲》《战时紧急方策要纲》《金属类回收法》《米谷管理法》《粮谷管理法》《特产物专管法》《战时农产物增产搜荷对策大纲》等；他也承认日本在中国推行的鸦片政策是一种严重犯罪。在他看来，伪满洲国无论是采取鸦片“渐禁”计划还是“断禁”政策，全是骗人的鬼话，因为“如果用五年断绝鸦片，还有禁烟的可能性，而以十年断绝鸦片，不过是用禁烟的招牌来欺骗群众……实际上禁烟总局是改换了招牌的专卖署，其本质没有任何变化，以后的事实完全证明了这一点。鸦片收买组织也没有什么改变。至于鸦片种植面积，则以收买困难和走私为理由不想减少，基本上是以掌握500万两鸦片为前提来决定的”。[①]

1943年春天，日本政府在东京召开了亚洲大陆各地区的鸦片会议。伪满禁烟总局副局长梅本长四郎代表伪满洲国参加了会议。在会上，日本政府决定把毒化政策扩大到整个东亚地区，通过了把伪满洲国和蒙疆作为鸦片生产基地，负责供应整个东亚地区鸦片需要的决议。伪满禁烟总局根据东京鸦片会议的决议，制订了鸦片增产计划。这个计划由总务厅长官武部和次长古海忠之共同批准，经关东军认可后开始实施。此次鸦片扩大生产计划撕去了一切禁烟伪装，罂粟种植从山区开始转向平原，奉天省、四平省和吉林省各被指定了1 000公顷。同时放弃了一切戒毒尝试，要求所有鸦片机构设法增加鸦片营业收入。[②]

1944年12月，伪满政权在国际的一片谴责声中，通过了新的鸦片“断禁”法，决定于1945年1月1日开始施行。1945年3月12日，伪满洲进行机构改革，废止了民生部，成立了厚生部；取消了禁烟总局，在厚生部设立禁烟司。同时成立了鸦片断禁协会。该协会以厚生部大臣金名世为总裁，以刘绍裔为理事长。鸦片断禁协会的出现，表面上是为了登记鸦片烟毒患者，实际是为矿山征用劳动力。一系列事实证明，不管日伪政权的鸦片机构如何改头换面，实质都一样，都是为了扩大罂粟种植面积，增加财政收入；都是为了增加鸦片烟毒患者，加强殖民统治。

图6　1942年，南京伪政权主席汪精卫(右一)访问伪满洲国。这是伪新京市长金名世向其介绍情况。

中日战争结束后，古海忠之在沈阳接受了审判。他对自己在伪满洲国的各种犯罪行为表示愧疚，承认在中国积极推行了毒化政策。他认识到，这种毒

① 《古海忠之笔供》，马模贞主编：《中国禁毒史资料》，天津：天津人民出版社，1998年，第1517页。
② 《古海忠之笔供》，马模贞主编：《中国禁毒史资料》，天津：天津人民出版社，1998年，第1517页。

化政策既传播了毒品，又掠夺了大量资金，是一项违反国际公约的非人道的促使一个民族衰亡的严重犯罪行为。军事法庭根据古海忠之的罪行和认罪态度，判处其 18 年有期徒刑[①]。

十一 鸦片的走私基地：热河

任何一种商品被政府垄断后，就会形成垄断价格，有垄断价格就会出现市场差价，形成黑市交易，黑市交易必然伴随走私活动。伪满洲国的鸦片采取集中种植、强制征收和分配消费的连环垄断制度。罂粟种植没有自由，生鸦片交易失去公平，熟鸦片的零售被当局强制抬高，这样，在鸦片流通的各个环节都出现了很大的差价。鸦片黑市价格按两计算，1943 年前后在热河农民家中收买一般为伪币 30 元左右，进入相邻省区可以卖到 60～70 元，运到奉天、北京和新京可以卖到 150 元，运到哈尔滨可以卖到 180 元。[②] 巨大差价导致黑市交易盛行，导致产地与消费地之间逐渐形成走私路线。

鸦片由于体积小、价值大，走私十分便利，容易获得很大利润。鸦片走私可以利用各种交通工具，最方便的是铁路，其次是汽车、马车和各种代步工具。利用铁路走私，毒品贩子往往与日本籍铁路职员相勾结，从承德、平泉、叶柏寿和朝阳车站登上火车，将鸦片随身带到锦州和奉天等地。有的走私者继续乘船南下，前往山东。协助鸦片走私的人员，每人可以抽取 4～6 元的风险费用。铁路走私，需要将鸦片隐藏在各种器物中：有的人把鸦片装进避孕套，吞入肚中，带到目的地；有的人把动物作为载体，将鸦片藏入其腹腔；甚至有人利用死婴偷运鸦片。五花八门，无奇不有。走私与缉私互为依托，没有走私就没有缉私。毒品走私者与缉私人员斗智又斗力，总是千方百计把缉私人员拉下水。毒品贩子被查获之后，根据查获地点和查获人员的多少来行事。如只有一位缉私人员，且地点比较隐蔽，便会拿出一半鸦片或者相当的价钱来摆平。如果缉私人员较多，便将走私的鸦片全部交出去，以逃避惩罚。缉私者从毒品贩子手中拿到的"缄默费"通常多于履行其职权所得到的薪水，为了私吞和分赃，便会把走私者放掉。在这个战乱时代，没有几个警察能够依靠良知和诚实抵御住收买和贿赂。利用汽车、马车和各种代步工具运输鸦片，目的地通常是华北地区，由于数量较大，往往需

---

① 由于在抚顺战犯监狱表现较好，古海忠之于 1963 年 2 月被提前释放，3 月 12 日回到日本。此后，他一边从事经济活动，一边参与促进中日友好活动。1978 年 10 月，曾率领日本大藏省出身者访华团访问中国，受到廖承志副委员长的接见。著作有《不能忘怀的满洲》。

② 滕利贵：《伪热河省的鸦片走私》，孙邦主编：《经济掠夺》，长春：吉林人民出版社，1993 年，第 716 页。

要武装押运。

鸦片走私以其产地不同而有“西土”“东土”之分。“西土”，指的是由热河流出的鸦片；“东土”，指的是从朝鲜输入的鸦片。“西土”从热河走私出境的具体路线有如下几条：

从八里罕(喀喇沁中旗)出发，经三十家子、青龙，然后进入河北；

从隆化县起程，经过兴隆县进入河北；

从围场县起程，经过丰宁、虎什哈，然后进入河北石匣镇；

从赤峰出发，经过开鲁、礼泉，到兴安，进入蒙疆；或者经过乌丹、大阪上、林东，到兴安，进入蒙疆。

“东土”进入东北地区的路线是，经过图们江、通化等地，流入奉天、四平、长春、哈尔滨、北安、黑河和佳木斯一带。

冀东与热河之间的鸦片走私在 1935 年已经形成固定的路线。1939 年以后，走私规模越来越大，在走私旺季，每个月经长城苇子峪口、河口、白羊峪口和龙井关等南运的鸦片有 370 000 两。[①] 在走私的人群中，有中国人，也有日本人和朝鲜人。在这条走私线路上，鸦片一般先运到唐山，再转运到塘沽，然后到达天津。

热河既是伪满洲国的鸦片生产基地，也是向华北地区走私毒品的基地。根据伪禁烟总局 1944 年的估计，热河年产鸦片 1 000 万两，其中伪政权收买 470 万两，剩余 530 万两。在剩余的总数中，减去当地农民私吸的 100 万两，省内消费 200 万两，流向省外的约有 230 万两。根据伪保安局的调查，数字有所出入：鸦片的生产量高达 1 400 万两，伪政权收购了将近 500 万两，在剩余的 900 万两中，有 300 万两被本省烟民消费掉，大约有 600 万两鸦片由毒品贩子走私出境。按当年境内鸦片每两伪币 60 元计算，走私价值 36 000 万满元。[②]

由于对华北贸易年年入超，伪满洲国欠华北相当数量的金钱，1941 年欠款达到 2 亿元。伪华北政权要求伪满洲国支付粮食和其他物资，由于长期供应日本对华全面战争，伪满洲国早已国穷民贫，不仅缺乏资金，也缺乏物资。1941 年 7 月，关东军鉴于热河每年有数百万两鸦片走私流入华北，数以万计金钱消失在黑市，企图操纵鸦片走私。关东军第四课秘密召集企划处参事官池田金人和经济参事官夏目忠雄等人进行充分研究后，拟订了具体方案，经关东军司令梅津和参谋长吉本批准后开始实行。“对鸦片走私者进行秘密保护，叫他们把销售鸦片

---

① 经长城苇子峪口 500 件，经河口运入冀东的鸦片每个月有 1 000 件，经白羊峪口运入的有 2 000 件，经龙井关运入的有 200 件。合计 3 700 件，每件 100 两，共计 370 000 两。

② 《热河鸦片与走私》，马模贞主编：《中国禁毒史资料》，天津：天津人民出版社，1998 年，第 1568 页。

的款项贮存在华北，在满洲国内支付相等的伪满国币，用此办法秘密地收回华北联银券。”[①]这项工作的具体负责人是中满少佐，由张墨林具体执行。根据第四课长黑川大佐的指示，伪满洲国总务厅次长古海忠之予以配合，即用伪满国币支付张墨林收回的联银券，并通知治安部长给予配合。根据关东军的命令，如果张墨林及其同伙因走私鸦片被警察逮捕，应立即通知有关机构予以释放。

为了启动这一计划，关东军方面由第四课课长黑田大佐与伪满总务厅次长古海忠之共同签字，向三井物产株式会社新京支店暂借 500 万满元，交给了汉奸张墨林。1941 年 7 月，张墨林携带 500 万满元前往热河执行这一秘密任务，即收购私人存土，然后运往华北、华中和华东地区，为扩大战争换取急需的物资。张墨林本应秘密行事，却有恃无恐，到了热河后竟然公开宣称自己是个通天人物，开始高价收购鸦片，扰乱了傀儡政权的鸦片正常收购。不到两周时间，张墨林的行为即遭到伪热河省烟政厅的强烈反对，关东军不得不将其召回。根据经济部参事官夏目忠雄的推荐，关东军又派出安藤道夫继续执行张墨林的使命。安藤道夫秘密到达热河后，深居简出，主要利用当地的毒品贩子为其收购了 10 万两毒品。经过古海忠之、夏目忠雄、池田金人和安藤道夫的共同密谋，将这 10 万两鸦片以每两 35 元的高价出售给上海的宏济善堂。

傀儡政权看到了安藤道夫的成功，借鉴其经验，立即在承德组织了裕东公司，专门负责收购农民手中的私存鸦片。由于关东军和傀儡政权的纵容以及支持黑市交易，其他毒品贩子也活跃起来，鸦片黑市交易很快就形成了喀喇沁中旗八里罕、瓦房街和赤峰县城三个走私集散地。不同团伙间为了争夺鸦片利益，陷入结盟、破裂，再结盟、再破裂的怪圈，纷纷扰扰，无休无止。

喀喇沁中旗位于伪热河省西北部，与内蒙古的坝上地区相连，此处多山，地形较为复杂，土地贫瘠，人烟稀少，适合各种非法活动者聚居，是热河毒品贩子的活动中心。在众多的毒品贩子中，谁的手段毒辣势力大，谁就能出人头地，成为最有影响的大腕人物。孔援刚是该地大地主，家产上百万，土地近百垧(1 垧在东北地区相当于 15 亩)，并在天津和唐山开设有多处当铺，万贯家产大部分来自毒品走私。孔援刚曾为安藤道夫收购鸦片，后来担任裕东公司的工作班长。1941 年，他一共收购了 20 000 两鸦片，交给安藤道夫一部分，留给自己一部分。有了安藤道夫和裕东公司这样的后台，有恃无恐的孔援刚第二年就开始大量收购鸦片并走私出境，每年走私的毒品达到数万两。他的主要走私方法是，买通铁

① 《古海忠之笔供》，中央档案馆编：《日本帝国主义侵华档案选编・东北经济掠夺》，北京：中华书局，1991 年，第 845 页。

路车站职工，利用小件行李向各处发送。有的铁路警察也承担了他的毒品护送任务。他还高价雇佣了四五十名胆大心细的农民，经常携带鸦片，在武装马队的护卫下，强行突破长城线上的白羊峪，进入建昌营，在这里把分散的鸦片集中起来，由滦河船运到唐山，再转运到北京和天津，在私家当铺或杂货店中出售。孔援刚在八里罕建有豪华住宅，围以高墙，布置家丁护院。他深知自己目标太大，为防不测，不仅有意识地疏通了与警察和官员的各种联系，而且把自己的财产秘密转移到了华北，可谓狡兔三窟。在热河的贩毒团伙中，蒋介齐和孙雅荣也相当有名。蒋介齐非常狡猾，每年贩毒数量也有上万两，随收随卖，不留存货，其毒品大多运入奉天和哈尔滨。孙雅荣交际范围非常广泛，曾为安藤道夫收购鸦片，因将大量鸦片料子掺入收购的鸦片被安藤道夫发现而被抓了起来，获释后继续进行鸦片走私。不惜一切代价，与警察和政界建立了十分密切的联系。①

瓦房街是喀喇沁中旗的另一个鸦片走私集散地。瓦房街位于三县交界处，只有 200 多户人家，由于民国时期行政区划多有变更，此处划来划去，经常处于三不管的状态。加之周围多是山区，政治控制历来薄弱，农民种植作物很随意，很少受到伪政权的指定限制。这里生产的鸦片很少上缴，除了自己消费外，大多可以进入黑市交易。正是由于这个原因，每到鸦片收割季节，毒品贩子便从四面八方赶来。瓦房街之所以成为毒品贩子的盘踞地，还得到了当地警察的保护。喀喇沁中旗警务科长王警正的家就在瓦房街，他的家族和亲戚朋友都在贩毒团伙，他们的贩毒活动自然得到王的庇护。瓦房街附近的天义火车站，上自警护队长，下至一般职员，都被王警正控制，唯命是从。王氏家族走私各种物品不仅不接受警察检查，相反，凡是运输贵重物品总是得到警察护卫。不仅如此，王警正还与日本宪兵队勾结在一起。1941 年，王氏家族利用卡车运输鸦片，插着宪兵队的标志，堂而皇之地运到了奉天。凡是毒品走私比较猖獗的地方，通常都是警察与毒品贩子勾结在一起，狼狈为奸。1943 年 3 月的一天，喀喇沁特务股长李某得知第二天有一个贩毒团伙将通过黄土梁子，第二天上午，他带领部下前往堵截，果然发现有一个 25 人武装团伙正在运输毒品。由于警力不足，连忙请求黄土梁子的警察来支援。黄土梁子的警察分所长先是不肯答应，后是派了两个人来应付。不到围攻时机，两名警察即鸣枪示警，走私团伙立即进行武装抵抗，结果李某被击伤，毒品贩子全部安全走脱。原来黄土梁子的警察分所长事前已经得到了 500 两鸦片的买路费。

---

① 滕利贵：《伪热河省的鸦片走私》，孙邦主编：《经济掠夺》，长春：吉林人民出版社，1993 年，第 719 页。

赤峰是热河通往东北的必经之地，因此成为鸦片向东北地区运送的中转站，鸦片产地与消费地的毒品贩子通常在这里成交。由于买卖双方不熟悉，一批中间商于是应运而生。伪满宪兵队密探郝文彬买通了副县长，拉拢附近的警护人员猖狂走私，每年不下 30 000 两，主要运往设在锦州和奉天的私家商号。

事实证明，毒品大量走私，既是伪政权试图加以有效控制的对象，又是关东军纵容扶持的结果。这种奇特的对立现象是由日本侵略军制订的整体毒化政策的内在矛盾造成的。

其一，实行罂粟集中种植、强制征收、集中加工和消费分配这样一整套鸦片垄断制度，目的在于实现最大的垄断利益。为了实现垄断利益，就要控制鸦片从生产到消费的各个环节，限制私人贮藏，禁止黑市交易和打击走私。但是，低价征收与高价分配消费必然导致毒品流通的巨大差价，这种巨大差价势必造成黑市交易盛行，驱使大量亡命之徒铤而走险。

其二，日本在华毒品政策的根本目的在于增加鸦片生产，扩大毒品消费市场，麻醉中国人的反抗精神，禁毒为假，纵毒是真。手段必须服务于目的。限制私人贮藏鸦片、禁止黑市交易与打击走私，只是为了保证实现最大的垄断利益，而不允许干扰其根本的毒化政策。正是这一根本目的决定了日本关东军对于毒品走私势必采取纵容的态度。

其三，垄断鸦片生产与消费造成的巨大差价，使许多鸦片被生产者隐藏了起来，尽管日伪毒品机关想尽一切办法，派出缉私队进行搜索，但效果仍然不佳。这一点，日伪政府要员是非常清楚的。为了使这批隐藏的鸦片发挥其实际效果，日伪毒品机关的权要人物绞尽脑汁思考对策。于是，默许一些特权人物利用私人身份通过黑市交易收集鸦片，走私运输出境，以筹集战争经费、平衡贸易，成为日伪政权毒品政策的一个连环计。

第四章　蒙疆鸦片生产基地与专卖制度(1935—1945)

“蒙疆”的含义有多种。“蒙”当然是指蒙古，关键是对于“疆”字的理解。有人认为这个“疆”字就是边疆的“疆”，因此将“蒙疆”解释为蒙古边疆地区。有人则解释为长城以北地区。以上说法均不确切。“蒙疆”实际是指中日战争爆发之后，日军以蒙疆联合委员会名义控制下的蒙古联盟自治政府、察北自治政府和晋北自治政府地盘。因此，本书所说的“蒙疆”，是指长城内外的部分中国沦陷区，包括锡林郭勒、察哈尔、伊克昭、乌兰察布、巴彦塔拉五盟和包头、厚和豪特(即今呼和浩特)二市。相当于今内蒙古中部、山西北部和河北西北部(图 7)。

图 7　蒙疆地区示意图

伪蒙古联盟自治政府下辖察哈尔(不含察南)、绥远两省日本占领区。德王将归绥县城恢复蒙古旧称，汉文写作厚和豪特，升格为市，作为政府驻地，包头也一并升格为市。又将原归化城土默特旗和察右四旗地域各旗县合并新设巴彦塔拉盟。各盟统一设立盟公署，正式设立一级地方行政建置。所谓“蒙疆政权”，是指日军控制下的蒙疆联合委员会及其下属的蒙古联盟自治政府、察北自治政府和晋北自治政府。

1937年卢沟桥事变之后，日本关东军侵入察哈尔、绥远等省，8月13日便出台了《察哈尔方面政治工作紧急处理要纲》：第一，在张家口建立统辖察南、察北之政权；第二，察哈尔政权之组织以内蒙古自治政府及察南自治政府组成委员会，以德王为委员长，新察南自治政府之长官为副委员长；第三，扩充张家口特务机关，对察哈尔政府及察南自治政府实行军事、涉外、经济等重大事项的内部指导；第四，在察哈尔政权内安排具有统制能力的日本人为顾问。

日本人很快在该地区建立了三个伪地方傀儡政权：一个是1937年9月4日在张家口成立的“察南自治政府”，另一个是10月15日在大同成立的“晋北自治政府”，还有一个是10月28日在呼和浩特市宣布成立的“蒙古联盟自治政府”。1937年11月22日，在日军的战刀指挥下，三个傀儡政权的代表在张家口成立“蒙疆联合委员会”。“蒙疆联合委员会”成立当日，这个傀儡政权就向关东军司令官植田谦吉发出了“希望贵帝国军驻兵”的友好邀请信。[①] 关东军立即答应予以全力配合，分别任命了张家口特务机关长及其下属大同、呼和浩特各特务机关长。这样就形成了关东军司令官通过特务机关长对于蒙疆联合委员会的控制体系。年底，日军新设立了驻蒙古兵团，兵团司令部的大部分要员都是从关东军转任的，1938年7月正式改称“驻蒙军”。蒙疆地区的权力中心自然是“驻蒙军”的司令部。

1938年秋季，日军相继占领华北、华东和华中广大地区后，随着占领区的扩大和各地伪政权的出现，侵略者的战争计划开始重点转向对于占领区的控制和掠夺。10月，日本内阁通过了《对华院设置要纲》，决定在东京设立以内阁总理大臣为总裁，外务、大藏、陆、海军大臣为副总裁的对华中央机构，负责处理日本在华一切政治、经济及文化相关事务。同年12月15日，日本天皇谕令，将内阁决议的“对华院”定名为“兴亚院”，并确认了“兴亚院”的官制。1939年3月10日，设立了华北、蒙疆、华中、厦门四个联络部和青岛办事处。蒙疆联络部以酒井隆中为长官，从此成为蒙疆土地上的实际统治者。

1939年9月1日，三个伪政权组织在“驻蒙军”的操纵下，进一步“统合”为

---

① 植田谦吉(1875—1962)，1909年毕业于陆军大学，1928年升任中将，同年8月调任日本天津驻屯军司令官。1932年1月28日侵略上海时，任日军司令官。同年4月在虹口公园举行的日本天皇诞辰纪念典礼上，遭到朝鲜爱国者炸弹袭击，截去左腿。1933年任参谋本部次长，旋晋升为大将。1936年任关东军司令官，兼驻伪满洲国大使及关东局长官。1939年转为预备役。

“蒙古联合自治政府”。旗帜以黄、青、白、赤、白、青、黄七条色带组成，赤色居中，代表日本人，白、青、黄分别代表回族、蒙古族和汉族。其行政区域划分为 2 个政厅（即察南和晋北）和 5 个盟（即察哈尔盟、巴彦塔拉盟、锡林郭勒盟、乌兰察布盟和伊克昭盟）。1941 年 8 月 4 日，更名为“蒙古自治邦政府”。上述这个伪蒙疆政权管辖的范围如图 7 所示，东与伪满洲国相邻，北与外蒙古接壤，西部接近宁夏边界，南至长城一线，包括了察哈尔省、绥远省的东部地区以及山西省的大同地区，面积约有 50 万平方公里。无论是“蒙疆联合委员会”还是其后来的变形“蒙古联合自治政府”，名义上虽然由蒙古人担任，实际权力却掌握在最高顾问日本人的手心里。这里的“自治”当然不是蒙古人的自治，而是“自治”名义下的日本占领区。

日本人之所以选择蒙疆作为鸦片的生产基地，一是因为本地区地理位置较为偏僻，不仅便于掩盖大规模生产毒品的真相，而且相对比较容易实现生产、收购的控制性管理；二是因为本地农民本来就有大面积种植罂粟的技术经验和习惯；三是因为该地区又是宁夏、甘肃等省鸦片运往北平、天津等地的重要通道，控制了该地区的鸦片贩卖和运输，也就等于控制了“西口货”的流通渠道。

毒品的生产、买卖、走私、贩运不可避免地导致该地区的高犯罪率。走私与反走私，黑帮与匪帮，军队与警察，为了争夺鸦片利益，抢劫、暗杀、火并连连发生，各种武器随手可得。在日军统治下的长城北部这块“王道乐土”里，可以说到处是恐怖，到处是罪恶。邪恶的政权与毒品生产紧密结合在一起，使蒙疆地区成为当时亚洲最大的罂粟种植园，成为鸦片生产的最重要的基地。本章的研究重点是蒙疆的鸦片生产、征购与配给制度。为了认清日本在中国毒品政策的实质，这里有必要先从 30 年代中期国民政府开展的“两年禁毒，六年禁烟”运动说起。

一 “两年禁毒，六年禁烟”运动的高涨

从 1928 年确定“断禁”鸦片方针到 1935 年，国民政府领导下的禁毒活动时张时弛持续了 7 年时间，就局部地区来说，禁毒不无成效，而就全局来说，中国的鸦片毒害仍然十分严重，基本上是不成功的，国民政府因此受到国际国内舆论的尖锐批评和谴责。在这种情况下，国民政府不得不采取比较严厉的禁毒方针和政策。

1935 年 4 月 1 日，蒋介石以军事委员会委员长的名义向全国发布了禁烟通令，宣布实施“两年禁毒，六年禁烟”计划，[①]指明禁烟禁毒应当采取“渐禁”的方

① 此处的“毒”指的是吗啡、海洛因和可卡因等烈性毒品，“烟”指的是鸦片烟膏。

针，到1936年底完成“禁毒”任务，1940年底完成“禁烟”任务。通令要求地方长官与社会各界打成一片，“共同努力于禁烟之扫荡”。① 而后，颁布了《禁毒实施办法》和《禁烟实施办法》，贯彻了从重治罪的精神。例如，规定制造、运输、贩卖烈性毒品，处以死刑；对于使用烈性毒品的人概行拘押，交医院强行戒毒；不能按期戒毒者，也处以死刑。并规定两年“禁毒”期满后，无论主犯、从犯一律处以死刑。② “禁烟”措施也相当严厉，规定自公布之日起，实行总检举制度，同时派员到各地查验、督促。凡是报告已经禁种的县区，如果发现仍然有罂粟种植，一经查实，该县县长与查核委员及区长、保长、甲长和种户，概依军法惩治。如有聚众抗铲者，可以调动军警强行拔除；倘若发现军警庇护罂粟种植和私收鸦片捐，一经查实，立即枪决。③

从1935年春天开始，为促进禁烟禁毒运动的深入开展，各省市禁烟机关不仅利用“六三纪念日”(即纪念林则徐虎门焚毁鸦片纪念日)发表大量宣言和公告，还邀请党政要员和各界知名人士集会演讲，编印了许多书刊，广为散发。此次禁烟运动在全国雷厉风行展开，取得了很大成绩。根据内政部不完全统计，自1935年到1937年，全国查获的烟毒案件有94 925起，牵涉案犯129 778人，判处死刑的有2 378人。④ 利用缉私团、查缉队、保安团等各种武装组织，大批查获烟毒案件、枪决毒犯，造成了一种令人恐怖的气氛，鸦片烟毒成为过街老鼠，人人喊打。

首先，罂粟种植大幅度减少。当时将全国划分为绝对禁种区与分期缓禁区两类。绝对禁种的17省区是：河南、山西、湖北、安徽、湖南、江西、江苏、浙江、福建、广东、广西、山东、河北、察哈尔、青海、西康和新疆；分期缓禁的有7个省区：陕西、甘肃、贵州、云南、四川、绥远和宁夏。禁种计划严格实施后，各省纷纷采取措施，强制查拔罂粟。根据国民政府军事委员会禁烟总会1935年报告，当年实现禁种任务的省区有河南、安徽、江西、江苏、浙江、福建、河北、山西、山东和湖北10省，经禁烟特派员前往各地调查后，予以确认。1936年，各省再接再厉，“总期铲除毒卉，务在彻底，即使流血，亦所不惜”。⑤ 不仅已经禁绝的省区没有

① 《国民政府军事委员会委员长行营颁行关于禁毒禁烟施行办法公函》1935年4月，马模贞主编：《中国禁毒史资料》，天津：天津人民出版社，1998年，第1093～1094页。

② 《禁毒实施办法》，徐百齐编：《中华民国法规大全》，上海，商务印书馆，1937年，第1140页。

③ 《禁烟实施办法》，徐百齐编：《中华民国法规大全》，上海，商务印书馆，1937年，第1141页。

④ 内政部禁烟委员会编：《禁烟年报·禁烟禁毒工作报告书》附表七，内政部禁烟委员会印刷，1936年出版。

⑤ 军事委员会委员长行营编：《军事委员会委员长行营政治工作报告》，台北：文海出版社，1987年影印本，第92页。

发现新的烟苗种植,而且又有一些省区实现了禁种任务。1938 年,绝对禁种省区“查禁均甚严厉”。分期缓禁的省区也采取了积极措施。例如,陕西所属 92 县,1935 年禁种 72 县,1936 年又禁种 16 县,其余各县于 1937 年实现禁种任务。甘肃省于 1934 年开始限制罂粟种植,当年禁绝 13 县,1935 年又有 19 县完成禁种任务,1936 年禁种 12 县,其余 23 县在 1937 年全部实现禁种任务。

其次,吸毒现象有所减轻。在六年禁烟过程中,各级政府多次严令吸食毒品成瘾者进行登记。有毒品嗜好者惮于禁令森严,人人自危,被迫前往登记戒毒。总的来说,这一时期全国各地登记、戒毒都是比较认真的。根据统计,1935 年登记的瘾者有 1 665 209 人,戒毒人数为 339 198 人;1936 年登记人数有 3 730 399 人,戒毒人数为 315 750 人;1937 年领照吸烟的 4 160 285 人,戒毒人数为 319 024 人。[①]

总的来说,国民政府在 1935 年到 1939 年间,为制止鸦片流毒进行了一定努力,除了日本占领区外,全国大部分省区都完成了禁绝罂粟种植的任务。即使个别地区仍有私种现象,但已经为数无多。可以说,禁毒取得了相当大的成效。这在国际和国内都得到了一致肯定和称赞,国际观感遂为大变。[②]

二　绥远沦陷前的禁烟禁毒法令和措施

由于地处偏远地区,1935 年前绥远省地方政权和军队“向以烟税为唯一之财源”(表 17),历来禁烟大多有名无实,罂粟种植受到鼓励,毒品吸食成为习惯。1935 年,绥远省主席傅作义接到军事委员会颁布的“两年禁毒,六年禁烟”通令后,也开始认真查禁鸦片种植和吸食,准备以四年为期,分别限制 17 县栽种,预期到 1939 年完成禁种任务。为此,专门制订了《绥远省禁种烟苗办法》。该办法共 14 条,关于绝对禁种的规定是:“各县局绝对禁种区内,应由各县局长于下种期前,宣传政府彻底禁烟之决心,剀切布告,认真查禁。同时并责成该管乡镇长副,出具永不种烟切结,报县备查。”“各县局接到前项切结后,应先派员挨村切实勘查有无偷种情事,据事实呈报,并由县局长亲身下乡明密抽查。迨届烟苗出土时期,果无烟苗发现,即由县局长出具禁绝切结,报省备查。”“每届烟苗出土时,各县局应派铲烟委员,会同省委,并得商请当地驻军协助,于烟苗出土后,分赴绝对禁种区域内认真复查。如有偶种情事,应即强行铲除,随时呈报备查。”

---

① 内政部禁烟委员会编:《禁烟年报·禁烟禁毒工作报告书》附表四和附表五,内政部禁烟委员会印刷,1936 年出版。

② 赖淑卿编:《国民政府六年禁烟计划及其成效》,台北:国史馆,1986 年,第 337～338 页。

表 17　1935 年绥远省各县烟亩罚征建设专款一览表　（单位：银元）

县　名	烟亩罚款	县　名	烟亩罚款	县　名	烟亩罚款
归绥县	110 514.593	托克托县	83 000	固阳县	44 975.99
萨拉齐县	101 773.845	和林县	71 063.166	安北设治局	21 500
丰镇县	111 059	凉城县	88 000	集宁县	21 500
包头县	31 336.906	兴和县	84 000	五原县	50 287.4
清水河县	20 414	东胜县	6 454.546	临河县	118 400
陶林县	20 000	武川县	59 197.11	准噶尔旗	3 176.8
合　计	1 047 653.356				

资料来源：《绥远省专花各款及历年尾款收支数目》，绥远省政府秘书处编辑：《绥远省政府公报》1937 年 1 月；又载马模贞主编：《中国禁毒史资料》，天津人民出版社，1998 年，第 1139 页。

至于限制种植，也有明确规定："各县、局限制禁种区内，播种烟苗绝对不准超过下年播种之亩数，并应由各县、局长督饬各乡、镇长，将该管乡镇种烟花户、水旱亩数及其坐落四至，详开清册，并出具并无隐匿切结，限四月底以前呈送县府核办。""各县、局长办理前条规定手续完竣后，应由专委将种烟水旱亩数详查清楚。如有造报不实，随时饬令更正，限五月底以前会同县、局长列表呈报，听候复查。倘仍有隐匿情事，除将种户按查出亩数加倍处罚外，并予乡、镇长及印委以相当处分。"①

与此同时，绥远省为贯彻"两年禁毒，六年禁烟"精神，还专门制订了《绥远省禁烟大纲》，特别强调按照法令严惩毒品犯罪，例如规定："凡吸食、制造、贩运烈性毒品者，遵照禁烟总监所颁布禁毒治罪暂行条例规定办理。"②对于吸食鸦片者如何戒毒也有相应规定："各县、局长办理禁吸，应剀切布告，并随时于县城或乡镇择地开会，宣传讲解吸食鸦片之害，以促烟民自动戒除。""凡向不吸食鸦片者，绝对不准吸食，违者依法从严惩处。其已经吸食而年在 45 以下者，除由县、局长随时开会宣传劝自戒外，并应由县、局长督饬各乡、镇、闾、邻长，于第一年内尽力劝导，令其赴戒烟机关戒除。"③

绥远省各种禁毒禁烟法令的实施，对于本省掀起"两年禁毒，六年禁烟"运动高潮发挥了积极作用。可靠资料证明，在卢沟桥事变发生之前，绥远的罂粟种植

① 《绥远省禁种烟苗办法》1937 年 2 月，原件收藏在内蒙古自治区档案馆。

② 《绥远省禁烟大纲》，马模贞主编：《中国禁毒史资料》，天津：天津人民出版社，1998 年，第 1141 页。

③ 《绥远省禁吸鸦片办法》，马模贞主编：《中国禁毒史资料》，第 1142 页。

面积大幅度减少，鸦片产量也大幅度降低。1934 年，罂粟种植面积 11 436 顷，鸦片产量为 117 564 公斤；1935 年的种植面积减少到 9 810 公顷，产量减少到 90 926公斤；1936 年种植面积与鸦片产量又进一步减少为 6 828 顷和 65 307 公斤。1937 年，绥远的禁毒运动正在深入开展之时，日本发动了全面对华战争。

1937 年秋天日军占领绥远东部地区后，中国军队被迫撤退到绥远西部。尽管政治局势严重动荡，军事形势十分严峻，绥远省政府继续在其控制的绥远西部地区坚持实施严厉的禁毒法令，这表明中国政府此次禁毒是相当认真的，也是诚心诚意的。1938 年秋天，绥远省主席傅作义又连续发布通令，颁布《绥远省绥西区戒烟大纲》《绥远省绥西区各县禁烟验治局戒除鸦片办法》和《各县局禁烟验治局组织章程》，强调必须根除罂粟种植和鸦片吸食。《绥远省绥西区戒烟大纲》共有 11 条，《绥远省绥西区各县禁烟验治局戒除鸦片办法》也是 11 条，这两个条例与《绥远省禁吸鸦片办法》完全一致，明文规定：男女吸食鸦片成瘾者，在 45 岁以下者，必须在登记后 4 个月内，迅速戒除鸦片烟毒；年龄在 46 至 59 岁之间者，限制在 1 年戒除毒瘾；年龄在 60 岁以上的吸食者，应在 3 年内陆续戒除毒瘾。并且详细规定了戒毒查验办法和监督措施。应当说这些措施得力，操作性强，如果没有战事的影响，经过地方政府的不懈努力，绥远省的禁毒工作完全可以期望取得显著成效。退一步说，即使不能彻底消灭毒品犯罪，也会大大抑制罂粟的种植，使鸦片流毒有所减轻。

事实也是这样，绥西地区在 1938 年实施了完全禁种的措施，消灭了大面积的罂粟种植，只有零星的鸦片生产。毗邻省区宁夏、甘肃和山西都基本完成了禁绝罂粟种植的任务。为了使禁毒法令在国民政府控制的地区得到有效贯彻，1938 年 10 月 3 日，内政部禁烟委员会致电傅作义，一方面肯定绥远省政府在禁烟方面“厉行禁政，不遗余力”，同时要求进一步查禁绥西地区偏僻地方的零星种植和贩卖。傅作义接到电令后，立即通令绥西各县长，要求不分区域，“一律提前查禁，务期禁绝”。[①]

1939 年 2 月 22 日，绥远省政府以傅作义名义发布的一份公告将坚持禁毒的意义和决心写得明明白白：“同胞们！我们早已声明过，我们绥远在二十七年年底必须把大烟的事完全禁绝，而且在不久以前，我们还出过布告，这大家总该知道得很清楚吧。现在又到春耕的时候了，假使在这个时候，再不能下决心作彻

---

① 《内政部禁烟委员会致傅作义饬令与宁夏毗连地区严禁烟毒电》1938 年 10 月 3 日，《绥远省主席傅作义通令全省自民国二十八年起实行查禁烟亩》1938 年 11 月 16 日，马模贞主编：《中国禁毒史资料》，天津：天津人民出版社，1998 年，第 1189～1190 页。

底的禁止，以后等大烟长上来，才逼的公家去强制铲除，去治罪处罚，这是一回多么合不着的事！我们应当想想，是不是这时多种一亩大烟，就要少种一亩谷子；少种一亩谷子，将来就要少打一份粮食；少打一份粮食，公家私人就要多一份损失。我们应当知道，公家这次严厉禁种大烟，是要彻底执行的，不惟禁种，还要禁运，禁卖，禁吸，因为这样才是个整个办法，才可以根本将这种有毒的东西，尽数消灭。”①上述禁毒法令的制订和贯彻应该说都是相当认真的。

不仅绥远如此，其他省区在抗日战争全面爆发之前都积极地推行了禁毒方针，并且取得了比较显著的成绩。与绥远相邻的省区，在禁种罂粟方面成效显著。山西、河北属于绝对禁种省区，1935 年就实现了禁种任务。甘肃、宁夏属于分期缓禁区，统计显示，罂粟种植面积和鸦片产量已大幅度减少(见附表 18)。是时，察哈尔省东部已处于日军铁蹄之下，由于战事原因，本省无法顺利开展禁烟禁毒运动，但尽管如此，察哈尔西部地区在 1935 年也采取了比较严厉的禁毒措施，坚决打击吗啡、海洛因等走私贩运，先后枪毙了 9 名“白面犯”②。这表明，此次禁毒运动在禁种罂粟方面，在禁止烈性毒品传播方面，各个省区都取得了显著成效。

表 18　1934—1936 年绥远省与邻近省区鸦片种植面积递减情况比较表

项别 年度	绥远		甘肃		宁夏	
	面积(顷)	产量(公斤)	面积(顷)	产量(公斤)	面积(顷)	产量(公斤)
1934	11 438	117 564	32 887	462 500	19 927	373 625
1935	9 810	90 926	24 070	338 481	11 900	223 125
1936	6 928	65 307	20 036	281 753	5 934	162 007

资料来源：《内政部禁烟委员会禁烟禁毒工作报告书》附表一，《各缓禁剩种烟面积产量四年来比较表》，马模贞主编：《中国禁毒史资料》，天津：天津人民出版社，1998 年，第 1190 页。

通过以上简略考察，我们可以断言，假若没有日军大规模侵略中国事件的发生和干扰，20 世纪 30 年代的中国禁毒运动在全国人民的积极支持下必将取得巨大成就。即使不能彻底禁止毒品的生产、贩运、制造和消费，也会大大抑制鸦片流毒的严重泛滥。但是，由于侵略者在中国占领区推行毒化政策，不仅使沦陷地区的禁烟禁毒无法进行，而且使毒品问题越来越严重，达到了无以复加的地步。

① 《绥远省关于禁绝种烟的简告》，马模贞主编：《中国禁毒史资料》，天津：天津人民出版社，1998 年，第 1205～1206 页。

② 华北地区将海洛因称作“白面”，“白面犯”指贩卖海洛因的犯罪分子。

三　卢沟桥事变前后日军在察哈尔的纵毒活动

1931年九一八事变之后，日本迅速侵占了我国东北三省。侵略者贪得无厌，接着又向热河、察哈尔以及山海关发动攻势。1933年2月占领热河，而后进扰察哈尔东部，攻占了多伦、沽源、宝昌、商都、康保和张北等处。5月，冯玉祥、方振武和吉鸿昌等爱国将领在张家口组成察绥抗日同盟军。6月，抗日同盟军发动攻势，迅速收复康保、沽源、宝昌和多伦。9月，同盟军在滦东失利。1935年5月30日，4名日军特务潜入察哈尔境内绘制军事地图，6月5日被当地驻军扣留。日本关东军以此为借口，向中国提出种种蛮横要求，迫使察哈尔民政厅长秦德纯与日方代表土肥原在北平谈判，最后签订了《秦土协定》，使察东成为非武装地区，宋哲元部二十九路军被迫撤出察东地区，日本侵略势力事实上已深入察哈尔地区。12月，日军再一次进入察哈尔，控制了张北地区。

毒化政策作为日军侵略总政策的一个重要组成部分，总是伴随着军事占领。凡是日本太阳旗飘扬的地方，毒品势力必定被占领军迅速扶植起来。1935年12月，日军占领察哈尔张北县。此时正是当地罂粟播种季节，侵略者随即发布文告，引诱农民种植罂粟。日军不仅为农民提供罂粟种子，而且从伪满洲国选派了技术员来指导罂粟种植与鸦片采集。在侵略者看来，鸦片比龙烟的铁矿和大同的煤矿更有吸引力。有了鸦片，伪军就可以购买军火。[①] 在日军的诱导下，张北县城附近的东西关、脑包底、马场房、九卜树、北树湾、龙王庙、杨家营等村庄开始大面积种植罂粟。在张家口，日本人于1936年先后设立了9家海洛因制造厂，即阪田组合（曹家胡同）、日本旅馆（大马路）、泰丰洋行（铁路街）、德隆洋行（马路头条）、林田洋行（东太平街）、福隆洋行（土儿沟）、中原商会（怡安街）、德胜洋行（土儿沟）、石川洋行（曹家胡同），每日生产量185包（每包18两，合计2 880两）。其中以阪田组合为最大，其老板阪田诚盛雇佣员工170人，设备有压榨机12个、搅拌机80个、过滤器50个、大型水瓶40个，[②]每日可以生产海洛因80包。与此同时，富于冒险精神的日本浪人迅速拥入察哈尔的东部地区和山西省的大同地区[③]。

---

① 日本驻上海武官公开宣称："所称这些内蒙古人太穷，无钱买坦克、武装军车与军火等，是不确实的；因为他们有巨量的鸦片收获当财富，我们可接受以货易货方式。"《纽约时报》(The York Times)1936年11月17日。

② 谢远达编：《日本特务机关在中国》，汉口：新华日报馆，1938年，第45～48页。

③ 在多伦县出现了日本人开设的15家毒品推销店，宝昌县有9家，沽源县12家，张北县9家，商都县5家，康保县5家。江口圭一著，金海、白拉都格其译：《蒙疆政权》，《内蒙古近代译丛》第一辑，呼和浩特：内蒙古人民出版社，1986年，第247页。

1936年夏天，一群浪人住进大同市北门外的一家旅店，他们全是兜售毒品的贩子。开始时他们勾结当地的无赖把身上携带的“料面”(即吗啡)白白赠送给中国人，成瘾者立即成为日本毒品的俘虏。日本浪人不但在城内兜售毒品，而且还到城西口泉一带活动。一天，有三个家伙窜到城西的平旺村，用日本钞票买东西，村民不认识日本钞票，不卖。他们又拿出料面换东西，店主人表示拒绝。他们声称自己是浪人，不卖也得卖。店主人吓了一跳，立即跑到街上吆喝起来：“俄铺来浪人了！浪人来了！”村民们对于日本浪人在城中的为非作歹行为早有耳闻，视同恶魔化身，立即拿起铁锹、棍棒前来驱赶。三个浪人一看不妙，撒腿就跑，浪人在前面跑，村民在后面追。一直跑了五六里，这三个家伙回头看看人们不再追赶了，才停下了脚步。但他们不甘心失败，又跑到口泉最热闹的穆桂英坡街摆下赌具和毒品。有一个叫作村中有利的家伙干脆在太宁观街租住了一套庭院，挂上了“村中有利公馆”的牌子，开设赌局引诱赌徒，无偿提供料面。“有利公馆”的名字不胫而走，很快成为赌博与毒品“俱乐部”的代名词，每天进进出出的多是地痞流氓和赌徒。由于日本人的军事势力正在向这一地区渗透，这些日本浪人气焰嚣张，到处公开兜售毒品，闹得实在不像样子，地方警察不得不进行干预，将几名参与贩毒的中国罪犯绳之以法。当地中国驻军也包围了日本浪人聚居的旅馆，要求他们离开大同。这些家伙竟然开枪抵抗，中国士兵立即还击，打伤多人。日本浪人见势头不妙，才夹起尾巴逃回张北据点。

日本在察哈尔的纵毒政策一开始就受到国际社会的关注，美国驻上海领事馆财务官 E. M. 佳克布松于1936年在《关于察哈尔六县沦陷后当地麻醉品的威胁》报告中指出，李守信统帅的傀儡军队奖励百姓增产鸦片，并按照日本人的意志修改了鸦片政策。1937年4月，另一位美国驻上海领事馆官员也指出，为鼓励种植罂粟，驻察哈尔的日本官员用当地县长的名义发布公告，以免除地租和兵役以及候补公职人员资格来鼓励扩大罂粟种植。美国代表富勒(Stuart J. Fuller)在1936年日内瓦中央鸦片常设委员会第二十届会议上指出，日伪蒙军占领察哈尔北部后，罂粟播种面积大幅度增加，吗啡、海洛因工厂也由日本人迅速设立，先设厂于张家口，后来迁移到承德，而在张家口另建一厂。承德的工厂雇佣工人342人，张家口的工厂雇佣170人，日产海洛因50公斤。①

据记者1936年4月2日报道，张家口有坂原组合者为日本人所经营，“每日使用工人80余名，大规模制造白面，可出货80件，价值3.2万余元，由50余家

① League of Nations, *The Advisory Committee on Traffic in Opium and Dangerous Druge*, Minutes of the 22nd Session, Geneva, May 24 - June 12. 1937. p. 56.

分销处，承销于察省各县民间”。①

1937年卢沟桥事变后，日军迅速占领了察哈尔南部地区，扶植起傀儡政权——“察南自治政府”。这个伪政权在日本人的授意下，立即抛出了《鸦片业务指导纲要》。该“纲要”宣称，扩大罂粟种植，提高鸦片产量，是为了发展战时医疗事业。规定按要求种植罂粟者，可以免征地租；种植5亩以上者，可以免除兵役；种植20亩以上者，可以免除地租和兵役，还可以得到县政府的荣誉证书；种植50亩罂粟者，不仅可以免除地租和兵役，获得荣誉证书，还可以得到“地方长老”的称号，成为伪公职的候补者。“纲要”还规定鸦片的收购与销售由“鸦片公会”来负责，非公会会员不许收购鸦片。这个制度的根本目的是为了确保鸦片的税收，而不是为了限制鸦片的生产、流通和消费。② 为了贯彻这个“纲要”，伪蒙古联盟还陆续抛出了6个具体文件：《蒙古鸦片栽培暂行规定》《鸦片烟膏零卖暂行规定》《鸦片印花税暂行规定》《鸦片公会暂行取缔规则》《鸦片输送暂行规则》《鸦片吸食暂行规则》。

是时，全国各地正在开展严厉的禁毒运动，罂粟种植面积大幅度减少，鸦片生产量急剧减少，供求矛盾紧张，导致鸦片价格猛涨。特别是由于西口输入鸦片中断，蒙疆地区的鸦片价格暴涨了一倍多。1937年，每两鸦片的售价一般在2.2～2.3日元。1938年度，由于日本占领华北，全面开放烟禁，华北地区对于鸦片需求急剧增加(表19)。华北鸦片价格一路上涨，到了10月份，每两鸦片价格超过了6日元，在北平甚至突破了7日元。在暴利和日伪政权的诱导下，不仅察哈尔东部的罂粟种植面积迅速扩大，整个蒙疆地区的罂粟种植面积都迅速扩大，总面积达到590 000亩，鸦片单产按每亩20两计算，总产量不下11 800 000两。

表19　1938年度蒙疆地区罂粟种植面积、产量一览表

	绥　远	察哈尔	大　同	合　计
种植面积(亩)	435 000	125 000	30 000	590 000
鸦片产量(两)	8 700 000	2 500 000	600 000	11 800 000

本年度蒙疆一共征收鸦片14 334 685两，库存4 479 906两，输出量达到9 854 779两，价值43 821 175日元，平均每两售价为4.45日元。其中运往平津

① 《日本浪人在张家口制卖毒品》，《大美晚报》1936年4月2日。

② 满铁·北支经济调查所：《蒙疆ニ於ケル阿片》，1941年5月，江口圭一编：《日中战争期阿片政策：蒙疆政权资料を中心に》，东京：岩波书店，1985年，第236～239页。

的鸦片有 8 908 040 两，运往伪满洲国鸦片工厂的有 946 739 两。[①] 就蒙疆日伪政权来说，本年度按照行市收购价格为 2.2～2.3 日元，销售价格平均为 4.45 日元，正好是收购价格的 2 倍。本年度一共收购了 14 334 685 两，按每两价格平均 2.25 元计算，收购这批鸦片需要付出 32 253 041 元，盈利为 11 568 134 日元，按 1938 年 1 日元兑换 0.27 美元计算，折合 3 123 396 美元。

还需要指出的是，除了当年输出的 9 854 779 两鸦片之外，蒙疆地区还有大量剩余鸦片。大量的剩余鸦片除了本地消费之外，还有一部分将在 1939 年输出到外地。根据统计，1939 年蒙疆政权实际收购的鸦片只有 887 018 两，而在贸易统计中，输出的鸦片却有 3 575 000 两(表 20)，输出数量远远大于收缴量。不仅如此，在 1940 年度的配给计划中还列出了 1939 年的库存鸦片 1 791 924 两。可见在 1939 年度，蒙疆地区日伪政权除了当年收购的 887 018 两之外，还掌握了前一年的大量库存鸦片，其数额为 4 479 906 两。

表 20　1939 年度蒙疆鸦片收缴、配给与剩余鸦片一览表

1938 年库存(两)	1939 年收缴(两)	1939 年输出(两)	1939 年库存(两)
4 479 906	887 018	3 575 000	1 791 924

注：在 1939 年库存栏中的 1 791 924 两鸦片中，包括了 1939 年利用特殊手段收缴的一小部分鸦片。

平心而论，绥远省与察哈尔省由于远离国民政府的统治中心，地方军阀为了生存，为了军饷和财政上的需要，对鸦片征收了印花税(每两 0.15 元)、入境税(每两 0.02 元)、出境税(每两 0.02 元)、过境税(每两 0.08 元)、烟土牌照税(分为三等，每月 40～80 元)、烟膏牌照税(分为四等，每月 60～120 元)，没有采取有效措施坚决制止当地的鸦片流毒。但是，地方军阀对于鸦片的生产与流通只是采取了放任态度，并没有采取强制性的措施来努力扩大鸦片生产。该地区的毒品严重泛滥是日本侵略者造成的，占领军显然负有不可推卸的罪责。

四　清查署的设立与鸦片指令性计划的下达

“兴亚院”一成立，日本人便加紧筹划其在中国各占领区的毒化政策。“兴亚院”蒙疆联络部内部文件的秘密记录是：“昭和十三年(1938)兴亚院在东京成立，以后每年在总院召开的中国鸦片供需会议上，决定蒙疆鸦片供需事项。”由此可见，蒙疆的鸦片政策是由“兴亚院”炮制的。《六年来之蒙疆》一书的作者如此露

① ［日］江口圭一著，宋志勇译：《日中鸦片战争》，天津：天津人民出版社，1995 年，第 41 页。

骨地写道："蒙疆之地适宜种植罂粟，产量高，农民历年有种植经验，又有铁路贯通西北和华北，兴亚院成立之始，便决定为重点发展地区。"①

1939年4月，日本控制下的伪蒙疆联合委员会炮制了一个新文件——《鸦片政策实施要纲案》，强调蒙疆地区特别适宜种植罂粟，生产鸦片可以满足"满洲国"和华北地区的需要，为了管理的便利需要实行统一的鸦片制度。"由于鸦片本身之特殊性，以及蒙疆地区一向为鸦片产地，又为西北产鸦片之过境市场，对内对外均处于极端错综复杂之关系，是以蒙疆地区原本就应有一套一贯的鸦片政策，然而，战争爆发后成立之察南、晋北、蒙古三自治政府，因各自沿袭过去之方案，导致鸦片行政及经营产生极大障碍。有感于此，同时为了符合邻接的满洲临时政府之鸦片政策，以及强化金融之必要性，蒙疆地区迫切需要实施一元化之鸦片政策。"②这就是说，蒙疆地区由于历史的原因，采取的鸦片政策已经无法满足现实的需要，因此，必须统一制订新的鸦片政策，以满足扩大鸦片产量的现实需要。

事实上，扩大蒙疆地区的罂粟种植面积，既是为了满足日本将其运输到华北、华中和华南的现实需要，也是为了满足伪蒙疆联合委员会的财政急需。对此，蒙疆联合委员会经济部烟政盐务科领会得非常到位："就蒙疆鸦片制度而言，中日战争爆发以来，由于和主要生产地宁夏、甘肃等西北地方以及四川、云南、贵州等西南地方之交通断绝，占领区之鸦片供需系严重失调，导致弊病丛生。外国产鸦片之输入又引发日元区域之外汇资金外流，放任过去的税制，使得新政府健全之财政经济，以及鸦片政策之确立受到极大阻碍。因此，确立以蒙疆、华北、华中、华南之鸦片自给政策为基本方针。订定鸦片增产政策，并在疆内采行以断禁为目标之渐禁政策，实施鸦片生产配给两分之统筹管理。"③

关于实行新制度的必要性，伪蒙疆政权6月9日的具体解释是，蒙疆鸦片政策在事变后，三地政府各自沿袭了不同的旧有方策。鉴于这一现状，为了适应新政权的财政需要，必须实施新的管理体制，强调"这是一个有助于促进蒙疆建设的新政策"。日本人所说的似乎更为露骨，主要原因是，只有"全力确保财源"，才能购买充足的武器装备，才能维持殖民当局与傀儡政权的存在。此外还有三条原因：第一，鸦片价值很高，对于财政影响很大；第二，随着中日战争的全面爆发，日本占领区的鸦片供应不足，需要增大产量；第三，如果从国外输入鸦片，势必使日本占领区的资金大量外流。鉴于以上这些原因，日本人认为必须实行新

---

① "蒙疆新闻社"编：《六年来之蒙疆》，无版权页，国家图书馆藏。

② "蒙疆联合委员会"：《鸦片政策实施要纲案》极密，1939年4月，第1页。

③ "蒙古联合自治政府"经济部烟政盐务科：《蒙疆阿片事情概说》1941年，江口圭一编：《日中战争期阿片政策：蒙疆政权资料を中心に》，东京：岩波书店，1985年，第192页。

的鸦片政策，即鸦片专卖制度。[①] 因此，对过去一直是重要财源之鸦片增产、配给以及运销实行全面的管制，自然被日本人和蒙疆政权视为“重要议题”。[②]

1939 年 6 月，为了适应上述鸦片专卖政策和增产需要，伪蒙疆政权连续公布了《暂行鸦片管理令》和《土药公司法》。[③] 具体规定：蒙疆联合委员会设立清查总署，在张家口、大同和呼和浩特分别成立 3 个清查署，下设 18 个清查局和 48 个清查分局。

清查总署（张家口）→
- 张家口清查署 → 清查局(5) → 清查分局(18)
- 大同清查署 → 清查局(5) → 清查分局(12)
- 呼和浩特清查署 → 清查局(8) → 清查分局(18)

7 月，“兴亚院”下达给蒙疆地区的指示是：“鸦片以当地生产供应为原则，尽可能避免对外国鸦片的依赖；当前，要确立蒙疆、华北的鸦片自给政策；在努力确保蒙疆最大生产的同时，将华北、华中地区作为补助性地区栽种或增产鸦片，但关于华北及华中栽种地区的指定，考虑到各种情况，要慎重决定。”计划 1939 年度的鸦片收缴量达到 700 万两，供应华北 500 万两，供应华中 200 万两。[④]

1939 年度，根据日伪政权下达的指令，蒙疆地区的罂粟种植面积与前一年的 590 000 亩相比几乎翻了一番，为 1 011 000 亩，预计每亩单产鸦片 20 两，总产量为 20 220 000 两（表 21），预计收缴量为 7 563 000 两。[⑤] 其中指定绥远种植 846 000 亩，与前一年的 435 000 亩相比几乎增加了一倍。

表 21 1939 年度蒙疆罂粟计划种植面积与收缴量

地　　区	指定面积（亩）	预计产量（两）	预计收缴量（两）
张家口署	10 000	200 000	75 000
大同署	155 000	3 100 000	1 163 000
呼和浩特署	846 000	16 920 000	6 345 000
合　计	1 011 000	20 220 000	7 583 000

资料来源：江口圭一著，杨光尘等译：《日本对中国的毒品战》，《近代史资料》总 86 号，北京：中国社会科学出版社，1994 年，第 257 页。1 亩等于 6.1 公亩。

① 《最近蒙疆经济特殊事情最高顾问上京原稿》1942 年 3 月 1 日，江口圭一编：《日中战争期阿片政策：蒙疆政权资料を中心に》，东京：岩波书店，1985 年，第 553 页。

② 满铁·北支经济调查所：《蒙疆ニ於ヶル阿片》，江口圭一编：《日中战争期阿片政策：蒙疆政权资料を中心に》，东京：岩波书店，1985 年，第 263 页。

③ “蒙疆联合委员会”：《蒙疆土药股份有限公司法》1939 年 6 月 6 日，江口圭一编：《日中战争期阿片政策：蒙疆政权资料を中心に》，东京：岩波书店，1985 年，第 402～404 页。

④ ［日］江口圭一著，宋志勇译：《日中鸦片战争》，天津：天津人民出版社，1995 年，第 72～73 页。

⑤ ［日］江口圭一著，杨光尘等译：《日本对中国的毒品战》，《近代史资料》总 86 号，北京：中国社会科学出版社，1994 年，第 257 页。

为了贯彻日军的这一鸦片增产计划，在播种时节，伪蒙疆政权派出警察和保安人员到各村登记造册，分配种植任务，按照土地肥瘠情况划分等级，丈量亩数，确定征收鸦片的数量。日本殖民者及其傀儡政权念兹在兹的是鸦片产量的增加："蒙疆之鸦片栽培采行增产政策……增产之基本方针亦应严格遵守，官民相互协力，体认蒙疆鸦片之特殊性，并致力于增产政策以使成果丰硕。"①一言以蔽之，增产鸦片乃是蒙疆政权的工作重心。

同时，由日本商人200余名集资500万日元，建立了蒙疆土药股份有限公司，董事长为内蒙鸦片商人贺东温，此人以伪蒙军总司令李守信为后台。这一土药公司的架构和职能如下：

(1) 本公司之名称为蒙疆土药股份有限公司，以鸦片之收购、缴纳及其相关业务为目的。(2) 资本金为150万元，由前蒙疆地区内之鸦片业者出资。(3) 本店设于张家口，支店设于大同、厚和(归绥)、张北、崇礼、兴和、多伦、集宁、托克托、萨拉齐、包头、丰镇。(4) 人员：置社长一人，副社长一人，理事四人，监事二人以内，经蒙疆联合委员会之同意，可置顾问若干名。(5) 人员中社长及副社长由蒙疆联合委员会任命，理事及监事由株主(股东)总会选任，经清查总署署长之同意，任命之。②

该公司专门从事鸦片的收购、加工和销售。公司将收到的鸦片进一步加工成等量的块包装起来(每100两1块)，转交给"清查公署"，然后由清查署确定配给价格，分配给日本商人运销到各地，或者运往北京、天津、上海等地销售，或者运往沈阳和承德的鸦片工厂，加工成鸦片烟膏、吗啡和海洛因。清查署还指定了当地的"鸦片配给人"，专门向吸食者推销鸦片烟膏和其他毒品。这样在蒙疆地区就形成了具有本地特色的鸦片专卖制度的完整链条：罂粟种植者—蒙疆土药股份有限公司—清查署—鸦片配给人—毒品消费者。

五　当年的鸦片会会长：大平正芳

1939年5月的一天，正在仙台税务局关税部担任部长的大平正芳(1910—1980，曾于1978—1980年任日本首相)接受大藏省次官大野龙的派遣，前来蒙疆

---

① "蒙古联合自治政府"经济部烟政盐务科：《蒙疆阿片事情概说》，见江口圭一编：《日中战争期阿片政策：蒙疆政权资料を中心に》，东京：岩波书店，1985年，第201页。

② "蒙疆联合委员会"：《蒙疆土药股份有限公司法》1939年6月6日，见江口圭一编：《日中战争期阿片政策：蒙疆政权资料を中心に》，东京：岩波书店，1985年，第404页。

联络部工作。大野龙对大平正芳当面训示说："现在政府决定在北京、上海、张家口、厦门四个地方设立兴亚院联络部，大藏省要向各个联络部派人。我们准备让你去张家口。张家口这个地方冬暖夏凉，生活方便。你到那里，就像内蒙古的财政大臣一样，可以在一张白纸上画出你所喜欢的图画来。年轻的时候，应该到处看看。怎么样，你同意吗？"①"兴亚院"成立于1938年冬天，是日本近卫内阁加强对中国占领区统治的重要机构。从日本大藏省次长这段话中可以看出，"兴亚院"蒙疆联络部在蒙疆经济活动中的主导地位，大平正芳以蒙疆联络部经济课课长的身份，被赋予了类似日本"大藏相"的实权。蒙疆联络部的首脑人物是酒井隆少将，大平正芳实际是经济、财政方面的主管。

那么，大平正芳的主要使命是什么？由于中文档案在日军投降、撤退时已被大量销毁，很难看到日本毒化政策执行人的具体活动记录，这里只有通过日文资料寻找其早期历史踪迹。根据《大平正芳传》记载，经济课课长大平正芳在蒙疆地区主要负责对战时物资动员和当年的投资计划进行汇总，"然后和东京兴亚院总部进行交涉审定"。此处的"战时物资动员和投资计划"，就是根据侵略战争的需要，最大限度地对中国进行经济掠夺。资源掠夺的主要对象既有煤炭、铁矿、粮食等战略物资，当然也包括鸦片这类"黑金子"。具体说来，蒙疆地区向日本出口急需的煤、铁和粮食，同时向华北运送鸦片，然后用鸦片换取侵略者必需的物资。正是由于经济课所负责的这些事项实际是蒙疆地区的经济、财政命脉，日伪政权的各个部门都必须到大平正芳课长这里来磕头求助。日本对中国的鸦片政策是由"兴亚院"制订的，在蒙疆地区贯彻执行这种毒化方针和政策的就是经济课课长大平正芳及其同僚。

1939年6月15日，大平把妻子和长子安置在岳父家中，单身从东京车站出发，6月20日黄昏时分到达张家口。到1940年10月离开，大平正芳在蒙疆工作了1年零4个月，这正是日本在中国毒化政策全面贯彻和加速推行的阶段。大平正芳一回到日本就被提拔为"兴亚院"总部联络部第二课课长，可见他的上司对其在中国执行使命所取得的成绩还是相当满意的。尽管战后侵略者在中国的鸦片问题上都讳莫如深，但事实就是事实，总会露出蛛丝马迹来。1970年代末期的一次聚会，还是确证了大平正芳在蒙疆地区的使命。原来，在蒙疆工作时期，日本人在张家口成立了一个叫作"清水河会"的同乡组织，事隔30年后大平正芳成为政治领袖人物，担任了日本首相。"清水河会"又一次在日本召开，会后

① ［日］大平正芳回想录刊行会编，武大伟等译：《我的履历书》，长春：吉林人民出版社，1984年，第75页。

编辑出版了一本纪念册——《清水河会 40 年史略》。正是这本纪念册中的照片，记录了大平正芳在蒙疆的活动。在照片的说明文字中，大平正芳被称为“我们的鸦片会会长”。毫无疑问，大平正芳是 1939 年 6 月到 1940 年 10 月间在蒙疆执行“兴亚院”毒化政策的关键人物，就是在这一时期，蒙疆的鸦片生产有了快速发展。

据华北联络部的一位同事回忆，大平正芳曾数次专程到东京汇报其工作。每次返回时他都路经北平，必定到华北联络部来传达“兴亚院”的指示。他的报告并没有什么特别的风格，但对“兴亚院”总部的指示和对蒙疆经济的分析特别彻底，“从不同角度掌握了事物，作出了判断，展开了讨论”。华北联络部因此对他的经验相当重视。[①] 朔北的寒风使大平正芳很快成长为一个精明强干的行政官僚。

关于在蒙疆的这一段活动经历，大平正芳在自己撰写的《我的履历书》中没有丝毫提及，可见当事人也认为这是一段很不光彩的历史。不过，事实就是事实，无论是隐瞒还是歪曲，都不是尊重历史的态度。纠缠既往的民族恩怨固然意义不大，但尊重历史毕竟是善待现在的前提。

六　“献身性的缴土”政策的尝试与失败

如前所说，绥远在 1938 年前与全国其他省区一样开展了富有成效的禁毒运动，无论是罂粟种植面积还是鸦片产量都已经大幅度减少，并且已经下令将 1938 年作为禁绝罂粟种植的最后期限。通令规定：“自民国二十八年(1939)起实行查禁，倘再有渔利偷种情事，一经查处，即行按照中央所定章则，严予惩处。至各县局行政人员，倘有奉行不力者，应予一并惩处，决不姑(息)宽(容)。”[②]

1939 年 11 月，傅作义再次下达通令，指出过去一年蒙县各处仍有偷种情事，“本年秋冬绝对不准再有一株偷种，违者从重，一律处以死刑”。[③] 再一次明确表达了绥远省政府和人民彻底查禁罂粟种植的决心。从 1937 年到 1938 年，绥远西部地区仍然掌握在傅作义率领的中国军队手中。

与此形成鲜明对比的是，敌伪占领区却在利用一切手段鼓励和强制罂粟种植。1939 年，伪政权指定归绥种植罂粟面积必须达到 80 万亩，为了完成这一指

---

① ［日］大平正芳回想录刊行会编，武大伟、郑国仕等译：《大平正芳传》，长春：吉林人民出版社，1984 年，第 82 页。

② 《绥远省主席傅作义通令全省自民国二十八年起实行查禁烟苗》1938 年 11 月 16 日，马模贞主编：《中国禁毒史料》，天津：天津人民出版社，1998 年，第 1190 页。

③ 《绥远省政府关于禁种烟苗布告》，马模贞主编：《中国禁毒史料》，天津：天津人民出版社，1998 年，第 1215 页。

标，包头市各地贴满了这样的政府告示。

为布告事，查播种鸦片，是增加国家税收保证建设的资源，繁荣经济活跃市场的枢纽，在医疗上是不可缺少的特效药材，更是人民发财致富的捷径。希我广大农民大量播种，以期达到利国裕民之目的。特颁种植条例如下：

一、凡居民人等，不论民族、畛域都有种植权力，所播种烟苗，政府决予大力支持和保护，任何人不得故意践踏和损坏，使收割顺利完成，保证人民的合法权益。二、烟苗成熟时期，应由政府负责人员会同乡保公所进行勘查丈量，不得以多报少，以丈量亩数交纳税收(成品)，由土药组合负责收购，开给完税证，以资证明。三、烟苗割完后，在一个月内必须交清税收，不得借故推诿抗拒不交。如遭受天灾、冰雹之害收获欠佳者，可根据情况酌情减少，但不得捏造虚报。四、在收割时期，防止不法分子乘机偷割及故意滋事者，一经察觉，定严惩不贷，勿谓言之不预也。切切此布。①

这份告示对于日伪政权的鸦片政策作了公开而坦白的注释。让农民发财是假，增加伪政权的税收是真。当然它最精彩的地方是，这个傀儡政权公开声称对于罂粟的种植和毒品的生产予以“大力支持和保护”。

1939年度，蒙疆地区通过“强行实施献身性的缴土工作”，一共征收887 018两鸦片(表22)，与预期收缴的数量相比，只有11.7%。为此一共付出了331万日元，平均每两3.74日元。详如下表所示。

表22 1939年度鸦片收缴量与预期收缴量对照表 (单位：两)

地　区	预期收缴量(A)	实际收缴量(B)	(B/A)%
张家口署	75 000	265 280.5	353.7
大同署	1 163 000	170 432.0	14.7
呼和浩特署	6 345 000	451 306.1	7.1
合　计	7 583 000	887 018.6	11.7

资料来源：江口圭一著，宋志勇译：《日中鸦片战争》，天津：天津人民出版社，1995年，第48页。

---

① 《伪包头市政府号召居民种植鸦片的布告》，原件收藏在包头市档案馆，马模贞主编：《中国禁毒史料》，天津：天津人民出版社，1998年，第1538页。

从表中可以看出，只有张家口署的鸦片收缴效果较为理想，大同署与呼和浩特署的收缴量只有预期量的7%，或15%，收缴效果不佳。蒙疆伪政权的文件留下了这样的记录："在强行实施献身性的缴土工作的同时，启发指导土药公司，以期在收购上万无一失，但未取得任何成效。"①

1939年度，蒙疆收缴鸦片失败主要是自然灾害导致的鸦片减产和价格上涨造成的。这一年夏天，蒙疆地区先是遇到大旱，迫使"察南自治政府"最高委员于品卿和最高顾问竹内元平两次参加当地的祈雨活动。进入7月份又是连降暴雨，许多农田被淹。鸦片在收获季节遇到大暴雨的袭击，产量自然大幅度减少。鸦片的歉收使供求关系趋于紧张，张家口、大同的鸦片行市是，6月份每两7.2～7.5日元。1939年下半年北平的鸦片行市是15～16日元，到了年底达到20日元，1940年春天进一步上涨到每两22～23日元。而1939年土药公司的收购价格只有2.8～3.5日元(一等品3.5日元，二等品3.35日元，三等品3.2日元，等外品2.8日元)，收购价格与行市价格差距太大，土药公司的收购必定困难重重。

鸦片产量减少固然是收缴受挫的主要原因，更重要的原因恐怕是，土药公司收购鸦片为了自己的利益，设法在等级和价格上大做文章，压等抑价成为普遍现象，农民拿到手的鸦片价格每两不到3日元。农民不愿把自己的劳动成果奉献出来，所以在征收的过程中土药公司使用了各种惩罚手段，轻则罚款、灌辣椒水，重则吊打。依靠这些强制性手段，征购"献身性"的物品很难获得成功。那么，大批的鸦片运到哪里去了？当局的报告说，未被收缴的鸦片像潮水一样越过了"国境"，进入了邻近省区，在旺季，一个稽征所在一个月就得到了60 000元的税收。在鸦片行市价格与征收价格过于悬殊的情况下，"强行实施献身性的缴土"政策是行不通的，这是显而易见的。

按照"兴亚院"的计划，蒙疆联络部与伪蒙疆政权将收购的鸦片以9.55～10.55日元的价格配销到各地。配给情况略如下表所示。

表23　1939年度蒙疆鸦片配给情况一览表　　(单位：两)

地　区	北平	管内	天津	上海	唐山	济南	其他	合计
数　量	300 000	141 429	100 000	100 000	100 000	100 000	27 000	868 429
所占比例(%)	34.6	16.3	11.5	11.5	11.5	11.5	3.1	100

资料来源：[日]江口圭一著，宋志勇译：《日中鸦片战争》，天津：天津人民出版社，1995年，第48页。

① [日]江口圭一著，宋志勇译：《日中鸦片战争》，天津：天津人民出版社，1995年，第47页。

从表23中可以看出，配给外地868 429两鸦片，按照(9.55～10.55)平均价格9.91日元计算，总价值应为7 989 547日元(表24)。由于收购价格在2.8～3.5日元之间，平均价格为3.2日元，加上需要支付土药公司9%的手续费，每两鸦片平均价格为3.74日元，按照5.5元销售，价值777 860元，合计7 982 430元，需要支付3 317 447日元。收支相抵，盈利为4 672 100日元，如下表所示。

表24　1939年度蒙疆政权鸦片库存与盈利情况估价表

项　目	配给外地	配给本地	合　计	收购情况	鸦片剩余与盈利
鸦片(两)	727 000	141 429	868 429	887 018	18 589
价值(日元)	7 204 570	777 860	7 982 430	3 317 447	4 664 982

但这仅仅反映了本年度的征收与配销情况。前边已经说过，1938年度库存鸦片4 479 906两需要在1939年进入流通渠道，合计新收缴的887 018两鸦片共计5 366 924两。在一年内配销了3 575 000两，价值为26 866 000日元(表25)。从中扣除本年征购887 018两需要支付的3 317 447元，盈利应为23 548 553元，折合5 887 138.25美元(1美元兑换4日元，是时蒙疆货币与日元同值)。1939年底仍有库存鸦片1 791 924两。

表25　1939年度蒙疆鸦片新收、销售与库存情况一览表

上年库存鸦片	4 479 906两	新收鸦片价值	3 317 447元
本年新收鸦片	887 018两	输出鸦片价值	26 866 000元
旧存新收总量	5 366 924两	本年鸦片盈利	23 548 553元
本年输出鸦片	3 575 000两	折合美元	5 887 138.25美元
本年库存鸦片	1 791 924两		

资料来源："兴亚院"政务部：《支那に於ける阿片需给关系の调整に关する件》1930年10月10日，第303页。

现在我们再来看一看本年度日伪当局在本地的纵毒情况。日本占领军在蒙疆地区还积极鼓励伪政权的警察以俱乐部的名义在各城乡镇广开鸦片烟馆。这种俱乐部既是兜售鸦片、吗啡和海洛因的场所，又是聚赌、嫖娼的肮脏处所。包头市的大街小巷到处都是消费鸦片等毒品的窟穴，数量不下300家。就连药房也成了兜售日本产的"巴毕那尔"、朝鲜产的"西巴诺露"等毒品的重要场所。吸食毒品没有任何顾忌，鸦片成为社会交往的必需品。由于价值昂贵，随时可以转让出售,鸦片成了社会公认的“黑金子”,甚至可以成为结婚彩礼和行贿受贿的物品。

面对同一毒品问题,绥西禁而绥东纵,同一个地区的两个政权采取如此截然相反的政策,这在人类历史上当然不是罕见的现象。截然对立的立场是由双方的民族根本利益矛盾所决定的,禁毒一方为的是本民族走向独立和富强,纵毒一方则是为了加强对殖民地的掠夺和奴役。

七　1940 年的蒙疆鸦片政策

日本人想要的,永远大于实际上得到的。1939 年 10 月中旬,“兴亚院”在东京召开有关调整中国鸦片供需关系的商洽会议,蒙疆、华北、华中、厦门联络部以及青岛办事处、伪满洲国都派人出席了会议,参加会议的还有日本外务省和经济课的代表。会议的主要议题是,如何在最短时间内使占领区摆脱对于外国鸦片的依赖,“实现旨在使蒙疆达到最大限度生产的增产计划”。① 根据这一会议精神,“兴亚院”制订了 1940 年度鸦片供需计划:第一,蒙疆预计收缴鸦片 700 万两,其中配给华北 500 万两,配给华中 200 万两;第二,预计华中、华南的鸦片需求量为 976 万两,计划从伊朗输入 576 万两,从蒙疆配给 200 万两,从伪满移入 100 万两,管内生产 100 万两。

根据这一供需计划,1940 年度蒙疆地区收缴的鸦片应达到 700 万两,但是由于 1939 年度实际收缴量不足 12%,“献身性的缴土”政策的失败使“兴亚院”蒙疆联络部感到必须改弦更张。他们一计不成又生一计,立即将伪满地区正在推行的“鸦片组合”生产制度搬到了蒙疆地区。1940 年 5 月 27 日,伪蒙疆政权正式行文废止了“蒙疆土药股份有限公司”,宣布实行“土药组合”制度,“严禁私自买卖,违者处死刑”。于是,在蒙疆地区立即出现了 10 个“土药组合”:张家口署由 13 名商人设立了 4 个“土药组合”,大同署 11 名商人设立了 1 个“土药组合”,呼和浩特 54 名商人设立了 5 个“土药组合”。②

1940 年度指定的罂粟种植面积和预计的产量以及收缴量与前一年相比,因为有了失败教训,而略有节制。蒙疆计划种植面积是 962 955 亩,预计产量为 19 240 000 两,预计收缴量为 5 276 000 两(表 26)。

---

① 《有关蒙疆鸦片商洽项目》,“蒙疆新闻社”编:《六年来之蒙疆》,国家图书馆藏。
② 王金城:《万全县鸦片毒害的始末》,《张家口文史资料》第 22 辑,第 224 页。

表 26　1939 年与 1940 年蒙疆鸦片生产、收缴计划比较表

	1939 年	1940 年
罂粟种植指定面积(亩)	1 011 000	962 955
预计鸦片总产量(两)	20 220 000	19 240 000
预计鸦片收缴量(两)	7 583 000	5 276 000

"土药组合"取代了"土药公司"。那么,"土药组合"是什么?"在鸦片收购上,指定收购人,其资格原则上以制度实施前之鸦片商人为之。一地有数名收购人时,则组织收购人组合,并要求其对数量负连带责任。并鼓励收购人收购,为对抗走私者,依其拿付数量认可其地域外销售权。但此一情况,收购人需缴交保证金。此外,收购人自生产者收购之价格以标准价格公告,政府自收购人收纳之收纳补偿价格,则以非公开方式,另行告知收购人。"[①]这就是说,在蒙疆地区实行鸦片包收制度,"一地有数名收购人时,则组织收购人组合"。这些鸦片包收人要对鸦片数量负连带责任,事前要交纳一定数量的保证金。包收人收购鸦片时要按照蒙疆政权临时公布的价格征收。政府自收购人处收购的鸦片要根据情况给予适当的"补偿价格"。然后,"土药组合"再根据政府的指令将鸦片配销到各地。

土药组合向农民收购鸦片的时间确定为 6 月 15 日到 11 月 30 日。协商收买价格为一等品每两 8 日元,二等品每两 7 日元,三等品每两 6 日元。政府以每两略高于 6～8 日元的价格从土药组合手中收缴,再出售给土药组合。组合根据政府的指令,将其以 15～16 日元(部分 18 日元)的价格配销到各地。从 6～8 日元的收购价到 15～16 日元的配销价,其间差价为 8 日元左右,除了税金每两 2.5 日元,绝大部分利润被土药组合和政府夺走。

1940 年,蒙疆土药组合由清查总署长指定之收购人组成之。该土药组合无条件接受清查总署支配,可以随时指定、随时撤换。"于各地设置之组合,为推行其业务,置理事长一名,副理事长一名,监事一名,主任三名,雇员若干名,鉴定若干名。组合之理事长、副理事长及监事由组合会员中选出,蒙疆土药总组合应经总组合理事长提请清查总署长认可之,其他职员之任命则由理事长管辖。清查总署长命令解散时,土药组合应即时解散。"[②]

---

① 满铁·北支经济调查所:《蒙疆ニ於ケル阿片》,见江口圭一编:《日中战争期阿片政策:蒙疆政权资料を中心に》,东京:岩波书店,1985 年,第 270～271 页。

② 满铁·北支经济调查所:《蒙疆ニ於ケル阿片》,见江口圭一编:《日中战争期阿片政策:蒙疆政权资料を中心に》,东京:岩波书店,1985 年,第 278 页。

不过，商人要想成为土药组合的成员也是有条件的，那就是资本必须雄厚，有能力包收一地或多地的鸦片，出资额达到 10 000 蒙元的方有资格参与议事。表 27 是 1940—1942 年蒙疆地区土药组合成员和出资额的情况。

表 27　1940—1942 年蒙疆地区土药组合成员和出资额一览表

区　域	1940 年度		1941 年度		1942 年度	
	组合成员	出资(元)	组合成员	出资(元)	组合成员	出资(元)
崇　礼	3	180 000	4	370 000	合并于张北组合	
宣化(察南)	3	160 000	6	610 000	9	1 940 000
张　北	4	160 000	6	660 000	8	1 420 000
兴　化	3	100 000	5	200 000	5	500 000
大同(晋北)	11	330 000	7	850 000	7	1 990 000
丰　镇	14	280 000	6	690 000	7	1 500 000
托克托	11	200 000	4	340 000	6	760 000
包　头	9	90 000	3	160 000	4	250 000
厚　和	9	450 000	6	760 000	4	1 020 000
萨拉齐	11	270 000	5	360 000	6	620 000
总　计	78	2 220 000	52	5 000 000	56	10 000 000

资料来源：满铁北支经济调查所：《蒙疆ニ於ヶル阿片》，见江口圭一编：《日中战争期阿片政策：蒙疆政权资料を中心に》，东京：岩波书店，1985 年，第 278～282 页；“蒙古自治政府”经济部盐政盐务科：《蒙疆ニ於ヶル罂粟阿片》，见江口圭一编：《日中战争期阿片政策：蒙疆政权资料を中心に》，东京：岩波书店，1985 年，第 392～395 页。按：贺秉温曾任厚和特别市市长，兼任土药组合总理事长，资本雄厚，1940 年出资 50 000 元，为厚和土药组合成员之一，1942 年出资 1 789 000 元，分别成为蒙疆 9 个地区土药组合的重要成员，其资本相当于各家土药组合 1/10 强。

各个土药组合均有固定的包收地区：崇礼土药组合包收的区域是万泉县和崇礼县，缴纳的机构是张家口清查署；宣化土药组合包收的区域是宣化、龙关、怀安、赤城等县，缴纳的机构是张家口清查署；兴和土药组合包收的区域是兴和县，缴纳的机构是张家口清查署；托克托土药组合包收的区域是托克托县，缴纳的机构是厚和清查署；厚和土药组合包收的区域是厚和、和林、武川、清水河，缴纳的机构是厚和清查署；大同土药组合包收的区域是晋北全区，缴纳的机构是大同清查署；张北土药组合包收的区域是察哈尔盟各县(除崇礼)，缴纳的机构在 1940 年是张北清查局，1941 年为张家口清查署；丰镇土药组合包收的区域是丰镇、凉城、集宁、陶林等县，缴纳的机构是丰镇清查局；包头土药组合包收的区域是包头、固阳，缴纳的机构在1940年为包头清查局，1941年变为厚和清查署；萨拉齐土药组合包收的区域是本县，缴纳的机构在1940年是萨拉齐清查局，1941年为厚和清查署。[①]

蒙疆土药总组合设于张家口，其管理职能和人员组成如下："本总组合以蒙疆地区内各土药组合之事务联络、管制及鸦片之地域外运送、金融之斡旋为其活动目的。本组合置各地方组合于其管辖下，并接受清查总署长之指示，统辖各地方组合之所有业务，担当指导统制之责。人员置总组合理事长一名，总组合副理事长二名，理事十名及顾问若干名。本总组合之经营，依各地方组合之业绩分担，全体组合解散时，以及清查总署长令其解散时，各组合即解散之。"[②]

与以往征收对象有所不同的是，土药组合在1940年直接征收的是鸦片浆。到了鸦片收割季节，各个乡村的农民按照规定，将自己收割的鸦片浆统一交给村镇里的收购点，然后再上交给"土药组合"，这叫作交"官烟"。鸦片浆一般分成八等，第一等收购价为1.8元，第七等0.6元，等外级无偿没收。[③] 在收缴过程中多数鸦片浆被压低等级，定为四等以下。鸦片浆经过"土药组合"组织人员晾晒之后，统一制成100两一块的鸦片块，然后包装起来，转运到"清查公署"的鸦片仓库。在张家口有两个大鸦片仓库，一个叫"荒井"，一个叫"长冈"，每个库存量都达到50万两。为了调动鸦片组合成员的积极性，规定按照收购鸦片的成绩，给予其一定比例的蒙疆以外的贩卖权。这一措施旨在最大限度地刺激农民种植罂粟的积极性，借以提高鸦片产量和增加征收的数量。

1940年的鸦片收缴进行得比较顺利，张家口与大同的实际收缴量比预计收缴量都有所增加，呼和浩特的实际收缴量也比前一年有明显增加。之所以取得比较好的效果，主要原因有二：一是1940年度蒙疆地区天气良好，鸦片产量正常；二是收购价格上调，农民的反抗相对减弱。日本人对此感到乐观和兴奋，他们快慰地说："今年由于自然条件好转，全地区内之情况大致良好，加以收买价格大幅提高，对一般生产者在收购上能提供良好印象。此外，现在有关系机关之积极协助，又有值勤于清查官署及土药组合之职员奉献心力，大致已确保当初预定

---

① "蒙古自治政府"经济部盐政盐务科：《蒙疆ニ於ケル罌粟阿片》，见江口圭一编：《日中战争期阿片政策：蒙疆政权资料を中心に》，东京：岩波书店，1985年，第353～357页。

② 满铁·北支经济调查所：《蒙疆ニ於ケル阿片》，见江口圭一编：《日中战争期阿片政策：蒙疆政权资料を中心に》，东京：岩波书店，1985年，第272～275页。

③ 另一种说法是，在呼和浩特市强制收购鸦片烟浆，"每亩水地收购150两，旱地收购100两，每两价洋8角至2元不等"。《国民政府内政部关于蒙疆毒化情形致外交部电》，马模贞主编：《中国禁毒史资料》，天津：天津人民出版社，1998年，第1545页。

之政府收纳数量。”①

尽管 1940 年度的鸦片收缴效果较好，但与实际产量相比又是有限的，即使加上采取特殊手段收购的 1939 年的旧鸦片，也不过 6 717 913 两（表 28），实际上仍有大量鸦片通过走私渠道流入其他地区。

表 28　1940 年度蒙疆鸦片预计收缴量与实际收缴量比较表

	预计收缴量（两）	实际收缴量（两）	实际与预计比率（%）	前年存货特殊收缴量（两）	合　计（两）
张家口署	1 163 000	2 098 919	180.5	17 604	2 116 523
大同署	887 000	929 655	104.8	69 323	998 978
呼和浩特署	3 226 000	1 897 415	58.8	1 704 997	3 602 412
合　计	5 276 000	4 925 989	93.4	1 791 924	6 717 913

资料来源：江口圭一著，宋志勇译：《日中鸦片战争》，天津：天津人民出版社，1995 年，第 76 页。

本年度，由蒙疆地区输送到华北和华中的鸦片有 382 万两之多，10 月份一次运销华中的鸦片就有 205 万两。② 具体配销情况如表 29 所示。

表 29　1940 年度蒙疆配销各地鸦片情况一览表　（单位：两）

地　区	上海	北京	天津	管内	其他	合计
数　量	2 005 000	1 205 000	520 000	252 300	90 000	4 072 300
比例（%）	49.2	29.6	12.8	6.2	2.2	100

资料来源：江口圭一著，宋志勇译：《日中鸦片战争》，天津：天津人民出版社，1995 年，第 76 页。

本年度贸易统计中，鸦片输出额为 64 340 000 日元，占输出总值的 52%，平均售价为 16.84 日元，本地配给 252 300 两，每两按照 11 日元计算，为 2 775 300 日元，两项合计为 67 115 300 日元。这一推算结果，与当年贸易统计完全吻合："在贸易统计中，1940 年的鸦片输出额为 6 434 万余日元，占输出总额的 52%。"③

现在我们可以推算其盈利情况了。鸦片收购价格为 6～8 日元，那么，收购 6 717 913 两鸦片大概需要付出 47 025 391 日元，因此，盈利为 29 858 077 日元

---

① ［日］江口圭一编：《日中战争期阿片政策：蒙疆政权资料を中心に》，东京：岩波书店，1985 年，第 354～355 页。

② 《伪华北禁烟总局请示蒙疆土药运往华中所征过境费标准呈稿》1940 年 10 月 25 日，马模贞主编：《中国禁毒史资料》，天津：天津人民出版社，1998 年，第 1540 页。

③ ［日］江口圭一著，宋志勇译：《日中鸦片战争》，天津：天津人民出版社，1995 年，第 77 页。

(表 30)，本年度 1 日元对美元汇率约为 0.24 元，合 7 165 938 美元。这一笔鸦片收入自然按照一定比例被瓜分，大约 1/3 是政府的税金，2/3 是土药组合的利润。此外，上一年度库存鸦片为 1 791 924 两，加上本年度征收的 4 925 989 两，两项合计为 6 717 913 两，扣除已经销售的 4 072 300 两，尚有剩余鸦片 2 645 613 两，等于库存了 264 万两“黑金子”。

表 30　1940 年度蒙疆鸦片库存与盈利情况一览表

项　目	配给外地	配给本地	合　计	收购情况	鸦片剩余与盈利
鸦片(两)	3 820 000	252 300	4 072 300	4 925 989	2 645 613
价值(日元)	64 340 000	2 775 300	67 115 300	34 481 923	29 858 077

资料来源：江口圭一编：《日中战争期阿片政策：蒙疆政权资料を中心に》，东京：岩波书店，1985 年。

当然，要彻底计算蒙疆的鸦片盈利情况，还必须考虑鸦片烟膏在制作和出售过程中的利润。在各地清查署或清查局之下，还设立了鸦片制造工厂，负责加工鸦片烟膏、吗啡、海洛因。张家口的鸦片工厂规模最大，1940 年有工人 200 多人，每天可以加工生鸦片 22 800 两。① 在日本人指导下，还可以精制吗啡。制成的毒品通过工厂生产科批发给各县市的清查局，再分配给辖区内的鸦片烟馆。这一笔巨额收入由于没有具体资料，难以推算。

总之，2 000 万美元的利润与 264 万两鸦片是本年度日伪政权与土药组合等日本商人获得的最低数额。

八　1941 年度蒙疆鸦片生产、收缴与配销情况

1940 年 12 月 27 日，“兴亚院”在东京召开会议，拟订了《在华鸦片及麻醉品政策指导草案》，其中虽然规定，鸦片继续遵循以“断禁”为目标的政策，麻醉品(即吗啡、海洛因和可卡因)“以断禁为根本方针”，但这是欺骗世界舆论的说法，实际上日本在中国的毒化政策不仅没有丝毫收敛，而且还在积极设法强化。“草案”特别强调了蒙疆地区的鸦片增产计划，目标是“迅速摆脱对外国鸦片的依赖，以期确立全中国的自给政策”。②

在这一增产方针指导下，1941 年度的鸦片生产、收缴计划是，预计鸦片征收

---

① 《抗日战争研究》1988 年第 3 期，第 55 页。

② “蒙疆自治政府”确定的征购鸦片目标是 755 万两，“蒙疆土药总组合”确定的目标是 805 万两。《成纪 736 年度阿片收纳事业概况并实绩调》，[日] 江口圭一编：《日中战争期阿片政策：蒙疆政权资料を中心に》，东京：岩波书店，1985 年，第 309 页。

量为700万两,向华中输出350万两,向华北输出300万两,40万两为管内消费,10万两为预备。同时将1940年的库存鸦片也配给到各地,其中向华北输出80万两,向华中输出130万两。根据这一计划,"兴亚院"蒙疆联络部与伪蒙疆政权于1941年2月向各地下达了罂粟种植计划,面积为91万亩,预计总产量为1 820万两,预计收缴量为755万两。[①] 规定收购价格不得低于6日元,官署按每两8日元的价格给予补偿金。收缴的鸦片同上年度一样,每两加征2.5日元,再出售给土药组合,土药组合根据指令将鸦片以每两13～16日元的价格销售到华中或华北地区。

1941年的绥远省罂粟种植面积空前增加,成为日本在中国最大的鸦片生产基地,仅归绥、萨拉齐、包头、托克托和清水县就种植了60万亩,土地无论肥瘠水旱,几乎全部被盛开的毒卉所侵占。同时规定所产烟浆必须全部由日本人收买,严禁私售,违者处以死刑。负责收买烟浆的机关是各县清查机构和大大小小的鸦片包买商。

蒙疆地区实际播种面积大幅度增加,达到1 321 000亩,比指定计划增加了358 045亩。种植面积增加,鸦片产量随之增加,按照每亩鸦片产量20两计算,本年度蒙疆的鸦片产量应当达到26 420 000两,实际收购的鸦片也因此突破了1 000万两,达到11 103 762两,[②]"以未曾有过的好成绩完成了收缴"。[③] 是年,向清查总署缴纳的鸦片中特级品为221 899两,约占19.9%;一等品为8 305 676两,约占74.5%;二等品为573 400两,约占5.1%;三等品为47 800两,约占0.5%。[④]

1941年之所以取得如此好的成绩,伪蒙疆政权有公开与内部两种说法。公开的说法是,蒙疆鸦片收成良好,华北大量种植罂粟,鸦片供求关系趋于缓和,行市价格下跌,农民认同了收购制度。内部文件则说:"要严厉镇压非法经营者,防止鸦片生产的私土化,实现完全收缴,以期全面履行稽查职责。对生产者中犯罪轻微的,要极力避免没收处分,而取强制收缴的方式。另一方面,对罪行极为恶劣的不予宽恕,采取严惩方针,以期提高收缴成绩。从1月到12月,一年取得的查抄成绩是,搜查6 321件,拘捕1 550件,没收鸦片95 960两,没收麻醉品

---

① [日]江口圭一编:《日中战争期阿片政策:蒙疆政权资料を中心に》,东京:岩波书店,1985年,第309页。

② 一种说法是1 500万两。王德溥著,郦玉明译:《日本在中国占领区内使用麻醉毒品戕害中国人民的罪行》,《民国档案》1994年第1期,第58页。

③ [日]江口圭一编:《日中战争期阿片政策:蒙疆政权资料を中心に》,东京:岩波书店,1985年,第533页。

④ [日]江口圭一编:《日中战争期阿片政策:蒙疆政权资料を中心に》,东京:岩波书店,1985年,第517页。

148 385 克。”[①]

应当说，这两种说法都是事实。鸦片行市价格下跌，鸦片进入走私渠道的数量减少，收缴鸦片自然顺利一些、多一些。同时也是由于日伪当局加大了对于“私土”的打击力度，在 1941 年 9 月份，设立了 275 人的缉私队（其中日本人 49 名，中国人 226 名），用残忍的手段对待鸦片走私者和生产者，形成了恐怖气氛，农民不得不向暴力低头。1941 年的收缴情况略如表 31 所示。

表 31　1941 年度蒙疆鸦片预计与实际收缴比较表

	预计收缴量(两)	实际收缴量(两)	实际与预计比率(%)
张家口署	2 884 000	4 377 976	154.5
大同属	1 310 000	2 369 400	180.9
呼和浩特署	3 406 000	4 398 490	123.1
合　计	7 550 000	11 145 866	147.6

资料来源：江口圭一著，宋志勇译：《日中鸦片战争》，天津：天津人民出版社，1995 年，第 80 页。

从 1940 年开始，日本人为了调动鸦片商的积极性，允许他们参与鸦片的销售活动。按照缴纳数量之多寡，给予包收人一部分外销鸦片权利。这样，土药租合在缴纳包收的鸦片后，再从清查署买下供给外地的鸦片。土药组合在外销地的活动必须接受蒙疆清查署以及各地政府机关的指导和配合。[②]

1941 年度配给各地的蒙疆鸦片有 5 492 100 两，绝大部分经由华中宏济善堂输入到华中、华南地区。由于本年度各地鸦片供应充足，鸦片价格下跌，配给华中的鸦片原计划是每两 14 日元，临时调低为 13～13.5 日元之间。具体配给情况如表 32 所示。

表 32　1941 年度蒙疆鸦片配给各地情况一览表

地　区	上海	北京	关东专卖局	管内	合计
数量(两)	3 848 000	1 200 000	300 000	144 100	5 492 100
所占比例(%)	70	21.9	5.5	2.6	100

资料来源：江口圭一著，宋志勇译：《日中鸦片战争》，天津：天津人民出版社，1995 年，第 81 页。

① ［日］江口圭一著，宋志勇译：《日中鸦片战争》，天津：天津人民出版社，1995 年，第 80 页。

② “蒙古自治政府”经济部盐政盐务科：《蒙疆ニ於ケル罂粟阿片》，见江口圭一编：《日中战争期阿片政策：蒙疆政权资料を中心に》，东京：岩波书店，1985 年，第 382 页。

现在，我们还是来推算一下蒙疆政权的鸦片利润吧！据本年度贸易统计，鸦片的输出价值为7 759万日元，约占输出总额的42%。鸦片输出总量5 348 000两，平均每两鸦片的配销价格是14.5日元。管内鸦片144 100两，按照每两最低10.5日元计算，则为1 513 050日元，两项合计为79 103 050日元(表33)。这一推算结果与当年的贸易统计也是相近的，从这一总值中扣除本年度收购鸦片支付的总价值，就是蒙疆本年度的盈利。

表33　1941年度蒙疆鸦片库存与盈利情况一览表

项　目	配给外地	配给本地	合　计	收购情况	鸦片剩余与盈利
鸦片(两)	5 348 000	144 100	5 492 100	11 145 866	5 653 766
价值(日元)	77 590 000	1 513 050	79 103 050	89 166 928	−10 063 878

从上表可以看出，本年度的盈利栏中为负数，但在鸦片剩余栏中有5 653 766两鸦片的库存量，再加上上一年度的库存鸦片2 645 613两，1941年底的库存鸦片应有8 299 373两。这批鸦片下一年度将按照每两16.5日元的价格配销出去。

九　1942年"大东亚鸦片政策"的出台

第二次世界大战使国际毒品贸易变得比较困难，因为货源与供应地之间的联系经常被战争切断。1939—1945年战争期间，大量军民伤亡，又使麻醉品的需求急剧上升。日本的鸦片替代政策就是这种背景的产物。

"土药组合"制在蒙疆实施了两年后，日本为了整个"大东亚战略"的需要，又一次调整了对中国的毒化政策。1941年12月10日，"兴亚院"在东京召开会议，决定实行所谓"大东亚鸦片政策"，这一政策的着眼点在于调整日本在东亚占领区内的鸦片供给和需要。《中国鸦片供需计划》强调："随着这次大东亚战争赫赫战果的扩大，归于皇军掌握中的大东亚共荣圈内各地区的鸦片供给，因外国鸦片的输入中断，不得不完全靠共荣圈内自给自足。"[①]其基本内容是，在华北和蒙疆地区采取严厉措施取缔私种，严禁走私交易。一方面利用指定收买人制度，最大限度地收缴鸦片，另一方面通过控制占领区的鸦片销售，获取最大的垄断利益。这个政策与伪满洲国同期所采取的措施是完全一致的。在这次会议上，1942年度蒙疆鸦片的产量预计为1 786万两，收缴量为1 090

① [日]江口圭一著，宋志勇译：《日中鸦片战争》，天津：天津人民出版社，1995年，第88页。

万两。

在1941年11月25日的一份"兴亚院"文件中对于1942年的鸦片增产和分配计划作了具体说明："(1) 于蒙疆尽可能地最大量之生产计划，并集中力量使生产之鸦片得以完全收纳。同时务必于最短期间内输送华北、华中之所需量。(2) 华北由蒙疆及满洲供给鸦片，其余不足之量则依靠确实掌握管理非法耕地及区域内生产补足。(3) 华中、华南原则上由蒙疆供给，禁止地区内生产。蒙疆供给之量若未达预定量，则进口伊朗等之鸦片。"①由此我们看到，"兴亚院"才是日本对华鸦片政策的制订者和操控者，蒙疆政权的清查总署不过是日本鸦片政策棋盘上的一个重要棋子而已。"兴亚院"所制订的鸦片政策的实质是，采取一切手段增加鸦片产量，扩大鸦片销路和区域，通过纵毒最大限度攫取鸦片利益，以毒养战。

1941年12月8日太平洋战争爆发后，日本立即调整了鸦片政策，把鸦片的运销地进一步扩大到整个"共荣圈"内。《最近蒙疆经济特殊事情》一文这样分析说："蒙疆产鸦片与过去一样，未予停止华北、华中之民间业者与收购人组合间之交易，而自今年起，预料与日本、满洲及东南亚各国之交易亦会有相当增加，若仍沿用过去之方法，恐生诸多不便。"②

一方面是1941年的鸦片收纳量大幅增加，蒙疆清查总署提高了收纳鸦片的信心；另一方面是1941年土药组合分取了比较多的鸦片利益，清查总署认为排斥鸦片商，通过政府直接配销制度，可以获取最大限度的垄断利润。因此，在1942年收购鸦片方面，继续利用土药组合，而在运销鸦片方面转变为官方运销方式，期待获取更大的鸦片利润。"去年度鸦片收纳机构方式，以鸦片收购实绩观之，姑可视为适合当地之特殊情况，为达成今年赋予当地鸦片之主要使命，参酌在业务经营上曾经产生之诸多不便与障碍，1942年度收纳机构方式大体以成果卓著之去年度方式为之。然宜废止当初着眼于提升收购成绩而实施组合出售制收纳鸦片之法，实施可谓鸦片制度原来理想之官方收购制。一方面尽量大量收购，迅速供给共荣圈内；一方面使兑换资金之获得、操作更为容易，以图谋政府财政收入之增大，期待本制度能有飞跃之发展。"③

"大东亚鸦片政策"贯彻后，"兴亚院"蒙疆联络部与伪蒙疆清查署用尽一切

---

① "兴亚院"：《支那阿片麻醉政策确立》1940年11月25日，冈田芳政、多田井喜生、高桥正卫等：《续现代史资料》(12)，"鸦片问题"，みすず书房(美铃书店)，1986年，第357页。

② 《最近蒙疆经济特殊事情》，江口圭一编：《日中战争期阿片政策：蒙疆政权资料を中心に》，东京：岩波书店，1985年，第555页。

③ "蒙古自治政府"经济部烟政盐务科：《蒙疆ニ於ヶル罌粟阿片》，江口圭一编：《日中战争期阿片政策：蒙疆政权资料を中心に》，东京：岩波书店，1985年，第358页。

强制手段，逼迫辖区农民广泛种植罂粟。有的地方为了诱骗农民种植罂粟，公开宣称种植罂粟可以蠲免农业税的 2/3。[1] 8 月中旬，伪蒙挺进军司令森盖偕同其日本顾问到达新城视察，对当地老百姓公开宣称，希望逃到后方的人赶快回家，从事鸦片生产，“无钱者给以金钱帮助，无米者发给粮食，其他一切困难，皆可代为解决”。[2]

然而，对于蒙疆政权来说事与愿违。1942 年鸦片收割季节气候异常，旱灾、风灾、雹灾、水灾接踵而至，鸦片产量自然下降，加之老百姓的反抗和鸦片走私猖獗，使伪蒙疆政权很快注意到难以完成 1 000 万两的鸦片收纳计划。“清明节前后，播种期一到，因降雨量及冬季之降雪量少而产生对凶年的恐惧，以及物价与工资上涨，咸认无法达到前一年度之栽培实绩。加上察哈尔盟之部分治安不良等等因素，造成不愿或规避栽培罂粟之倾向。”[3]

根据察冀战地国民党政委员会分会报告：“察哈尔省敌以鸦片为收入大宗，强令各县普遍播种，设清查署以统制之，清丈烟地，视察烟苗，征收烟税，收买烟土等，均归该署负责管办，除怀来一县尚未普遍种烟外，其他各县均设清查分署，实施统制。其清查人员均系日之浪人及东北之无赖，营私舞弊，蛮悍无理。民众受其冤诬毒勒以致于死地者，所在皆是，民众均痛恨入骨。”[4]

1942 年 8 月，“兴亚院”与企划院在东京再次召开关于中国的鸦片供需会议，日本方面为第三部长亀山、第五部长松田、调查官毛里和井川，伪满方面为贸易司长生松净、总务厅参事官山崎诚、禁烟总局参事官峰谷贞雄、禁烟总局属官船户宗二，蒙疆方面的代表是参事官高须，华北方面为顾问难波经一，华中方面为宏济善堂里见夫嘱托，厦门和青岛也派人参加了会议。会议继续强调鸦片由伪满洲国和蒙疆生产，“保证供应大东亚各地区所需鸦片”，[5]如表 34 所示，但不得不将蒙疆鸦片收缴量由原来的 1 090 万两调低为 700 万两。

---

① 《国民政府内政部禁烟委员会关于日伪在托、萨两县毒化情形致外交部电》1942 年 2 月 16 日，南京中国第二档案馆藏。

② 《国民政府军事委员会调查统计局函送内政部敌伪在沦陷区施行毒化政策情报》1942 年 12 月 3 日，内蒙古档案馆藏。

③ “蒙古自治政府”经济部烟政盐务科：《蒙疆ニ於ケル罌粟阿片》，江口圭一编：《日中战争期阿片政策：蒙疆政权资料を中心に》，东京：岩波书店，1985 年，第 312 页。

④ 《国民政府内政部关于日本在察哈尔毒化情形致外交部电》1942 年 8 月 24 日，南京中国第二历史档案馆藏。

⑤ 《满洲国经济部贸易司长长生松净等出差报告书节录》1942 年 9 月 14 日，中央档案馆编：《日本帝国主义侵华档案资料选编・东北经济掠夺》，北京：中华书局，1991 年，第 837 页。

表 34 “兴亚院”制订的 1942 年度中国鸦片供需计划 （单位：万两）

蒙疆	管内鸦片收缴量	700	华北	前年度余额	234
	向华北输出	150		蒙疆鸦片输入量	150
	向华中输出	376		管内鸦片收缴量	140
	向日本输出	60	华中	前年度余额	186
	向关东输出	20		蒙疆鸦片输入量	
	向伪满输出	50		上年度产	74
	向南方输出	24		本年度产	376
	管内消费	20		管内鸦片配给量	13

资料来源：江口圭一著，宋志勇译：《日中鸦片战争》，天津：天津人民出版社，1995 年，第 90 页。本表中的“南方”是指日本在东南亚的占领区。这宗交易是在“兴亚院”蒙疆联络部与日本南方派遣军之间进行的。

“大东亚鸦片政策”的推行，目的是增加日军与伪政权的财政收入，为战争最大限度地搜寻军费。本年度，华北鸦片黑市每两为 60 元左右。收购价格与黑市的巨大差价必然使农民把鸦片隐藏起来或者送给走私渠道。① 而日伪当局则采用哄骗与强制相结合的手段，一方面降低收购标准，同时发给奖励金，鼓励农民缴纳鸦片；另一方面使用“敲打”的办法对付私买私卖行为。“集聚收缴与防止私卖、运出相并行，在结局只能以强硬的行政力量诱出的情况下，则是经常与拥有充分警察势力的市、县、旗一起行动，动员管下职员，强行进行诱出工作。必要时逮捕那些品质恶劣的农民，对隐藏鸦片者实行严惩，并通过对一般农民的宣传，以期起到效果。”②

1942 年度，蒙疆地区指定的罂粟种植面积为 152 300 亩。榷运总署用“敲打”的办法收缴鸦片 3 907 669 两，③比前一年的收缴量明显下降。表 35 是 1942 年度蒙疆各地区的实际收缴量与最初计划征收数额的比较情况。

表 35 1942 年度鸦片收缴量与预计收缴量对比情况表

	预计收缴量(两)	实际收缴量(两)	实际与预计比率
张家口署	3 889 480	1 119 200	28.8%
大同署	2 300 000	1 299 800	56.5%

① “蒙古自治政府”经济部烟政盐务科：《蒙疆ニ於ケル罂粟阿片》，江口圭一编：《日中战争期阿片政策：蒙疆政权资料を中心に》，东京：岩波书店，1985 年，第 360 页。

② ［日］江口圭一著，宋志勇译：《日中鸦片战争》，天津：天津人民出版社，1995 年，第 91 页。

③ ［日］江口圭一著，宋志勇译：《日中鸦片战争》，天津：天津人民出版社，1995 年，第 92 页。

续　表

	预计收缴量(两)	实际收缴量(两)	实际与预计比率
呼和浩特署	4 719 000	1 488 669	31.6%
合　计	10 908 480	3 907 669	35.8%

资料来源：江口圭一著，宋志勇译：《日中鸦片战争》，天津：天津人民出版社，1995 年，第 92 页。

1942 年度蒙疆鸦片收缴效果不佳有多种原因，其中之一是，本年度的配给制度发生了变化。1940 年与 1941 年的配给制度是，土药组合按照当局规定的收缴价格收购农民手中的鸦片，然后转售给清查署，清查署每两加征 2.5 日元的税金后，再将鸦片转让给土药组合来配销。配销价格与收购价格之间大约有7～9 日元的差价(表 36)。因此，在从收购到配销的过程中，除了伪政权的 2.5 日元税金外，土药组合可以获得 2/3 的利润。1942 年度实行的是，土药组合继续负责征收，当局给予补偿金，然后将鸦片掌握在自己手中，从而收回了土药组合商人的配销权利，致其利润受损。由于“以往的组合在鸦片交易中的利润受到了相当的抑制”，必然招致土药组合的抵制。①

表 36　1942 年度土药组合收购价格与政府补偿差价表

	收购价格	补偿价格	差　额
特等品	8 日元 20 钱	11 日元 30 钱	11 日元 30 钱
一等品	7 日元 70 钱	10 日元 20 钱	2 日元 50 钱
二等品	7 日元	9 日元 30 钱	2 日元 30 钱
三等品	6 日元	7 日元 50 钱	1 日元 50 钱
等外品	4 日元	4 日元	0 日元

资料来源：江口圭一著，宋志勇译：《日中鸦片战争》，天津：天津人民出版社，1995 年，第 89 页。钱是日本的货币单位，100 钱合 1 日元。

1942 年的收缴效果不佳，尽管只有 3 907 669 两，但由于上年配给之后尚有剩余鸦片 8 299 379 两，总计为 12 207 048 两，所以本年度的配给数量竟然达到了 9 393 366 两，1942 年底仍有库存鸦片 2 813 582 两。具体配给情况如表 37。

① “蒙古自治政府”经济部烟政盐务科：《蒙疆ニ於ヶル罌粟阿片》，江口圭一编：《日中战争期阿片政策：蒙疆政权资料を中心に》，东京：岩波书店，1985 年，第 361 页。

表 37　1942 年度蒙疆配销各地鸦片一览表

地　区	上海	伪满	北京	日本	管内	其他	合计
数量(两)	5 027 000	2 000 000	1 300 000	841 666	166 300	58 400	9 393 366
所占比例(%)	53.5	21.3	13.8	9.0	1.8	0.6	100

资料来源：江口圭一著，宋志勇译：《日中鸦片战争》，天津：天津人民出版社，1995 年，第 93 页。

在配给各地的 9 393 366 两鸦片中，有 835 万两属于上一年的库存。因为要配销旧鸦片，新鸦片的配销不得不推迟，到了 11 月和 12 月，才终于制订了新鸦片的贩卖计划，预备输出 130 万两。但是直到年底，新鸦片才销售给华中 875 000 两，剩余的 2 813 582 两新鸦片只好等到 1943 年销售了。

本年度清查署既没有留下输出鸦片的总价值，也没有说明管内与管外每两鸦片的配价是多少，因此，计算 1942 年度蒙疆鸦片的利润是比较困难的。但尽管如此，还是可以进行推算的。按照既往惯例，蒙疆收购鸦片与配销到外地的鸦片价格之间至少有 8.5 元的差价。[①] 本年度土药组合对农民的鸦片收购价格在 6～8.2 日元之间，平均为 7.1 日元，补偿金为每两 2.3 日元左右，再加上税金和配销差价，[②]大约每两鸦片的配销价格在 16～17 日元之间。现在，我们按照每两配销价格 16.5 日元推算输出外地的鸦片，按照 11 日元的价格推算本地配销的价格，与实际出售价格当不会有很大出入。此外，1940 年的蒙疆鸦片配给价格每两为 16.85 日元，1941 年为 14.5 日元，均可作为参考价格。

1942 年度，输入外地的鸦片为 9 227 066 两，每两按 16.5 日元计算，输出总价值为 152 246 589 日元(表 38)；本地配给 166 300 两，按每两 11 元计算，则为 1 828 300 日元。两项合计为 154 075 889 日元。本年度费尽九牛二虎之力，收购了 3 907 669 两，按照补偿价每两 9.4 日元计算，需支付 36 732 089 日元；上一年度因大量收购鸦片，配销价格不敌收购价格，尚欠 10 063 878 日元，两项合计 46 795 967 日元。从配给总价格中扣除新需要支付的收购价格 46 795 967 日元，则其盈利当为 107 279 922 日元。本年度日元对美元的汇率尚未发生大的变化，若按上年的 1 日元兑换 0.23 美元计算，则相当于 24 674 382 美元。

① 例如，1941 年度土药组合向农民征收鸦片平均每两为 6 日元，政府再以 2 日元的补偿金从土药组合商人手中收购，然后每两加收 2.5 日元的税金，按照 10.5 日元转售给土药组合，土药组合再加价 4 日元，按 14.5 日元配销到各地。从 6 日元到 14.5 日元，其间差价为 8.5 日元。

② 这个差价往年被土药组合商人拿走，1942 年则掌握在日伪当局手中。

表 38　1942 年度蒙疆鸦片库存与盈利情况一览表

项　目	配给外地	配给本地	合　　计	收购情况	鸦片剩余与盈利
鸦片(两)	9 227 066	166 300	9 393 366	3 907 669	3 032 669
价值(日元)	152 246 589	1 828 300	154 075 889	36 732 089	117 343 800

十　1943 年后的蒙疆鸦片生产情况

1942 年 11 月 1 日,"大东亚省"在东京成立,"兴亚院"被该省吸收。与此同时,"兴亚院"在中国的联络部摇身变成大使馆事务所。侵略者在蒙疆的统治机构变了,但其鸦片侵略政策,即增加鸦片产量、扩大鸦片运销区、攫取巨额鸦片利润的方针,仍然一脉相承。

日本侵略者之所以急于把所有占领区纳入鸦片供应计划,可能是原来配给华北和华中的鸦片计划遇到了比较大的困难。1942 年 8 月,伪蒙疆政权分析说:"若根据到目前为止,对华北、华中所做的与鸦片有关的各种状况之调查来加以判断,华北方面由于收纳及配给机构之整备不完善,生产之鸦片大多走私,经由官方指定之配给机关大量消化实有困难。因此,今年来自蒙疆之交易数量预料亦将会减少。至于华中方面,由于金融关系,即因储备券与法币间之关系,地方宏济善堂之销售欠佳,是以今年来自蒙疆之交易数量预料将会减少许多。因此,1942 年度蒙疆收纳鸦片,因华北、华中之交易数量减少额度,预料将会有相当数量之剩余。然而,以目前蒙疆之财政状况,不容许长期累积剩余之鸦片,故而不得不另寻其他消费地。"①

这里强调的"储备券与法币间之关系"是指"中储券"。中储券,全称中央储备银行券,是汪伪政府在沦陷区发行的货币。1941 年,汪伪政府设立中央储备银行并发行中储券,开始以 50 比 100 的比率兑换原有的"法币",到 1942 年 5 月 31 日,汪伪政府下令禁止法币流通。截止到 1945 年 9 月,中储券共发行 4.6 万亿。同年国民政府宣布 1 比 200 的比率,用法币兑换中储券,1945 年 11 月中储券被宣布禁止流通。这里强调的"储备券与法币间之关系"是指一种货币战争状态的关系。这种混乱的金融流通对于宏济善堂在华中推销鸦片不能不造成一定影响。

1943 年 5 月,驻张家口大使馆事务所发表调查报告,估计蒙疆地区的罂粟

① 《现地状况报告并意见开陈》1942 年 8 月 10 日,江口圭一编:《日中战争期阿片政策: 蒙疆政权资料を中心に》,东京: 岩波书店,1985 年,第 563 页。

种植面积达到了 100 万亩，预计可以收购鸦片 1 000 万两。但是，鉴于 1942 年鸦片收缴政策的失败，决定重新调整收购办法。调查报告说："即使能够收购上述数量的鸦片，也不能完全满足共荣圈内的鸦片需求。要想进一步掌握更大量的鸦片，在方策上，只能期待单位面积增收及收缴机构的强化和整顿。"①

1943 年对于收购办法和机关的整顿，主要内容是废除了 1942 年的政府直接配销制度，恢复了此前的土药组合出售制，确定政府的补偿价格为每两 8 日元，税金 3 日元，以 11 日元的价格将配销权利转让给土药组合。土药组合方面，为了完成 1943 年的"重要使命"而进行了改革。改革是怎样进行的呢？目前缺乏资料，难以推测。不过，有一点是清楚的，无论是收购机构的整顿还是收缴办法的改革，都显然没有达到预期的效果。因此，在本年度的鸦片供需会议上，不得不对分配计划进行大幅度调整。

1943 年 9 月 27—28 日，日本在东京召开亚洲大陆各地区的鸦片会议。会议将蒙疆地区的鸦片收缴量调低为 500 万两，具体分配计划如表 39 所示。

表 39　1943 年度蒙疆鸦片计划配销各地情况一览表

管内收缴（两）	分配华北（两）	分配华中（两）	分配香港（两）	输入日本（两）	分配关东（两）	输入伪满（两）	分配南方（两）
5 000 000	900 000	1 950 000	150 000	650 000	150 000	100 000	1 100 000
100%	18%	39%	3%	13%	3%	2%	22%

会议还决定把鸦片政策扩大到卷入战争的整个东亚地区，通过了以伪满洲国和蒙疆地区作为鸦片生产基地的决议。要求蒙疆伪政权积极设法扩大罂粟种植面积，预计收缴 1 000 万两鸦片，以满足华北、华中和华南以及东南亚国家的需要。② "不仅地区内，甚至全中国、满洲国、日本及此次因太平洋战争之辉煌战果而归属日军势力范围内之各地，其鸦片之供给兹因外国鸦片进口断绝，故全需于势力范围内自给自足。"③

侵略者贪得无厌，1944 年指定蒙疆地区罂粟的种植面积为：张家口署 308 000 亩，大同署 394 000 亩，呼和浩特署 938 000 亩，总计为 1 640 000 亩。计划总产量达到 32 800 000 两。

---

① ［日］江口圭一著，宋志勇译：《日中鸦片战争》，天津：天津人民出版社，1995 年，第 93 页。

② 《古海忠之笔供》，中央档案馆编：《日本帝国主义侵华档案资料选编·东北经济掠夺》，北京：中华书局，1991 年，第 837 页。

③ "蒙古自治政府"经济部烟政盐务科：《成纪 736 年度罂粟栽培区域并ニ面积指定打合セ会议案》，江口圭一编：《日中战争期阿片政策：蒙疆政权资料を中心に》，东京：岩波书店，1985 年，第 549 页。

但是，关于1943年与1944年的鸦片收缴与配销情况均缺乏可靠的内部资料，难以进行具体分析。据当地人回忆，1942年以后蒙疆鸦片的生产处于衰退状态。蒙疆鸦片生产之所以不能增长的主要原因是：

第一，由于日伪政权的鸦片低价强制收购政策严重挫伤了生产者的积极性，农民种植罂粟无利可图，失去了生产鸦片的兴趣。土地利用毕竟是有限的，种植罂粟就不能种植粮食，由于该地区种植罂粟面积过大，粮食面积严重萎缩，粮食产量减少，无法满足社会需要，粮价上涨，为了维持起码的生活，农民不能不留下一部分田地来种植粮食，罂粟面积因此不可能无限扩张。

第二，1940年以前，京津地区的鸦片消费主要依靠蒙疆地区的供应，1940年以后华北等地的罂粟种植已经相当普遍，鸦片生产已经可以满足本地区的需要。华北地区估计年消费大致在1 200万两左右，[①] 1941年，在敌伪政权控制下的河南、河北和山东种植罂粟面积达到570 000亩，按亩产20两计算，可以产鸦片11 400 000两，已基本可以满足本地的需要。在这种情况下，伪华北禁烟总局于1941年向"兴亚院"提出减少购买蒙疆鸦片的正式报告。[②]

第三，绥远西部地区仍然控制在绥远省主席傅作义等领导的抗日军队手中，他们继续执行断禁鸦片令，时常发布命令和派遣军队铲除辖区内的罂粟，这样，游击区的鸦片生产不能不受到致命打击。例如，1940年日军占领包头后，立即迫使农民种植罂粟，第八战区副司令长官傅作义军队反击取得胜利，立即派遣军队前往查拔罂粟[③]。

第四，各界人士大力宣传敌寇毒化政策的危害，对于阻止罂粟种植面积的扩大也起了一定作用。有人强调指出，日寇在中国的武力侵略与毒化政策同时并进的罪恶目的是"非仅欲亡我国家，意在灭我种族"，[④]日益觉悟的群众开始抵制鸦片生产，铲除烟苗事件时有发生。

由于以上诸多因素的制约，尽管日伪政权想尽一切软硬办法，无论是劝诱还是以死刑逼迫，蒙疆地区的罂粟实际种植面积和收购的鸦片量始终无法达到侵略者制订的计划目标。

---

① 统计消费数字为700余万两，私吸鸦片约为400余万两，两项合计约为1 200万两。《伪华北禁烟总局报告购入蒙疆鸦片价格问题呈》，马模贞主编：《中国禁毒史资料》，天津：天津人民出版社，1998年，第1544页。

② 《伪华北禁烟总局报告购入蒙疆鸦片价格问题呈》，马模贞主编：《中国禁毒史资料》，天津：天津人民出版社，1998年，第1544页。

③ 《绥远省第三区行政督察专员呈报傅作义所属区域禁毒情况》1940年5月23日，马模贞主编：《中国禁毒史资料》，天津：天津人民出版社，1998年，第1225页。

④ 周钟岳：《禁绝烟毒与民族复兴》，《新华日报》1940年6月3日。

十一　蒙疆鸦片产量、收缴量与配销情况

日本的纵毒政策对于中国人民来说毫无疑问是邪恶的，既要谋财又要害命。日军在占领区肆无忌惮地逼迫种植罂粟，强行以低价收购，并以垄断的方式进行加工和配销，最大限度地牟取毒品暴利，为的是以战养战。每年日军利用毒品在中国究竟掠夺了多少社会财富？由于侵略者销毁了主要资料，寻找到系统的统计资料相当困难。但是，这笔血债不能长期糊涂下去，必须加以概略估算。从1937年到1945年，蒙疆地区总共生产、征购了多少鸦片？配销鸦片及其价值几何？现在需要作一总体结算。表40是1938年到1943年伪满洲国罂粟计划种植面积、预计产量、征收量、实际收缴量以及配给情况，至于1944年与1945年的统计数据现在仍然缺乏，有待于将来的发现。

表40　1938—1943年伪满洲国鸦片生产、收缴与配给情况一览表

年　度	种植面积（亩）	预计产量（两）	预计收缴量（两）	实际收缴量（两）	配给鸦片（两）
1938	590 000	11 800 000		14 334 685	9 854 779
1939	1 011 000	20 220 000	7 583 000	887 018	3 575 000
1940	962 955	19 259 100	5 276 000	4 925 989	4 072 300
1941	1 321 000	26 420 000	7 550 000	11 145 866	5 492 100
1942	893 000	17 860 000	10 908 480	3 907 669	9 393 366
1943	1 640 000	32 800 000	5 000 000	不详	不详
合　计	6 417 955	128 359 100		35 201 227	32 387 545

从表中可以看出，6年时间内罂粟计划种植面积为6 417 955亩，平均每年为1 069 659亩。按照亩产20两鸦片推算，估计鸦片总产量为128 359 100两。1938年到1942年实际征收了35 201 227两鸦片，配给总量为32 387 545两。我们现在只知道1943年以后征收效果不佳，具体数据有待于继续求证。鸦片总产量与实际征收量之间大约有将近1亿两的差额，这些鸦片中的一部分被本地烟民自然消费了，当然，绝大部分通过各个渠道走私到了华北地区。

接下来，我们应当弄清蒙疆鸦片的配给和收益情况。这里我们先看一看鸦片配给情况。1938年到1942年5年间配给到各地的鸦片共为29 680 974两（表41），1938年与1939年配给的重点在华北，1940年以后配给的重点是华中

和华南。配给华北的鸦片最多，约占总数的46.4%，其次是华中与华南，约占37%，本地约占2.3%，配给东北地区7.7%，运出中国的不过6.6%。

表41　1938—1942年蒙疆鸦片配给情况一览表　（单位：两）

年　度	配给总额	华北配额	华中华南配额	本地配额	伪满与关东	日本及其他
1938	9 854 779	8 908 040				946 739
1939	868 429	600 000	100 000	141 429		27 000
1940	4 072 300	1 725 000	2 005 000	252 300		90 000
1941	5 492 100	1 200 000	3 848 000	144 100	300 000	
1942	9 393 366	1 300 000	5 027 000	166 300	2 000 000	900 066
合　计	29 680 974	13 733 040	10 980 000	704 129	2 300 000	1 963 805

1938年到1942年日伪政权使用各种方法在蒙疆地区一共强制收购鸦片35 201 228两（表42），购买费用接近2亿元。

表42　1938—1942年蒙疆地区收购鸦片费用一览表

年　度	实际征收量（两）	平均征收价格（元）	鸦片收购总值（元）
1938	14 334 685	2.25	32 253 041
1939	887 019	3.74	3 310 000
1940	4 925 989	7.00	34 481 923
1941	11 145 866	8.00	89 166 928
1942	3 907 669	9.40	36 732 089
合　计	35 201 228		195 943 981

根据以上精细推算，我们现在可以得到表43的一组比较确切的数字。从1938年到1942年5年间，日伪政权使用将近2亿元收购了35 201 228两鸦片，利用强制手段配销鸦片29 680 974两，配销总值为366 376 814元。到1942年底，日伪政权通过低价收购和高价配销取得的利润为170 425 386元，按照当年汇率，折合38 420 481美元。此外，还有库存鸦片5 520 254两。下表中鸦片配额总值与收购鸦片总值以及纯收益之间略有出入，这是因为江口圭一在使用会计资料时，以万为单位，省略了千位以下的数字。如果以万元为单位，数字则完全一致。

表 43 1938—1942 年蒙疆鸦片收益情况一览表

年 度	鸦片配销额（两）	鸦片平均配价(元)	鸦片配额总值(元)	鸦片收购总值(元)	鸦片纯收益（元）
1938	9 854 779	4.45	43 821 175	32 253 041	11 568 134
1939	3 575 000	9.20	26 866 000	3 317 447	23 548 553
1940	4 072 300	15.80	64 340 000	34 481 923	29 858 077
1941	5 492 100	14.40	79 103 050	89 166 928	−10 063 878
1942	9 393 366	16.21	152 246 589	36 732 089	115 514 500
合 计	29 680 974		366 376 814	195 943 981	170 425 386

上面我们计算了 1938 年到 1942 年蒙疆鸦片的生产、配销与盈利情况，下面还有必要对 1943 年以后的鸦片配销和盈利情况作一粗略估算。按照最初计划，1943 年预计征收 1 000 万两鸦片，但到了 1943 年 9 月 27 日，在“大东亚省”的会议上将蒙疆鸦片征收量调低为 500 万两，估计这个数字是可以完成的，因为蒙疆鸦片每年从 6 月份开始采集，一般到七八月份就全部结束了，所以每年鸦片征购时间确定为 6 月 15 日到 11 月 30 日之间。1944 年，又是“大东亚省”竭力扩大鸦片生产的一年，即使按照最保守的估计，这一年的鸦片征收量也不会低于 1943 年。至于 1945 年的鸦片收购，由于到 8 月中旬日军就宣布投降了，鸦片征收虽然开始了两个月，尽管会有一定征收量，但无法将收购的鸦片立即配销出去，本年度的鸦片征收利润可以忽略不计。所以，估计 1943 年与 1944 年的鸦片征收量为 1 000 万两，应是不成问题的。加上 1942 年度库存的 552 万两鸦片，估计蒙疆在 1943 年与 1944 年配销的鸦片总量为 1 552 万两。按照每两鸦片纯利平均 1.3 美元计算，[①]将 1 552 万两鸦片配销出去，可以获取纯利 20 176 000 美元。

综上所述，1938 年到 1944 年，日伪政权在蒙疆地区的鸦片征收量至少可以达到 45 201 228 两(即 35 201 228+10 000 000=45 201 228 两)；鸦片盈利按照精细的计算和比较保守的估计不会低于 5 871 万美元(38 536 162＋20 176 000＝58 712 162 美元)。长期担任北平燕京大学校长、后来担任美国驻华大使的司徒雷登(John Leighton Stuart)曾经尖锐指出，从毒品以及其他一些暴行的收入中，可以显示出日本的此次所谓“圣战”的最卑鄙的最自私的侵略动机。[②] 日本侵华

① 1938 年到 1942 年，一共配销鸦片 29 680 974 两，盈利折合为 38 536 162 美元，平均每配销 1 两鸦片可以获利 1.3 美元。

② Yu-ming Shaw, *An American Missionary in China: John Leighton Stuart and Chinese American Relations*, Cambridge, Mass. Harvard University Press, 1992, p. 119.

机构,无非是奖励使用麻醉品的征税机关而已。

十二　丧失人性的贩毒者

1937年深秋,经过柴沟堡、天镇、阳高几次大屠杀之后,日军侵入大同。到了年底,整个大同地区沦陷。日军在大同的“王道乐土”统治,第一件事情就是使毒品生产、贩运和消费合法化。罂粟种植在这里不仅受到鼓励,而且还得到保护。在这里,差不多所有能够灌溉的良田都种上了罂粟。1938年夏天,人们只要走出大同城区,就能看到遍地盛开的罂粟花。大同地区共有583个自然村,至少有100个村子的农民成为鸦片的生产者。由于大多数水浇地种植了罂粟,农业经济畸形发展,粮食生产自然大量减产。根据日伪蒙疆政权下达的指令,大同的罂粟种植面积在1939年应当达到10 000亩。

在大同,日伪政权设立了清查署,负责鸦片的征收。每到罂粟播种季节,日本的指导官、伪清查署和县公署都把罂粟的种植看成当地的头等大事。县烟政股负责到各区公所和自然村布置任务,登记造册,丈量种植面积。种植罂粟的农民为了将来多留下一些鸦片,通常采用贿赂的方法,希望丈量面积时少写一些。躲在机关的日本指导官也深明此种奥秘,把派某人下乡丈量土地看成是他们给予的恩惠。

马王庙街是大同“土药组合”的总据点,因此当时被称为“烟土大街”。该“土药组合”以李达宵为经理,以王坦、许荣益为副经理,实际权力则掌握在日本顾问羽田皮泽手中。此外,还配备有主任官、鉴定官和会计官等等,总人数一度达到六七百人。在李怀角巷设有“鸦片销售总公司”,30余人,专门负责鸦片的销售与运输。

除了公开销售鸦片外,日军在大同地区还公开鼓励各种烈性毒品的销售。跟随日本军旗活动的朝鲜人深入城乡各个角落兜售毒品。对于这些为虎作伥的朝鲜人,日本宪兵队和领事馆为了掩人耳目,有时故作姿态,进行一番搜查,但拘留之人很快就被放出。朝鲜贩毒者一出来,就立即重操旧业,他们在蒙疆的贩毒活动显然得到了日军的庇护。由于受到暴利的驱使,有的贩毒者泯灭了人性。1943年曾经发生过这样一件骇人听闻的事件。在呼和浩特市,一位朝鲜女贩毒者拐骗了一个3岁左右的小孩,将这个小孩肚子刨开,把毒品装进去,然后缝好,再穿上衣服,化装成熟睡的样子,准备把毒品运到北平。小孩的母亲自从丢失小孩后,发疯似地在各处寻找。这位母亲在火车站看到一位日本装束的妇女背着一个小孩,很像自己丢失的孩子,不敢贸然上前辨认。于是,她也买了一张火车票,跟随“日本妇女”上了火车。一路上,这个小孩不吃不喝,一直熟睡,令人好生奇怪。火车快到张家口时，“日本妇女”把小孩放在座位上去了厕所，坐在对面丢失小孩的妇女开始小声呼喊儿子的名字，想让小孩醒来相认。不料，“日本妇女”已从厕所返回，一看有人正在试图把小孩弄醒，便着急起来，伸手打了这位中国妇女一巴掌，二人于是扭打起来抢夺孩子。但这个小孩任凭吵闹，始终没有醒来。车上的宪兵过来盘问，对于小孩的生死发生怀疑，于是脱掉衣服检查，看见小孩的肚子上有针线缝合的痕迹，确认是死婴后打开了肚子，发现里边装满了毒品“坯子”，立即拘捕了这位化装的朝鲜妇女，送交张家口日本宪兵队审问。这一事件的结果虽然没有公布，但在蒙疆地区传播得沸沸扬扬。

十三　鸦片枪下的牺牲者

在日军统治下的蒙疆地区，由于当局极力纵毒，一方面以竭泽而渔的方式最大限度地掠夺当地的社会财富，另一方面使毒品吸食泛滥成灾，使该地区的毒化程度达到了无以复加的地步。

大同当时有一名绝色美女，名字叫古秀珍。她是师范毕业生，才貌双全，性情乖巧，人见人爱。每年正月十五闹元宵，古秀珍的周围一定聚集着一大群想接近她的人，当时很多军政要员都想得到她，但是一概遭到其拒绝。然而，就是这样一位不阿权贵的美人，居然在日本毒品贩子的引诱下，染上了毒瘾。成为鸦片烟毒的俘虏以后，她失去了昔日的骄傲和自尊，由于无钱购买毒品，不得不出卖肉体，沦为警察的姘头和官员的玩偶。日军投降之后，她仍然嗜毒如命，每日蓬头垢面，如同叫花子一般。1946 年冬天，在饥寒交迫中死去。大同人教育子女远离毒品，通常都把她作为上当受骗的典型例子。

大同煤矿很多工人吸食毒品，当这些工人被毒品极度摧残后，丧失了劳动能力，被迫离开煤矿。沿着大路的村庄，如回去村、煤峪口、平旺、十里店等，几乎每天都能发现这种突然倒地骨瘦如柴奄奄一息的烟毒重症患者。大同老百姓对于毒品的憎恨，反映在这样一首民谣中，大意是：“金丹呀金丹！你害得我们真可怜。吸你的，身体瘦弱；食你的，田宅卖完；喜你的，生意倒闭；爱你的，诸事难干；有了你的存在，夫妻离散而朋友断交；有了你的流行，男子抢劫而女子卖淫。”由于吸食毒品，许多人陷入困境之中，青年男子往往铤而走险，为盗为匪，青年女子出卖肉体，为妓为娼，社会秩序严重混乱。有的人为了获得钱财，不惜出卖灵魂，卖身投靠侵略者，充当伪军、警察和打手。日本的毒化政策不仅掠夺了大量社会财富，而且麻醉了中国人的反抗意识，还严重败坏了社会风气，使沦陷区社会道德水平严重下降。

日本占领时期，蒙疆地区遍地是罂粟，处处是烟馆，毒品吸食不受任何限制，瘾者众多，不仅富裕人家吸食成风，就连贫苦农民也有许多服毒成瘾。1938 年到 1945 年的万全县，吸毒现象十分严重，据一项调查，有半数成年男子吸过鸦片，其中有 30%的人成瘾。为了推销毒品，敌寇依靠武装力量“径向各村落按期负责配销海洛英毒品至少 2 两，每两值伪钞 700 元”。① 在绥远省托克托县，日本人设立销售毒品的俱乐部 9 所，萨县设立 11 所，公开销售鸦片、金丹和红丸，同时也销售吗啡、海洛因。晋北太谷等县，鸦片烟馆林立，半数男子吸食毒品，甚至 9 岁小孩也进出鸦片烟馆。普通人如此，伪政权的公职人员吸毒更为严重，80%吸食毒品。日本人认为中国人只有吸食毒品才能真正成为皇军统治的顺民，所以，许多伪政权的职员、警察和军人都把鸦片作为互相请客的招待品和馈赠的贵重礼品。

察哈尔省张北县也是如此。随着罂粟种植面积的扩大和时间的延长，吸毒成瘾的人数越来越多，据当地人回忆，吸食人数比率在全县达到 30%左右，吸毒成瘾者约为 10%～15%。清查署与鸦片配给人以赚钱为目的，极力鼓励开设各种毒品销售场所。小小一个张北县城就有十几家鸦片烟馆，大的有 10～20 个鸦片烟榻，能同时为三四十人提供服务，小的也有五六张床位，每个床位都配备有全套的鸦片烟具，有的烟灯、烟枪和烟盘十分考究，例如烟灯底座质地为铜，红花黄边，玻璃灯罩呈六棱或八棱形状。烟馆讲究卫生和幽雅气氛，为了相互竞争招徕吸食者，有的烟馆专门设立女招待，甚至提供色情服务。除了鸦片烟馆提供毒品消费服务之外，大量的吸毒者是在自己家里吞云吐雾的，县城 40 余家粮铺，铺铺都有鸦片烟枪、烟盘和烟膏。吸食鸦片成瘾，每日需要定时定量服用，每年少则需要 30～50 两鸦片，多则 100 两，相当于 2～5 亩的鸦片产量，没有 10 亩以上的田地，很难维持一个瘾者家庭的需要，所以，许多农民因为染上烟毒，不仅个人丧失了劳动能力，家庭也立即破产，弄得妻离子散。许多破了产的瘾者为了维持吸毒的迫切需要，不得不利用偷窃、卖淫等手段以苟延残喘，沦为邪恶的寄生人群。“大烟鬼，好吃干的好喝水，好偷东西好说嘴，好占宽处罗圈腿，男的懒来女的孬，不务正业捞外快。”②毒品不仅麻醉了吸毒者的反抗意志，还摧残了城市和农村的大量劳动力，严重破坏了中国的社会稳定。

经过日本大力推行毒化政策，蒙疆地区的鸦片生产合法化了，农民种植罂粟是越多越好；毒品贩运合法化了，“土药组合”征收的鸦片越多越有功；毒品的消费合法化了，商号往来，亲戚交往，鸦片成为相互馈送的礼品，烟毒患者成了殖民

---

① 《日伪在沦陷区各地积极实施毒化政策》，《新华日报》1943 年 6 月 3 日。

② 李桂兰、杨万堂：《鸦片在张北的种、吸、禁始末》，《张家口文史资料》第 22 辑，第 222 页。

统治秩序下的“良民”。上层人吸食鸦片，下层人服用料面(吗啡和海洛因)，不仅多数男子成为毒品的俘虏，少数女子染上嗜好，就连三尺童子也有的成为毒品的牺牲品。提到鸦片就会使人联想到，在烟雾缭绕的烟馆中，躺着如醉如痴的瘾君子，同时还会让人想到在各个城市的里弄里到处丢弃的针头和注射器，在公共场合的隐秘处，一个个忙于给自己注射吗啡和海洛因形色枯槁的人，以及在街头游荡的黑手党、携带枪支的毒枭、大大小小的贩毒者。

有人说，鸦片是地狱里一扇未锁的门，它把人引入牢笼。日本侵略者顺势把门关上，使瘾君子永远无法离开这个地狱。大量事实证明，日本占领军在中国各地推行的毒化政策，是一种有预谋、有计划、有组织的国家犯罪，不是某一个集团和个人的偶发事件，而是日本整个侵略政策的重要组成部分。蒙疆地区是“兴亚院”指定的鸦片生产和供应基地，该地区的鸦片生产、征收和配给表面上由蒙疆伪政权来控制，实际权力则掌握在日本“兴亚院”及其蒙疆联络部与蒙古派出军的手中。在这里形成的鸦片生产、征购与配销制度，自始至终都是为了最大限度地毒害中国人民，最大限度地掠夺中国财富。这种毒品政策与国际公约的禁毒精神和原则是完全背道而驰的，日本政府在中国的纵毒政策违反了《海牙禁烟公约》第三条、第六条、第七条、第十五条、第十六条、第十七条、第十八条与第十九条，也违反了《日内瓦禁烟公约》第四条、第五条、第六条、第七条、第八条、第九条与第十条。

第五章　日本对华北的毒品统治(1935—1945)

1931 年日本占领中国东北地区后,侵略欲望进一步膨胀,企图占领华北,占领全中国。从 1931 年开始,他们就利用一切机会向华北进行政治和军事渗透。在这个渗透过程中,日本毒品贩子成为侵略军的急先锋,川岛芳子即为重要成员之一。1933 年 1 月,日军大举进攻山海关,迅速侵占察哈尔和冀东地区,华北门户洞开。日军一方面加紧军事侵略准备,配合政治阴谋,暗地策动华北五省(察哈尔、绥远、河北、河南和山东)自治;另一方面提出中日经济提携的口号,试图从经济上控制华北的交通运输和战略资源。

1935 年,在日军压力下,中国被迫做出妥协和让步,将北平到山海关长城沿线以南的河北 22 个县划分为"非军事化"的特殊区域,面积有 12 万平方公里。10 月 24 日,汉奸殷汝耕在通县打出了"冀东防共自治委员会"的旗号,11 月改称"冀东防共自治政府"。1937 年 7 月 7 日"卢沟桥事变"发生后,日军迅速占领北平、天津、保定等华北大中小城市,将王克敏、汤尔和和王揖唐拉扯在一起,成立了"中华民国临时政府",在所谓行政委员会之下设立财政部和实业部,为日军在华北地区的经济掠夺提供服务。他们改变了国民政府的"两年禁毒,六年禁烟"政策,开始策划如何利用鸦片进行战略物资的掠夺。

日军占领南京后,于 1938 年 3 月利用"中华民国维新政府"的招牌,把梁鸿志扶到傀儡政权的位置上。汪精卫投降后,根据日本最高机关的策划,1940 年 3 月在南京宣布"国民政府"还都。这个伪政权成立后,立即宣布将华北的"中华民国临时政府"改为"华北政务委员会"。

日本对华北进行经济掠夺的机构众多,其中最重要的是"兴亚院"的华北联络部(又称"北支开发会社")和"华北开发会社"。"华北开发会社"成立于 1938 年 6 月,由日本大仓财阀太谷尊任总裁,下辖 13 家公司,总资本达到 7.5 亿日元。1939 年 9 月,"兴亚院"正式设立华北联络部,以喜多诚一为首,凡军事以外的事项,均归其操纵。日本对华北的毒化政策大致经历了从占领前的利用鸦片进行军事渗透到占领初期的"阳禁而阴纵",再从"阳禁而阴纵"到公开强制毒化等三个阶段。日本的"兴亚院"成为华北地区毒品再度泛滥的罪魁祸首。本章着重讨论日本人炮制的伪华北政务委员会禁烟法令和政策的欺骗性，主要揭露日军毒化政策的实质及其产生的严重危害。

本章所说的“华北政务委员会”的辖区大致相当于河北省长城以南地区、山东、山西和河南省的大部分被占领地区，当然也包括现在的京津市区。

一　侵略军的急先锋：日本毒品走私贩

日本毒品贩子对于华北地区的走私活动是随着本国军事力量的增强从20世纪初逐渐猖狂起来的。诚如本书第二章所说，正当清末民初中国禁毒运动达到高潮、英国鸦片利益集团在国际国内的民意压迫下逐渐退出中国毒品市场时，日本的毒品走私贩开始大规模从国际市场上购买吗啡、海洛因等烈性毒品向中国沿海地区走私，贩运的毒品与日俱增，每年以吨计。1931年以前，日本毒品贩子在中国的活动不只是得到了日本外交机构和驻屯军的庇护，不仅仅挂着“治外法权”的护身符，他们中的许多人本身就是搜集情报的特务，是军国主义向中国进行政治、军事渗透的急先锋。

20世纪20年代，日本人在北平经营的洋行大多公开销售吗啡和海洛因。天津的日租界被看成是毒品走私者的天堂，1921年，有鸦片烟馆70家，海洛因、吗啡店100余家。旭街一带，公开制造和销售吗啡、海洛因的厂商有松本盛大堂、广济堂等。一直到1934年，“日韩浪人暗设机关，制造贩售，比比皆是”。[①]租界里的日本警察也直接参与贩毒活动。任何人在日本租界买卖毒品都是自由的，只要向租界当局交纳一笔“公益费”，得到日本宪兵和警察的许可，都可以挂起鸦片烟馆的营业招牌。[②] 大宗鸦片由热河运入。伪满洲国实行鸦片专卖政策后，向天津贩卖毒品的人都是经过日军准许的日本人和朝鲜人。“日本及高丽私贩，受日军之保护，由热河将鸦片运至长城及天津间之战区，再运至唐山一埠，该处现成分配烟药之中心。不独此也，在战区内，凡日人或高丽人所开之商店，几莫不售卖烟药。倘经中国官厅查禁，日军立即出而干涉。”[③]河北省昌黎县靠近热河，是热河向天津等处运送鸦片的必经之地，日本人借经商为名，在昌黎租屋居住，销售吗啡、海洛因等烈性毒品。1934年6月，昌黎县查获日本人雇用的中国毒品贩，将其所带的鸦片收缴，并给予惩罚。按照《日内瓦禁烟公约》第九条规定：“缔约国须以惠爱精神，酌度情形，使在其本国领土内他国侨民遇有违犯烟禁

---

① 《各省市禁烟情况》，马模贞主编：《中国禁毒史资料》，天津：天津人民出版社，1998年，第1075页。

② 天津市政协文史资料委员会编：《天津租界》，天津：天津人民出版社，1986年，第113页。

③ 《胡世泽报告日韩在华北贩毒情形》，《禁烟纪念特刊》1935年6月3日，第84～85页。

者，予以惩罚。”中国官员在自己的领土内履行禁毒职责毫无疑问是正常的，也是公正的，然而，日军一贯蔑视国际禁烟公约，肆意践踏中国的法律主权。闻讯前来的山海关日本警长佐藤蛮横要求依法行政的中国官员赔付 6 700 元，当即被拒绝。次日，该日本警长竟然带领 30 余人将县署包围，逼释人犯，强索被依法没收之毒品。县长被逼无奈，出资 2 000 元，并退还毒品，其围始解。①

滕原在《鸦片制度调查报告》中说：“居住在天津的日本人有 5 000 人，据说七成与吗啡及其他违禁品交易有关。药品商人自不必说，就连饭馆、杂货铺也极少不作违禁品生意的。据说吗啡都是现货大交易，很少零售。如此这般，居留地日本人的繁荣不能说不是吗啡交易的结果。吗啡与鸦片一样有巨大的利润，周围的日本人都已经成为与此有关者，以致天津的日本总领事讲，想在当地赚一笔钱的，就会立即筹划私卖吗啡等。堂堂一流的饭店里，拥有 158 名艺妓，这不说明日本人的富有又说明了什么呢？据说富有都是吗啡的结晶，这一事实真令人吃惊。像大连一样，警察不进行严厉的取缔。据说领事馆的方针是，只检举那些看不过去的。所以，只有被海关发现或其与他案件相牵连而被发觉的才予起诉，没有特意揭露其罪行而予检举的。如彻底取缔的话，天津就会没有日本人了，领事馆也会陷入苦境。”②

上面这段调查资料非常清楚地显示了日本领事馆对待日本人在中国从事毒品犯罪所采取的怂恿态度和庇护立场。正是这种怂恿和庇护，使身佩“护身符”的日本毒品走私贩的活动肆无忌惮。他们不仅在华北各城市公开进行贩毒，而且在日军力量影响所及的范围内大规模制造毒品。

在济南，日本人洋行“均兼理白丸、吗啡副业，几乎触目皆是，不下数百家。警察在门外值岗，门内即公然开灯吸吃白丸，警察熟视，不敢过问。”③

1930 年，在济南附近的高密县，小小县城内日本人开设的洋行就有共荣、天龙、寒川、九山、美达、隆昌、三达、金冈和金城等 9 家。这些洋行的老板全部是贩卖毒品的家伙，“明为洋行，暗售毒品。流毒无穷，欺凌不已”。他们不仅违反了中国法律，也违犯了国际禁毒条约。更为嚣张的是，新任高密县长缪定保带人前

① 《各省市禁烟情况》，马模贞主编：《中国禁毒史资料》，天津：天津人民出版社，1998 年，第 1075 页。

② ［日］江口圭一著，宋志勇译：《日中鸦片战争》，天津：天津人民出版社，1995 年，第 23 页。

③ 《日人在济无恶不作》，上海《民国日报》1929 年 1 月 15 日。这里的走私贩有“硬派”和“软派”之别，所谓的“硬派”就是贩卖军火者，所谓“软派”就是经营毒品生意者。在日本毒品贩子中，对于毒品的名称有约定俗成的代名词，鸦片为“一号”，海洛因为“二号”，吗啡为“三号”。（R. Y. *Lo*, *The Opium Problem in the Far East*, pp. 48–53.）

往查封时，这些毒品走私犯竟然敢于公开对抗官方的查禁，“依仗强权，坚不说理”。[①] 以致地方政府无法依法处理，不得不将案犯移交日本领事来处理。

1920 年代，日本人利用邮包运送毒品成为一种流行的走私方式，这是由于日本人的邮包不允许中国警察检查。中国出席国际鸦片会议的代表美国霍普金斯大学政治学教授韦罗璧[②]在会议上指出：“近年吗啡之大量不法输入中国是确实有其事的，其责任大约总是日本人所干，其以军需品名义运华之邮政小包制度，即用之以邮寄麻醉毒品，此为日本政府在商业上所不承认，但日人从事此业者甚多。”[③]

1927 年与 1928 年上半年，大约有 3 000 公斤的海洛因、1 000 公斤的吗啡与 90 公斤的可卡因等烈性毒品走私输入中国。1928 年秋天，又有 6 000 公斤的吗啡和 600 公斤海洛因非法输入日本控制的大连。英国人认为，1928 年全球范围内非法输出的毒品包括 3 092 公斤海洛因、950 公斤吗啡与 5 102 公斤可卡因，其中 2 316 公斤的海洛因、950 公斤的吗啡与 40 公斤的可卡因是被运到中国消费的。这些数字当然是不完整的，但也可以由此看出烈性毒品走私运销中国的严重情况。根据海牙禁烟公约规定，中国不得生产吗啡、海洛因，医病需要进口少量的吗啡，但总量不得超过 100 公斤。成吨的烈性毒品被走私运进中国，显然绝大多数是被吸食者滥用了。

日本的走私贩背靠侵略军，以“领事裁判权”为护身符，携带各种毒品向华北大中城市渗透。有的家伙一边传播毒品，一边搜集情报，他们是日本侵华的别动队，毒品网络的形成标志着谍报网络的建立。日本毒品走私贩一旦被查获移交到领事馆，受到的惩罚不过是轻微罚款而已。一次毒品走私获得的利润通常不下数千元、数万元，甚至数百万元，而一旦被查获之后，不过是 50 元的象征性处罚，或 3 个月的拘押。由于处罚过轻，对于毒品犯罪来说，无疑等于故意放纵。对于日本人在各地的毒品犯罪，如果要在性质上稍加区分的话，可以简单概括为“偷窃”与“打劫”。在日军势力没有到达的地区，贩毒行为需要掩饰进行，具有偷窃性质；在日军占领地区，贩毒很快就变成明火执仗的“打劫”行为。

---

① 《高密日商贩卖毒品》，上海《民国日报》1930 年 6 月 27 日。

② 韦罗璧(Willoughby, William Franklin, 1867—1960)，1916—1917 年曾担任北洋政府宪法顾问。1921 年任中国出席华盛顿会议代表法律顾问。1924 年和 1931 年担任中国出席国际鸦片会议的代表顾问。著有《鸦片——一个国际问题：两届日内瓦国际鸦片会议》(Opium as an International Problem, The Geneva Conferenese, 1925)和《中日争端与国联》(The Sino-Japanese Controversy and the League of Nation, 1935)。

③ [日]黑羽清隆：《十五年战争史序说》，第 210 页，转引自李恩涵：《战时日本贩毒与“三光作战”研究》，第 50 页。

韩复榘于1930年担任山东省主席后，对于毒品蔓延基本采取压制手段。尤其是对于贩卖海洛因的人员，不论数量多少，一律处以死刑。但是，韩复榘的“严令”也难以奏效。曾经担任山东省政府秘书的毓运后来回忆说：每逢星期六，韩复榘总是亲自审理案件，其中总是有三五起白面案。毒犯供称，他们的货物都是从沿着胶济铁路的潍县得到的，然后运到济南附近各县推销。韩复榘为此很恼火，立即组织调查小组前去调查。调查小组发现：潍县有30余家日本洋行，80%设立有地下毒品加工厂，当时潍县的百姓把这些暗地制造海洛因(白面)的日本洋行叫作“白面房子”。每一家日本洋行都是狡兔三窟，毒品生产者与当地警察玩起了捉迷藏的把戏。更为严重的是，潍县警察局从局长到警察，有很多人被洋行所收买。警察为了应付上级，捕获的只是一些偶尔零星贩运毒品的人。由于徇私舞弊，潍县的警察局成为最有油水的机关。潍县日本洋行的毒品原料主要来自青岛，而青岛的鸦片主要来自吉林和热河，通常由军用车押运而来。济南的毒品贩子以潍县为毒品采购地，潍县的日本洋行以济南及其周围各县为主要销售地盘。不仅潍县如此，在历城、荣城、平度、高苑等县也有类似情况。韩复榘掌握了上述情况后，也未敢贸然采取行动。①

汪伪南京政权的“内政部长”梅思平在1945年12月的供词中，谈及1937年“卢沟桥事变”以前日本对中国实施毒品渗透，破坏中国禁烟运动的原因。他说：“我国一般人传说，以为日本有毒化中国之阴谋，欲使中国人民个个吸毒吸烟，致令国弱民贫，此不过表面之推测。其内幕原因，盖由日本在华之驻军及外务机关皆侵略野心甚大，在华所作之特务工作范围极其广泛，而日政府所给之活动费每相差甚远，于是遂利用日本及台湾、朝鲜之浪人以领事裁判权为护符，使其制造毒品或贩运烟土，驻军及领事馆往往为其保镖，而责其深入各地，为军部及使领馆任谍报工作，以此为交换条件。且因此勾结中国地痞、流氓或甚至不肖之官吏，以探取种种情报。于是一般中国人均以为日本有毒化政策，殊不知其内在原因，实为侵略者特工之一种卑劣技术耳。此战前日本破坏中国禁烟政策之大概也。”②

这种说法固然也符合事实，但不能因此否认在战前并不存在毒化政策，恰恰相反，无论是日本在中国各地的驻军、使领馆人员为搜集情报而鼓励毒品走私，还是为筹措经费而保护毒品走私，都是日本侵华政策的重要组成部分，不能因为

---

① 毓运：《日本洋行在山东潍县制贩海洛因毒品的情况》，《文史资料存稿选编》经济下，北京：中国文史出版社，2002年，第539～541页。

② 南京市档案馆编：《审讯汪伪汉奸笔录》上卷，南京：江苏古籍出版社，1992年，第433页。

没有日本国家高级机关的指示，而否认存在一种以毒品渗透与特务活动相结合的毒化侵略政策。不论这种政策是否写在纸面上，是否经过日本内阁的具体策划讨论，只要侵略军与驻华使领馆人员一直采取默认和纵容的立场，这种毒化政策在事实上就已经存在了。

二 1935—1937年间国民政府在华北的禁毒运动

为了便于认识日本毒化政策的严重危害性，这里我们必须先从中国当时开展的禁烟禁毒运动说起。1935年4月1日，蒋介石以军事委员会委员长的名义向全国发布了禁烟通令，这标志着“两年禁毒，六年禁烟”计划开始在全国实施。如同全国其他地区一样，华北地区迅速掀起禁毒运动的高潮，各级政府不仅颁布了一系列禁烟禁毒条例，而且建立了相应的查缉机构；不仅派出了大量军警参与搜查，而且号召各界群众踊跃揭发。

按照规定，华北四省(河北、河南、山东和山西)均属绝对禁种省区。根据军事委员会禁烟总会报告，这四省在1935年基本实现了禁种任务，经禁烟特派员前往实地查勘后，确认没有发现罂粟种植。1936年再接再厉，各省经过反复派人核查后，才向中央报告没有发现罂粟种植。河南省查禁烟苗极为认真，每届罂粟播种和生长季节勒令各县县长在辖区内往返查看，在确认没有种植的情况下，具结到区，由区将各县具结送呈到省会，然后由省政府汇核各区县呈报的禁种情况，再委派17人为复查专员，前往各地复核，“以期除毒务尽”。同时通令说明，所有烟亩罚款，无论欠自何人，一律豁免，以示彻底禁毒决心。①

在禁吸方面，登记瘾者与强制戒毒同时进行。1935年，河北与北平都加大了禁毒宣传的力度，广播电台每日讲演拒毒的意义，在中山公园和中山堂举行各界拒毒宣传大会，由市府公安局和卫生局报告禁毒经过，散发传单。是时，河北省处于中日军队对抗的前沿地区，局势紧张，日军指使日本和朝鲜的毒品走私贩将热河的鸦片大批输入长城以内，中国军方盘查稍严，动辄发生交涉。全省各地设立戒烟所130所，到1936年有45 368人戒除了毒瘾。北平成立戒毒所130个，1935年与1936年有18 476人戒除了毒瘾，具体做法是，凡是勒令到戒毒所戒毒者，“进院后，立即在臂上刺一十字，待戒除出院，倘若再犯，即处以极刑”。②经过此番整治之后，北平的烟毒势力得到某种程度的压制，“从前旅馆等处，公然

① 《各省市禁烟情况》，马模贞主编：《中国禁毒史资料》，天津：天津人民出版社，1998年，第1072页。
② 《各省市禁烟情况》，马模贞主编：《中国禁毒史资料》，天津：天津人民出版社，1998年，第1075页。

开灯吸食，现在业已绝迹”。[①]

河南设立禁烟密查队，按区按期对吸食毒品者进行登记，到1936年8月，共登记瘾者102 237人，自戒、勒戒37 028人，设立戒毒院所109个。山东禁吸也有很大进展，仅1935年就有35 293人戒除了毒瘾(表44)。青岛在日军控制时期，各种毒品公开贩卖、吸食，成为著名的毒窟。1924年，中国政府恢复了对青岛的管理主权，但在禁毒方面很难取得进展，主要原因是日本人、朝鲜人身上带着“领事裁判权”的护身符，不受中国警察管束。1935年开展新的禁毒运动之后，青岛市开始强制戒毒，凡是捕获到的吸毒者，一律送入戒毒所。1935年与1936年，青岛共有10 780人戒除了毒瘾。

表44　1935—1936年华北地区戒烟机构与戒毒人数比较表

项别 省市	戒烟院所		兼理戒烟院所		戒断烟毒人数	
	1935年	1936年	1935年	1936年	1935年	1936年
河　南	109	48		76	16 974	20 054
河　北	130	117		13	32 149	13 219
山　东	78	78	35	35	35 293	4 263
山　西	106	106			7 230	
北　平	2	2	3		9 297	9 179
天　津	2	2			7 790	
青　岛	3	2		1	9 243	1 537
威　海	2	1	1		323	620

资料来源：《各省市戒毒院所及戒绝烟毒人数比较表》，摘自马模贞主编：《中国禁毒史资料》，天津：天津人民出版社，1998年，第1193页。

在禁运方面，华北四省也贯彻得比较认真。1935年，山东破获毒品案件3 780起，缉拿人犯6 042名，枪决520人；河北破获烟毒案件6 823起，缉拿11 133人，枪决24人；河南查获毒品案件1 354起，抓获1 538人，枪决112人；山西破获案件4 863起，将5 583人丢进监狱，枪决106人。1936年，河北、山东、山西查获的案件和执行死刑的人数有增无减，详情如表45所示。

① 《各省禁烟情况》1934年春—1935年春，马模贞主编：《中国禁毒史资料》，天津：天津人民出版社，1998年，第1075页。

表 45　1935—1936 年华北各省市处理烟毒案件及死刑人数比较表

省市＼项别	查获烟毒案数		拿获人犯数		执行死刑人数	
	1935 年	1936 年	1935 年	1936 年	1935 年	1936 年
河　南	1 354	471	1 538	1 056	112	61
河　北	6 823	2 426	11 133	3 739	24	378
山　东	3 780	4 729	6 042	6 445	520	554
山　西	4 863	5 612	5 583	5 759	106	86
北　平	3 171	1 233	4 804	1 430	6	12
天　津	785	192	965	208		3
青　岛	1 438	385	3 350	495		
威　海	283	361	402	477		5

资料来源：《内政部禁烟委员会禁烟禁毒工作报告书》附表七，摘自马模贞主编：《中国禁毒史资料》，天津：天津人民出版社，1998 年，第 1195～1196 页。

根据北平报告，从 1934 年 9 月到 1935 年 3 月，本市枪决制毒犯 2 名、贩毒犯 8 名、复吸海洛因犯 9 名。自 1934 年 9 月到年底，查抄烈性毒品案件 1 960 起，涉及人犯 3 719 人，毒犯供称，毒品“十九购自朝鲜人和日本人”。北平、天津等大城市难以遏止毒品的传播，“推原其故，自系因毒品来源无法遏止所致，而本市毒品来源，大都由于羼居市区之韩人，倚依领事裁判为护符，敢于公然贩卖”。[①]

从上述情况来看，从 1935 年起，华北地区各省市都掀起了新的禁毒风暴，各个省市根据自己的实际情况，采取了比较坚决的措施，严厉打击各种毒品犯罪，并且都取得了一定成效，在一定程度上控制了毒品犯罪，是中国政府的又一次比较真诚的努力。[②] 然而，在日本军事势力威胁和控制下的北平、天津等城市则鲜有成效。

三　“安导券”与鸦片烟毒在冀东地区的严重泛滥

1933 年 3 月日本侵略军占领热河省后，又向滦东地区发动攻击，军刀直接

① 《各省禁烟情况》1934 年春—1935 年春，马模贞主编：《中国禁毒史资料》，天津：天津人民出版社，1998 年，第 1075 页。

② 中国近代史上发生了三次全国性的大规模禁毒运动，第一次发生在鸦片战争前夕，第二次是清末民初的十年禁烟运动，第三次是 1934 年到 1940 年国民政府领导的六年禁烟运动。在这三次禁烟运动中，中国政府和人民都进行了真诚的努力，并且都取得了相当显著的成绩。

威胁平津。5月31日,国民政府派遣熊斌与日本关东军代表冈村宁次在塘沽进行谈判,达成协定。《塘沽协定》规定,中国军队撤退至延庆、昌平高丽营、顺义、通州、香河、宝坻林亭镇、宁河芦台所连成线的以南以西地区。上述连线的以东以北地区,即冀东22县为非武装区域。这实际上承认了日本在该地区的军事存在。随着日本军事和政治渗透力量的增加,在1935年冬季,殷汝耕在日本操纵下成立了"冀东防共自治政府"。

冀东地区在日军控制下立即成为毒品的制造与走私基地。日本宪兵队为走私者直接提供保护,发给的通行证就是"安导券"。许多事实证明,关东军与驻屯军都直接参与了贩毒活动。[①] 还是看一看毒品制造者山内三郎的直接感受吧!

他说:"冀东政权的首府在通州,但就在通州的郊外,在日军特务机关的默许下,也公然制造麻醉品。以海洛因为中心的各种麻醉品像奔流一样从冀东地区流向华北五省。整个满洲、关东州因冀东而骚然。尚未接受征兵检查的日本青少年,只要染指过海洛因的制造或贩卖,就会获得与身份不相称的收入……对于日本的海洛因制造、贩卖者来讲,从日军特别是宪兵队那里得到的'安导券',可以说是难以替代的宝物。如果没有那种保护,中国、满洲的官宪再懦弱,也做不了那样安全的生意。他们考虑采取什么形式将在海洛因生意中获得的利润返还给军队。结果没有直接赠送现金,而是积极地买飞机,将之捐献给军队。军人中也有见缝就钻的家伙,他们以慰问部队官兵的名义,直接闯到海洛因店来索要捐献。这样,与狐狸相互携手,把魔爪伸向了中国大陆。"[②]由此可见,所谓"安导券"就是日本贩毒分子的安全通行证。日军对制毒、贩毒提供了安全保护,制毒、贩毒分子为其军队提供军费支持。

1935年,日本人、朝鲜人在冀东的贩毒活动已经相当猖獗,小小一个昌黎县贩卖毒品的商家竟然有213家,其中日本人经营的有166家,朝鲜人47家。唐山的洋行有467家,几乎全部经营毒品。在滦东、临榆、秦皇岛、迁安等地,都聚集着数以百计的日本人和朝鲜人,他们清一色几乎全是毒品贩子。即使个别商贩经营其他商品,但也毫无疑问兼营鸦片、吗啡和海洛因。整个冀东变成了毒品制造、运输、贩卖和消费的自由乐园。当年,美国驻华大使馆陆军武官参赞史迪威(Joseph W. Stilwell)就指出,冀东已经真正变成了鸦片烟毒的世界。[③]

---

① 日本在中国的驻屯军是通过1901年的《辛丑条约》获得的,主要驻屯在天津、北京和山海关。由于司令部在天津,又称"天津军"。1937年的北平卢沟桥事变就是这支军队发动的。

② [日]江口圭一著,宋志勇译:《日中鸦片战争》,天津:天津人民出版社,1995年,第31页。

③ Jonathan Marshall, *Opium and the Politics of Gangsterism in Mationalist China, 1927-1945*, in Bulletin of Concerned Asian Scholars, 8 (July-September 1976), p. 22.

日军控制了冀东之后，原来设在伪满洲国的毒品加工厂纷纷迁入天津。1936 年，美国著名作家麦文氏发表文章谈及在天津的观感。他说："多数制毒工厂已由热河、满洲及关东租借地，移至天津及唐山一带，再以天津为中心，私运至远东各地，并遍及全世界。故今日之天津日租界，几全为制毒工厂。"①国联秘书厅禁烟组主任罗素爵士也指出："天津日租界，现为世界制造海洛因之中心。区区四方哩之市区，有售吸所一千家以上，制造厂二百家以上，新厂仍如雨后春笋，逐日增加。此种海洛因制造厂，工作完全公开，故天津一隅毒化之害，不仅及于中国人而已，即世界各国亦受莫大影响。"②

日租界桥立街一带，号称白面窟。这里洋行林立，完全是日本浪人贩毒的天下。此外新旅舍后新寿街、闸口街各处销售日用品的商铺，几乎全是白面馆。在来往于津榆和平津的火车上，也到处是兜售鸦片和海洛因的浪人。③ 作为华北贩毒中心的天津，有人估计 1937 年全市有 1/10 的人口吸食鸦片、吗啡和海洛因，瘾君子约有 12 万人，专门销售鸦片、吗啡、海洛因的场所有 173 家。在日本商家中，松本盛大堂、广济堂、丸二兄弟、楠德义等是公开销售毒品的药店，金山、乾卯等洋行虽然主要经营百货生意，但销售吗啡、海洛因也是重要业务④。

制造毒品的有日本租界的官员，也有参与机密活动的特务。侨立街的一家生产毒品的工厂是"民流民团"主事田太助太郎以其妻弟的名义开设的，旺石街的一家吗啡厂的老板就是被誉为"帝国谍报之花"的川岛芳子(金璧辉)。她一边走私毒品，一边为日军搜集情报。⑤

1937 年 1 月 13 日的一项报告指出，日本人在北平和通州设立的贩毒机构叫作"东亚同乐公社"。北平的"东亚同乐公社"地址就在东交民巷的日本兵营内，通州的"东亚同乐公社"事务所设在北平的马家胡同。该组织的成员主要是日本人和朝鲜人，会费除每人每月交纳 5 元之外，另外需要交纳贩毒利润的 5%。日军自通州进入北平，毒品随军带入，以避免中国警察检查。1937 年初，

---

① 内政部编：《禁烟概要》，南京中国第二档案馆藏。

② 英国议员弗莱彻(Rgpinald Fletcher)在英国国会所作关于远东毒化情形的演说，转引自《禁烟特刊》1939 年 6 月，第 11 页。

③ 国难社编：《日鲜浪人在中国各地非法活动》，国难社，1937 年，第 8～9 页。

④ 天津市政协文史资料研究委员会编：《天津租界》，天津：天津人民出版社，1986 年，第 114 页。

⑤ 川岛芳子，满洲人，爱新觉罗氏，1906 年生于北京，本是清肃亲王善耆的第十四女儿。民国初年，善耆不甘心满清王朝垮台，试图策划满洲、蒙古独立，将儿女分别送到满洲、蒙古和日本。十四格格由日本浪人川岛浪速抚养，故取名川岛芳子，青年时期在日本接受间谍训练。九一八事变后，川岛芳子返回奉天，投靠关东军高级参谋板垣，赴天津将末代皇后婉容秘密接到东北。后来在热河组建定国军骑兵团，化名金璧辉，自封为安国军司令。1932 年，随日军侵犯上海，为日军搜集许多重要情报，成为"帝国谍报之花"。曾在伪满洲国任伪执政府女官长、伪满留日学生总裁、安国军总司令、北京伪满同乡会会长等职。1945 年，国民政府以叛国罪将其逮捕，1948 年，在北平监狱被执行枪决。

在北平城内或近郊居住的日本人和朝鲜人有 3 700 余人，多数住在日本使馆附近，其中大多数朝鲜人从事贩毒职业，其销售方式类似现在的牛奶公司，每日按时分送。一些惟利是图的中国不法分子也加入其中，当时在东单三条牛毛胡同和内半壁街都聚集着成群的毒品贩子。

日军毒品贩子沿平汉铁路把毒品运到沿线城镇，甚至在郑州转乘陇海铁路列车，将毒品运往豫西。据《大公报》1936 年 7 月 4 日报道："日人佐竹喜代次、铃木修次携带大小皮箱三个，于昨日由平乘一次快车来郑，铃木等下车后，向陇海花园方面走去，被在车站检查之宪兵发觉，以其行迹可疑，遂令其停止前进，以便检查。该日人等初犹不服检查，嗣由宪兵引至平汉郑州车站站长室施行检查，在其箱内查获红丸四十袋，约一千余两，即将人贩、赃物一并带至营部，由该营营长亲加讯问。据该二日人供认，红丸系由北平带来，拟带往陕州售卖不讳。当即将人犯、赃物合摄照片一张，并将所携之毒品按章扣留。"①

8 月 17 日，警察在郑州火车站查获贩毒案一起，系名叫乌嗣茂的日本人携带皮箱两个，从大皮箱中搜出红丸十二袋，自小皮箱中搜出红丸八袋，"约共连皮重四十一磅七五"。②

在贩运毒品的队伍中，除以日本浪人为主力之外，日本关东军的军政人员也积极参与其中。1936 年 7 月 20 日，在顺德车站查获关东军司令部翻译官河口桂太郎贩毒案。该犯于 7 月 20 日挟带烈性毒品二十三公斤，搭乘平汉一次快车到达顺德车站，被执勤巡官查获，"将该日人及所带之红紫色皮箱一个，藤提篮一个，一并带至罗站长办公室，眼同罗站长及该日人将皮箱启开，内有饼干盒一个，老人牌桂格麦片罐十二个，干菜竹笋罐五个，皮箱夹底下起出白布包裹一个，以上各物统系内装烈性毒品海洛英，共计毛重二十三公斤……该日人始供出真姓名河口桂太郎，并将古北口警备司令部发给之身份证明书交出，且亲笔书毒品单一纸"。③

日本浪人或者沿津浦铁路输送到长江流域，或者沿石太路和同蒲路运输到山西大同、太原、临汾等大中城市。这一时期，日本、朝鲜的毒品贩子向华北贩运毒品的数量也是相当惊人的。例如，1936 年 9 月 27 日下午 7 时，一名警察在太原车站查获毒品犯罪嫌疑人 3 名，④旋即带到省会公安局处理。28 日约请日本驻太原领事馆武官到场，当面将其携带的两个箱子打开，发现内藏 19 斤 4 两海

① 《日人图运毒品至陕州》，《大公报》1936 年 7 月 4 日。
② 《日人贩运毒品到郑州》，《西京日报》1936 年 8 月 23 日。
③ 《日人贩毒品到顺德》，《大公报》1936 年 7 月 21 日。
④ 2 名日本人，1 名中国人。日本人分别叫中条好、乙守五三九。

洛因。[①]

同年10月28日，铁路警察在邯郸车站从朝鲜人金光腹部和腿部搜获海洛因5斤和一张绘有邯郸、涉县、武安的地图。原来这是一桩以涉县为定点的兄弟间谍贩毒案，一方面贩毒，一方面搜集军事情报。这一案件说明，毒品的渗透已经转向中小城镇，甚至乡村。日本人的贩毒网络越织越细密。

同年12月12日，警察在天津开往上海的301次列车上发现一个朝鲜人携带蒲包两件，形迹可疑。火车到站后，经开箱查验，内藏海洛因23斤。[②] 此类事件连续发生，一次贩毒数量如此巨大，令人震惊。

日本、朝鲜的毒品贩子就个人来讲，自然以贩毒作为发财致富的捷径，而对于心存阴谋诡计的日本政客来说，以武力支持贩毒活动，将毒化作为侵略和控制中国的主要政策，是极其阴险的。鸦片等毒品不仅是一种杀人不见血的软武器，同时也是吮吸占领区经济血脉的巨大吸血鬼。夹带走私毒品的日本人只是毒品贸易的前台人物，站在他们身后的是日军和富有效率的政府组织系统，在东亚各个城镇几乎都有根据地。它们承袭了英国东印度公司的经营手段，因为它们同样建立了在各地都有联系的贸易机构，而且得到了日本政府的政治庇护、领事裁判权和财力支持。

四　日本使馆与“对华北地区鸦片与毒品方针”的提出

1937年7月7日卢沟桥事变发生后，日军迅速侵占华北大部分地区。12月14日，日军在北平用刺刀把王克敏扶上伪中华民国临时总统的位置。翌年2月24日，伪临时政府发布第33号令，宣布废止南京国民政府的禁烟禁毒法令，然后一步步采取措施纵毒。6月1日，准许吸食鸦片，在北平设立官办吸食所150处，允许在旅馆和妓院开灯吸食；允许持有戒烟局特许证者贩卖鸦片；不领取特许证而贩卖鸦片，一经发现，按登记额的2～10倍罚款；每个鸦片烟馆每月交纳捐费10元；鸦片吸食者须领取所谓的“限期戒烟执照”，每月交纳捐费1元。这是日伪政权在华北地区对于毒品采取放纵政策的开端。

1938年10月，日本驻北平使馆正式提出“对华北地区鸦片与毒品的方针”。该“方针”认为，依照既往华北地区毒品的运输、销售和吸食情况，以及其他方面的因素，采取断然禁绝的措施是不合适的，也是做不到的，应当采取“渐禁”的方

① 《铁道队警总局报告日人贩毒案呈》1936年10月，马模贞主编：《中国禁毒史资料》，天津：天津人民出版社，1998年，第1132页。

② 《铁路队警总局报告查获鲜人私带毒品呈》1936年12月19日，马模贞主编：《中国禁毒史资料》，天津：天津人民出版社，1998年，第1138页。

针，逐渐消除毒品的危害。在禁毒问题上，无论是采取“断禁”政策，还是实施“渐禁”的方针，只要是真心诚意地禁毒，都可以获得较好的效果。问题不在应当采取什么方针上，而在于是真心禁毒，还是借禁毒之名行纵毒之实。从日本使馆提出的具体建议来看，他们的真实用意在于推行鸦片专卖制度，“有助于财政收入的增加”。1939 年 4 月 28 日，伪临时政府与“兴亚院”华北联络处就华北的鸦片问题进行了会谈，王克敏代表傀儡政权接受了日本人的鸦片建议。

日本的具体建议是：设立禁烟局，负责鸦片的“取缔”事宜；鸦片的买卖应由政府特许的鸦片批发商或组合来经营；鸦片的零售应由政府指定的商人来销售；罂粟的种植与鸦片的生产、加工应得到政府的许可；毒品的吸食者在禁烟局登记之后方可吸食；特许商或鸦片组合以及零售商人应向政府按期交纳一定比例的捐税。

在这种专卖制度下，搜刮社会财富成为傀儡政权的最大利益追求，鸦片的生产者、销售者和消费者只要向当局交纳了捐税，法律就必须认可其犯罪行为。在这种情况下，当局的一切禁毒措施都必定是虚假的欺骗。参与密谋的日本官员对于“把鸦片的收入作为戒烟的费用”以掩盖真相的做法，曾经毫不隐瞒地说，这种做法不过是给第三国看的罢了，“以免引起第三国见笑”而已。①

总的说来，在所有日本占领区中，由于战争的影响，华北地区在推行鸦片专卖制度方面的行动是比较迟缓的。“兴亚院”华北联络部的文件这样写道：“政府的鸦片行政管理的最终理想早已规定为建立鸦片专卖体系，但由于机构未整顿，使得从‘卢沟桥事变’至今整个地区都未能安定下来，禁烟制度也就无法立即实施，不得已才把鸦片的批发交给特殊机关代理，为此设立了华北土药业公会。”

新的鸦片制度虽然未能立即开始实施，而鸦片的交易和吸食已经公开进行。1939 年 7 月，北平已经有鸦片烟膏店 338 家，其中土店为 107 家，膏店 231 家。与此同时，鸦片生产在日军的怂恿下也迅速复活。例如，1939 年春天，日本驻军北治镇的宣抚班到处张贴布告说：“为布告事。查现在秋令，正值烟苗播种时期，为此布告各村民众，及时播种，将来烟苗成熟，照章纳税，准予按时价随意售卖，决无限制。仰即播种，勿失时机为要。切切此布。”②据估计，华北地区的鸦片产量 1939 年达到 4 792 800 两（见表 46）。

---

① 《兴亚院·北支临时政府鸦片会议记录》1939 年 4 月 28 日，［日］冈田芳政等编：《续现代史资料》(12)，《鸦片问题》，みすず书房（美铃书店），1986 年，第 265 页。

② 邓一民编：《日本鸦片侵华大事记（1912—1945）》，《近代史资料》第 98 期，1999 年 12 月，第 91 页。

表 46 1939 年度华北罂粟播种面积与鸦片产量表

	华北四省	河 北	山 东	山 西	河 南
种植面积(亩)	239 640	28 100	135 980	70 560	5 000
鸦片产量(两)	4 792 800	562 000	2 719 600	1 411 200	100 000

资料来源：[日] 江口圭一：《日中アヘン戰争》，东京：岩波书店，1988 年，第 86 页。

华北的鸦片消费量也在迅速增加。根据统计，1938 年输入北平的鸦片有 1 088 万两，从北平输出的有 411 万两，本地消费了 473 万两，剩余 204 万两；天津市输入了 252 万两，从天津输出了 3 万两，本市一年内消费 249 万两，没有剩余。1939 年，输入北平的鸦片大约也有 1 088 万两。①

1940 年 3 月，汪精卫傀儡政权在南京成立，伪华北临时政府摇身一变而为"华北政务委员会"。这个伪政权的统税公署立即决定对于本地区的毒品采取所谓"统制"政策。为此颁布了两个草案：一个是《蒙疆土药统制经营暂行办法》，另一个是《土药商购领蒙疆土药规则》。"草案"规定，今后所有商家不得从蒙疆地区私自购买和运输鸦片，华北地区的土药统一由统税公署向蒙疆清查署采购，各烟膏店需要的鸦片，应一一填写数量申请，由土药商务办事处汇总，统一交给统税公署来采购。凡是使用未经统税公署采购的鸦片，均按走私对待。那么，这种鸦片"统制"政策是怎样密谋形成的呢？

经过探究之后，我们发现这种鸦片"统制"政策并不是华北方面的人员提出的，而是由蒙疆清查总署烟政科长森春雄提出的。尽管这个结论令人感到奇怪，然而的确是事实。1939 年，伪蒙疆政权准备实行清查制度，规定鸦片由蒙疆"土药公司"来征收。由于征收价格很低，为了防止蒙疆鸦片大量走私运入平津地区，建议华北方面给予配合，实行统一的采购制度，禁止商人到蒙疆地区采购鸦片，华北所需鸦片由统税公署向清查总署购买。华北的《蒙疆土药统制经营暂行办法》与《土药商购领蒙疆土药规则》，就是满足这种要求的政府文件。

如前所说，1939 年夏秋蒙疆实施的鸦片清查制度效果不佳，不得不改弦更张，撤销了"土药公司"，成立了"土药组合"。由于出现了这种变化，"兴亚院"华北联络部村岗书记官认为，既然蒙疆方面已经改弦更张，而且"统制"经营实施效果不佳，华北方面应当考虑新的办法。所以，上述华北鸦片"统制"经营办法没有

① 呼和浩特产 552 万两，张家口产 153 万两，凉城产 162 万两，热河产 144 万两，管内产 68 925 两。这一数据与蒙疆地区贸易统计数据有较大出入。贸易统计提供的资料为 3 575 000 两，孰是孰非，有待考辨。江口圭一著，宋志勇译：《日中鸦片战争》，天津：天津人民出版社，1995 年，第 52～53 页。

经过尝试就胎死腹中了。

五　欺世盗名的《华北禁烟暂行办法》

经过一段时间的密谋之后，伪华北政务委员会从 1940 年 8 月 31 日开始陆续公布了一系列欺世盗名的“禁烟”法令。这些法令表面上看都标着一个“禁”字，仔细看却处处都是“纵”字。

8 月 31 日公布的主要文件有《华北禁烟暂行办法》《华北禁烟暂行办法施行细则》(图 8)、《华北禁烟总局组织暂行规程》《华北禁烟分局组织暂行规程》《华北禁烟缉私规则》《华北查获私土奖励规则》和《华北禁烟总局征费规则》。

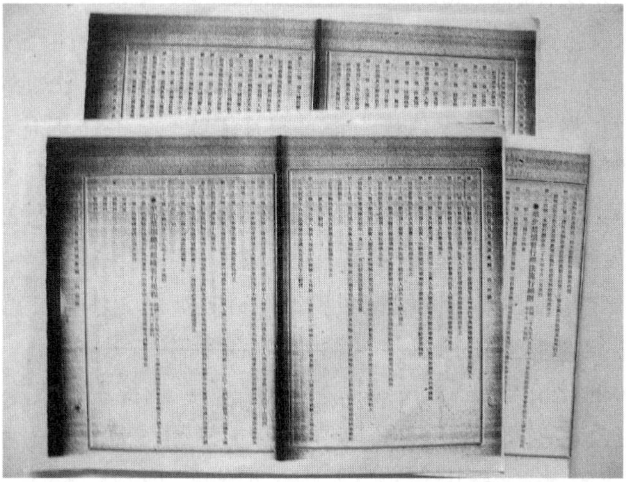

图 8　1940 年 8 月 31 日伪华北政务委员会颁布的《华北禁烟暂行办法实施细则》

《华北禁烟暂行办法》24 条，《华北禁烟暂行办法施行细则》36 条，这两个文件具有纲领性质。该“暂行办法”规定，在北平设立禁烟总局，隶属于伪华北政务委员会财务总署。根据禁烟总局代理局长刘振生的建议，以统税局现有区域为禁烟分局的划分标准，在北平、天津、唐山、济南、青岛、烟台、太原、石门和开封设立禁烟分局。这一建议于 10 月 2 日得到财务总署督办汪时璟[①]的正式批准。禁

① 汪时璟，生于 1891 年，安徽旌德人，又名翊唐，曾任中国银行汉口分行、沈阳分行经理。1937 年冬，与王克敏等人组织伪临时政府，先后任中国联合准备银行总裁、伪临时政府常务委员及伪财政部长。1940 年 3 月起，历任汪伪华北政务委员会常务委员兼财政督办、经济督办、华北税务委员会委员长，“一身数职，垄断金融，实为罪魁祸首”。1945 年 12 月 5 日，在北平兵司胡同一号家中被军统局诱捕。1946 年 10 月 15 日，南京首都高等法院判处其无期徒刑。1952 年病死于上海监狱。

烟分局之下设立办事处，或分驻所。就其内容来看，主要是为了贯彻政府严格控制下的鸦片特许制度。

关于吸食问题，《华北禁烟暂行办法施行细则》规定：凡吸食鸦片都必须向禁烟机关交纳费用，领取“吸烟执照”，“该管禁烟官署对于登记及颁发吸烟执照，得向吸食鸦片人征收费用”；“吸食鸦片人非经出示吸烟执照，不得购买鸦片或吸食器”；“鸦片吸食人不得由零售鸦片及零售吸烟器具以外之人购买鸦片或吸食器”。这些规定的用意，分明在于推行鸦片专卖制度。

关于制造与贩卖，明文规定：“鸦片膏之制造由鸦片总批卖人及主管官署指定零售鸦片人制造之，吸烟器具之制造由主管官署所指定之人行之”；“生鸦片应由鸦片总批卖人发售前条第一项之零售鸦片人，鸦片膏除主管官署指定者外，由鸦片总批卖人发售于零售鸦片人，再由零售鸦片人转卖于吸食鸦片人；吸烟器具应由制造人发售于吸烟器具总批卖人，由总批卖人售于零售吸烟器具人，再由零售人转卖于吸食鸦片人；零售鸦片人售卖鸦片于吸食鸦片人时应于吸食鸦片人所持吸烟执照上记载其所卖鸦片之数量及年月日，并加盖印章”；“鸦片总批卖人、或零售鸦片人、吸烟器具制造人及吸烟器具总批卖人或零售人，均由禁烟总局指定之，并发给营业执照，征收照费”；“前条所开各商人不得于指定区域外经营业务”。从这些条款可以看出，一切规定的目的都是为了实行鸦片专卖制度，垄断鸦片贸易，最大限度地攫取鸦片暴利。

关于罂粟的种植与鸦片的收买，主要条文有：“栽种罂粟人应开具姓名、年龄、籍贯、住址及栽种之地址、面积，于每年一月三十一日以前呈请禁烟总局核准，发给栽种执照，其有变更或废止时，应呈请换照，或撤销原照”；“栽种罂粟人应将其所产之生鸦片在指定之时期内售于禁烟总局所指定之特定人”；“前条所指定之生鸦片收买人其收买价格应由禁烟总局核定之”。[①] 这些条款的实质在于掌握鸦片的生产量，以便于政府派人征购。

《华北禁烟总局组织暂行规程》与《华北禁烟分局组织暂行规程》主要确定了禁烟机构的组成以及各个部门的职责。从各个部门的职责划分中也可以看出，征收鸦片捐税是唯一的目的，所谓的“禁烟”不过是幌子。

《华北禁烟总局组织暂行规程》共 15 条，规定伪禁烟总局隶属于财政总署，职责是掌管禁烟事务，以奖惩手段督促各种所谓“禁烟”事宜。“禁烟总局设总局长一人，简任、总理全局事务。总局长有事故时，由财务总署指定

① 伪华北政务委员会政务厅法制局编：《华北政务委员会法规汇编》上册，伪华北政务委员会政务厅法制局，1941 年印行，第 175～181 页。

代理之。”[①]伪华北政务委员会将禁烟机构置于财政机关领导之下，其用意十分明显，是为了税收而不是为了禁烟。在禁烟总局内设立秘书室、总务科、指导科、管理科、查缉科和医务科（表 47）。秘书室掌握一切机要事宜，主要是起草、翻译和审核稿件，负责编印公报。总务科下分三股：第一股负责职员的考勤和奖惩情况，记录其进退；第二股负责有关章则的保管、缮写和校对；第三股主要负责编制预决算以及经费的出纳和保管事项。指导科分设两股：第一股负责所谓禁烟设计和教育事项；第二股负责禁烟材料的征集和宣传。管理科分设三股：第一股负责各项捐税的征收事宜；第二股对于烟具和烟民进行登记管理；第三股负责办理鸦片商人和烟民的各种执照，并负责鉴定和查验。查缉科分设两股：第一股主要负责查缉私运、私售和私吸；第二股负责鸦片的取缔以及警戒事宜。医务科分设两股：第一股负责矫正吸烟的调查事项，分析、鉴定鸦片成分；第二股负责戒烟所的指导、监督事项。

表 47　伪华北禁烟机构一览表

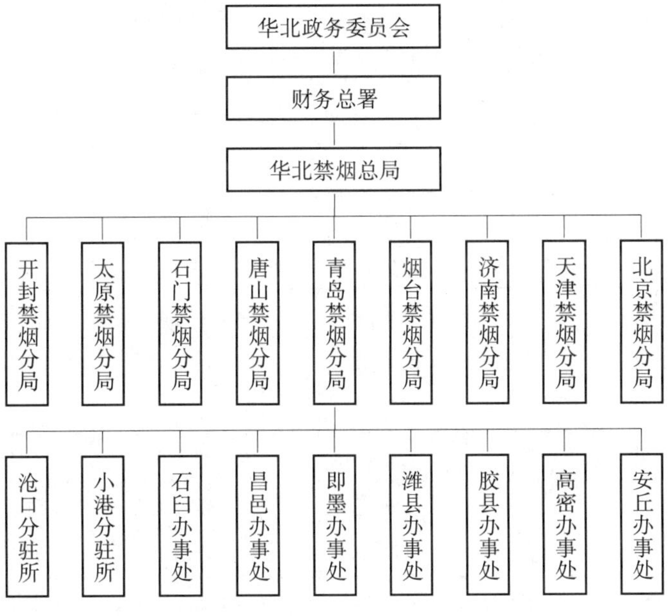

《华北禁烟分局组织暂行规程》共 9 条，规定禁烟总局于必要地方设立禁烟分局，掌管该区域内的禁烟事务，实际权力掌握在日本顾问手中。禁烟分局设局长一人，由总局长负责任免，“有事故时，由总局长指定代理之”。禁烟分局设秘

① 《华北禁烟总局组织暂行规程》，伪华北政务委员会政务厅法制局编：《华北政务委员会法规汇编》上册，伪华北政务委员会政务厅法制局，1941 年印行，第 183 页。

书一人，按照局长的指示处理本局事务(表48)。禁烟分局相应总局设立五科，"第一科，掌理人事、文书、会计、庶务事项；第二科掌理禁烟设计、禁烟教育、禁烟宣传等指导事项；第三科掌理登记、发照、征收及烟具管理事项；第四科，掌理验照、缉私及禁烟警察事项；第五科掌理化验、调验及戒烟事项"。[①]

表48 伪华北禁烟分局、办事处主管人员姓名与任职时间一览表

机关名称	职　务	姓　名	任职时间	去职时间
北京禁烟分局	局长	吴慎修	1941年2月	1945年8月
天津禁烟分局	局长	黄丙山	1941年2月	1945年8月
青岛禁烟分局	局长	刘樾楼	1941年2月	1942年12月
	局长	黄哲恭	1942年12月	1945年8月
济南禁烟分局	局长	李宗翰	1941年2月	1945年8月
烟台禁烟分局	局长	赵国源	1941年2月	1945年8月
唐山禁烟分局	局长	王会安	1941年2月	1945年8月
石门禁烟分局	局长	鲍立鋐	1941年2月	1945年8月
太原禁烟分局	局长	李巩衡	1941年2月	1945年8月
开封禁烟分局	局长	汪崇度	1941年2月	1945年8月
潍县办事处	主任	潘君达	1941年4月	1942年2月
	主任	邓仲吉	1942年3月	1942年5月
	主任	汪泰云	1942年6月	1945年8月
安丘办事处	主任	杨绍荣	1941年8月	1943年1月
	主任	范之铠	1943年1月	1945年8月
昌邑办事处	主任	孟宪钧	1942年8月	1945年8月
胶县办事处	主任	胡啸先	1941年4月	1942年8月
	主任	王明齐	1942年8月	1945年8月
即墨办事处	主任	孙书翰	1942年8月	1945年8月
高密分驻所	办事员	孟祥符	1941年4月	1945年8月
	主任	赵昌荫	1942年8月	1945年8月

① 《华北禁烟分局组织暂行规程》，伪华北政务委员会政务厅法制局编：《华北政务委员会法规汇编》上册，伪华北政务委员会政务厅法制局，1941印行，第184页。

续　表

机关名称	职　务	姓　名	任职时间	去职时间
石臼办事处	主任	刘树英	1942 年 8 月	1945 年 8 月
小港分驻所	办事员	王树礼	1942 年 8 月	1945 年 8 月
沧口分驻所	办事员	徐溪明	1942 年 8 月	1945 年 8 月

资料来源：1946 年 5 月 7 日山东省政府民立字，第 1854 号公报。见马模贞主编：《中国禁毒史资料》，天津：天津人民出版社，1998 年，第 1582 页。

华北地区的鸦片政策名义上由伪华北禁烟总局来执行，实际上是由日本驻华北的机构——“兴亚院”华北联络处操纵和控制的。“兴亚院”华北联络处不仅在伪华北禁烟总局派驻有日军的代表，就连各个分局都有日本人担任联络员。日本在伪华北禁烟总局的首席联络员为井上和记，在禁烟总局担任联络员的还有片山满城和阿野通正，在北平分局担任联络员的是近藤二郎，驻天津分局联络员是阿南达也、武信彰，驻济南分局联络员是近藤良，驻唐山分局联络员是庄野文雄，青岛联络员是粟谷轻一，石门分局联络员是柴田公靖，开封分局联络员是内村定，烟台分局联络员是木村柳一。[①] 日本的毒化政策就是通过这些联络员来贯彻的。文件还规定：“鸦片制度的实施须全面地接受强有力的日本方面的内部指导。”[②]一语道破天机。事实上，从各种文件的起草情况也可以看出日本人的影响和作用，不仅这些文件需要经过日本联络员的审核和认可，而且从档案来看不少措施和办法都明显来自日本的提议，甚至直接拟订，就连用语习惯和风格也都深深地打上了殖民者的印记。

从上述“鸦片法”不难看出，日本在华北炮制的有关鸦片制造、输入、售卖、分销、输出的法律和章程，既不是为了医药上的需要，也不是为了科学上的需要，完全是为了军费和财政。不仅没有遵守《限制制造及调节分配麻醉药品公约》第二章“估计书”关于任何一个缔约国用于医药与科学研究的麻醉品数量的严格限制，而且千方百计地扩大罂粟种植面积，增加鸦片生产，广泛销售吗啡和海洛因，严重践踏了《日内瓦禁烟公约》的原则和精神。该公约第五条明文规定：“各缔约国应颁布有效之法律及章程，严格限制本公约所载物品之制造、输入、售卖、分销、输出及使用，仅以医学及科学用途为限，并应彼此协力阻止该物品之流作一

---

① 南京中国第二历史档案馆藏：《日伪禁烟总局拟将禁政促进费提成作为褒奖费的报告》，档号2005/1899。

② 蒋秋明：《日伪在华北各地的鸦片统制政策》，王宏斌主编：《毒品问题与近代中国》，北京：当代中国出版社，2001 年，第 97 页。

切别种用途。”(详见书后附录一)

《华北禁烟缉私规则》与《华北查获私土奖励规则》是有关鸦片缉私的规定。也就是说鸦片的买卖不是自由的，必须在规定的范围内进行，只能由鸦片特许人来经营，其他人的经营都被视为走私，是非法的，应列入查禁之列。《华北禁烟缉私规则》9条，赋予禁烟官署搜查、逮捕、没收等项权力，必要时可以携带武器，可以要求警察和军队予以援助和配合。《华北查获私土奖励规则》6条，具体规定如何按缉私鸦片数量和毒品价值来分配奖金。例如规定：“对于查获私土或逮捕犯规者之禁烟官署，与其他官署之公务员及报告私土或犯规者之人，依本则给予奖励金”；“奖励金以没收私土变价急罚锾总额中，扣除保管、运搬及其他费用后之余额支付之”。①

《华北禁烟总局征费规则》17条，是一个关于鸦片销售、运输、消费捐税标准的文件。关于鸦片消费方面有两种捐税：一是按吸食者领取执照的年龄划分，年龄在60岁以上的，每人收5元；年龄在50～59岁之间者，每人收费10元；年龄在40～49岁之间者，每人收费20元；年龄在30～39岁之间者，每人收费40元；吸烟执照费每年征收一次，可以分摊到每个月交纳，也可以在领取执照时一次性交纳。二是按照每月的吸食量来计算，每月吸食的熟鸦片烟膏在3两以下者，每张执照征收12元；每月吸食量超过3两者要加收执照费，超过量每3两划分一个等级，不及3两者按3两计算，每个等级加收12元；吸食执照每换发一次，比前一次要加倍征收。②

关于鸦片销售执照费的征收分为四种情况：一是针对鸦片总批卖人的，规定“鸦片总批卖人营业执照每三年换发一次，资本额在国币1 000万元以上者，每月收执照费国币5万元”；③二是针对鸦片零售商的，“零售鸦片人营业执照每年换发一次，不论资本多寡，每月一律收费国币五十元”；三是针对鸦片烟具生产人和批卖人的，“吸烟器具制造人营业执照每三年换发一次，于初次发给或每次换发时，依其资本总额每资本额一百元征收执照费国币五元”“吸烟器具批卖人和零售人营业执照均每年换发一次，于初次发给或每次换发时，依其资本总额，每资本额一百元征收执照费国币一元”；四是有关鸦片烟馆的，“售吸所执照每年

① 《华北查获私土奖励规则》，伪华北政务委员会政务厅法制局编：《华北政务委员会法规汇编》上册，伪华北政务委员会政务厅法制局，1941年印行，第187页。

② 《华北禁烟总局征费规则》，伪华北政务委员会政务厅法制局编：《华北政务委员会法规汇编》上册，伪华北政务委员会政务厅法制局，1941年印行，第188页。

③ “国币”是指伪华北联合准备银行发行的纸币。该银行于1938年3月10日开业，到1945年10月17日被北平分行接收，共计放款9 285 623 665 239元。该准备币与日币同值，1939年与美元兑换率大约为4∶1。

换发一次，并依其设灯盏数每月收费国币十元”。[①]

关于鸦片的征收分为两种捐税：一是按照罂粟的种植面积来征收，每亩收费12元；二是按照鸦片的收缴量来征收，每两鸦片的“销毁证费”为2元。此外还有鸦片以及鸦片烟具的运输费等。可以说，日伪政权对于鸦片以及鸦片烟具从生产到消费的每一个环节都试图最大限度地榨取出资金来。条例规则虽然美其名曰“禁烟”，而各条内容与禁烟毫不相干。明明是销售鸦片税，却称之为“销毁证费”，滑天下之大稽，莫过于此。

此后几个月内，还陆续公布了一些细则性文件，都是对前述文件的补充说明。例如，1940年11月27日公布的《华北禁烟总局各分局所属办事处组织暂行规程》对于禁烟分局之下的办事处编制作了如下规定：“禁烟总局得就各分局辖境必要地方设置办事处，掌理指定区域内禁烟事务”。办事处隶属于分局局长，主任一人，下设三股：第一股掌管文书、会计、庶务以及禁烟设计、教育、宣传事项；第二股负责登记、发照、征收及烟具管理事项；第三股负责查验执照、缉私、禁烟警戒以及化验等事项。12月2日公布的《华北禁烟总局办事细则》与17日公布的《华北禁烟总局证章规则》对于下属各个机构的工作事项和任务予以明确规定。

这些规定对于一个国家机关来说是十分必要的，分工既明确又细密，完全符合近代国家机关的发展趋势。但这些规定显然是为着一个邪恶的目的，则另当别论。

六　各种特许鸦片营业执照的申请与发放

伪华北禁烟总局为了贯彻上述鸦片特许制度，还公布了禁烟机关办理各种鸦片营业执照的办法，具体规定了申请的条件和办理的程序，同时还对各种执照的使用范围做了一些必要限制。

《售吸所营业执照发给办法》公布于12月30日，规定：“售吸所非经禁烟总局发给执照，不得营业”；“请领售吸所营业执照，应缮具呈文，载明售吸所名称、地址、资本额、烟灯盏数，出资铺东及经理人姓名、年龄、籍贯、住址等项，并原领零售鸦片人营业执照号数等项，呈禁烟分局或办事处，查验相符，分局径呈禁烟总局，办事处呈由分局转呈，禁烟总局核定、填照、发交原分局、办事处转发”；“售吸所请领营业执照时，应按每月执照费六倍之数缴纳保证金”。[②] 对于申请售吸

---

① 《华北禁烟总局征费规则》，伪华北政务委员会政务厅法制局编：《华北政务委员会法规汇编》上册，伪华北政务委员会政务厅法制局，1941年印行，第187～189页。

② 《售吸所营业执照发给办法》，伪华北政务委员会政务厅法制局编：《华北政务委员会法规汇编》上册，伪华北政务委员会政务厅法制局，1941年印行，第218页。

所执照的人来说，除了资金数量必须达到一定标准之外，限制仅仅是必须按时交纳执照费和营业税，不得将执照转让其他人而已。在这种制度下，各地禁烟机关不仅对于售吸所的数量和地点没有任何限制，就是对于开设鸦片烟灯的数量和消费的对象也没有任何控制性规定。

《零售吸烟器具人营业执照发给办法》规定非经禁烟机关发给营业执照，任何零售吸烟器具人不得营业；任何人申请零售烟具执照，应填写申请书，载明商号名称、地址、营业区域、资本额，经理人姓名、年龄、籍贯、住址，然后呈交禁烟分局或办事处，预交执照费的半数，经查验属实，而后转呈禁烟总局，经禁烟总局核准后，正式填写执照，转交该管禁烟分局、办事处，发给申请者。将颁发售吸所与零售鸦片烟具的营业执照权力控制在禁烟总局手中，目的在于最大限度地控制鸦片烟膏和烟具的销售税，与“禁”字可以说是毫不相干。①

《零售鸦片人营业执照发给办法》同样规定：“零售鸦片人非经禁烟总局发给执照，不得营业。”零售鸦片人执照分为两种：一种是既可以制造又可以零售鸦片烟膏，另一种是只能销售鸦片烟膏。申请开设前一种鸦片烟馆的唯一条件是资本最低为 4 000 元，申请后一种的资本条件不过是 2 000 元。具体申请程序是：“请领零售鸦片人营业执照应缮具呈文，载明商号名称、地址、营业区域、资本额，出资铺东及经理人之姓名、年龄、籍贯、住址，是否自制鸦片膏，呈经该管禁烟分局或办事处，查验相符，分局径呈禁烟总局，办事处呈由分局转呈禁烟总局，核定、填照，发交原分局、办事处转发。”总之，一切的一切，都是为了征收鸦片税。该“办法”还规定，零售鸦片人领取营业执照时应按每月执照费的 6 倍交纳保证金。零售鸦片人领取营业执照后限制在两个月内必须开业，“禁烟分局或办事处于转发零售鸦片人营业执照后应依华北禁烟总局征费规则第五条第二款规定征收执照费，并于每月上旬一次征收之”“零售鸦片人对于前条应缴之费逾限不交，或缴不足额时，该管禁烟分局或办事处应就其原缴保证金扣抵之，保证金如经扣抵无余时，得按其情节令其停止营业，或撤销核准，将原领营业执照追缴注销。”②

《吸烟执照发给办法》规定：“吸烟执照由禁烟总局印制，发交各禁烟分局转发吸食鸦片人，其设有办事处地方，由办事处向禁烟分局请领转发。”该办法虽然规定，只有年龄在 50 岁以上和年龄在 30 岁以上因病吸食未能戒断者可以领取

---

① 《零售吸烟器具人营业执照发给办法》，伪华北政务委员会政务厅法制局编：《华北政务委员会法规汇编》上册，伪华北政务委员会政务厅法制局，1941 年印行，第 212 页。

② 《零售鸦片人营业执照发给办法》1940 年 12 月 30 日，伪华北政务委员会政务厅法制局编：《华北政务委员会法规汇编》上册，伪华北政务委员会政务厅法制局，1941 年印行，第 222 页。

吸烟牌照，实际上不过是个摆设而已。[1]

《栽种罂粟执照发给办法》规定："栽种罂粟非经禁烟总局发给禁烟执照不得播种"；"请领栽种罂粟执照应由栽种人于播种之上年年终缮具呈文，载明栽种人之姓名、年龄、籍贯、住址及栽种地址、面积，一并预缴执照费之半数，呈经该禁烟分局或办事处查核相符，分局径呈禁烟总局，办事处呈由分局转呈禁烟总局，核定、填照，发交原分局、办事处。"除了规定如实填报种植面积与按照要求交纳执照费之外，栽种罂粟没有任何数量限制。[2]

《运输执照发给办法》规定："鸦片及鸦片烟器具非经禁烟总局发给运输执照，不得运输。"运输执照分为五种：第一种，采购外来（主要指蒙疆）鸦片的执照；第二种，特许输出鸦片执照；第三种，本辖区内的鸦片运输执照；第四种，药用鸦片运输执照；第五种，吸烟器具运输执照。"运输鸦片或吸烟器具人于管外输入、输出，或管内移入、移出鸦片及鸦片烟器具时，应缮具呈文，载明起讫地点、运输鸦片之数量并运输人姓名、年龄、籍贯、住址，发货人及收货人姓名、地址，呈请禁烟总局核发运输执照；但管内运输之鸦片数量在二百两以下者得就近呈请禁烟分局核发。"[3]

12 月 30 日，还公布了《药用鸦片执照发给办法》，规定："药用及科学用鸦片非经禁烟总局发给药用鸦片执照，不得向药用鸦片贩卖人购买。""请领药用鸦片执照以国立或曾经立案之医学校、医院及领有核准证书之医师、药剂师、牙医师、兽医师并经立案之科学机关为限；请领药用鸦片执照应缮具呈文，载明购买之医学校、医院及科学机关名称、地点，或医师、药剂师、牙医师、兽医师姓名、年龄、籍贯、住址、职业及购买鸦片数量连同证明核准或立案之证明书，呈经该管禁烟分局或办事处查验相符，分局径呈禁烟总局，办事处呈由分局转呈禁烟总局，核定、添照，发交原分局、办事处转发"；"医学校、医院、医师、药剂师、牙医师、兽医师及科学机关购买药用鸦片时，应向药用鸦片贩卖人出示所领执照，药用鸦片贩卖人售卖鸦片后，应将所售数量及其年月日，于前项执照内记名并盖章"。药用鸦片执照以使用一次为限，使用完毕后应将其执照呈缴该管禁烟分局或办事处，转呈

---

① 《吸烟执照发给办法》1940 年 12 月 30 日，伪华北政务委员会政务厅法制局编：《华北政务委员会法规汇编》上册，伪华北政务委员会政务厅法制局，1941 年印行，第 224 页。

② 《栽种罂粟执照发给办法》1940 年 12 月 30 日，伪华北政务委员会政务厅法制局编：《华北政务委员会法规汇编》上册，伪华北政务委员会政务厅法制局，1941 年印行，第 218 页。

③ 《运输执照发给办法》1940 年 12 月 30 日，伪华北政务委员会政务厅法制局编：《华北政务委员会法规汇编》上册，伪华北政务委员会政务厅法制局，1941 年印行，第 213～214 页。

禁烟总局注销。[①]

《药用鸦片贩卖人营业执照发给办法》规定："药用鸦片贩卖人非经禁烟总局发给营业执照，不得营业。""请领药用鸦片贩卖人营业执照，应缮具呈文，载明商号名称、地址、经理人及药剂师姓名、年龄、籍贯、住址，连同药剂师核准证书，呈经该管禁烟分局或办事处查验相符，分局径呈禁烟总局，办事处呈由分局转呈禁烟总局，核定、添照，发交原分局、办事处转发。"药用鸦片售卖人与售吸所营业人一样，在领取执照时必须向当地"禁烟"机关交纳相当于执照费 6 倍的保证金，保证在两个月内开始营业，并按时交纳执照费；保证不得将药用鸦片售给医学校、医院、医师、药剂师、牙医师、兽医师以及科学研究机关以外的人。[②]

上述规定非常明确和具体，执行起来是比较便利的。如果不是为了最大限度地搜刮社会财富，如果不是为了极力麻醉中国人民，仅就这些文件关于职责的划分和程序的执行来说，还是符合优良公文的基本要求的。这里我们必须指出，每一项规定都是为了贯彻鸦片特许制度，都是实施鸦片专卖政策的具体步骤和重要环节。日本的毒化政策从这些规定中充分体现出来，不仅没有丝毫的禁毒意味，每一条款仔细读来，都可以看到侵略者的险恶用心，都是为了尽力毒化中国人民，处心积虑可谓到了极致。

七　华北土药业公会

伪华北政务委员会于 1940 年 8 月 31 日还公布了《华北土药业公会规则》与《华北土药业公会章程》，这两个文件主要规范的是鸦片总批卖人和零售商的权利和义务。由于"禁烟办法"赋予"鸦片总批卖人"以批发专利，因此"鸦片总批卖人"不可能是任何的个人或任何一家实体存在的公司，只能是多家联合的公司。华北土药业公会(以下简称"公会")的设立，是将所有大鸦片商人组织在一起，共同执行"鸦片总批卖人"的任务。这种联合公司的出现，既不是行业发展的需要，也不是鸦片商人的自愿组合。那么，华北土药业公会的权力究竟有多大，它是怎样运作的呢？

《华北土药业公会规则》16 条，规定"公会以禁烟总局所核定之土药商人组织之"，经禁烟总局批准后可以经营鸦片批发业务，既有经营鸦片的权利，也附带有一定义务。"公会"设在北平，其他重要地点经禁烟总局核准后可以设立分会

① 《药用鸦片执照发给办法》1940 年 12 月 30 日，伪华北政务委员会政务厅法制局编：《华北政务委员会法规汇编》上册，伪华北政务委员会政务厅法制局，1941 年印行，第 214～215 页。

② 《药用鸦片贩卖人营业执照发给办法》1940 年 12 月 30 日，伪华北政务委员会政务厅法制局编：《华北政务委员会法规汇编》上册，伪华北政务委员会政务厅法制局，1941 年印行，第 216～217 页。

或办事处。“公会”总资本为 1 000 万元，分为 1 000 股，每股 1 万元。“公会”会员每认购一股，即享有一股议决权。“公会会员非经禁烟总局核准后不得以其所有股份的全部或一部转让于公会之其他会员”，也就是说会员没有自由处置股份的权利。还规定，“公会”设立董事长一人、副董事长二人、董事四人和监事二人，任期均为一年。“公会”虽然名义上由特许商人组成，实际并无任何决策权，因为董事会的所有成员均由禁烟总局任命。不仅如此，“禁烟官署认为必要时得随时令公会报告业务或财产之状况，并得令禁烟官署员司检查金库、账簿及其他文书物件”。就连其职员的报酬和津贴也由禁烟总局核定，“公会”的董事长并无任何处置权力。[①] 所以，“公会”的权力是相当有限的，既没有自由处置其股份的权力，也没有实际的公司管理权，一切听命于禁烟总局。不仅如此，“公会”会员还必须随时报告其财产和业务状况，随时接受禁烟总局的检查，随时听候政权的命令。“公会”实际是禁烟总局的附庸。

《华北土药业公会章程》27 条，分为总则、资本、会员大会、职员、计算五个部分。在总则部分明文规定，“公会”根据伪华北政务委员会第 60 号令成立，由禁烟总局指定的经营鸦片的商人组成，主要任务是经营“鸦片之制造及买卖”。其他部分是对《华北土药业公会规则》的进一步解释和补充说明。规定会员大会分为两种：一是定期会议，每年二月举行；二是临时会议，随时召开。会员大会讨论的问题是关于计划书、决算报告、章程的变更和伪华北政务委员会的临时命令。由于“公会”没有实际决策权和人事权，会议讨论内容只能是有其名而无其实。

10 月 15 日华北土药业公会正式成立，总资本为 1 000 万元，由 45 个会员组成。根据章程规定，会员由禁烟总局指定的大鸦片商人来充任，但因为股本由各地的鸦片商人共同集资而成，所以等于承认了所有的鸦片商人的经营资格。12 月 2 日公布的《华北土药业公会组织细则》进一步规定了“公会”的职责。“公会”总所设在北平，在其他地方经禁烟总局批准设立分会或办事处。“公会”下设秘书室、总务组、会计组、业务组和制造所五个单位。秘书室负责审核稿件、翻译资料、记录会员大会决议事项以及董事长交给的事务；总务组分为文书、人事、庶务三课：文书课负责文件收发、翻译电报、印章使用和保管，人事课负责登记会员、考核、任免分会职员等事项，庶务课负责“公会”会址的营造和修缮事宜；会计组分为主计、出纳和审核三课：主计课负责“公会”的概算、计算、决算的编制工作，

---

① 《华北土药业公会规则》，伪华北政务委员会政务厅法制局编：《华北政务委员会法规汇编》上册，伪华北政务委员会政务厅法制局，1941 年印行，第 186 页。

并审核分会、办事处的预算、计算和决算的编制，出纳课负责“公会”的资金保管和支配以及关于“公会”款项的收支事项，审核课负责审核分会、办事处资金运用和会计报表等事项；营业组分为管理、购运和售卖三课：管理课负责营业执照、运输执照的呈请、领取和保管，购运课负责生鸦片、烟具的购买和运输事项，售卖课负责生鸦片的批发、保管和熟鸦片的发售；制造所分为制膏、制具两个工厂，制膏厂负责加工鸦片烟膏，制具厂负责生产鸦片烟器具。①

根据以上关于“公会”职责的规定可以看出，“华北土药业公会”实际是秉承伪禁烟总局命令的鸦片总批发公司，根据本地区的需要采购、供给、加工和销售鸦片。各地分会是“公会”的代理人，以往分散经营生、熟鸦片的土膏店成为“公会”的代销商。鸦片销售价格由总局决定，变成为政府垄断价格，而不是随行就市的市场价格。华北的鸦片，虽然名义上是“华北土药业公会”来经营，实际则是禁烟总局控制下的配销制。在这种配销制度下，从华北土药业公会到分会，从土膏店(售吸所)到吸食者，整个毒品传播的各个环节都置于日伪政权的严密控制之下。这种严密控制根本目的不是为了减轻社会的毒害，而是为了最大限度地掠夺本地区的社会财富，最大限度地麻醉抗日情绪高涨的中国人。

华北伪财务总署官员曾经直言不讳地说：“土药业公会虽由各地土商组织而成，受禁烟官署之监督、指挥而单独经营鸦片业务，其性质相当于官督商办之专卖事业，既非工商之同业组合，也与一般工商业之同业公会迥不相同。”②由此可见，“土药业公会”不是商人自由联合的商会团体，而是官府试图利用商业资本，垄断鸦片暴利，强制捏合的一种特殊的“官督商办”机构。

八　鸦片特许制度在各省的贯彻与执行

为了贯彻和实施上述精心策划的鸦片特许制度，伪禁烟总局在日本人的操纵下从1940年11月就开始行动起来。当时华北土药业公会、分会和办事处还在筹设过程中，各种鸦片执照办法还没有来得及公布，为了不失时机纵毒，日本侵略者处心积虑地采取了临时过渡办法，要求各地运输鸦片，在土药业公会、分会以及办事处成立之前，直接向禁烟总局申请运输执照，缴纳照费，“如土药商人在外埠请领运输执照，应先将照费交由该地中国联合准备银行转汇北京总行，该商汇款时，并向银行说明此款系汇交华北禁烟总局照费，先行取回汇款收据，再

① 《华北土药业公会组织细则》，伪华北政务委员会政务厅法制局编：《华北政务委员会法规汇编》上册，伪华北政务委员会政务厅法制局，1941年印行，第192～193页。

② 南京中国第二历史档案馆藏：《北京膏店业代表公益原等致华北政务委员会诉愿书》1942年，档号2005/1670。

行检同汇款收据，觅具妥保，备交呈送该管兼办禁烟事务之统税局，再由该管统税局连同汇款收据，转请本局核填运输执照，并收款联单发交原请领之统税局，照章查验过称，并加盖运字等手续，再将收款联单运输执照，转发土药商人，以凭运输”。①

1940 年 11 月下旬，罂粟播种期已经到来，而《栽种罂粟执照发给办法》尚未公布，伪禁烟总局担心罂粟种植面积受到影响，立即致函各省市公署，要求予以积极配合，实施过渡办法，“迅行布告人民，准其就近向各该局呈请转发执照，以资便利”。② 为了扩大罂粟种植面积，不仅到处张贴布告诱骗农民播种罂粟，而且强迫农民提前交纳罂粟栽培执照税，“每亩税率，不管收与不收，纳税20 元”。③

1941 年春天，河南北部沦陷区各县县长纷纷向国民政府报告说，敌伪政权在其占领区内逼迫种植罂粟，“每亩抽收烟税 20 元”，并在占领的城镇内普设鸦片烟膏店，公开销售鸦片，每两收税 2 元，“豫北、豫南、豫东沦陷各县，鸦片遍地皆是”。④

林县县长李同秀报告：“安阳之重要据点如县城水治、丰乐镇、砚台等，均为敌伪侵占，该据点人民被迫种植鸦片者甚多，而产量亦最大，秘密运销各地，为敌伪之重要收入。毒品则由平津运至上项据点，诱迫愚民运至内地销售。”

安阳县县长韩彬报告：“敌伪在城内设立售毒洋行 40 余处，并在车站建筑制毒厂所，诱迫流氓无赖极力向四乡倾销，且强迫农民种植鸦片，每亩抽收烟税 20 元，并在城内普设土膏行店，公开售卖烟土，每两收税 2 元。”

武陟县县长张效忠报告：“敌伪在木栾店寨内设立洋行一处，代售海洛因；设官膏局二处，专卖鸦片烟膏，强迫寨内住户，在寨内隙地种植鸦片甚多；诱逼木栾店民众贩运鸦片，吸食毒品；南贾詹店亦有官膏局之设置。”

温县县长李国宝报告：“敌伪官兵大批贩运、售卖烟毒，并强迫伪保甲长等买卖烟毒，因之沦陷区人民公然吸售者时有所闻。”

沁阳县县长赵翰卿报告：“敌伪在沁阳城内设土膏店多处，对于贩运者每 50 两加秤 1 两，100 两加秤 2 两，多则递加，并诱迫人民种植罂粟，每亩出税 15 元。”

---

① 《伪华北禁烟总局关于请领运输执照手续致各地统税局函稿》1940 年 11 月 16 日，马模贞主编：《中国禁毒史资料》，天津：天津人民出版社，1998 年，第 1540 页。

② 《伪华北禁烟总局关于种烟领照事致各省市公署函稿》1940 年 11 月 21 日，马模贞主编：《中国禁毒史资料》，天津：天津人民出版社，1998 年，第 1541 页。

③ 《国民政府河南省政府民政厅报告敌伪毒化情形九则》，马模贞主编：《中国禁毒史资料》，天津：天津人民出版社，1998 年，第 1542 页。

④ 《敌在沦陷区施行毒化情形——内政部获得各地报告》，《河南民国日报》1941 年 3 月 26 日。

博爱县县长何其智报告："敌伪在据点设厂制毒，设所售烟，及强迫民众种植鸦片，贩运、售吸烟毒。"

另据侦探报告："淇县敌寇最近积极施行毒化政策，大批准备毒品白面，由敌方合作社公开向民众推销，现淇县城卖海洛英者已达60余家。同时，并准许民众扩大种植鸦片。"①

总之，日寇在河南沦陷区大力推行毒化政策，在淇县、安阳、武陟、温县、沁阳、博爱县及境内各城镇，"开设土膏店，推销大批白面、海洛英等毒品，并强令各地种植鸦片，抽缴重税"。② 日军军旗所到之处，鸦片种植立即合法化。豫南部分县区，罂粟种植面积"占耕地十分之三"。③ 据《河南民国日报》记者报道："敌人每占一地，即就县城及较大的乡镇，利用敌国及朝鲜浪人，以开设纸烟店为名，实际推销海洛英、吗啡等毒品，且迫我民众吸食，故现在各沦陷区毒品充斥。我同胞之受害者不计其数。第胁迫我同胞遍种鸦片。就河南一省而论，豫北、豫南、豫东沦陷各县，鸦片遍地皆是。"④

1942年，伪河南省公署在日本人的操纵下，公开张贴告示，要求彰德、汤阴等8县种植60 000亩罂粟，以满足本省毒品需要。告示内容如下：

> 为布告事：查栽种罂粟影响五谷，亟应取缔禁绝，以免流毒民间。本省三十年度查禁各县烟苗一案，曾经遵照华北政务委员会训令，制定各种章则令饬各县遵办在案。此查三十一年度烟苗又届播种时期，本署为取缔烟苗分期禁绝起见，特将本省各县划分为准种、禁种二区，所有准种区域共计8县，各县种烟面积不得超过指定亩数，计彰德30 000亩，汤阴8 000亩，武安6 000亩，临章(漳)2 000亩，浚县3 000亩，清化1 000亩，鹿邑7 000亩，8县共合60 000亩。除此8县外，均为禁种区域，绝对禁止栽种烟苗。如有准种各县逾越指定亩数或禁种各县发现烟苗等情事，务须一律铲除，以免流毒民间。倘经查有故违不铲者，定即依法罚办。除分令各县公署严行取缔外，合亟布告各县人民，一体凛遵，毋违为要。此布。切切。河南省长陈静斋，民政厅长赵岫春。⑤

---

① 《国民政府内政部关于日本在河南毒化情形致外交部电》1941年5月29日，马模贞主编：《中国禁毒史资料》，天津：天津人民出版社，1998年，第1543、1554页。

② 《敌毒化豫北，内部已电豫请防范》，《新华日报》1941年5月27日。

③ 《敌在河南强迫人民种鸦片》，《解放日报》1945年2月13日。

④ 《敌在沦陷区实施毒化情形》，《河南民国日报》1941年3月26日。

⑤ 《国民政府内政部关于日本在河南毒化情形致外交部电》1941年5月29日，马模贞主编：《中国禁毒史资料》，天津：天津人民出版社，1998年，第1543、1554页。

伪河南省公署的这份告示在抄录时出现了遗漏，告示写得很明确，罂粟种植总面积应为“8 县共合 60 000 亩”，抄单合计却为 7 县 57 000 亩，其中肯定缺少了一个县的种植面积。那么，究竟遗漏了哪个县区呢？根据各种记载，该布告遗漏的县区应为滑县 3 000 亩。另外，民国河南行政区划没有清化县，此处的“清化县”应为博爱县，县城在清化镇。彰德县，即安阳县。安阳在清代为彰德府治，民国时期划为县治。1949 年设安阳市，彰德县改为安阳县。临漳县与武安县，民国时期属于河南省辖区，1949 年划归河北省。

另一种说法是：“1942 年划定彰德等 8 县为鸦片种植区，计彰德有 30 000 亩，汤阴有 8 000 亩，武安 6 000 亩，临漳 2 000 亩，陕县 3 000 亩，滑县 3 000 亩，西华 1 000 亩，夏邑 7 000 亩。”[①]此处“陕县”一说肯定有误。陕县位于黄河以南洛阳以西，1942 年日军侵略势力既没有从山西越过黄河，也没有从豫东向豫西逼近洛阳，不属于伪河南省公署管辖范围。此处的“陕县”，应为“浚县”；“西化”，应为“清化”；“夏邑”，应为“鹿邑”。

还有一种说法是：“河南日人 1942 年曾指使明令划定彰德等 8 县为种烟区域（表 49），计彰德 30 000 亩，汤阴 8 000 亩，武安 6 000 亩，临章（漳）2 000 亩，浚县 3 000 亩，滑县 3 000 亩，鹿邑 7 000 亩。”[②]这一资料所写地名基本准确，但脱漏了“清化 1 000 亩”字样。所以，1942 年伪河南省公署划定的罂粟种植县区与面积如下表。

表 49　1942 年度伪河南省公署下达的罂粟种植计划一览表

地　区	种植面积（亩）	地　区	种植面积（亩）
彰德县	30 000	浚　县	3 000
汤阴县	8 000	滑　县	3 000
武安县	6 000	鹿邑县	7 000
临漳县	2 000	博爱县	1 000
河南省	合计 60 000		

同所有的布告一样，官府的理由总是冠冕堂皇的，分明是要求种植罂粟，偏偏说成是限制禁种，这在行政公文中完全属于挂羊头卖狗肉的标本。

1930 年代阎锡山统治时期，山西省辖区为 105 个县。1937 年，大同地区被

① 李恩涵：《战时日本贩毒与“三光作战”研究》，南京：江苏人民出版社，1999 年，第 87 页。
② 《日本在中国占领区毒化罪行备忘录》1946 年，马模贞主编：《中国禁毒史资料》，天津：天津人民出版社，1998 年，1579 页。

日军侵占，伪晋北自治政府成立之后，辖区13个县划入伪蒙疆政权的统治范围。1938年，日军沿着铁路线侵入太原及其以南地区，成立了伪山西省公署。伪山西省公署名义上管辖区域有92个县，实际上它的军事势力和政治影响并没有达到全部地区。当时在山西存在三种军事力量，相互交织在一起：一股力量是阎锡山领导的国民政府军，主要控制吕梁山区和晋南；一股力量是八路军，以晋察冀边区、晋冀豫边区和晋西北边区为抗日根据地；日伪山西省公署自称管辖区为1市54县，主要是同蒲路和石太路沿线，以太原为中心，实际管辖区1939年时可能只有17个县，1942年以后范围有所扩大，达到晋西南的运城地区，但这里的统治很不稳定。

伪华北政务委员会的《华北禁烟暂行办法》于1940年10月1日开始实施。翌年2月13日，伪山西省公署给各县下达了"五年禁烟计划密令"。密令说，1937年7月7日事变以前，本省实施了禁烟计划，事变之后，继续从严查禁，但从1940年开始采用"渐禁"政策，以收取"罚款"的办法，限制罂粟种植。这件事情恐引起误解，为此制订了《五年禁绝计划》。按照《五年禁绝计划》规定，自1941年1月执行，1941年的种植面积不得超过1940年，1942年削减至八成，1943年削减至五成，1944年削减至两成，1945年必须禁绝。

如前所说，从1935年开始的全国禁烟禁毒运动，当年已经将山西列入绝对禁种罂粟的省区，而且在开展的查禁活动中已经取得了明显的效果。日军侵入以后，有些人趁着政治秩序的混乱开始播种罂粟，生产鸦片，但这种私种是不被任何政权的法令认可的。伪山西省公署下达的"五年禁烟计划密令"，等于在法令上认可了限期内的罂粟种植合法性。所以，这一密令的本意不在于"禁"，而是着眼于"弛"，即以法令的形式否定了该地区被日军占领以前颁布的禁烟禁毒法令。这一罪恶阴谋在具体实施过程中很快暴露无遗。

6月，伪山西省公署下达"关于本年度各县超种烟苗暂免铲除"训令以及"烟亩罚款征收办法"，派人到各县勒种罂粟。例如，规定霍县种植罂粟3 000亩，超过者每亩征烟十一二两、伪钞10元。据报道："本年晋北各县敌寇勒令种植鸦片，每亩先交洋20元，领取终止证，成熟时再交烟土10两，倘有余剩，由敌完全收买。民众因欲私藏而被灌辣椒水，甚至残杀者不知凡几。"[1]1942年，伪山西省公署划定平遥、介休等26县为罂粟种植区，公开贴出告示，号召农民扩大鸦片生产。

---

[1] 《日本在沦陷区施行毒化政策情形》1941年，马模贞主编：《中国禁毒史资料》，天津：天津人民出版社，1998年，第1547页。

为布告事：案奉华北政务委员会训令，略开：查地亩栽种罂粟，农产首受影响，鸦片源源产生，亦恐益滋烟祸，而且社会观感不良，深损国家威信。拟自三十一年度起，华北全境禁种罂粟，至各省间有因种烟已久，骤予禁绝，容有困难，当为事实所难免。如果确有特殊情形，即行就近与各禁烟分局洽商，合行令仰遵照办理，并具报备查。等因。奉此。查栽种罂粟，影响农产，人所尽知，无待烦言。本省自事变后，农村破产，商业凋敝，疮痍满目，民不聊生。本署为顺应环境，暂维民生计，不得已拟定五年禁绝计划，寓禁于征，以期分年禁绝。兹奉前因，此种毒卉，自应全境一律禁绝，不使寸茎贻留垅亩，致害农事，此固本省长之素志，想亦我一般民众所切望者也。惟就本省情况，再三考虑，在此烟民未及戒清时期，若全境禁种，不惟邻土输入，防不胜防，尤恐以毒品料面取而代替，为害更烈，更甚于鸦片。爰经召集各厅道详加讨论，于可能范围以内，力求缩减办法，以符厉行禁烟之原意。故决定自三十一年度起，除介休、平遥、离石、汾阳、交城、文水、太谷、赵城、霍县、阳曲、榆次、静乐、祁县、清源、太原、岚县、崞县、代县、繁峙、宁武、神池、定襄、五寨、平定、寿阳、盂县等26县，暂划为种烟区域，并限定亩数，加重罚款外，其余各县均一律禁种。业经分令各该道县遵照，并饬布告所束在案。要知禁种县份，向系产粮较丰之区，罂粟减种一亩，则食粮即多种一亩。惟愿我人民父诏其子，兄勉其弟，壶为劝诫，务期根株尽绝，而收实效，是所厚望。为此剀切布告，其各凛遵。倘有阳奉阴违，私行偷种情事，一经查出，定予严惩不贷。切切此布。省长苏体仁。中华民国三十一年一月。①

上面这份伪政权的布告张贴在山西省的清河镇。明明是勒令26县种植罂粟，却说成是山西老百姓难于戒绝毒瘾；明明是伪政权试图通过鸦片来榨取社会财富，却说成是防止邻近省区输入鸦片；明明把太原周围、汾河上下灌溉条件最好的最适宜生产粮食的地区划为罂粟栽种区域，却说什么担心粮食减产；明明是纵毒，却说成是“尤恐以毒品料面取而代替”。世界上任何一种愚蠢的政策都不会利用鸦片来驱除或替代吗啡和海洛因，敌伪政权用心险恶，欲盖而弥彰。

1946年3月4日，国民党军事委员会调查统计局报告指出：1939年，晋北各地区种植罂粟面积为10 000余亩，鸦片产量为170 500两；1940年，大同、阳高、天镇、怀仁、山阴、朔县、浑源、左云、右玉、平鲁、广灵、灵丘等12县一共种植

① 《国民政府内政部就伪山西省公署划定种烟区域事致外交部电》1942年1月2日，马模贞主编：《中国禁毒史资料》，天津：天津人民出版社，1998年，第1548页。

罂粟 160 000 亩，生产鸦片 129 655 两；1941 年晋北种植面积更大，鸦片产量为 2 369 400 两；1942 年，日本人要求进一步扩大面积，有 26 县大面积种植罂粟。种植鸦片各县，烟铺林立，到处有人兜售鸦片、料面、金丹等毒品。

表 50　1942 年度山西省日军占领区罂粟播种面积情况一览表

县 名	特许面积(亩)	复查面积(亩)	耕地面积(亩)	备　考
介休	800	无		未种
平遥	2 500	365		
离石	4 000	4 284	318 084	超种 284 亩
汾阳	1 900	591.17	430 874	
交城	2 700	2 493.17	264 452	
文水	3 000	2 809	607 442.5	
太谷	800	268		
赵城	1 300	1 300		
霍县	2 300	1 622		
阳曲	4 000	2 810	48 251	
榆次	1 200	1 293		超种 93 亩
静乐	2 000	1 275	302 143	
祁县	1 500	2 461		超种 96 亩
清源	700	698		正在计算
晋泉	900	372		
岚县	800	716	286 452	
崞县	1 500	947	337 776	
代县	3 000	3 351		超种 351 亩
繁峙	4 000	3 614		
宁武	1 000	637	161 478	
神池	250	21	598 759.5	
定襄	100	100		
五寨	100	46	174 567	
平定	500	172.11		
寿阳	500	244.73		
盂县	200	71.1		
合计	41 550	32 561.18		

从表 50 中可以看出，1942 年度伪山西省公署的计划种植面积为 41 550 亩，复查后的实际面积只有 32 561 亩，实际播种面积比计划播种面积减少了 22%。其中离石、榆次、忻县和代县等县的种植面积大于许可种植的面积，而未见任何惩罚措施，由此可以窥见这种“渐禁”政策的实质。

表 51 反映的是 1941 年度与 1942 年度日伪政权在山西省收缴鸦片与配销鸦片的价格以及各种名目的利益加价情况。大致说来，收购价格分为四等，每个等级的差价为 1 元。鸦片由政府指定的特许商负责收购，然后特许商以“利益加价”的名义将收缴的鸦片以每两加价 2 元出售给太原禁烟局，再由太原禁烟局加价 3.75 元，[①]转售给土药业公会，土药业公会每两再加价 1.80 元，按照北平禁烟总局的指令配销出去。

表 51　伪山西省鸦片收缴、配销价格以及利益分配情况一览表　（单位：元）

鸦片价格构成	1 等鸦片	2 等鸦片	3 等鸦片	4 等鸦片
生鸦片	10.00	9.00	8.00	7.00
销毁证手续费	2.00	2.00	2.00	2.00
省附加	0.50	0.50	0.50	0.50
县附加	0.20	0.20	0.20	0.20
市附加	0.10	0.10	0.10	0.10
收购人利益加价	2.00	2.00	2.00	2.00
运输证手续费	0.30	0.30	0.30	0.30
运输费	0.15	0.15	0.15	0.15
北平附加	0.50	0.50	0.50	0.50
禁烟局购入价格	15.75	14.75	13.75	12.75
土药业公会利益	1.80	1.80	1.80	1.80
土药业配销价格	17.55	16.55	15.55	14.55

山东方面，据第三集团军总司令于学忠报告：“敌在鲁苏战区强迫民众播种罂粟，敌人为施行毒化政策，在其占领地区及公路、铁路附近，强迫我民众播种罂粟。”[②]由此可见，在山东省敌伪政权也推行了同样的鸦片特许生产制度，但到现

① 包括销毁证手续费、省附加、市附加、县附加、北平附加、运输证手续费和运输费。

② 《日本在沦陷区施行毒化政策情形》1941 年，马模贞主编：《中国禁毒史资料》，天津：天津人民出版社，1998 年，第 1547 页。

在为止，我们还没有发现有关山东省比较系统的鸦片生产档案资料。

九　鸦片政策与机构的重新调整

日本侵略者采取了各种纵毒措施之后，华北被占领地区到处都是盛开的罂粟花，到处都是生产、加工鸦片、吗啡和海洛因的场所，到处都有销售毒品的商店和鸦片烟馆，本地生产的毒品很快就满足了本地区的需要，人们随时可以买到毒品，毒品的泛滥程度由此可以想见。1941 年 8 月 7 日，伪华北禁烟总局在内部报告中这样透露说："就本产鸦片而言，在上年各地栽种罂粟者为数极少，今年在冀、晋、豫三省预计为 27 万亩，更加以唐山及山东特殊地区所产约计当在 30 万亩上下，通常收割鸦片之数量，平均每亩约为 30 两。[①] 今年因天灾、匪患收获减少，每亩姑以 20 两计算，华北全境仍可收割 600 万两。虽以收买办法甫经施行，一切组织恐或未能周密，然只以收买 2/3 计算，最少当能收买 400 万两，加以公会今春由蒙疆购入鸦片 100 万两中，当未售卖之 70 余万两，实以足敷华北之需要。"[②]由此可见，伪华北禁烟总局在日本的操纵下，在华北四省全面采取了纵毒措施，本地区的鸦片生产已经可以满足其需要，鸦片供应充足，必然导致流毒再度严重泛滥，这毫无疑问达到了侵略者的预期目的。

不过，就鸦片特许制所要达到的另一目的，也就是借以掠夺社会财富而言，尚不能填饱侵略者的欲壑。从 1940 年 10 月开始，伪华北禁烟总局在各省征收有关鸦片的主要项目有 16 种：总批卖人执照费、生鸦片收买人执照费、土店执照费、膏店执照费、售吸所执照费、吸烟登记费、吸烟执照费、旅客临时吸烟执照费、销毁证费(每两鸦片 2 元)、栽种罂粟执照费、改包查验证费(0.5 元)、管内鸦片运输执照费、零售烟具人执照费、罚款、没收私土变价费、特许输出鸦片执照费。表 52 是伪华北禁烟局实施鸦片营业特许制度时期的征收情况。

表 52　1940 年 10 月—1942 年 12 月伪华北禁烟总局收入比较表　(单位：元)

机构名称	1940 年	1941 年	1942 年
禁烟总局	119 506.8	1 372 581.05	2 196 769.98
北京分局	24 347 041.9	3 933 563.23	4 502 619.84
天津分局	126 824.5	467 332.92	552 071.1

① 华北衡器当时尚未采用十进制，1 市斤等于 16 两，每两 31.25 克。

② 《伪华北禁烟总局报告购入蒙疆鸦片价格问题呈》1941 年 8 月 7 日，马模贞主编：《中国禁毒史资料》，天津：天津人民出版社，1998 年，第 1544 页。

续 表

机构名称	1940 年	1941 年	1942 年
济南分局	41 063.1	375 805.8	473 290.6
唐山分局	33 289.8	384 504.49	475 523.4
青岛分局	31 678	253 430.7	404 165.65
太原分局	499 472.7	4 098 530.2	4 848 932.17
石门分局	46 427.5	786 651.8	93 521
烟台分局	35 631.5	210 367.7	228 902
开封分局	10 444.7	1 561 668.4	567 812.9
总　　计	3 379 080.5	13 444 336.29	14 343 608.64
折合美元	810 980	3 092 197	3 155 594

资料来源：档案原件中的数据是按月编排的，本表系由各分局报表综合相加而得。南京中国第二档案馆档案“华北禁烟总局 1942—1944 年禁烟税收月报表”“1941、1943 年度各项税收实额调查表”，档号 2050/319。1939 年，伪华北联合储备币与日元同值，1 元相当于 0.25 美元，1940 年相当于 0.24 美元，1941 年相当于 0.23 美元，1942 年相当于 0.22 美元。

从表 52 中的统计数据来看，第一年的第四季度就征收了 380 万元，1941 年每个季度的平均征收额为 336 万，1942 年平均每个季度的征收额是 358 万元。在 27 个月的时间内鸦片税收总额为 7 058 771 美元，平均每月为 261 436 美元。应当说这是一笔不小的财政收入了，但是侵略者和伪政权并不满足这个数字。他们认为，华北地区的鸦片市场还需要进一步扩大，无论是就生鸦片的收购、运输，还是熟鸦片的加工、销售，各个环节都需要加强控制。那么，华北地区的鸦片市场究竟有多大呢？

官方控制下的鸦片特许制度难以达到预期的目标，究其原因有三。第一，日伪政权在占领区极力纵毒，华北罂粟种植面积迅速增加，供需关系趋近平衡，“官土”出现滞销局面。伪禁烟总局局长刘振生的分析是有一定道理的。1941 年 8 月 2 日，伪华北政务委员会财务总署召集会议，研究鸦片的调剂问题。参加会议的有“兴亚院”村冈书记官、伪财务总署督办汪时璟、伪禁烟总局局长刘振生、日本驻华北禁烟总局联络员井上和记、财务总署许局长、舒参事等人。在会议上，村冈提议华北购入蒙疆鸦片 350 万两，并谓“兴亚院”与伪蒙疆政权已经商定。汪时璟斟酌再三，认为华北地区的鸦片供应已经饱和，“实无再由蒙疆购入鸦片之必要，倘因政治上关系必须购入，则数量亦须减少”。在他看来，华北四省共需 1 200 万两鸦片，其中十分之六七用于加工吗啡和海洛因，吸户所销不过十分之三四，约500万两以内。“华北行销鸦片当不能超过500万两。”1941年，本地播种面积30万亩，按亩产30两计算，可以生产鸦片900万两；按最少20两计算，可以收获鸦片600万两，政府收购最少可以达到400万两。政府收购的400万两，加上前一年尚余70万两，这个数字已经接近1940年华北鸦片销售的总量(500万两)。更何况华北各省200多家土店尚有相当数量的存货，鸦片供应已经大于需求，没有必要购入鸦片。如果再购入350万两鸦片，可以断言，必然形成滞销，“实无良法足以推销”。而就吗啡、海洛因等毒品生产来说，1940年大约用去鸦片700万两。大量的毒品供应也超过了社会需求，许多毒品无法顺利出售，加之汇兑出现问题，设在京津的毒品厂“俱已相率闭歇”。毒品贸易量和其他商品一样，都是由供需状况调控的。

第二，日伪政权控制下的华北各省区，社会动荡，人民群众的反抗活动此伏彼起，八路军游击队到处袭击敌军据点，日伪政权显然无法将鸦片的生产、加工和销售完全置于其绝对控制之下。大量的鸦片从蒙疆地区进入华北，再从华北走私输入华中和华东地区，都是通过非公开的渠道进行的，这就是侵略者所说的“私土”盛行，“官土”难以完全占有消费市场的重要原因。1942年8月，“兴亚院”在华北联络部召开“支那鸦片对策洽商会议”，认为“私土”盛行是“官土”不能顺利销售的主要原因，要求加强鸦片征收和运输控制，撤销土药业公会，直接实行政府专卖。

第三，各地禁烟分局工作不力，也是“官土”不能顺利垄断华北毒品市场的重要原因之一。日本人试图通过整顿“禁毒”机构以加强鸦片“统制”。当时，王克敏任伪华北政务委员会委员长，同时兼任内政总署督办，日本人不便从禁烟总局入手，于是，选择山西禁烟分局投石问路，制造了“太原禁烟贪污案”。当时担任太原禁烟分局局长的是李玑衡(即李鼎彝，字玑衡，山东潍县人)，关于这件事，台湾著名作家李敖在其自传中曾回忆说，日军华谷中将的做法是试图通过鸦片商人之口，咬出禁烟局的信科长、于秘书，再牵连其父李玑衡。日本人逮捕了信科长、于秘书，也逮捕了李玑衡全家。由于信科长与于秘书在宪兵队受尽酷刑，而未诬供李玑衡。李玑衡在监狱里蹲了半年，最终以无罪开释。

1942年8月中旬，日本“兴亚院”在东京召开“中国鸦片供需会议”，接着日本企划院召集了大东亚鸦片工作者会议，会议确定：中国在日本国领导之下，以伪满洲国和蒙疆的鸦片生产为主，保证“大东亚各地区的鸦片供应”，达到“自给自足”的目标。代表华北方面参加会议的是伪华北禁烟总局顾问难波经一。为了贯彻此次会议精神，11月，日本“大东亚省”北京事务所提出了《华北地区禁烟及禁毒制度实施要领》及“推进大纲”等两份文件，认为鸦片特许制度贯彻不够有力，禁烟机构权力不足，难以扩大鸦片销路，增加鸦片税收。为此提出如下建议：禁烟总局应改为禁烟公署，直接隶属于伪华北政务委员会；增强禁烟公署中日本联络员的领导权；设立禁烟特别会计，加强财务控制；设立禁烟特别警察，加强烟民登记；在山西采取罂粟集中种植，计划播种面积为 40 万亩，生产鸦片 800 万两；整顿地方鸦片附加税，建立取缔兴奋剂制度，统一管理鸦片批发和销售。目标是政府专卖鸦片，在条件不许可的情况下，应有意识地控制大土商和烟膏店，以便掌握鸦片的主要消费网络。根据这两份文件，为了实施政府鸦片专卖制度，禁烟总局立即着手修订了 9 种法规。不知道什么原因，这一新规定未能立即公布实施。

不过从 1942 年秋季开始，伪华北禁烟总局进一步采取了强制性措施，大力推销鸦片。要求一等鸦片烟膏店每月至少销售 200 两鸦片，二等烟膏店至少推销鸦片 100 两，如当月未能完成任务，下一个月必须设法补足，否则予以从重处罚。一方面是强制推销，另一方面是加强对于“私土”贩卖的稽查，“官土”销售量于是有所增加。

由于 1942 年蒙疆地区鸦片歉收，1943 年初输入华北的“私土”大量减少，鸦片市场出现需求大于供给的局面，鸦片价格暴涨。是时，华北土药业公会库存鸦片 100 万两左右，鸦片土膏店纷纷要求按照原来的定量供应，“官土”于是出现不敷分配的局面。为防止“官土”在短期内销售一空，伪禁烟总局不得不采取临时措施，实行配给制。从 1943 年 2 月到 8 月，每月按照现有鸦片存量，平均配给 205 000 两(即 2 050 件，1 件为 100 两)。①

实施配给制以后，伪禁烟总局以缓和供求矛盾为借口，将鸦片销售价格提高了 20 元，后来又进一步提价为 50 元。由于鸦片价格大幅度上涨，领取鸦片烟膏需付现金，部分鸦片烟膏商不得不设法筹款，或者典当抵押，或者向高利贷者求救。“重息取款者有之，典当抵押者有之，筹款之难，难于登天，情形之苦，实为历年所仅见。”“官土”价格提高到了市场难以接受的程度，远远高于鸦片黑市价格，这样“官土”再次出现滞销局面。按计划 2 月至 5 月土药业公会应销售 82 万两鸦片，实际只销售了 52 万两，库存鸦片尚有 50 余万两。由于蒙疆、山西、河南的新鸦片已经开始采割，很快就要通过各种渠道进入市场，势必对库存鸦片构成压力。到了 6 月份，“官土”配给制度不得不宣布取消。② 6 月 10 日，为了顺利出售

---

① 南京中国第二历史档案馆藏：《华北禁烟总局关于严格执行鸦片售出及购入办法等查验工作的训令》，档号 2050/356。

② 南京中国第二历史档案馆藏：《华北禁烟总局拟具各办事处辖境膏店直接向公会购土办法给财务总署、政务委员会的呈文》1943 年，档号 2050/356。

“官土”，再一次修订所谓“禁烟”办法，规定吸食无须承诺减量减瘾，只要求他们进行简单登记而已。

统计显示，1943 年度禁烟总局的各项鸦片税收都有明显增加，但这并不能说明日伪政权的鸦片政策取得了重要进展。因为 1943 年华北地区各种物价都有大幅度上涨，通货膨胀相当严重。就鸦片的征收而言，是相当不成功的，土药业公会掌握的鸦片数量远远不能满足市场需求。12 月 20 日，为了解决“官土”的不足，伪华北禁烟总局拟订了“残余生鸦片报贴办法”，规定地方土药业分会、土店可以收买当地民间残留的鸦片，向当地禁烟官署报贴销毁证后，可以就地销售。遇到必要情况，伪华北禁烟总局可以要求报贴人将已经报贴的生鸦片按指定价格售给华北土药业公会。为了调动收买残余鸦片人的积极性，规定凡是从民间收买的“私土”，改为临时加价 3 元，连同销毁证，每两征收 5 元，就承认其合法性。[①] 尽管如此，由于留存在农民手中的鸦片，或者是被鸦片商收购的鸦片都能够顺利出手，没有人愿意交纳报贴费和销毁证费，所以，报贴办法也归于失败。

十　从“官督商办”到“官商合办”再到“官办”

1943 年，日本“大东亚省”(由“兴亚院”改名)北京事务所与日本驻华使馆决定改组华北土药公会，加紧推行 1942 年 11 月提出的“华北地区禁烟禁毒制度实施要领”。12 月 30 日，伪华北禁烟总局向伪华北政务委员会提出“治本”与“治标”两个办法，认为华北不能完成鸦片统制的根本原因在于“禁烟”机关缺乏缉私力量与商人运销鸦片，现在应当改弦更张。治标方案有三：一是为确保税收，应恢复报贴制，促使鸦片商人收买民间鸦片，交纳销毁证；二是重新改组土药业公会，由原来的所谓“官督商办”改为“官商合办”，资本仍是 1 000 万，官商负担各一半；三是按照合同订购蒙疆鸦片，保证供应。

治本方案是，取缔土药业公会和鸦片烟膏店，即一切商人运销活动，将鸦片的运输、销售全部置于政府的直接管辖之下，设立鸦片专卖所经营；组织禁烟警察队伍，加强稽查力度；促使烟民登记，已登记的保证鸦片供应，没有登记的从严查处；指定区域集中种植罂粟，以便加强管理；华北地区鸦片需求按 700 万两计算，种植罂粟面积不少于 30 万亩(平均每亩按 25 两计算)；严格管理戒烟药品，扩大戒烟医院规模；改组禁烟总局为禁烟公署，扩大其职权，禁烟公署总裁由政

① 南京中国第二历史档案馆藏：《日伪禁烟总局呈报残余生鸦片报贴办法》1943 年，档号 2050/1879。

务委员会委员长兼任，设副总裁一人，处理日常事务。[①] 很明显，这一禁烟改革方案是“华北地区禁烟及禁毒制度实施要领”的翻版。

经过一番紧锣密鼓的筹划，伪华北政务委员会批准了禁烟总局的报告，1944年7月1日，土药业公会正式改组为华北土药业总公会，资本总额仍为1 000万元，官商各一半，这样，鸦片的贩运与销售便具有了“官商合办”的性质。按照规定，新成立的土药业总公会的董事长由伪华北政务委员会任命，副董事长以及董事、监事由禁烟总局任命。该总公会负责鸦片的收购、制造和配销等业务。各地鸦片商人联合组成土药公会，负责批发鸦片，每两可以获得利益3元，鸦片烟膏店等零售商可以获取10元(当时鸦片烟膏售价为每两110～160元)。通过这些条例规定，禁烟总局试图将鸦片商人的贩运、销售活动完全置于其监视和控制之下。但是，政府机构毕竟不能操纵企业经营，制度的设计与现实问题的复杂性是有很大差距的，政府越是想垄断，越是弊端百出，越是效率低下，鸦片公会、批发商、零售商相互之间为着各自的利益而争执吵闹不休，鸦片市场一片混乱。

处心积虑的日本人再次提出新的方案。1944年9月，伪华北禁烟总局日方联络员要求撤销鸦片公会、土店等中间人，建议将鸦片的收购、运输直接控制在政府手中，通过烟膏店把鸦片直接销售给吸食者。10月，伪禁烟总局根据日本人的旨意向伪华北政务委员会正式提出报告，建议对鸦片加强统制，撤销所有商股，撤销各地土店及地方公会，鸦片运输与销售完全改为官办。[②] 这一报告立即得到伪华北政务委员会的批准，华北土药总公会因此成为禁烟总局管辖下的鸦片配销机关，鸦片利益全部收归官方。“所征收的调整费、禁政促进费、国库加价完全统归于政府，配给土药的手续费每两15元也已成为经常费，即维持公会日常工作的费用。”[③]此时，各地的鸦片供应一般由禁烟分局控制，直接批发给土店，然后由土店加工成熟鸦片烟膏，再批发给烟膏店，直接销售给吸食者。例如，1944年青岛市有5家土店：广华土店(经理孙乐华)、裕华土店(经理王兴周)、金城土店(经理王金龙)、兴华土店(经理王雪亭)、泰兴土店(经理赵百川)；鸦片烟膏店共有73家，按1 131盏鸦片烟灯征收灯税。

从1943年12月到1944年7月，由于缺少鸦片储存，禁烟总局、土药总公会根本无法实施鸦片配销。1944年8月，新的鸦片开始收割、征收后，伪华北禁烟

---

① 南京中国第二历史档案馆藏：《日伪华北禁烟总局呈报关于贩运、销售鸦片及所谓禁烟的各种办法》1943年，档号2005/619。

② 南京中国第二历史档案馆藏：《撤销各地土店及地方公会并规定救济办法事项》1944年，档号2050/201。

③ 南京中国第二历史档案馆藏：《华北土药业总公会推举会员代表及董监事会议记录》1945年，档号2050/33。

总局开始再度实施配销制，每月配给 1 500 余包(每包为 100 两，约有 150 000 两)。1945 年春天每两鸦片配给价格为 1 400 元，而土膏商人的市场销售价格为 3 000 元左右。看到这个差价后，正在千方百计筹措战争经费的日本人立即决定夺取这笔利润，他们又搞了一个新花样。1945 年 5 月 4 日，伪华北政务委员会委员长王阴泰密令禁烟总局征收所谓的"食粮平衡税"，每两鸦片加征 1 500 元。根据伪华北政务委员会的估计，1945 年 4 月尚有库存鸦片 4 000～5 000 包，加上马上运入的 4 000 余包，[①]合计 9 000 余包，每月配给 1 500 包，可以配给 6 个月的时间。日本人不仅想到了伪禁烟总局掌握的鸦片，还想到了土膏商人的库存鸦片，打算最后狠狠地敲诈一笔。"假定依照配给与市售价格之差额计算，每两附征食粮平衡资金 1 500 元，每月可收 24 000 万元。如再将土药土膏各店现存之膏土，一律密令封存，饬其补缴差额，预计所存当在四五千万两左右，亦可收达六七亿元，总计本年 5 至 12 月所收，将在 20 亿元以上，以之充作调整食粮资金，当无困难。"[②]

这一密令下达后，伪禁烟总局立即执行，于 5 月 8 日转达密令，饬令各地禁烟分局封存土膏店库存鸦片，每两鸦片加征 1 500 元的"食粮平衡资金"，同时"饬令领土人克速照数补交差额"。侵略者的算计虽然是精细的，但最终仍然落了个空，军事覆灭的命运注定了"食粮平衡税"的失败结局。1945 年 8 月，国民政府代表在北平接收的鸦片共有 957 200 两，合 30 余吨，估计价值法币 30 亿元。这批鸦片于 1946 年 1 月 26 日在东单练兵场全部公开点燃烧毁。[③]

这里必须予以说明的是，表 53 关于 1944 年鸦片收入的统计是偏低的，这是因为从 1944 年 9 月开始征收的两项鸦片税收没有计算在内：一是"禁政促进费"，二是"官土价格调整费"。从 9 月到 12 月，前一项收入为 12 879 492.96 元，后一项收入为 18 826 228 元，两项合计为 31 705 720.96 元。这两项鸦片税收加上各禁烟分局的各种执照费 20 262 199.25 元，共有 51 967 920.21 元。[④] 可见，鸦片配销制严格实施之后，日伪政权的鸦片税收开始大幅度增加。就鸦片税收来说，毫无疑问日本侵略者在华北实施的毒品政策取得了相当大的成效。

---

① 1945 年伪华北禁烟总局订购蒙疆鸦片 500 000 两。南京中国第二历史档案馆藏：《日伪禁烟总局 1944—1945 年鸦片配给清册》，档号 2005/1902。

② 《伪华北政务委员会准财务委员会变卖烟土获益密令华北禁烟总局》1945 年 5 月 4 日，马模贞主编《中国禁毒史资料》，天津：天津人民出版社，1998 年，第 1571 页。

③ 北平《华北日报》1946 年 1 月 27 日。

④ 南京中国第二历史档案馆藏：《伪华北禁烟总局 1942—1944 禁烟税收月报表》及《1941 年、1943 年度各项税收实额调查表》，档号 2050/319、2050/320。

表53　1942—1944年伪华北禁烟总局收入比较表　（单位：元）

机构名称	1942年	1943年	1944年
禁烟总局	2 196 769.98	27 776 333.68	14 187 202.45
北京分局	4 502 619.84	2 334 962.5	3 538 211.18
天津分局	552 071.1	948 159.8	664 157.7
济南分局	473 290.6	533 104.85	522 757.76
唐山分局	475 523.4	852 811.85	407 618.2
青岛分局	404 165.65	646 564.3	396 008.96
太原分局	4 848 932.17	261 020.58	19 067.4
石门分局	93 521	103 697.4	79 896.5
烟台分局	228 902	433 797.8	322 344.4
开封分局	567 812.9	236 441.7	125 934
总　　计	14 343 608.64	34 126 894.46	20 262 199.25

资料来源：档案原件中的数据是按月编排的，本表系由各分局报表综合相加而得。南京中国第二历史档案馆藏：《华北禁烟总局1942—1944年禁烟税收月报表》《1941年、1943年度各项税收实额调查表》，档号2050/319、2050/320。

还应指出的是，统计表中的数据是不完整的，许多数额巨大的项目在统计表格中都是连续空白。例如，1943年的鸦片税收明显缺少“保证金”的数据。按照规定，甲等土店每家的保证金为900元，乙等土店的保证金为600元，烟膏店的保证金为300元，售吸所则按照鸦片烟灯数量计算，每一盏灯为30元。统计显示，1943年的土店保证金为181 500元，烟膏店的保证金为378 000元，鸦片烟灯的保证金为204 330元（登记在案的烟灯6 811盏），三项合计为763 830元，[①] 加上本年度各项执照税34 126 894.46元，总额为34 890 724.46元。

1945年的前7个月虽然缺乏系统的统计资料，但根据伪华北财务委员会的报告，数量非常巨大。1945年5月2日，伪财务委员会准备把每两鸦片配价从1 400元提高到3 000元，陈述的理由是：“兹查禁烟总局每月配给之土药，约为1 500余包，每包为100两，共约十五六万两，每两配给价格为1 400元，而各土膏店领到之后，并不遵照定价配卖，其售价均在3 000元左右，似应将此不法利润

① 南京中国第二历史档案馆藏：《华北禁烟各项税收月报表、收入比较表等》1943年，档号2050/320。

明令收归公有。以现存土药计有四五千包，足供 3 个月配给之用，尚有一批未到，如运到时，足供 6 个月配给之用。现在 5 月份者，业已开始配给，正在饬令缴价候领，一俟价款收齐，即行开始配土。假定依照配给与市售价格之差额计算，每两附征食粮平衡资金 1 500 元(较现在售价并不增高)，每月可收 2 亿 4 千万元。如再将土药土膏各店现存之膏土一律密令封存，饬其补缴差额，预计可收四五千万两左右，以可收达六七亿元，总计本年 5 至 12 月所收，将在 20 亿元以上。"依照这一可靠资料推算，1—4 月合计销售 6 000 包(每月销售 1 500 余包，每包 100 两)，每两鸦片配价 1 400 元，总价值 840 000 000 元。5—7 月合计销售 4 500 包，每两配价 3 000 元，总价值应有 1 350 000 000 元。1—7 月合计 21 亿 9 千万元，[①]这还不包括"现存之膏土"的加价收入。按照伪禁烟总局局长程希贤的说法，数量也是这样。他在 1945 年夏天说："总计本总局每月经征费款四亿数千万元，会计责任之重大，已非昔比。"[②]每月征收"四亿数千万元"，尽管是在通货膨胀时期，这个数字也是够巨大了。

十一　名目繁多的地方鸦片附加税

还应指出的是，上一节的数据仅仅是伪禁烟总局、分局的毒品收入，事实上各省市伪政权对于鸦片还有各种附加税，税额也相当巨大。据蒋秋明统计，北平的附加税主要有四种：一是特种营业税，分为甲(每月 20 元)、乙(每月 15 元)、丙(每月 10 元)三等，征收的对象是烟土店；二是土药营业税附加捐(即销毁证费附加捐)，1940 年 7 月 1 日以前每两鸦片征收 0.07 元，以后每两征收 0.5 元；三是烟灯捐(即售吸所执照费之附加捐)，1940 年 10 月以前每盏烟灯收费 10 元，之后每盏灯收费增加到 30 元，1943 年增加至 40 元；四是吸烟执照附加捐，每人每月收费 1 元。例如，1942 年土药营业税附加捐为 1 666 845 元，烟灯捐为 451 440 元，吸烟执照附加捐 47 921.5 元，这三项合计为 2 166 206.5 元。除了以上四种附加捐外，还有财政局营业捐、公益捐、防空捐、吸户特捐等名堂。例如，1945 年 4 月为筹措城市清洁费开征的吸户特捐，一等烟膏店每月为 2 万元，二等烟膏店每月为 1.5 万元，三等烟膏店每月为 1 万元，计划一个月征收 400 万元。

天津市的主要附加捐有六种：一是土药特种营业税，每两鸦片为 0.5 元；二

---

① 《伪华北政务委员会准财务委员会变卖烟土获益密令华北禁烟总局》1945 年 5 月 4 日，马模贞主编：《中国禁毒史资料》，天津：天津人民出版社，1998 年，第 1571 页。

② 南京中国第二历史档案馆藏：《伪华北禁烟总局分局组织规程编制和机构调整》1945 年，档号 2005/589。

是改包土药特种营业税，每两鸦片征收 0.15 元；三是烟膏店执照费附加捐，每张执照每月征费 30 元；四是烟灯捐，即售吸所执照费附加捐，每盏烟灯每月收费 10 元；五是土药店铺捐，按其营业额的大小，每月征收 10～50 元；六是吸烟执照费附加捐，按执照费的一半来征收。

山西省的附加捐主要有六种：一是土店执照附加捐，每月 150 元；二是烟膏店执照附加捐，每月 50 元；三是售吸所执照费附加捐，每盏烟灯每月征收 10 元；四是罂粟栽种执照费，每亩征收附加捐 18 元；五是销毁证费附加捐，每两鸦片 0.7 元（省附加每两为 0.5 元，市附加捐 0.1 元，县附加捐 0.1 元）；六是生鸦片收买人执照费附加捐，按照执照费的 30%来征收。1941 年共征收各种附加捐 2 615 324.46 元。

山东省的鸦片附加捐名目甚多。济南分局在 1940—1941 年征收的鸦片地方附加捐税有五种：一是地方二五附加，按照土膏店每月执照费的 25%征收的附加捐；二是吸户登记费，每人每月 0.5 元；三是鸦片烟灯捐，每盏烟灯每月 3 元；四是临时吸户执照费，每张每旬 0.3 元；五是土药附加捐，每两鸦片 0.2 元。青岛分局的附加捐有四种：一是土店执照费附加捐，每月 500 元；二是土药附加捐，每两鸦片为 0.8 元；三是烟膏店执照费附加捐（甲等每月 150 元，乙等每月 100 元，丙等每月 50 元）；四是 1941 年 12 月开征的住宅吸食捐（30 岁以下原则禁止吸食，30～39 岁每月每人征收 20 元，40～49 岁每月每人征收 10 元，50～59 岁每月每人 5 元，60 岁以上免征）。在烟台分局所辖地区，鸦片的附加捐也有四种：一是土药附加捐，每两 2 元；二是管烟捐，每两 2 元；三是地方二五附加捐；四是营业税附加事业费，按营业税的 30%征收。

河北省的鸦片附加捐大致以 1940 年 4 月为界，前期的附加捐有四种：一是鸦片烟灯捐（冀东道按甲、乙、丙三等，每月分别征收 40 元、30 元、20 元不等，其他地方每月征收 10 元）；二是营业附加捐，土膏店每月征 5.01 元；三是土药公益捐，每两鸦片征收 0.35 元；四是种烟登记费与罚款. 每亩 12 元。后期附加捐为三种：一是土膏店二五附加捐；二是土药地方附加捐，凡是外来土药每两征收附加捐 0.2 元；三是运输执照费附加捐，在本省运输每两鸦片征收 0.05 元，运往外省每两征收 0.15 元。1943 年以后援照京津成案征收。

河南省的鸦片附加捐主要有四种：一是查验证，每两鸦片 0.2 元；二是行商营业税，每两鸦片征附加捐 0.2 元；三是土膏店营业附加捐，每两征收 0.16 元；四是种烟罚金，每亩 10 元。1941 年以后按照京津成例征收鸦片附加捐，其中种烟征收省附加每亩 8 元，县附加 4 元。在禁种地区种植罂粟，每亩征收的罚金为正税额的2倍，即每亩48元，1943年提高到100元。[①]

从上述情况来看，日本在华北的毒品政策以纵毒和实现鸦片税收为主要目的，前期虽然在税收方面成效不够显著，但在纵毒方面贻害无穷，后期不仅在纵毒方面不遗余力，在税收方面也取得很大进展。日本在华北的毒品政策是从不断强化对华北鸦片的销售控制入手的：从鸦片商人的自由销售到组织土药业公会，再到撤销地方土药公会；从"官督商办"到"官商合办"，再到"官办"，一步步加紧控制，到1945年已经基本实现政府鸦片专卖制度。不过，就鸦片的市场是否实现完全垄断来说，由于日伪在华北的政治统治极不稳定，难于有效控制鸦片的走私贩运，所以，日伪在华北的鸦片专卖制度难以有效推行，官方控制的鸦片流通量自然远远低于鸦片的走私数量。

十二　山西的"药草栽种园"

由于日军在撤退时销毁了部分案卷，山西鸦片档案资料在战后"多残缺不全"，[②]1943年与1944年的生产情况已经无法搞清，但1945年关于鸦片生产的资料却保存了下来。不过为了掩人耳目，这一年日伪政权将罂粟改称"药草"，将罂粟田地改称为"药草园"。

《山西省药草栽种园设定计划纲要》指出：本省为栽种"药草"以供医疗之用，决定在治安良好、交通便利的地方设置"药草栽种园"，采取政府监督、民间栽种的管理方法。1945年的"药草"种植指定区域为榆次、晋泉、清源、忻县、崞县、文水、交城、汾阳、太谷、祁县、平遥11个县，计划栽种面积为70 000亩(表54)。"药草"的种植由民政厅负责监督，会同财政厅、建设厅办理。各县的栽种面积应绘图制表，如实上报，听候政府派人调查。"药草"栽种地不交粮食。凡是决定种植"药草"的农家，必须在6月底以前按照每亩20两(1两约相当于31.25克，20两为625克)的标准缴纳，收购价格为每两150元。除了缴纳额定的"药草"之外，剩余的"药草"也由政府全部收购，收购价格与方法另订。"药草"生产出现自然灾害，应采取以剩余补不足的办法，确保"药草"的收缴量。一个地区的"药草园"全部受灾，非经省政府确认，不得请求核减上交的数量。关于"药草"的栽种监督者与土药的收缴工作者以及奖励规则，另外制订办法。

---

① 蒋秋明：《日伪在华北各地的鸦片统治政策》，王宏斌主编：《毒品问题与近代中国》，北京：当代中国出版社，2001年，第122～123页。

② 《1946年5月28日山西省政府民字第4519号代电报》，马模贞主编：《中国禁毒史资料》，天津：天津人民出版社，1998年，第1587页。

表 54　1945 年度山西省日军占领区罂粟栽种面积与收缴鸦片情况一览表

地区名称	计划面积(亩)	实际面积(亩)	残存面积(亩)
太　原	10 000	2 488	2 425.46
晋　泉	12 000	9 065.93	667.65
清　源	8 000	6 716.6	3 382.3
忻　县	3 000	3 000	1 814.4
崞　县	3 000	3 000	2 550.16
文　水	10 000	10 000	3 011.9
交　城	5 000	5 000	2 681.2
汾　阳	3 000	3 000	687.72
榆　次	12 000	8 706.36	677.28
平　遥	5 000	6 606.59	402.65
祁　县	5 000	4 758.08	149.31
太　谷	2 500	2 500	49.35
离　石	5 000	1 340	不详
合　计	82 500	66 181.56	18 499.38

资料来源：[日]内田知行：《山西省の日本军占领地区におけてアヘン管理政策》，载大东文化大学《东洋研究》第 112 号，第 42 页。

从表 54 中至少可以看出三个问题：其一，与 1942 年相比，1945 年山西罂粟种植区域明显缩小，只有 13 个县，相当于 1942 年 26 县的一半。这不是因为日军限制了种植区域，而是由日军在山西的占领区缩小造成的。1944 年，日军在各个战场上已经处于被动局面，为了打通大陆交通线和支援太平洋战场，日军从华北调离了 9 个师团的兵力，中国抗日军队（八路军和其他武装）趁机发动了局部反攻。在华北敌后战场，八路军太行军区先后向蟠龙镇、榆社、武乡、水冶等县城发动进攻，迫使日军占领区缩小。同时，八路军晋绥军区也发动了攻势，攻克日伪军据点 48 处。这样，使山西日伪军龟缩于太原及其周围。日伪政权的辖区缩小，罂粟种植区域也不得不缩小。

其二，罂粟种植区域虽然缩小了，种植面积不仅没有缩小，反而进一步扩大了。1942 年在 26 个县复查的罂粟种植面积为 32 561.18 亩，而 1945 年 13 个市县的种植面积达到了 66 181.56 亩，相当于 1942 年的 2 倍还要多。这个铁的事实戳穿了伪山西省公署在 1942 年 2 月下达的《五年禁绝计划》和 1945 年公布的

《山西省药草栽种园设定计划纲要》的一切谎言。

其三，实际种植面积小于日伪政权的计划种植数量。之所以出现这个问题，主要原因有三：一是日伪统治基础薄弱，得不到农民的支持；二是八路军和国民政府军为了粉碎敌军的毒化阴谋，经常发动攻势，查铲游击区内的罂粟，使罂粟种植和鸦片生产并不安全；三是日伪政权用低价强制收购鸦片，使生产者无利可图，农民缺少种植的积极性。

1946 年 5 月，山西省政府根据接收的残存档案资料，对于日军侵入山西 8 年时间强迫种植罂粟和税收、流毒等情况，提供了一组非常可靠的数据资料和人员情报资料：

"查敌伪种植鸦片，表面多系由伪华北禁烟局核定亩数后，饬由伪省政府及伪太原禁烟局通饬各县种植。"估计 1938 年、1939 年、1940 年、1941 年、1942 年与 1945 年共种植罂粟 758 485 亩。"有完整报告者，卅年共 87 033 亩；卅一年共种 3 469 209（应为 34 692.09 ——笔者注）亩；卅四年共种 6 618 156（应为 66 181.56——笔者注）亩。计产烟土，卅年 191 万余两；卅一年 911 452 两；其余各年无法查证。"

"烟土系伪土业公会向伪华北禁烟总局总领，分配各地土膏店销售，估计 8 年共销 29 619 840 两。案查可考者，卅一年共销售 224 383 两。

"据伪太原禁烟局三十三年统计，土膏店约有 175 处至 181 处。

"估计约有烟民 7 701 135 人。

"敌伪敛收烟毒税款，名目繁多，计有种烟执照费、土膏执照费、膏店执照费、售吸所执照费、销毁证费、查验证费、管内运照费、吸烟执照费、吸烟登记费、种烟罚款等，有案可考者，卅年共收伪币 3 709 811 元 1 角，卅一年收 4 848 932 元角 7 分。

"本省敌人主持毒化为派遣军司令官。其历年司令官为梅津美治郎、修冢岩松义、雄吉本贞一、澄田睐四郎。澄田睐四郎任内负责运售毒品者为该派遣军司令部臼神少校及其太原宪兵分队两宫少尉；主持播种鸦片者，为伪山西省政府顾问，敌人投降时之代理顾问为敌陆军联络部长（即特务机关长）大江庸夫。伪政府之主持毒化者，为历任伪省长及伪太原禁烟局长，罪行事实为种植鸦片，广设土膏店，贩运烟毒，征收烟税。"①

在这种纵毒政策之下，山西省的毒品生产和消费自然成为严重的社会问题。根据当时统计，太谷县种植的罂粟很快就超过 6 000 亩，每年日伪政权通过鸦片

① 《1946 年 5 月 28 日山西省政府民字第 4 519 号代电报》，马模贞主编：《中国禁毒史资料》，天津：天津人民出版社，1998 年，第 1588 页。

勒索的税收大约有200万元。“各村烟铺林立，公开贩卖料面、金丹等毒品，平均每村3户，中善村居民仅有15户，就有3户从事毒品贩卖。每村每日平均售毒品200余元，太谷全年可销940万元。人民吸毒者50%以上，甚至9岁儿童亦有出入毒品店者。至伪组织中，县长以下人员竟有80%吸食毒品。”[①]

1939年日军侵占祁县后，立即从交城、文水等县运来罂粟种子，强迫该县农民种植。“县城附近的14个村庄第一年有393户农民种植鸦片面积193亩；第二年增加到864户，种植鸦片面积达871亩；第三年仍有775户，种植面积为775亩。日军把这些罂粟(鸦片)在祁县设立的加工厂中制成‘金丹’‘机器泡泡’‘料面’等，利用汉奸走狗武进山、李良亭等组成的‘十大股’贩毒集团大肆贩卖毒品。这是所谓的头道贩子，以下有二道、三道、四道贩子。这些毒品贩子打着日本宪兵队的旗号，便无人敢来干涉，更没有人敢来哄抢，使得毒品如入无人之地，很快泛滥开来，吸毒之风也随之日趋严重。”[②]祁县北区共有78个村庄，约4万人口，“日军在这一地区疯狂推行毒化政策，致使该区有大小料贩子多达200有余。公开吸毒的人数高达3 370之多，占到成年人总数的20%。其中会善村800多人，就有160多人吸毒。里村、原东等村抽料子的人几乎占本村人口的70%，而且是男女老少一齐抽。离城较近的12个村，加上同蒲铁路南2个村庄，共9 300人口，吸上料面的就有2 027人，占到22%”。[③]

十三　博爱县大辛庄的“红丸”加工厂

博爱县位于沁河下游，邻接山西省，1929年由河南省沁阳县分治而来，县治在清化镇。博爱县被日军占领之后，大辛庄由于背部靠山，三面河水环绕，成为侵略军的重要据点，守备兵力常在3 000人以上。日本占领军在这里设立了一座大型毒品加工厂，四面围墙，配备兵力日夜守卫，装备有重机枪、钢炮、迫击炮，戒备森严，普通人很难接近。下有地道数十里，连通山区。国民政府第四十军曾组织兵力进行袭击，试图一举摧毁这个毒品加工厂，但未能如愿。

公司的名字叫“中和记”，日本人担任顾问，主要生产“红丸”等毒品。每天的生产量为5 000袋，每袋约装10 000粒，批发售价10 000元左右，每天毒品公司的收入约为5 000万元，主要行销河南北部、山西南部和河北南部。一袋“红丸”

① 《国民政府内政部禁烟委员会关于日本在山西毒化情形致外交部电》1942年1月31日，马模贞主编：《中国禁毒史资料》，天津：天津人民出版社，1998年，第1549页。

② 杜拉柱：《血火铁证——侵华日军在晋中罪行录》，太原：山西人民出版社，1995年，第30页。

③ 杜拉柱：《血火铁证——侵华日军在晋中罪行录》，太原：山西人民出版社，1995年，第30～31页。

在河南北部、山西南部的零售价格一般在 30 000 元左右，过了黄河可以达到 50 000 元。日军向各地推销毒品，一般采用武装押运方式，直接送到目的地，运载工具有汽车、马车等。为了保密和封锁消息，日军通常采用枪杀的办法对付知情者和试图逃离者。除了本县生产的以外，鸦片原料主要来自天津，一般用火车由军人押运而来。① 无论在组织规模上还是武力配备上，大辛庄毒品加工厂在华北地区都以“最”字著称。②

几个世纪以来，中日两国一直处于敌对状态，日本人知道有效的麻醉剂是一种有力的社会武器。经过几十年的对抗，这种敌对情绪终于演化成 1937 年的中日战争。这时，“日本人通过鸦片已大大破坏了中国的社会基础”。③

十四　为虎作伥的朝鲜贩毒者

如前所说，从 1934 年起在国民政府的领导下，华北地区如同全国其他省区一样都掀起了新的禁毒风暴，各个省市根据自己的实际情况采取了比较坚决的措施，严厉打击各种毒品犯罪并且都取得了相当大的成效，在一定程度内压制了各种毒品犯罪。日军侵入之后，毒品势力在大中小城市立即死灰复燃，贩运、销售和消费毒品可以公开进行，毫无顾忌。

1937 年 7 月 7 日卢沟桥事变之前，由于日本毒品贩子的大力渗透，北平成为华北毒品消费的中心城市，但在中国当局的控制之下，贩卖、消费毒品毕竟处于被压制状态，吸食鸦片烟必须到警察局登记，45 岁以下严禁吸食，吗啡、海洛因、可卡因、红丸等烈性毒品严禁使用，违者予以严厉惩罚。销售者大多鬼鬼祟祟，不敢明目张胆。日军占领北平之后，大批日本人、朝鲜人拥入，1938 年初达到 16 387 人，其中日本人有 10 942 人，朝鲜人有 5 334 人，台湾人 111 人。这些人很快在北平开设了烟馆、妓院和啤酒馆，其中朝鲜人经营毒品者居多。④ 关于毒品的所有限制都被取消了。不仅鸦片可以吸食，就连烈性毒品的消费也处于放任的状态。1939 年 3 月，北平的鸦片烟馆已增加到 500 余家，均由当局发给营业执照，“除了鸦片之外，吗啡、海洛英、高根、红丸等烈性毒

① 《博爱县大辛庄毒化实况报告书》1943 年，马模贞主编：《中国禁毒史资料》，天津：天津人民出版社，1998 年，第 1562～1563 页。

② 《豫北之敌施行毒化政策，设立公司制造毒品》，《民国日报》1943 年 9 月 20 日。

③ [美]马丁·布思著，任华梨译：《鸦片史》，海口，海南出版社，1999 年，第 184 页。

④ 从 1938 年到 1944 年，朝鲜每年的罂粟种植面积大致在 6 000～8 000 公顷，有 3 万～8 万名农民从事这一职业，生产了大约 2.6 万～3.9 万公斤的生鸦片，除向关东州、伪满洲国、台湾各专卖局输出生鸦片外，1938—1944 年间还生产了吗啡 1 194 公斤，海洛因 2 792 公斤。这些海洛因生产几乎都集中在 1938 年和 1939 年两年内。这批海洛因究竟走私到了什么地方？毋庸多作证明。

品，亦均随处可买”。[①] 当然，表面上也有一些禁毒法令，那只不过是给国际社会看的。对于严重的毒品犯罪，日本宪兵、警察本来采取的态度就是睁一只眼闭一只眼，偶尔有一个毒品贩子被扭送到宪兵队或警察局，所受到的惩罚至多不过是罚款 30 元而已，有时甚至连 30 元都不用交纳就可以大摇大摆地走出去。1938 年 6 月伪禁烟总局成立后，以法令形式公开允许吸食鸦片，既可以在吸食所服用，也可以在旅馆、妓院使用。唯一的限制是交纳各种费用，只要交纳了各种费用，贩运、销售和消费都是合法的，于是毒品在北平很快就取得了公开化、合法化的地位。

天津被日军占领后，鸦片、吗啡、海洛因的买卖更加快速增长，与大连、上海齐名，在当时并称为世界三大制毒、贩毒的中心，据说这里的毒品加工能力可以达到 30 吨鸦片的水平。为了应付国际舆论的强烈谴责，占领当局曾经要求日租界的毒品加工厂尽量外迁，一部分转移到冀东各城镇，一部分转移到北平，而租界内还留下 150 家工厂。凡是日军驻扎的地方，不论城市有多小，都有朝鲜人在从事毒品的秘密制造与交易。玛格丽特戈德史密斯在《对鸦片的审判》一文中，列举了天津市鸦片店里能够买到的毒品清单：鸦片、吗啡、海洛因、可卡因，还有混合毒品，诸如白粉（掺入香烟吸食）、黄粉（与白粉相似）、甜丸、快上快、纸卷和黑膏药等。[②]

大城市毒品泛滥如此严重，中小城市也是这样。1940 年到 1945 年间，在衡水城打着修表、照相、修车、饭馆、药房招牌的朝鲜、日本店铺全是贩卖吗啡和海洛因的毒品贩子。“这些毒品店大多开设在繁华的城关八街四门口。这些魔窟门庭若市，无数包‘白面’，无数支吗啡，像毒菌一样从这里流向社会。反之，中国的金钱源源不断流入朝鲜人、日本浪人和中国吸血鬼的荷包，实质上变成了日本侵略者的特种金库，而后变成军费、作战物资来攻打、残杀中国人。同时，由于吸食毒品，一些伪军官兵，不得不俯首帖耳，唯日本人之命是从，在一阵吞云吐雾、精神亢进之后，像凶神恶煞附体一样，向自己的同胞举起屠刀，抓捕中国抗日军民，抢掠大量战略物资向日本人献媚。因此，放纵吸毒又是日本侵略者用以笼络、利用汉奸的一个手段。”[③]

关于朝鲜人在华北的贩毒活动，1938 年 4 月穆里尔·莱斯特在《曼彻斯特观察报》上发表文章，描述了他在天津和北京的见闻。

---

① 《日本在中国占领区毒化罪行备忘录》，马模贞主编：《中国禁毒史资料》，天津：天津人民出版社，1998 年，第 1577 页。

② ［美］马丁·布思著，任华梨译：《鸦片史》，海口：海南出版社，1999 年，第 188 页。

③ 耿宝元：《日伪时期衡水城关的白面馆和土膏店》，《河北文史资料》1989 年第 3 期，第 188 页。

“在日本的老租界地(天津)的一条街道中,大约50%的房屋都做着与毒品有关的生意。除了不准卖给日本人外,毒品公开提供给经过这个街道的中国人和其他外国人。在北京我花了一个早晨来光顾各种各样的药铺。在这些店铺里有大量的毒品,但日本人已不允许再从事这项买卖,药店在日本人的保护下由朝鲜人经营。中国警察会对所抓到的从事毒品交易的中国人处以死刑……想买多少毒品,我们都买得到。但我们通常只买价值20分钱的毒品……小孩子在街上招徕顾客,热情地沿胡同给我们带路。一个中年皮条客把我们领到一个妓院,在这里我们买到海洛因……当我们出现时,一个中国烟贩看上去感到十分害怕。他的鬼鬼祟祟的表情和朝鲜烟贩的安全感相差很大。

“在北京最使我疑惑不解的是日本人开的小诊所。它们装饰得很明亮而且很惹眼,其中一家还挂着红十字……它们还在报纸上刊登广告,声称能治各种疾病。到这些地方看病的人,由一个不合格的医生或抓药的人给草草检查一下,然后就被诊断为患有某种疾病。在此之后,病人便可以随意买海洛因和吗啡,只要他愿意,想买多少就可以买多少。就在上一礼拜,城市的毒瘾治疗中心关闭了,有300名吸毒者被放了出来。这里再也没有诊所来治疗毒瘾。而在这里的日本人付给他们的中国佣人或雇员工钱时,一半付现钱,一半用毒品代替。

“一个外国基督徒问新到中国一个小镇经营烟馆的5个朝鲜人:‘你们为什么来中国?’‘我们是被送到这里的。’他们回答道。他又问:‘你们为什么做这种生意?’他们解释说:‘这是(日本人)分配给我们的。’”①

关于朝鲜人在中国的贩毒规模,“兴亚院”华北联络部在1942年8月有一项估计,说华北地区有72 000朝鲜人,其中70%以上从事与毒品有关的活动。如此庞大的朝鲜贩毒队伍,日本人虽然在公开场合承认他们是中国禁毒的一个巨大“障碍”,但这只不过是一种推卸责任的说辞。实际上,朝鲜人在中国的贩毒是日本纵毒政策的一个环节,在销售毒品方面,日本人经营的是制造和批发业务,朝鲜人经营的零售业务。没有日军的庇护,朝鲜人在中国不敢如此猖獗;没有朝鲜人的基层推销,日本人制造的吗啡、海洛因便无法顺利送到嗜毒者手中。在利用毒品屠杀中国的竞技场中,日本政府及其毒品贩子是真正的元凶,朝鲜贩毒者扮演的是伥鬼的角色。

韩国学者朴橿认为,朝鲜人在中国东北和华北贩卖毒品与日本纵毒政策密切相关,不仅受到日本纵毒政策的影响,而且得到了日本领事馆的保护。“中日战争爆发之后,华北韩人的鸦片买卖的增加和日本的管制态度有很大关系。日本在侵占了华北之后,实行以鸦片为主的政策的同时相对于韩人等持日本国籍

---

① [美]马丁·布思著,任华梨译:《鸦片史》,海口:海南出版社,1999年,第187页。

的秘密买卖的管制是比较消极的。而且和在华北地区日本的统治力量比较薄弱，及外务省令对毒品贩卖者的宽大处罚，包括作为现地日本驻军并协助的韩人对毒品扩散置之不管，所以对拥有日本国籍的秘密买卖的管制是很困难的。综合以上原因移住在华北的韩人就很容易陷入进毒品买卖的诱惑当中。”①

十五　关于华北毒品利润的综合性研究

由于缺乏全面系统的统计资料，加之通货膨胀，鸦片价格不断上涨，②要想精确估计中日战争期间日本侵略者利用鸦片在华北地区掠夺的社会财富是比较困难的。

1946年5月，山西省政府对于本省在日本占领时期因毒品生产、贩运和吸食遭受的损失进行了估算，数字十分巨大：“计抗战期间因敌伪种烟所受之损失（包括人工、肥料、产量等）按现值计共61 186 875 000元，被诱迫吸食烟毒人民所受之损失（包括吸食消费、减少生产、疾病花费等）按现值计80 783 520 000元。”③我们注意到，这一估价既考虑了生产成本的损失，也顾及对人体的巨大损害，应当是一项比较全面的数据。但是，由于不知道这项天文数字的具体估价依据，因此无从判断其准确与否。

台北学者李恩涵对于日本在华北地区的毒品纯利润做过一项推算。他说：“总计在中日全面战争的8年期间（1937—1945），如果我们以1939年华北的鸦片售卖额2 000万两作为基数，也作为此8年期间日本在华销售毒品的标准年，而以日伪当局每两鸦片可赚净利5元计算，则每年只在华北的销售鸦片净利即达1亿元。8年合计，日本人④只在华北的鸦片售卖利润即可达8亿元。再加零售海洛因毒的销售收入，如果我们仍以1939年作为海洛因在华北各省零售额的标准年，而假定1939年的零售额为1943年海洛因在华北零售额16 060磅的2/3，⑤则1939年的海洛因售价应为每磅17 333元。那么，1939年整个华北零

---

① ［韩］朴橿：《20世纪前半期东北亚韩人与鸦片》，第271页。

② 在青岛每两鸦片的平均销售价格，在1939年为9元，1940年为12元，1941年为18元，1942年25元，1943年为68元，1944年为450元，1945年春天3 000元，夏天为5 000元。1946年5月6日，中国国民党青岛特别市执行委员会岛总字第0186代电抄送文。马模贞主编：《中国禁毒史资料》，天津：天津人民出版社，1998年，第1586～1587页。

③ 1946年5月28日山西省政府民字4519号代电报，马模贞主编：《中国禁毒史资料》，天津：天津人民出版社，1998年，第1589页。

④ 原注：伪政府只是傀儡，我们假定其在此方面的收入可以另一方面的收入抵充。

⑤ 原注：因海洛因的销售额当因战争的拖延化而愈为增加，故假定1939年的零售额只为1943年零售额的2/3，较为合理，则1939年标准年的海洛因零售额当为10 707磅。在海洛因的售价上，如果我们以1939年售价每磅为1943年的每磅售价伪币26 000元的2/3，因除去通货膨胀的因素之外，各类毒品的售价当因战争拖延化愈为涨价，1939年至1943年4年期间，涨价1/3，应属可能。

售海洛因的价款，即为 185 584 431 元(17 333 元×10 707)。如以 1939 年零售于华北的海洛因的利润为 35%，①则是年日本人因海洛因的零售而在华北所获得的净利为伪币 64 954 550.85 元(185 584 431 元×35%)。8 年合计只海洛因的贩售，日本人在华北各省所得的净利即有伪币 519 636 400 元(64 954 550×8)之巨。所以，日本在华北各省每年只售卖鸦片与零售海洛因即可获得纯利润伪币 164 954 550 元(100 000 000 元+519 636 400 元)，占当时(1939 年 12 月)整个华北伪联合准备银行券总发行额的 36%，合美金为 41 238 337 元(伪联合准备币与日币同值，日币 4 元可汇兑美金 1 元)。8 年合计，日本只在华北各省销售鸦片与私售海洛因两项毒品，即获得纯利润伪币 1 319 636 400 元，合美金 329 909 108 元(此为当时美金的币值)。”②

在质疑中求证，然后才能慢慢接近历史的真相。笔者首先认为，李恩涵的估计方法可以成为一说，但存在许多缺陷。主要理由有三：

其一，以 1939 年为“标准年”，很难成立。必须指出，就纵毒政策的实施来讲，这一年毒化的程度尚处于初期阶段，统计数据不能反映中后期的真实情况。另外，由于日伪政权对各地的政治统治极不稳定，鸦片收缴与配销也极不稳定，只能耐心地寻求真实数据。学术上不能畏惧艰难，不可为了走捷径而自我确定“标准年”。

其二，1939 年华北消费的鸦片不一定是 2 000 万两。1941 年 8 月，伪华北财务总署督办汪时璟对于华北的毒品消费量有一个基本估计。在他看来，华北四省共需 1 200 万两鸦片，其中十分之六七用于加工吗啡和海洛因，吸户所销不过十分之三四，约在 500 万两以内。“华北行销鸦片当不能超过 500 万两”这一估计是华北伪政权的内部估计，没有欺骗的必要，应基本接近事实，包括直接吸食与加工成吗啡、海洛因在内。1941 年华北消费的鸦片总量既然只有 1 200 万两，那么，以 2 000 万两鸦片作为 1939 年的“标准年”的标准量就成了问题。况且即使每年的消费量达到了 2 000 万两，按照当时伪政权的力量和统治状况，也难以对这 2 000 万两鸦片的消费实行严格的控制，大量的鸦片是通过走私渠道进入鸦片烟馆的。日伪政权为了控制鸦片走私想了许多办法，均无明显效果。所以，按照每年消费鸦片“2 000 万两”的假设来推算日伪政权的鸦片收益是不可

① 原注：1939 年，海洛因在华北的销售额为 1943 年的 2/3 之说，系本文作者的假定，因为由于日伪的大力推广吸食海洛因，甚至日本占领区内的穷乡僻壤亦多有吸食海洛因者，故 1943 年较之 1939 年之海洛因吸食者增加 1/3，实为相当保守的估计额。至于日本人私销海洛因的利润为 30%～40%，则据[日]江口圭一：《日中アヘン战争》第 83 页。作者取其中间的数字，故利润为 35%。

② 李恩涵：《日本在华北的贩毒活动》，台北《近代史研究所集刊》第 27 期，1996 年，第 88 页。

取的。

其三，即使以1939年为“标准年”，李恩涵对华北地区零售海洛因的估计数字也是有问题的，因为他所依据的数字是渡边寅三郎1943年的估价“10 707磅”，这个数字事实上并不是华北零售海洛因的全部，只是济南、青岛、石门、新乡、徐州、开封等六个大城市中的海洛因零售总量16 060磅，很明显没有计入北平(2 777磅)、天津(2 777磅)，也没有计入山西20万人的“角毒”消费量。按照北平人的标准吸食量推算，山西消费的烈性毒品至少有14 025磅(2 777磅÷3.96×20)。合计这三项数据，应当有19 579磅。那么，1943年华北所消费的海洛因，也就是鸦片烟膏之外的零售吗啡、海洛因等毒品，显然不是16 060磅，而是35 639磅。

笔者认为首先应当重视统计数据，只有在缺乏系统统计资料的情况下才能进行谨慎估价。历史事实毕竟是十分复杂的，在估算时不可任意假设条件，必须借助可信的数据资料进行科学的推理，才能得到近似实际的结果。如前所说，华北地区的鸦片利润从1940年10月开始有了系统的统计资料，根据前面的研究，我们得到了下面这份综合表(表55)。需要说明的是，从1943年春天开始，日本占领区的货币价格开始剧烈波动，几乎每月、每周伪华北联合储备银行券的购买力都在迅速下降，所以无法确认合适的兑换率，不便折合为美元。

表55　1940年10月—1944年12月伪华北禁烟总局收入比较表　(单位：元)

机构名称	1940年	1941年	1942年	1943年	1944年
禁烟总局	119 506.8	1 372 581.05	2 196 769.98	27 776 333.68	14 187 202.45
北京分局	24 347 041.9	3 933 563.23	4 502 619.84	2 334 962.5	3 538 211.18
天津分局	126 824.5	467 332.92	552 071.1	948 159.8	664 157.7
济南分局	41 063.1	375 805.8	473 290.6	533 104.85	522 757.76
唐山分局	33 289.8	384 504.49	475 523.4	852 811.85	407 618.2
青岛分局	31 678	253 430.7	404 165.65	646 564.3	396 008.96
太原分局	499 472.7	4 098 530.2	4 848 932.17	261 020.58	19 067.4
石门分局	46 427.5	786 651.8	93 521	103 697.4	79 896.5
烟台分局	35 631.5	210 367.7	228 902	433 797.8	322 344.4
开封分局	10 444.7	1 561 668.4	567 812.9	236 441.7	125 934
总　　计	3 379 080.5	13 444 336.29	14 343 608.6	34 126 894.46	20 262 199.25
折合美元	810 980	3 092 197	3 155 594		

现在,我们的任务是推求 1940 年 10 月以前的鸦片利润。按照蒙疆的鸦片资料我们知道,从 1938 年到 1943 年配给华北的鸦片如表 56,一共有 14 633 040 两鸦片,1940 年为 1 725 000 两,平均每个季度为 431 250 两,前三季度销售的蒙疆鸦片大约有 1 293 750 两。这样,从 1938 年到 1940 年 9 月,华北共配销蒙疆鸦片 10 801 790 两。按照宏济善堂在华中配销蒙疆鸦片每两平均获取纯利 1.3 美元计算(参考本书第六章),华北伪政权销售这批鸦片大约可以获利 14 042 327美元。这样到 1942 年底,华北伪政权征收的鸦片税利大约合 2 110 万美元。1943 年的鸦片收益为 34 126 894.46 元,1944 年为 20 262 199.25 元,1945 年 1—7 月为 2 190 000 000 元。后三项鸦片税利按照当年兑换率推算,合在一起大概有 1 000 万美元。所以从 1938 年到 1945 年,日伪政权在华北获得的鸦片收益大约为 3 110 万美元。这一推算结果与李恩涵的"华北的鸦片售卖利润即可达 8 亿元"(即 2 亿美元)相比差距很大,但我们相信,我们的推算是有根据的,是比较可信的。

表 56　1938—1943 年蒙疆输入华北鸦片情况一览表　　(单位：万两)

年　度	1938	1939	1940	1941	1942	1943	总　计
预计输入			500	430	150	90	1 170
实际配给	890.804	60	172.5	120	130	90	1 463.304

资料来源：[日] 江口圭一著,宋志勇译：《日中鸦片战争》,天津：天津人民出版社,1995 年,第 49 页,第 77～81、90～93 页。表内"华北"包含了北京、天津、唐山和济南等地。

与鸦片相比,对于毒品(这里指吗啡、海洛因、可卡因及其衍生品红丸、金丹等)的利润估算更加困难。首先是生产量无法确定。毒品生产,无论是在日伪政权开设的大型工厂里还是私人的非法地下加工,全是秘密进行的。私人的秘密加工不可能留下完整的记录,政府的工厂记录在日军撤退时几乎全部被销毁。现在即使偶尔发现一些残存的资料,也犹如海洋上浮动的巨大冰山的一小部分,很难看到其全貌。因此,毒品的生产量将是永远的秘密。其次,毒品的价格很不稳定。由于毒品的消费与贩运没有得到伪政权的法律许可,所以,都是通过非法手段进行的。毒品的非法性质决定了本身价格的不稳定性。由于供应不稳定,不仅历年批发差价很大,各地区间的零售差价也很大。在各地黑市上,毒品价格相差少则数倍,多则几十倍,甚至几百倍。因此,即使找到比较可信的毒品生产数量资料,也难以准确估计其销售利润。第三,毒品利润的分配比例很难确定。毒品利润的大小既受制于原料供应是否充分,又受制于毒品市场上供求关系是否紧张。由于毒品价格很不稳定,参与其利润分配的生产商、批发商和零售商很难预料和控制其变化。贩毒作为风险性最大的行业，无论是对毒品利润率的高低还是分配比例的大小都是难以预料的。

现在，不仅缺乏毒品生产量的统计数据，还缺乏销售价格的系统资料，并且无法确定毒品利润的分配比例，因此，笔者认为对于日伪政权从生产和销售吗啡、海洛因、可卡因等毒品中获取的利润进行估价的时机尚不成熟。这里仅仅可以指出的是，华北的毒品生产量和销售量都是十分巨大的。例如，按照渡边寅三郎等人的估计，加上笔者的补充和修正，1943 年华北的毒品销售量高达 35 639 磅。1939 年的海洛因售价每磅为 17 333 元，折合 4 333.25 美元。按照 1939 年的价格推算，1943 年华北消费的 35 639 磅毒品价值约为 154 432 697 美元。这个数字相当巨大，仅供读者参考。

十六　鸦片烟毒在华北地区的严重泛滥

毫无疑问，侵略者在华北利用毒品掠夺的社会财富是十分巨大的，然而中国的这项损失与华北地区人民身体遭受的严重毒害以及精神遭受的巨大折磨相比，又是次要的。毕竟财富的损失是有价的，后人的创造可以弥补；生命的牺牲是无价的，永远无法得到补偿。

毒品贩卖遍及北平大街小巷，几乎每一条街巷都有专门推销海洛因的贩子。海洛因在日军占领北平初期分为三等：每两价格分别为 50 元、60 元和 75 元。使用海洛因，北平人最初采用注射式，后来逐渐改为把海洛因放在烟卷里吸食，这种方法既便利，又避免了注射感染，非常盛行。海洛因的吸食者多是下层社会人员，诸如人力车夫、卖报纸者、小商小贩、无业游民，甚至小偷乞丐。[①]

据日本特派员渡边寅三郎估计，1943 年北平的海洛因零售店有 1 800 家，每日零售量为 7.60 磅，一年的零售总量为 2 777 磅，经常吸食海洛因的人有 3.96 万人，以每磅海洛因价值 26 000 元计算，一年消费的海洛因价值为 72 202 000 元。[②] 鸦片烟馆则多为中国人营业，吸食者也以上层社会居多。一项统计资料说，北平被占领初期，领取吸食执照的人有 23 000 人，没有领取执照的有 80 000 人，经常吸食鸦片的人有 103 000 人。此外，从北平的鸦片消费量也可以估计出吸毒人数。1938 年，北平共输入鸦片 1 088 万两，其中再出口的有 411 万两，库存鸦片 204 万两，本地实际消费 4 731 313 两。如果按每人每年消费 48 两计算（3 市斤），经常吸食鸦片的人数正好有 10 万人。这个数字，再加上吸食海洛因

---

① Foreign Office (U. K.), *The Opium Trade*, 1910－1941, Vol. 6, P. 10.

② ［日］冈田芳政等：《续：现代史资料(12)：阿片问题》，东京：みすず书店，1986 年，第 421 页。

的下层民众 4 万余人，经常吸食毒品人数应接近 15 万人。当然，还有偶尔的吸食者，估计人数也不下 5 万人。1943 年北平人口有 156 万人，20 万的吸毒者相当于总人口的 13%。如果在总人口中去除 1/2 的妇女和 1/3 的儿童，吸毒人数几乎接近成年男子总数的 38%。这是一个令人恐惧的高比例吸毒人群。

1945 年 1 月，在北平经营鸦片土膏生意的信义货栈老板在东京审判时提供了这样的陈述："日中事变后，日军实行毒化政策，设立的鸦片公卖店多达 247 家……伪组织以鼓励市民吸烟为目的。从此以后，本市鸦片贩卖店林立，其设置尽选交通极其便利之地，最终登记吸烟者 23 000 人，未登记吸烟者约 8 万人……估计约 20 万人……每日的鸦片消费量约 3 万两。"①

除了大量加工毒品之外，天津还是消费毒品最为便利的城市之一，出售鸦片烟膏、吗啡和海洛因等毒品的店铺有 2 135 家。② 据渡边寅三郎估计，天津大约有海洛因零售者 1 800 家，其中日本人、朝鲜人有 1 600 家，中国人 200 家，③每天销售量也是 7.61 磅，每年的零售总量也是 2 777 磅，吸食海洛因者 3.96 万人，则每年需要花费 72 202 000 元。④ 在天津，毒品的花样繁多，同一种毒品，由于质量等级不同，又有不同的称呼，什么白面、黄面、海洛因，什么甜丸、纸卷、快上快，其基本原料都是鸦片、吗啡、可卡因。毒品泛滥的天津吸毒人数众多，甚至连两三岁的婴儿亦有染上毒瘾的。到了严寒的冬季，许多烟毒患者夜间暴死在街头，以至于警察在早晨上班的第一件事情往往是搬运吸毒者的尸体。估计 1945 年天津的鸦片吸食者有 150 000 人，每日消耗的鸦片有 4 万两。⑤ 吸食海洛因等烈性毒品的人数约有 40 000 人，再加上偶尔的吸毒者 50 000 余人，总的吸毒人数也有 250 000 人。吸毒比率绝对不会低于北平。

1938 年春天中日战争爆发后，大批日本人仓皇逃离济南。6 月份，山东省的主要城市与重要交通线被日军占领，逃走的日本人陆续返回济南。不到 3 个月，就有 40 余家鸦片烟膏店正式挂牌营业，半年后已经有 136 家土膏店得到特许证。随着大批日本人返回济南，山东沦陷区的毒品活动日益猖獗起来。1942 年，在济南注册的鸦片烟膏店有 2 000 余家，绝大多数由日本人、朝鲜人和汉奸

---

① ［日］江口圭一著，宋志勇译：《日中鸦片战争》，天津：天津人民出版社，1995 年，第 98 页。

② Foreign Office (U. K.), *The Opium Trade*, 1910 - 1941, Vol. 6, pp. 9 - 10.

③ 例如，号称毒品"四大金刚"之一的陈昆元与日伪军头目关系密切，为虎作伥，不仅在天津城内开设毒品店，还在天津附近的大城县也开设有专门推销海洛因的商店，每月获利不下 1 000 万元。

④ 《华北有关麻药秘密会社之实况》，冈田芳政、多田井喜生、高桥正卫等：《续：现代史资料(12)：阿片问题》，东京：みすず书店，1986 年，第 421 页。

⑤ 王德溥著，郦玉明译：《日本在中国占领区内使用麻醉毒品戕害中国人民的罪行》，《民国档案》1994 年第 1 期，第 58 页。

经营。由于毒品购买十分便利，吸食毒品的风气愈演愈烈，鸦片烟馆和毒品店的生意十分繁荣，在川流不息的吸毒人群中，大部分虽然是商人，其中也不乏在机关中工作的伪行政职员。据统计，1945 年青岛市有 181 家毒品店，分布在全城各处(市南有 70 家，市北有 61 家，海西有 3 家，台东有 28 家，泗沧有 18 家，李村有 1 家)，起着催命鬼的作用；同时有 5 家土店负责批发鸦片，72 家鸦片烟膏店经常点燃 1 131 盏鸦片烟灯，极力诱引吸食者，成为恶魔的使者；此外，还有私家烟灯 4 000 盏，每月消费的鸦片为 30 000 两。小小一个青岛市，经常的吸毒者就有 60 000 人。[①] 与此同时，在胶济铁路沿线，高密县、胶县、潍县、济宁以及青岛附近的鸦片种植也重新复活了。根据一项估计，1939 年山东生产的鸦片有 2 710 000 两。1940 年，山东的罂粟种植面积进一步扩大，以济南附近的历城县为例，罂粟种植面积扩大了一倍以上。

1944 年日军侵入郑州以西地区，立即从豫北和豫南组织大量毒品运入新的占领区，郑州、扶沟、巩县和洛阳很快成为毒品的集散地，“不论城镇乡村，各大小烟馆充斥，公然吸售”。伪政府机关内公开摆设鸦片烟灯，鸦片成为公务人员社交应酬的工具。“敌在安阳、汲县、新乡、开封等城市，各设烟馆十余所，按月由敌配给烟土销售。”各地都有日本人、朝鲜人公开推销毒品，同时要求各地普遍种植罂粟，为其提供罂粟种子。[②] 例如，在孟县强迫保长代购罂粟种子，逼迫农民生产鸦片。[③]

1938 年 9 月，日军在山西的占领区内把扣押的 33 000 公斤鸦片交给伪军作为购买军火的资金。1939 年山西的鸦片生产量很快达到 3 000 000 两(一说 1 410 000 两)。1940 年，在山西日本占领区内罂粟种植面积达到 160 000 亩。1942 年，进一步划定 26 县大量种植罂粟。1943 年，日本“大东亚省”(原“兴亚院”)北京事务所指定山西大量种植罂粟，推广面积不得低于 40 万亩，要求鸦片产量达到 1 000 多万两，计划征收 800 万两。[④] 由于大面积种植罂粟，鸦片随处可以购买、吸食，山西毒品泛滥程度在华北各省中最为严重。太谷县每个村子都有经营鸦片的人，有的村庄吸食鸦片的占一半之多。在山西男子如不吸食鸦片，

① 1946 年 5 月 6 日中国国民党青岛特别市执行委员会仁总字第 0212 号代电，1946 年 4 月 26 日中国国民党青岛特别市执行委员会岛总字第 0186 号代电，马模贞主编：《中国禁毒史资料》，天津：天津人民出版社，1998 年，第 1586～1587 页。

② 《国民政府内政部关于日本在河南强令普种鸦片等毒化情形致外交部电》1945 年 4 月 25 日，马模贞主编：《中国禁毒史资料》，天津：天津人民出版社，1998 年，第 1571 页。

③ 《国民政府内政部关于敌伪在河南孟县逼令普种鸦片致外交部电》1943 年 2 月 24 日，马模贞主编：《中国禁毒史资料》，天津：天津人民出版社，1998 年，第 1560 页。

④ [日] 冈田芳政等：《续：现代史资料(12)：阿片问题》，东京：みすず书店，1986 年，第 463 页。

很可能被看成是具有抗日思想的人。据估计，山西人嗜吸“角”毒(劣质吗啡)者有20万人。“各村烟铺林立，大量销售鸦片及料面(吗啡)、金丹等毒品，人民吸用烟毒者达50%以上，甚至9岁以下之儿童亦有出入烟毒店。至伪组织中县长以下人员，竟有80%吸食毒品。”①

“战事发生之后，日军占据十余省、都市，其利用烟毒以刺探情报自是变本加厉。”②日军的毒化政策不仅限于占领地区，而且极力向非占领区渗透。1937年卢沟桥事变之前是这样，之后也是这样。随着日本侵略军在华北地区自北向南推进，各种毒品贩子也加紧向南渗透。例如，1944年日军派遣特务携带毒品自豫东、豫北向豫西渗透。在山西，接受派遣的毒品贩子或者由运城沿同蒲路向西南前进，到达陕西的潼关；或者由运城正南行进，到达河南的灵宝和陕州(现在为陕县)等豫西各县；或者由临汾出发，渡过黄河，进入陕北之韩城、合阳一带推销毒品，刺探情报。“其毒化机构在晋境各县，则由敌宪兵队附属之密探队、工作队向乡区及战区推行。各人工作之报酬，按月发给海洛英，不另给薪饷。成绩优良者，亦奖发海洛英，因此等人与敌负有刺探之责，乡民之祸福，系其一言。故畏之如虎，为结欢此辈，以免祸患计，交给之毒物，即无处销售，亦须收积，并先行垫付款项。一时毒物充斥，乡民以此为应酬品，故沾染嗜好者甚多。向我后方各省输毒，则利用情报人员输送。运城机关林立，人口密集，染有毒品嗜好者在沦陷时期，可至十分之三四。”③

根据特派员渡边寅三郎1943年的估计，华北贩卖的麻醉药每年约为5.4万磅，价值7亿元(伪华北联合储备银行券的价值与日元相同)，相当于伪华北联合储备银行券发行额的两倍左右。其中济南、青岛、石门、新乡、徐州、开封等六个大城市中的海洛因零售者就有2 700家，每日零售量为44磅，一年的零售总量为16 060磅，以每磅海洛因价值26 000元计算，一年消费的海洛因价值为417 560 000元。④ 他认为毒品势力乃是战时中国的一大肿瘤。战时毒品以华北为中心，扩散到华中、华东和华南。跟随日军作战行迹的朝鲜贩毒者大约有1.2万～1.3万户，其中90%都是贩卖海洛因的。如果包括蒙疆、中国东北、日本、朝鲜在内，吸食海洛因的人数可达70万人(估计日本的吸毒者有5 000～6 000

---

① 《1942年1月26日重庆中央日报中央社兴集24日电文》,《1946年3月4日军委会调查统计局报告》,马模贞主编:《中国禁毒史资料》,天津:天津人民出版社,1998年,第1578页。

② 南京市档案馆编:《审讯汪伪汉奸笔录》上卷,南京,江苏古籍出版社,1992年,第433页。

③ 《1946年4月内政部陕晋区烟毒核查专员夏秋阳报告》,马模贞主编:《中国禁毒史资料》,天津:天津人民出版社,1998年,第1587页。

④ 《华北有关麻药秘密会社之实况》,冈田芳政、多田井喜生、高桥正卫等编:《续:现代史资料(12):阿片问题》,东京:みすず书店,1986年,第421页。

人）。整个华北除了山西之外，吸食海洛因的人有20万左右。这个数字加上山西的20万“角”毒嗜吸者，合计有40万烈性毒品患者。

吸食海洛因的人群除了集中在城市的下层之外，还集中在铁矿、煤矿的劳工队伍中。在冀东开滦煤矿的5万名工人中，有5 000人到8 000人注射海洛因。有一年瘾的，每天要注射50c.c.，有两年瘾的每天需要注射100～150 c.c.。经过一年半的注射和服用，海洛因的患者多数处于奄奄一息的地步，由于肾脏、大脑等出现严重病变，即使不立即死亡，也变成毫无劳动能力的废人。8年战争，日本法西斯军队野蛮统治华北，不仅用枪炮、刺刀制造了许多骇人听闻的屠杀事件，而且还用鸦片、吗啡、海洛因等软武器，腐蚀了中国人的灵魂，麻醉了中国人的抵抗意志，摧残了许多中国人的身体健康，谋害了许多中国人的宝贵生命。

第六章　华中宏济善堂的贩毒活动(1937—1945)

时人总结1939年以前日本对中国实施毒化政策的事实之后,一针见血地揭露指出:“事实是非常明显地摆在我们面前:敌人的军事侵略与毒化政策是齐驱并进的。‘九一八’事变以前,敌人不过向东北推行毒化政策。迨至‘九一八’以后,敌人便以东北为根据地,而向华北推行其毒化政策了。到了‘七七’抗战以后,凡是敌人铁蹄所至的沦陷区,不仅是烟馆林立,而且强迫打吗啡、吸红丸、白面种种之毒药,凡此阴毒险恶的情形,毫无疑义的证明:敌人不但要亡我国家,而且是要灭我民族!”[①]毫无疑问,日本侵略者在中国推行的毒化政策既是既定的又是一贯的,无论在台湾还是在东北、蒙疆,无论在华北还是华中、华南,究其实质都是一样的。

但由于中国各个地区的情况有所不同,日军在各个占领区操纵的毒化机构以及纵毒手段也有所不同。在台湾,日本的毒化政策直接控制在日本人手中,殖民当局直接控制鸦片的生产、加工、运输和销售等各个环节;在东北、蒙疆和华北,日本的毒化政策尽管也掌控在日本的顾问和联络员手中,但名义上是通过伪政权的禁烟机构贯彻和实施的。而在华中,伪政权虽然也有一套“禁烟”行政机构,但权力相当有限,日本毒化政策的推行主要通过一个名义上的商业组织——华中宏济善堂来进行。所以本章的研究重点在于清算华中宏济善堂的毒化罪行。

本章所说的“华中”地区概念与现在的有所不同,指的是武汉以下的长江中下游地区,主要有上海、江苏、浙江、江西、安徽、湖北等省市。这些省市在1937—1945年间曾经被日军先后部分或全部占领,而且先后受南京伪维新政权和汪伪政权统治。

一　日本毒品贩子对华中地区的早期渗透

清末民初,随着中国禁烟运动的深入开展,英国鸦片势力逐渐从中国毒品市

① 余籍传:《禁绝鸦片与抗战建国》,《湖南禁烟月刊》第17期,第16页。

场退出，取而代之的是日本毒品贩子。一般说来，英国的鸦片贩子主要在通商口岸经营大宗鸦片批发业务，很少深入内地进行零售毒品活动。日本的毒品贩子在中国毒品非法市场上不仅经营批发业务，同时也做零售生意；不仅在日军控制的区域肆无忌惮地进行贩毒活动，而且敢于孤身闯入非占领区挑战中国政府的禁毒机关，进行非法活动。

1905年日俄战争结束后，日军抢夺了俄国在中国的部分地盘，控制了辽东半岛，设置了关东州，开始有计划、有步骤地对中国大陆实施毒化政策。殖民当局先是实施鸦片特许制度，允许特许商经营鸦片生意，鸦片税同时成为殖民当局财政的重要来源之一。不久，中国自上而下开展了全国性的禁毒运动。殖民当局看到了中国毒品市场的巨大利益，试图通过政府垄断制度，最大限度地攫取鸦片的生产、加工和销售利益。尤其是加来佐贺的《关于中国鸦片制度的意见》，对于日本对华毒化政策起了关键作用。该文件认为，中国有42 000万人，按5%吸食鸦片的比率计算，2 000万吸食者是一个巨大的消费市场，如果采用专卖制度，每年可以获取554 000 000日元。正是这个意见书，确定了日本在中国各个占领区采取鸦片专卖制度的基本方针，同时也确定了日本毒品贩子积极向非占领区进行毒品渗透的风向标。

从1915年开始，日本关东都督府宣布直接经营鸦片，将特许权授给大连“宏济善堂”。从此，大连成了日本毒品走私的中心城市。日本的毒品贩子不仅在天津、青岛、济南、沈阳等中国东北、华北大城市进行猖狂的贩毒活动，而且频繁南下，向划入英国势力范围的华中地区强行进行渗透。由于日本毒品贩子向华中地区走私毒品起初属于零星走私性质，试图弄清其确切时间既是困难的也是不必要的。

从海关查获的记录和媒体的连续报道来看，日本人向上海走私毒品从1915年开始变得十分频繁起来，旅居上海的2万日本人，与毒品走私有关者不在少数。1920年11月，日本毒品贩子高桥一郎将一批价值150万元(100件)的鸦片运入上海，被海关查获，曾经引起公众的广泛关注。

1921年1月，在日本邮船八幡丸号上查获毒品走私。发现铃木氏以神户为根据地，连续向上海等地走私毒品，每次获利16 000～20 000元之间。

1923年，在上海查获的各类毒品走私案件中，90%是由日本的船中查出的。

1926年，江海关在一年共查获鸦片100 500公斤，多是日本商人所为。

1928年，日本驻中国使馆官员岩村成允在《中国取缔鸦片情况》中承认，吗啡在中国流毒越来越严重，北方以大连为集散地，南方以上海为中心。自欧美进口的吗啡、海洛因等毒品大多在日本神户港卸货，改装后分别运到大连和上海。从事这种生意的多是日本人，他们往往在船上与中国毒品贩子谈好价格，然后把毒品交到中国人手中。有的人是把毒品隐藏在百货之中运入目的地的。

1929年，在汉口发现日本人的海洛因加工厂，机器设备全是从德国进口的。10月到12月，在上海连续查获四起日本商人大宗走私的毒品案，其中一次查获的鸦片高达“四五百箱”之多，另一次查获的鸦片有27麻袋，总数在30 000两左右。

1930年11月20日，在浦东招商局附近的码头上查获德国货船克洛梭号装载有大量鸦片，数额为100箱，重量有19 400磅，价值100万元。经查实，这宗毒品的主人是日本人。①

1931年6月5日，在上海查获日本邮船贩毒案，在邮船社多本丸号上一次查获的海洛因就有179磅。与此同时，实际属于三井物产株式会社、铃木商店、高田商会等所有的几艘“社外船”经常航行在西亚到东亚的航线上，主要运载土耳其、伊朗的鸦片。高田商会的主持人承认，有一次曾将36 000两的海洛因运到上海。②

从上述的简要叙述中可以看出，日本毒品贩子自1915年开始加紧向华中地区进行毒品渗透，贩运数量越来越大，气焰愈来愈嚣张。滕原1934年在《鸦片制度调查报告》中指出：“上海是南方违禁品输入的关口。吗啡及其他麻醉品也多在此地集中。从日本输入的数量想必更多，但无法弄到确切的统计……旅居上海的日本人约有2万人，与违禁品交易有关者当不在少数。但不像天津那样明显……但日本人在上海走私运入违禁品是事实，其策源地是大阪及神户。”③

正是这种毒品走私渗透，严重加剧了长江下游城市的犯罪，黑社会利用它牟取资金，政客利用它互相敲诈勒索，不法分子利用它挑起政治事端。

二 日军占领以前的华中禁毒运动

1935年，蒋介石以军事委员会委员长名义发布“两年禁毒，六年禁烟”命令以后，在国民政府的所有辖区内立即开展了严厉的禁烟禁毒运动，华中地区人民积极响应，党政和军事机关积极投入，在短短几年时间内取得了相当大的成效。

① 《中华国民拒毒会要求焚毁查获的日人烟土》，《民国日报》1930年12月3日。
② ［日］山田豪一编：《オルド上海鸦片事情》，东京：亚纪书房，1995年，第37页。
③ ［日］江口圭一著，宋志勇译：《日中鸦片战争》，天津：天津人民出版社，1995年，第25页。

南京市作为国民政府的首都，由于观瞻所系，禁烟禁毒运动开展得有声有色。1934 年 12 月 5 日，党政军警当局召开联席会议，参加的机关有南京市政府、司法行政部、警备司令部、首都警察厅、禁烟委员会，组成首都肃清烟毒委员会，推选叶楚伧、朱培德、刘瑞恒为常务委员，以赖琏为秘书长，以孔祥熙为筹款组主任，以谷正伦、陈焯为搜捕组主任，以刘瑞恒为医务主任，以石瑛、王祖祥为管理组主任。目标是在最短时间内消灭鸦片烟毒。会议之后经过动员，搜查组、宪兵、警察全体行动起来，搜捕各种鸦片烟犯，便衣侦探四出巡查，就是在星期天也照常上班，2 个月内搜获的鸦片烟具堆积如山，捕获烟毒罪犯多达 2 000 余人，由于市内看守所有限，犯人拥挤，无法容纳，卫生事务所临时添设戒烟医院，一面强制戒毒，一面视其情节轻重，判处徒刑，收监执行。卫生事务所除了原来附设的戒烟医院外，又添设邓府山、信府河、仁育堂、下关、鼓楼等 5 处，合计可以容纳 2 000 人同时戒毒。收容的烟毒患者不论年龄老少，一律限制在 1 个月内戒断毒瘾。至于贩运、销售和使用毒品(即吸食海洛因、吗啡、红丸)者，一经查出，立即解送警备司令部，讯明属实，依法处以极刑。从 1934 年 3 月到 1935 年 2 月，共枪决毒品人犯 26 人，其中贩卖毒品犯 23 人，复吸毒品犯 3 人。此外，决定每年定期举行“六三纪念日”宣传活动，利用广播、传单和标语大力宣传鸦片烟毒的社会危害。民众教育机关亦全体出动，发表演说，要求人人了解毒品危害，互相勉励，远离毒品。“此次赖各机关合作办理得法，几将南京有悠久历史之烟毒完全肃清，成绩之佳，开近年来禁烟之新记录。”①

江苏禁烟划归军事委员会行营办理后，即成立禁烟委员会，专门负责取缔鸦片私运、烟民登记、戒烟事宜。禁种罂粟由民政厅办理，烈性毒品案件划归警备司令部办理。禁种方面采取五项措施：1. 印发禁种烟苗白话布告，分发各县，广为张贴。2. 印发“奉令严禁栽种鸦片，违者处死刑”之简短条示，遍贴各村落。3. 规定切结式样，令县责成区、乡、镇、保、甲长等，挨户告诫，取具“如敢种烟，甘处死刑”切结。4. 烟苗下种时，派委员分赴各县，会同县长，邀请各界举行演讲，或组织宣传队分头宣传，并将布告等肩牌示众。烟苗出土时，派委员赴各县抽查。如有发现，立即督饬铲除，并报请将各该负责人员及种户等法办。此项抽查得秘密行之。5. 种烟之田亩一律没收，但业主自行举发者，不在此项。这些措施实施后，立见成效，各级禁烟委员查拔烟苗极为认真。在取缔贩运和吸食毒品

① 《各省禁烟情况》1934 年春—1935 年春，马模贞主编：《中国禁毒史资料》，天津：天津人民出版社，1998 年，第 1069 页。

方面，江苏省制订和颁布了30种条例，[①]使禁烟禁毒的各个环节均有法可依。在禁止私运和私售方面，江苏自各地招收80人，经过严格培训，分别派往各地稽查私售，到1936年4月，查获各种烟毒走私犯19 398人，检举20 058人。按照《禁烟禁毒实施规程》规定，禁吸的首要任务是清理烟民，登记注册，填发限制戒烟执照，然后按照烟民数量和年龄，分期分批强行戒除毒瘾，到1940年完成禁吸任务。江苏省在1934年6月1日制订并颁布了烟民登记办法，要求在3个月内完成登记任务，到9月1日，登记烟民184 980人。年底再次举办补行登记，而后又进行了自新登记，到1936年共登记烟民305 432人，领取戒烟执照的有278 129人。在此基础上，设立戒烟院所，规定每年至少须有1/4戒绝，按年龄分为四期戒烟：凡年龄在30岁以下者，至迟在第一年(1935年)戒绝；30岁以上40岁以下者，至迟在第二年(1936年)戒绝；40岁以上50岁以下者，至迟在第三年(1937年)戒绝；50岁以上者至迟在第四年(1938年)戒绝。到1936年9月共有127 935人戒除了毒瘾。对于鸦片销售，规定由禁烟委员会招商承办，但土膏行店必须逐年递减，不准增加，四年期满，一律停止营业。“土膏行须直接向指定之公栈或分栈购买土膏，发售于土膏店，再由店零售于购吸人。”江苏省的禁政办理得极为认真而富有成效，在全国起了模范作用。[②]

浙江省自1927年以后，历届政府对于鸦片烟毒均采取积极打击态度，流毒危害不太严重。特别是自1932年8月召集全省会议，制订各种禁烟条例，积极查处各种鸦片犯罪案件以后，到1933年已经基本消灭了罂粟种植。从1934年开始重点打击制造、贩运和销售，到1936年共查处各种毒犯10 100人，处死30余人。全省戒烟院所200余处，陆续戒断36 626人。浙江省到1936年在禁烟

① 计有《江苏省限期禁烟办法大纲》《江苏省限期禁烟取缔吸户章程》《江苏省限期禁烟取缔土膏行店章程》《江苏省党政军服务人员及学校员生限期戒烟办法》《江苏省禁烟委员会组织章程》《江苏省县禁烟委员会组织章程》《江苏省禁烟委员会办事细则》《江苏省县禁烟委员会办事细则》《江苏省限期禁烟取缔吸户实施办法》《江苏省土膏行店售吸所请领牌照凭证办法》《江苏省各县烟民登记领照规则》《江苏省土膏行店营业规则》《江苏省售吸所营业规则》《江苏省土膏行店批购烟土办法》《江苏省鸦片土贩积存私土限期登记办法》《各县登记领照期内申请戒绝及已登记无力领照烟民领取临时执照办法》《各县登记领照期内申请戒烟及已经登记无力领照烟民免费施戒办法》《江苏省禁烟委员会调查员任用条例》《江苏省禁烟委员会调查员服务条例》《江苏省禁烟委员会办理调查员训练班办法大纲》《江苏省禁烟委员会调查员训练班组织规程》《江苏省禁烟委员会调查证使用规则》《江苏省戒烟医院组织规程》《江苏省各县戒烟所组织规程》《江苏省各县戒烟所筹设办法》《江苏省各县戒烟所所长及医生任用章程》《江苏省禁烟调验规则》《江苏省烟民戒烟规则》《江苏省禁烟委员会稽核规程》《江苏省禁烟委员会稽核烟民戒烟及土膏行店发售状况办法》等30种。

② 《各省禁烟情况》1934年春—1935年春，马模贞主编：《中国禁毒史资料》，天津：天津人民出版社，1998年，第1070～1071页。

禁毒方面也取得了显著成效。[①]

1934 年,江西省在正处于国共两党军队交战时期,红军退出江西根据地之后,因忙于肃清其残余,也顾不上禁政的实施。1935 年,江西省开始严格执行军事委员会的禁烟禁毒法令,先后捕获案犯 3 600 余人。"一时警局法院,几于无处收容,而当局为彻底肃清计,仍继续搜捕。""凡吸食鸦片者,缉获后移送地方法院,收押处分。如系贩卖及吸食红丸、白面及海洛英烈性毒物者,不论何人,立即解送警局侦讯,依法处刑。"江西 1936 年登记的烟民人数为 137 731 人,1939 年戒断毒瘾的人数为 40 339 人。江西历来种烟不多,查禁罂粟相对容易。在宣传方面采取了多种形式,或定期举行禁毒宣传周,或开动广播机器邀集名人演讲,或巡回放映拒毒幻灯,不遗余力。该省对于公务人员的戒毒和查验特别重视,"限期禁绝公务员吸食烈性毒品,如逾期查觉,即执行枪决。其介绍人及保人如知其吸烟不举发者,亦连同作罪"。为禁绝公务人员吸烟起见,专门设立江西全省公务人员吸烟硬戒所。"公务人员经察觉调验确实者,立即褫职,押送戒烟所,依照规定执行硬戒。"禁止与亲属及任何人会晤与通信;每日由所给膳二次,每次白饭一碗,盐水一碗,此外不得给予任何食品或饮料;不得吸用任何戒烟药品。"硬戒人在所死亡者,每名发给葬埋费 10 元,饬由家属领回殡葬。硬戒人如已戒尽,该所应即报请保安处指派医师验明后,由处转呈省府移送法院依法治罪。"[②]所以,在禁烟禁毒方面,江西省也取得了明显成效。

安徽对于禁烟禁毒一事,也办理得极有成效,在 1937 年登记的烟民人数为 223 181 人,1939 年戒断毒瘾的人数为 25 937 人。对于烈性毒品的传播处罚尤为严厉。"在屯溪车站竖立高大木牌一面,上书'吸食红丸者枪毙'六(七)大字。故徽属各县吸红丸者现已销声匿迹。"[③]贩运吗啡犯叶虎臣被捕获后,立即被处决,在安徽省起到了一定的震慑作用。

湖北省在 6 年期间也拟订了许多禁烟法令,规定极为缜密。"全省实行严禁种烟,民众有抗拒者,格杀勿论,区、保、甲长连带负责。"[④]1935 年调查结果显示,全省烟苗已经全部铲除。1936 年登记的烟民人数为 223 181 人,1938 年戒断毒

---

① 《各省禁烟情况》1934 年春—1935 年春,马模贞主编:《中国禁毒史资料》,天津:天津人民出版社,1998 年,第 1074 页。

② 《各省禁烟情况》1934 年春—1935 年春,马模贞主编:《中国禁毒史资料》,天津:天津人民出版社,1998 年,第 1073 页。

③ 《各省禁烟情况》1934 年春—1935 年春,马模贞主编:《中国禁毒史资料》,天津:天津人民出版社,1998 年,第 1073 页。

④ 《各省禁烟情况》1934 年春—1935 年春,马模贞主编:《中国禁毒史资料》,天津:天津人民出版社,1998 年,第 1071 页。

瘾的人数为 62 964 人。禁烟禁毒，确有显著成效。

禁售与禁运也是禁烟禁毒运动的重要环节，控制了销售和运输，就等于控制了毒品的来源和消费。按照《禁烟禁毒实施规程》规定，在限期禁吸的情况下，应当允许一部分人在过渡时期继续吸食，既然允许吸食，就必须有所供应，并相应准许合法运输。在这种情况下，原来的土膏店必须予以取缔，然后按照需要设立一些由政府严格控制的机构，向领有吸食执照的烟民供应鸦片烟膏。在禁运方面，按照规定章程办理，严格控制四川到湖北之间的航路，严格控制陕西、甘肃之间的铁路运输，"特许商人遵章采办边省烟土，经指定路线，采交公运、联运或监运，运至设有公栈地方，交栈保管。由特许设立之土膏行店，照章购售"。[①]

关于防止私运，系由禁烟督察处组织缉私部队负责，布置在交通要道上反复查验。关于防止私售，勒令土膏行栈一律关闭，由各县市政府暂时设立管理所，向禁烟督察处设立的公栈领取烟土，配给烟民。根据禁烟督察处统计资料，1936 年 8 月，由长江上游向中下游地区运输的鸦片数量迅速减少。例如，1935 年 1—7 月，九江为 186 546 两，南昌为 870 874 两，而 1936 年 1—7 月九江只有 103 758 两，南昌只有 553 549 两。同一时期，上海由 5 192 395 两减少到 3 704 636 两，安庆由 332 469 两减少到 257 378 两，大通由 162 917 两减少到 95 364 两。于是发布严格督察令，督促查禁私运，处理渎职人员。

关于华中地区的禁烟禁毒的措施与效果，还是看一看汪伪南京内政部长梅思平在南京看守所的笔供吧！

> 民国二十四年，国民政府军事委员会以最大之决心、最周密之计划严厉执行，方得略见成效。当时实施之办法约略如左：一、关于毒品如白面、红丸、吗啡等采即时禁绝主义：凡制造、贩运者均处极刑，吸食者一年以后亦处极刑。二、关于鸦片则情形比较复杂，故采五年禁绝计划：吸食者依年龄限期勒戒，未戒绝前领照限购；贩运者亦指定特业商人，由军委会严格管理，统制配给；至于种烟省份则有种种原因，不能一时禁绝，于是限定若干边远区域，令其逐年减少。其余各省则绝对不得种植鸦片。违者，地方官与种农连带负责。此抗战以前禁烟制度之大略情形也。行之二年，成效已著，尤以苏、浙两省办理最有成绩。如无战事发生，则五年禁烟计划十之八九当可完成。[②]

① 张开琏：《六年来之禁政及今后善后办法》，《湖南禁烟月刊》第 17 期，第 7 页。

② 梅思平 1945 年 12 月笔供《办理禁烟之经过情形》，南京市档案馆编：《审讯汪伪汉奸笔录》，南京：江苏古籍出版社，1992 年，第 432 页。

另外，东京审判时上海公共租界警察局警官奎尔的证词也是这样：

萨顿检察官：日军占领前，在上海地区，公然买卖鸦片的情况，有？还是没有？

奎尔证人：根本没有。……在严厉的法律下，上海的人们不愿冒着被处以非常严厉的处罚的危险……如果做这种买卖的话，有的会被处以死刑、无期徒刑。

……

萨顿：日本占领以前，上海地区的麻醉品……的贩卖情况如何？

奎尔：1938 年以前，在上海没有看到过大量的麻醉品。关于麻醉品，中国人有个习惯，就是吸食红色块状的鸦片(即红丸)。它是由鸦片的渣滓、海洛因、糖精以及染色的药做成的。但是，这种习惯被逐渐清除，到 1938 年至 1939 年前后，已经很难看到。但是，就在这年以后，海洛因的数量逐渐多了起来。①

总的来说，华中地区各级政权在 1935 年到 1938 年为制止鸦片烟毒在该地区的泛滥进行了一定努力，特别是在战火尚未燃烧的地区取得了显著的成效。这是值得肯定的，国际社会也是承认的。1936 年，国际联盟调查报告认为，中国国民政府在禁止鸦片种植和贩运方面取得了“令人满意的结果”。②

三　日本领事馆是中国禁烟运动的主要阻力

在“两年禁毒，六年禁烟”时期，上海等地的英、美、法等租界当局给予了一定程度的配合，唯独日本毒品贩子在其领事馆的庇护下，无视中国的禁烟禁毒法令，继续走私、制造、贩运毒品。上海由于人口众多，交通便利，加之租界的庇护，长期以来成为毒品的渊薮。法租界自 19 世纪 70 年代开始就是上海毒品的中心地区。黄金荣、杜月笙、张啸林三大黑社会头领无不是在这里依靠贩毒起家的，黑社会势力十分猖獗。上海各种政治势力错综复杂，禁烟禁毒总是一张一弛，鲜有成效。但从 1933 年开始，上海市对毒品犯罪加强了打击力度，1933 年查获 3 173 起，涉及案犯 6 118 人。1934 年 6 月颁布《严禁烈性毒品暂行条例》，淞沪警备司令部开始直接负责查处毒品案件，在半年时间内查处 906 起，处死人犯 8

① ［日］江口圭一著，宋志勇译：《日中鸦片战争》，天津：天津人民出版社，1995 年，第 65～66 页。
② 《极东国际军事裁判速记录》，东京：雄松堂书店，1968 年，第 724～725 页。

名，“一时制、运、售、吸之徒大为敛迹”。不过，租界内仍有日本浪人顶风作浪。“外国浪人勾结本地土棍，利用警权不统一，便于此拿彼窜之机会，密设制造或储藏毒品场所。一经侦实，因各该国领事签发搜获证动需时日之故，任令人犯漏网，或毁灭证据者，不一而足。即使查获，亦多由领事提回，轻轻罚放。有此许多障碍，故该市办理禁毒工作，极为困难。”①

在历次中国禁烟运动中，只要中国政府下定决心，坚决打击毒品势力，法国租界与公共租界在大环境的压力下，迫于无奈，会给予一定配合。例如1936年，上海法租界与公共租界同上海市政府议定租界禁烟三项办法：(1) 由上海市政府在租界内设立专门机构，负责办理烟民登记和发照；(2) 实行凭照购吸，领照烟民所需烟土由中国禁烟机关核量供应；(3) 厉行缉私，租界捕房查获私土、毒品，送交中国禁烟机关处理，中国禁烟机关获得密报租界内居户有制贩或私藏烟毒者，租界应会同查缉。② 上海公共租界警察查封了4家海洛因制造厂、2家红丸制造厂和11家毒丸加工厂。正是有了法国租界和公共租界当局一定程度的配合，上海的禁烟运动在1935年至1938年8月这段时间内也取得了较大进展(图9)。

图9 国民政府“六三”纪念日焚毁没收的鸦片、烟具和其他毒品

---

① 《各省禁烟情况》1934年春—1935年春，马模贞主编：《中国禁毒史资料》，天津：天津人民出版社，1998年，第1069页。

② 上海公共租界工部局编：《上海公共租界工部局年报》，上海公共租界工部局1937年印，第19页。

1930 年，日本为向华中和华北运输毒品，专门对当时的消费者和黑市需求进行过一次调查。在他们看来，华北的吸毒者有 70 万人，每人每年需要 0.75 公斤，大约需要 514 680 公斤；华中的吸食者有 34 万人，每人每年需要 0.75 公斤，大约需要 259 037 公斤。而实际上华北的鸦片产量为 427 957 公斤，华中的鸦片产量只有 18 853 公斤，两地均有一定缺额，至少需要从外地输入 327 912 公斤鸦片。[①]

因此，从 1930 年代初期，日本的毒品贩子便在中国极力开拓毒品市场，汉口的日本租界成为日本毒品贩子的加工和销售基地。即使在 1935 年中国严厉实施禁烟禁毒后，日本毒品贩子的贩毒活动也没有丝毫收敛；日本的领事馆无视国际禁毒条约，拒绝配合，继续庇护本国人的毒品犯罪。中国地方政府多次提出交涉，要求汉口日本租界在禁烟禁毒方面给予配合，而租界当局采用含糊其辞的办法敷衍应付，声称："除医生、牙医、兽医、化学师、登记药剂师，或合法外国侨民而持有日本领事当局发给之采购证者，以及登记药商得售与外，其余一概禁止。为按照上项法令之规定实施管理烟药之经营起见，日租界当局仅许可合法人员得持有医药用之最少数量，以便阻止由租界私运除外。"[②]这种提法模糊了麻醉药品与毒品的界线。医生、牙医、兽医、化学师、药剂师购买少量麻醉品，是职业需要，也是国际麻醉品条约规定许可的范围。唯所谓"合法持有者"，[③]定义过于宽泛。一切的贩毒者，只要得到了领事的执照就成了"合法的"，很有问题。

日本租界当局之所以采取这种态度，主要是为了庇护其租界内的毒品犯罪分子。1935 年 5 月，汉口公安局调查报告指出："日(租)界内之制毒场所及毒贩机关星罗棋布，不胜枚举。其重要者约有贩卖红丸场所 6 处，由华人 8 人主持；制造吗啡厂 2 处，1 由华人设立，1 由日人设立；出售吗啡店户有 20 处，内 17 处由华人主持，3 处由日人主持。此外，尚有经售鸦片营业场所 2 处，为 2 华人开设。凡此皆由日领署予以保护，用种种秘密方法运出界外，复有大批毒品以卡车装载，在日军监护之下，运往法租界及特三区之 2 日商药房，专为供给本市及分销外埠之用。"[④]

1936 年 1 月，汉口市政府再度报告指出："汉口日租界内查有吗啡厂 4 处，

---

① 南方开发金库调查课：《共荣圈阿片事务》1943 年 8 月，[日] 冈田芳政、多田井喜生、高桥正卫等：《续现代史资料》(12)，"鸦片问题"，みすず书房(美铃书店)，1986 年，第 195 页。

② 民国二十六年内政部禁烟委员会补印《禁烟年报》，马模贞主编：《中国禁毒史资料》，天津：天津人民出版社，1998 年，第 1534 页。

③ 即"合法外国侨民而持有日本领事当局发给之采购证者，以及登记药商"。

④ 民国二十六年内政部禁烟委员会补印《禁烟年报》，马模贞主编：《中国禁毒史资料》，天津：天津人民出版社，1998 年，第 1533 页。

吗啡分销厂5处。其各厂吗啡来源，除由该租界内制造外，其余自上海日商永福洋行运至汉口，再由汉口日商永进洋行转售各分销厂。各厂制造吗啡时，保护严密，尝于晚间一二时开始工作。其销售方法极为神秘，无论买卖，均不直接授受，由引线将银货用纸包妥，各掷一处，暗中传递。各分销厂买进时，系按批发价计算，计吗啡每两约洋32元至34元，每包19两6钱，计值620元；零售时，其价格则每两60元左右，红丸每包24两，约售洋52元至54元。"①

1935年与1936年，正是中国各级政府积极开展"两年禁毒，六年禁烟"运动的初期阶段，汉口日本租界内的毒品贩子继续顶风作案，之所以如此猖獗，在于他们得到了日本领事馆的庇护。1937年6月中日战争全面爆发前夕，日本撤退了汉口租界的侨民。中国政府接管后，在租界内发现多处制造毒品的场所，计有新小路4号、11号、13号，中街94号、96号、100号、138号、140号，同安里14号、16号，重阳里60号，福川里4号、6号、12号，康玩里3号、5号，农和街89号等17处。"内部组织除设有地窖外，或于天花板上设置密室，或于壁室内私置暗房，一切布置，均极严密。"②这些场所分别藏有制造吗啡、海洛因等毒品的原料、成品、半成品和有关机器设备，经军事委员会政治部、中国电影制片厂摄制成影片，由禁烟委员会会议代表甘乃光用英语加以解说，分别制成中英文有声影片，再由中国国联禁烟委员会代表胡世泽呈交国联禁烟委员会。

1938年6月13日，国际联盟鸦片与毒品委员会第二十三次会议讨论远东问题，胡世泽代表中国发言，首先讲述中日战争全面爆发以前的中国禁烟禁毒成效，接着用大量事实揭露日军在中国占领区推行毒化政策的情况。而后，美国代表发言，赞扬中国政府和人民为禁烟禁毒所做出的努力，强烈谴责日军在中国占领区的纵毒政策。加拿大等国亦谓日军占领地情形恶化，为世界私贩中心。此外，英国、印度代表对日本在中国的毒化政策均表不满。会议开始之前，胡世泽请求在会议上播放中国警察查获汉口日本租界毒品加工厂的纪录影片，日本代表极力阻挠，并以退出禁烟委员会相要挟。会后，胡世泽以茶话会的名义租借中国图书馆，播放了这个影片，到会者200余人，"禁烟委员会人员大多数在内"。③

汉口日本租界当局包庇制毒、贩毒犯罪，千夫所指，铁证如山，举世公认。事实证明，日本领事馆在战前是中国禁烟禁毒运动的主要阻力。日本毒品贩子在

---

① 民国二十六年内政部禁烟委员会补印《禁烟年报》，马模贞主编：《中国禁毒史资料》，天津：天津人民出版社，1998年，第1534、1535页。

② 民国二十六年内政部禁烟委员会补印《禁烟年报》，马模贞主编：《中国禁毒史资料》，天津：天津人民出版社，1998年，第1534、1535页。

③ 《国民政府内政部呈报国际最近禁烟及关系敌人阴谋情形案》1938年，马模贞主编：《中国禁毒史资料》，天津：天津人民出版社，1998年，第1536页。

其庇护下，已经大量渗透到华中地区。在中国禁烟禁毒走向高潮时期，日本毒品贩子犯罪活动不仅没有丝毫收敛，而且变本加厉地对抗中国政府，公开践踏中国的禁烟禁毒法令和国际禁毒公约，可恶之极！

四　楠本实隆委托三井物产输入的伊朗鸦片

1937年8月日军侵占上海，立即在浦东扶植了一个伪政权，挂的是“上海市大道政府”的牌子，汉奸苏锡文出任市长。[①] 是时，由于上海严厉禁烟禁毒，鸦片供应奇缺，黑市价格暴涨，由每两3元涨到每两150 000元，难怪这个怪胎政权一出生就要用鸦片来解决其财政出路。“大道市政府”的第一号布告竟然是征收鸦片税。布告规定：烟民一律于10日内前往登记，领取执照后方准吸食。吸食执照分为三等：甲等纳税5元，乙等3元，丙等0.6元。布告发出之后，烟民很少响应。尽管这一布告没有立即产生财政价值，但等于发出了一个明确信号，即在日本人统治的上海，只要交纳了费用，鸦片是可以自由吸食的。侵略军一占领上海，就想控制其鸦片税收，就想放纵鸦片烟毒，于此可以想见，毒化在日本法西斯的殖民政策中处于多么关键的位置！

事实证明，淞沪战争刚一打响，侵略者就着手策划毒品销售问题。日本海军派遣轮船至中国东北，将蒙疆生产的一批鸦片运到了上海，储藏在上海的台湾银行中准备随时发售，为战争筹集军费。[②] 此外，从伊朗运来的准备在上海销售的鸦片也在日军的严密保护下存放在虹口的鸦片仓库中[③]。一则调查报告称：“在民国二十六年‘八一三’战事开始时，即由敌海军上海出勤武官府派遣运输舰，由东北热、察、绥各省及张家口、大连等地载运所谓红土、北口土等来沪，交由沪台湾银行经销。其经销人为敌海军上海出勤少佐相内重太郎，并由该相内之翻译

---

① 苏锡文，又名松治，1891年生于福建厦门。早年留学日本早稻田大学政治经济学系，1920年代曾先后担任福建省财政局长、广东大元帅府财政署长兼民政司长。后来在上海江湾持志大学任教授，从事思想文化研究，主张“天下一家，万法归一”。曾被国民政府以反政府罪通缉。1935年，日本策划华北事件，苏前往投靠，任兴中公司嘱托(顾问)。不久返回上海。1937年12月淞沪战火一停息，苏锡文便在浦东东昌路挂起“上海市大道政府”的太极图杏黄旗。1938年3月28日，以梁鸿志为“行政院”院长的南京伪维新政府开张，辖区包括江苏、浙江、安徽三省和南京、上海两个特别市。“大道市政府”更名为“上海市政公署”，苏锡文改任督办上海市政。10月16日，“上海市政公署”改组为“上海特别市政府”，傅筱庵为市长，苏锡文为秘书长。1940年10月11日傅被刺杀后，苏锡文曾在陈公博到达之前暂时代理上海市长。

② 王德溥著，郦玉明译：《日本在中国占领区内使用麻醉毒品戕害中国人民的罪行》，《民国档案》1994年第1期，第59页。

③ 从伊朗订购的2 900箱鸦片陆续运到中国，有的存放在澳门，有的经上海运到塘沽，有的卸运到虹口。邓一民编：《日本鸦片侵华大事记(1912—1945)》，《近代史资料》第98号，1999年，第85页。

华人李纯根委托其他投机分子向吗啡厂和各吸户从事推销。”①

日军占领上海以后开始实施种种政策，建立对上海的政治、经济、军事统治。战前担任日本陆军驻沪武官府辅佐官的楠本实隆大佐在战时成为上海特务部机关长，②1937 年 9 月兼任上海派遣军参谋部的特务部总务班长，该特务部负责主持占领区内政治、经济、文化等各项事务。当时，日本侵略军划拨给特务部的机密费用只有 10 万元。为了筹措特务活动经费，11 月，楠本实隆指使日本华中派遣军情报参谋长出面，通过旅沪浪人藤田勇与三井物产株式会社接触，要求代购 20 万磅鸦片(约合 90 720 公斤)，周转资金由上海台湾银行垫付。

关于这个问题在日本军界有各种传言，但在 1946 年 6 月 27 日的东京审判法庭上，藤田勇提供了这样的证词：

我，藤田勇，凭良心起誓下面的情况是真实的。1937 年秋，我在上海做新闻记者。同年 11 月，陆军中佐长勇向我转交了通过东京三井物产购买 20 万磅鸦片的委托书。这个委托书用楠本(实隆)大佐的名义。我回到东京，到了三井物产输出入部，请求以我的名义为驻上海的陆军从波斯购买 20 万英磅的鸦片，但三井物产拒绝了我的订货。1 个月后，中西氏来见我，我向他谈了事情经过。约 4 个月后，三井物产的太田(静夫)说三井接受了订货。我与此事的关系仅此而已。但是 6 个月后，外务省把我找去，就这件事向我问话。我说上海的陆军当局请求购买前述鸦片，三井物产承担了全部业务。我从外务省那里也没有听到比这更多的情况。楠本大佐虽是上海的陆军武官，但在特务部也很活跃，长勇中佐当时是松井(松井石根)的幕僚。③

1946 年 6 月 19 日，三井物产董事长太田静夫的供词也证实了藤田勇的供词。“1937 年 11 月，我工作上的友人中西氏向我介绍了一个叫藤田勇的男子，藤田要求我们购买 20 万斤鸦片。他给我看了上海日军特务机关楠本大佐的证明书，要求把 20 万斤鸦片运到上海。因为我们知道买卖鸦片的复杂性，所以不

---

① 《三十五年三月二十三日军事委员会调查统计局军事第 655 号公函》，马模贞主编：《中国禁毒史资料》，天津：天津人民出版社，1998 年，第 1589 页。

② 楠本实隆，1912 年毕业于陆军大学(第 33 期)，1936 年晋升为日本陆军大佐，1939 年为日本陆军少将，就任“兴亚院”华中联络部次长兼政务局长。1940 年 4 月，改任步兵第 9 旅团长。1941 年 10 月，升任中将，任第 57 师团长。1943 年 4 月，改任伪满洲国军政部顾问。1944 年 10 月，任“大东亚省”驻北平全权公使。战后没有受到战争罪犯惩罚。藤濑一哉：《昭和陆军“阿片谋略”の大罪——天佑钱组はいかに企画、实行したか》，东京：山手书房新社，1992 年，第 107 页。

③ [日]江口圭一著，宋志勇译：《日中鸦片战争》，天津：天津人民出版社，1995 年，第 57 页。

想跟这种交易发生关系。中西氏居于藤田氏和我们中间,向我们指示说,鸦片是上海改善人道所需。我们在就这个问题作出最终决定前,为调查上海鸦片的必要性派了 1 名职员赴上海。我们的调查员回来后向我报告说,申请工作是正当的。这样,我们决定予以采纳。于是,我们指令驻波斯的支店,命其购买 20 万斤鸦片。但当时波斯的鸦片不足……只预订了 1 400 箱 160 磅 1 箱的货,然后分两次用船运往上海。发出的第一批货是 428 箱,1938 年 4 月,用'新加坡丸'运抵上海的。剩下的 972 箱是 1939 年 1 月运抵的。"[①]根据这一供词,运到的 1 400 箱鸦片每箱重量为 160 磅,合计为 224 000 磅,每磅合 0.907 2 市斤,为 203 212.8 市斤。实际运到的鸦片比楠本实隆的订货多了 24 000 磅,比三井物产下达的指令 20 万斤多出 3 212.8 市斤。应当说,这宗伊朗鸦片交易不仅满足了楠本实隆特务部的第一批需要量,而且使三井物产株式会社趁机多赚了一笔数目相当可观的毒品利润。

当 1935 年中国的禁烟运动走向高潮之后,无论是合法的还是非法的罂粟种植面积都大幅度减少,鸦片生产因此大幅度减少,鸦片的供求关系趋于紧张,鸦片价格大幅度上涨,使从伊朗、土耳其等西亚地区向中国走私鸦片成为获得暴利的手段。日本两家财阀为了最大限度地攫夺毒品贸易利益,相互之间展开了激烈竞争。三井物产株式会社与三菱商务株式会社为了垄断伊朗鸦片的出口,挖空心思排挤对手。为了化解这个矛盾,日本驻伊朗公使浅田俊介不得不出面调停。1937 年 3 月 6 日,双方达成协议,握手言和。协议规定,1937 年由三菱商务株式会社独占其利,以后怎么办再行协商。1937 年 11 月,得到楠本实隆的大批鸦片订货后,三井物产株式会社拒绝与三菱商务株式会社续约,主张自由竞争。一进入 1938 年,两家公司为争夺鸦片输出地和消费地盘而争执不下,因为"鸦片贸易是一年达 600 万日元的大买卖,而且除此之外,没有别的相当的生意"。[②]

1939 年初,三井物产在华中派遣军的支持下,准备再从波斯进口 2 000 箱鸦片,但被外务省制止。与此同时,三菱商务因热河鸦片歉收,准备从波斯进口 3 000 箱鸦片,以填补伪满鸦片的输出空缺,即华北与华中等地。三井担心三菱挤占自己的鸦片市场,要求外务省监视这 3 000 箱鸦片的消费地,不让其通过伪满、大连输入"中国本土"(即东三省以外的中国领土),并且威胁说:"鉴于三菱无视命令,超先进行商谈的教训,今后如有同样情况,将难以遵守外务省的命令。"[③]

---

① [日]江口圭一著,宋志勇译:《日中鸦片战争》,天津:天津人民出版社,1995 年,第 58 页。
② [日]江口圭一著,宋志勇译:《日中鸦片战争》,天津:天津人民出版社,1995 年,第 60 页。
③ [日]江口圭一著,宋志勇译:《日中鸦片战争》,天津:天津人民出版社,1995 年,第 60 页。

最后在日本外务省的调停下，双方于1939年3月14日缔结了关于鸦片输入地和划分鸦片贩卖区的协定。规定：伊朗的鸦片输出由两家公司合作组成一个谈判小组，共同负责输出，利益均沾；由三菱商务株式会社办理日本与伪满洲国的鸦片供给；由三井物产株式会社负责华中与华南的鸦片调配；华北所需要的伊朗鸦片由两家公司平分；每年的鸦片购入数量由日本、伪满洲国和中国的官厅决定后通知这两家公司。①

关于日本在全面战争时期的鸦片政策，从下面两个文件已经可以看出其大肆纵毒的端倪。1938年8月20日，堀内干城参事官自北平发给日本外务省大臣宇垣一成的电文称："针对禁止外国鸦片进口，而以土产鸦片充当的基本方针，鄙人虽无异议，但斟酌华北及华中之需求量，以现有土产根本无法满足亦为实情。鉴于进口外国产可能造成第三国人士之走私泛滥，先以自给自足为原则，并考虑增加目前生鸦片主要原产地蒙疆地区之产量，以调整供需，为此事之关键所在。"②这就是说，日本要想垄断中国的鸦片供应，就必须在蒙疆扩大罂粟种植区，才能满足华北和华中的毒品需求。同年10月25日，日本驻华使馆专门制订了《对华北之鸦片、麻醉品对策指导根本方针案》。其方针制订者认为，在中国占领区对于鸦片和其他麻醉品应当采取"渐禁主义"。"对华北之鸦片对策，依过去鸦片交易、吸食情形，以及目前此一地区之诸般状况研判，强行禁断鸦片不仅不可能，且不适当。再者，现在断然施行以禁断为目的之专卖制亦不合时宜，故目前仅以严格取缔为原则，日本方面则依实际状况适且(切)指导，而根据上项方针指导之结果，宜当在财政收入上有所贡献。"③从引文中我们不难看出，日军侵占华北和华中之后，对于鸦片采取的方针是增加鸦片收入，所谓"渐禁主义""断禁"的说法，无非是掩人耳目而已。

一言以蔽之，日本侵略者发动全面侵华战争之后，为了最大限度地攫取鸦片利益，一方面极力扩大罂粟种植面积，另一方面实行鸦片专卖制度，设法控制华北和华中的鸦片运输渠道。因此，朝鲜、中国东北和内蒙古地区自然成为鸦片生产的基地，华北、华中和华南等日本占领区成为鸦片的主要消费地。日本政府、军队和特务机关成为鸦片产区与消费地之间的"中间商"。

---

① 1939年3月14日，三井物产株式会社、三菱商务株式会社以利益均分为原则，合组了一家子公司，由南京的伪维新政权颁发执照，专门负责汉口、广州、厦门等地的国外鸦片供应。Pritchard and Zaide, eds., *The Tokyo War Crimes Trials*, *P. 4862*, "*Import of Persian Opium*" (Prosecutor No. 9561/Exhibit No. 416.)

② 《外务省关系および电报文书》，载［日］冈田芳政、多田井喜生、高桥正卫等：《续现代史资料》(12)，"鸦片问题"，みすず书房(美铃书店)，1986年，第546页。

③ 《对华北之鸦片、麻醉品对策指导根本方针案》，载［日］冈田芳政、多田井喜生、高桥正卫等：《续现代史资料》(12)，"鸦片问题"，みすず书房(美铃书店)，1986年，第261页。

五　里见甫与华中宏济善堂的成立

历来日寇对中国的毒化政策都与其在华特务机关有密切关系。九一八事变以前，日寇一般借特务机关掩护，驱使日本、朝鲜浪人从事秘密毒化政策。东北被日军占领以后，日军特务机关利用关东、热河一带生产的鸦片开始公开支持日本、朝鲜浪人进行大规模贩毒活动。卢沟桥事变之后，随着军事进展，日本的特务机关扩大到沦陷区10余省份。

在华中，楠本实隆着手筹建华中的毒品推销机构是在1938年初，他任命精通中文和中国事务的里见甫来主持华中的鸦片事务。[①] 里见甫受命之后，在上海九江路50号设立了“日满商事株式会社”，以阿片九五郎为社长。

现在的问题是，楠本实隆委托购买的1 400箱鸦片是何时到达上海的？又是怎样销售出去的？这批毒品利润由谁来支配？里见甫的供词回答了这些问题。

> 我，即李鸣、里见甫，凭良心起誓以下的情况是真实的。1937年9月或10月，我作为新闻记者到了上海，在这之前我在天津。1938年1月或2月，楠本实隆中佐(原文如此)问我能不能为特务部大批贩卖鸦片，他说这些鸦片正在从波斯运来的途中。特务部是中国日本派遣军参谋部的一个部，其职责是处理日军占领区的政治、经济、文化诸问题。这一大批鸦片1938年春运抵上海，存放在军用码头的一个仓库里，码头和仓库都派有卫兵。波斯鸦片放在160英磅的箱子，也就是1 920两(原文如此)一个的箱子内。
>
> 波斯来的鸦片抵达后，我开始少量地向中国商人出售。当我从中国商人那里接到订货后，就派部下去特务部，特务部就命令仓库向我的部下发放多少量的鸦片。从仓库取出后，转交给那些商人，时间和地点都是预先商定的，商人在交货时付款。我把贩卖鸦片得来的钱以我的名义存入台湾银行，1个月向楠本中佐报告1～2次。我贩卖鸦片的价格由特务部的军官和我协商决定。我告诉他们当时的市价，他们就我的贩卖价格发出指示，这个程序得到了特务部承认。根据特务部的指令，我从以我的名义储存的款中向

---

① 里见甫，曾化名李见甫、里见、李鸣、李思吾、李基夫，于1897年(明治三十年)出生于日本福冈，1916年6月毕业于上海同文书院(第13期)，入青岛平冈商会服务，买卖猪毛。后来担任天津日文报《京津日日》的经济记者，之后转任《经济日报》北京版《北京新闻》(日文)主编。1928年，改任满铁南京事务所所长(嘱托)。1931年九一八事变后，担任关东军第四课的宣传工作，并于1932年12月成立伪满洲国通信社。后来在天津化名李鸣创办中文报《庸报》，并担任热河鸦片南运与天津生产海洛因等毒品的总销售工作。1937年中日战争全面爆发后，在日本参谋本部第八课影佐祯昭大佐的邀请下来到上海，受楠本实隆派遣负责组织贩毒机构。《上海资料汇编》上册，第390～391页。

三井物产会社支付原价，再扣除我自身的各种费用，余款交付特务部。①

上述这批伊朗鸦片分两批运到上海：第一批 428 箱是在 1938 年 4 月 12 日由“新加坡丸”号运抵上海的，以中国商人的名义卸了货；第二批是在 1939 年 1 月由“赤城丸号”运到上海的。

第一批鸦片运到时，南京伪维新政府已经组成，侵略者最初想把华中的毒品推销业务交给刚刚粉墨登场的维新政府来经营。因此，苏、浙、皖特税处筹建了“上海鸦片公卖处”，由大鸦片商方达璋、蒲剑英和盛文颐(图 10)等合伙组成。② 不久，伪维新政府在内政部之下设立了戒烟总局，局长由朱曜担任。在楠本实隆的指使下，经过里见甫与盛文颐的具体策划，取消了刚刚成立的“日满商事株式会社”与“上海鸦片公卖处”，于上海四川北路成立了华中“宏济善堂”(Hung Chi San Tang)。

图 10　上海瑞金二路 118 号(现在为瑞金宾馆)的一号楼和二号楼，是英国人马立斯创建的别墅式花园。马立斯花园建于 1917 年，建筑面积 1 135 平方米，红瓦的屋面坡度较陡，有主楼和辅楼，都是两层，餐厅、卧房和书房都是用桃花木雕护壁、柚木拼花地板，大餐厅有极其贵重的水晶大吊灯。中日战争期间，马立斯花园被日军霸占，改名为三井花园，盛文颐长期住在这里，成为鸦片机关。

① [日]江口圭一著，宋志勇译：《日中鸦片战争》，天津：天津人民出版社，1995 年，第 59 页。

② 盛文颐，号幼庵，系清末邮传部尚书盛宣怀之侄，在盛宣怀的子侄中排行老三，故人称盛老三，是一个善于察言观色、见风转舵的家伙。身长不满 1.5 米，满脑子坏主意，生活奢侈，吸毒成瘾，晨昏颠倒，白天吸鸦片睡大觉，晚上则精神百倍，与杜月笙等青帮关系密切。盛文颐还是“裕华盐公司”的头子，负责统筹沦陷区的食盐。鸦片与食盐，一黑一白，都是日进斗金的暴利行业，官场与黑道左右逢源，因此，人们又称其为“黑白大王”，曾住现上海市瑞金二路 118 号的“三井花园”。

该机构设副董事长两位，由里见甫与南京伪维新政权的戒烟总局局长朱曜担任，不设董事长，经理为盛文颐。表面上中日各有一位副董事长，实际权力掌握在日本人里见甫（以里天夫为名）及其手下日本人会计监督中西正雄手中。理事为蓝芑荪、罗鸿仪、汪奉时、朱振华、徐长春、郢芳熙、张瑞堂、傅叔英、梅云生和蓝彦卿等10人。①

关于宏济善堂成立的情况，里见甫的口供是："从波斯来的鸦片到货起，到1939年（原文如此）3月维新政府成立，我把鸦片卖给中国商人，按上述方法支付款项。维新政府设立的同时，上海的特务部解散了。但又设立了兴亚院的支部……楠本中佐担任兴亚院上海支部的副支部长（即次长）。兴亚院经济部负责鸦片和麻醉品。兴亚院决定把办理鸦片转交给维新政府，维新政府在内政部下设立了戒烟总局。为分配鸦片，组织宏济善堂。它是一个商业会社，其股东是8个大鸦片商。我受戒烟总局局长朱曜之托，坐上了宏济善堂副董事长的交椅，宏济善堂没有董事长。宏济善堂的契约及诸规定都是在与维新政府协商之后，由兴亚院起草的。经兴亚院承认，我接受并在副董事长的交椅上就坐。"②

宏济善堂虽然名义上是商业组织，但既然是"契约及诸规定都是在与维新政府协商之后，由兴亚院起草的"，其政权操纵性质十分明显。此处，里见甫的时间记忆显然有些混乱。正确的时间表是，1938年3月南京伪维新政府成立。10月，日本内阁决定成立"对华院"。11月上旬"对华院"在东京召开会议讨论中国占领区的经济等问题，南京伪维新政府实业部长王子惠带领盛文颐等十余人参加了"中、日、满经济恳谈会"。11月20日，伪禁烟总局拟订了《维新政府戒烟制度要纲》，文件的正文为日文，附件为中文，显然是日本人起草的。12月，日本天皇将"对华院"更名为"兴亚院"。1939年3月，"兴亚院"总部决定建立蒙疆、华北、华中、厦门联络部和青岛办事处，具体负责各个区域的侵略政策的贯彻和实施。1939年3月28日，华中联络部设立，楠本实隆就任次长。

1939年4月30日，伪维新政权正式公布了《维新政府戒烟制度要纲》，内容共分为七个部分：《戒烟总局设立要纲》《戒烟总局组织章程（案）》《地方戒烟局设立要纲》《地方戒烟局组织章程（案）》《华中宏济善堂设立要纲》《地方华中宏济善堂及小卖商设立要纲》和《戒烟关系法令（案）》。根据这一"要纲"，伪维新政府

① 《三十五年三月二十三日军事委员会调查统计局军事第655号公函》误写为"蓝苞荪"，罗鸿仪误写为"罗洪义"，朱振华误写为"吴振华"。《三十五年三月二十三日军事委员会调查统计局军事第655号公函》，马模贞主编：《中国禁毒史资料》，第1589～1590页。蓝芑荪是广东大埔人，一贯做鸦片生意，是流氓大亨杜月笙徒弟任文桢之徒弟，经营范围在南京、苏州、杭州一带，抗日战争胜利后逃亡香港。严春堂是上海人，艺华影片公司的老板，长期经营鸦片，主要销售上海、松江、青浦一带，1949年后病死。

② ［日］江口圭一著，宋志勇译：《日中鸦片战争》，天津：天津人民出版社，1995年，第62页。

承认了先前已经设立的华中宏济善堂，同时规定，华中宏济善堂理事长及副理事长(必须为日本人)由禁烟总局任命，加入华中宏济善堂的大鸦片商人限制在10名以下，每人应交总局保证金20万元。华中宏济善堂可以在上海、南京、杭州、蚌埠等特别市设立分堂，地方宏济善堂由鸦片商5人组成，以无日本人参加为原则，每人须交1万元作为地方宏济善堂的保证金，然后由地方宏济善堂提交地方戒烟局，再由地方戒烟局解送戒烟总局。地方宏济善堂的理事长由该地方加入的鸦片商推选产生。

1939年6月5日，伪禁烟总局正式委任里见甫为华中宏济善堂理事长。同一天，华中宏济善堂在上海四川路公开挂起牌子，下设营业组、鉴定组、会计组(兼庶务组)。加入华中宏济善堂的8家鸦片商全是在上海长期经营毒品批发生意并发了横财的人，他们资本雄厚，加入华中宏济善堂前先向禁烟总局缴纳了20万元保证金。经过一段时间的酝酿后，出现了6个分堂：南京宏济善堂分堂理事长为蓝芑荪，镇江为徐成裕，苏州为米振华，嘉兴为郭伯良，松江为严春堂，芜湖为蔡公侠。宏济善堂分堂下设营业股和会计股。[①]华中宏济善堂如同大连一样，挂着慈善机构的牌子，从事的是贩毒的勾当。

1938年3月，华中宏济善堂酝酿成立之时，特许上海鸦片商人交纳费用，领取执照，销售鸦片。当时，经盛文颐策划成立了上海特业公会，楠本实隆指定蓝芑荪为会长。7月8日，上海特业公会改组，直接受华中宏济善堂控制。[②] 1941年2月1日，华中宏济善堂指派蓝芑荪和徐长春在上海成立特业总公会，宗旨是："团结全国各地特业商人，谋官商之联络，与同业之互助，增进公共利益，矫正营业弊害，以裕税便商。"[③]蓝芑荪、郑芳熙任华中特业公会监察，罗鸿仪、张瑞堂与徐长春任常务委员，号召各地鸦片商人相应成立地方特业公会，凡是会员入会，首先填写申请书，经特业总公会监察以及常务委员审查合格，发给会员证书(表57)。总公会与地方公会的主要责任是，分配鸦片销售数量，排解行商之间出现的纠纷。就一个鸦片商人来说，他既是华中宏济善堂的一个成员，也是特业公会的一个会员。正是由于这种一身二任的角色，使华中宏济善堂的理事成了特业总公会的监察和常务委员，使宏济善堂分堂的负责人成为各地特业公会的头目。这样，华中宏济善堂、戒烟总局与特业公会就形成了三位一体的纵横交错的毒品销售人事网络。现将江苏、浙江各城市公会名称及其负责人姓名列举如下。

---

① 南京中国第二历史档案馆藏：《华中宏济善堂设立要纲》，档号2010/4963。

② 上海市档案馆编：《日本帝国主义侵略上海罪行史料汇编》，上海人民出版社，1997年，第488页。

③ 南京中国第二历史档案馆藏：《戒烟总局转呈特业总公会组织章程草案》，档号2010/6220。

表 57　华中鸦片特业公会行商姓名一览表

地　点	行商名称	负责人姓名	备　考
南　京	协成行	罗鸿仪	
镇　江	鑫泰行	王永康	
无　锡	裕丰成行	张瑞堂	
苏　州	瑞丰昌行	李士群	伪江苏省长
杭　州	大德昌行	梁鸿志	伪行政院长
嘉　兴	锡昌行	周志远	
松　江	松泰行	罗洪义	兼
宁　波	同德行	徐长春	
南　通	源昌行	张瑞堂	兼
扬　州	协记行	徐长春	兼

特业总公会与地方公会的经费筹措办法是，自公会成立之日起，每两鸦片在购买时收费 2 元，1 元为总公会费用，1 元为地方公会费用。总公会这笔费用的收支情况，按月送交华中宏济善堂审核。

从 1937 年底楠本实隆指使里见甫负责华中鸦片推销事务，到 1938 年 3 月酝酿成立，再到 1939 年 4 月《华中宏济善堂设立要纲》文件的公布，再到 1939 年 6 月 5 日公开挂牌，华中宏济善堂从酝酿到挂牌经历了一年半的时间。

因此，关于华中宏济善堂成立的时间，诸家叙述有些混乱。一般认为成立于 1939 年 5 月，但根据南京中国第二历史档案馆所存该机构内部会议记录，酝酿成立的日期应为 1938 年 3 月。[①] 旁证资料还有一些。华中宏济善堂于 1938 年初酝酿成立时，曾有几个人提出要包办。这些活动消息已被国民政府的侦探人员所掌握。

1938 年初，国民政府内政部得到了伪禁烟局长张曜与上海大鸦片商人接触的情报，掌握了宏济善堂的筹设情况和加入宏济善堂的资本条件："(1) 烟商须出具银行存款 20 万元以上之证明；(2) 日方愿负责由热河、满洲及波斯输入烟土，售与烟商，价约每两 3 元；(3) 烟土因优劣共分为四种，起价因质不同，每两须另加损(捐)税 1 元 6 角；(4) 烟商每月须付日方'佣金'10 万元。一般烟商对

① 南京中国第二历史档案馆藏：《戒烟总局呈华中宏济善堂组织法、组织规程草案及会议记录》，档号 2010/6216。

此深恐全系骗局，致未接受。”[①]这一情报应当是真实的，它反映了里见甫、张曜、盛文颐与上海大鸦片商人的初期接触情况。鸦片商人与日本侵略者开始打交道，存在某种程度的恐惧和怀疑心理是正常的。

第二条重要消息是：“有拉第维亚籍勃拉姆者，自称为拉国驻沪领事，曾挽华人陈炎一与烟商接洽……于正月杪曾邀同特货商会代表数人开会商议。闻勃拉姆所提出之条件如下：(1) 日当局将委用总办一人，主持上海禁烟事务。(2) 总办得聘总经理一人，总经理得雇一等分销员 12 人，二等分销员 50 人，三等分销员 80 人。分销员除销售官土外，并得雇用侦探及缉私队员若干人，所有侦探及缉私队员之任用及薪资，皆由总办负责付给。(3) 总经理须事先声明包销烟土之箱数，货交时须付现款。(4) 烟土规定由热河运入，每两售价约 3 元，运费在内，每两外加捐税 1 元 6 角。总办、总经理及分销员须随时开会，规定售价。盈利所得，须将一部分拨归总办，作为酬资。(5) 各分销员须向总经理事先声明每月能约销售若干箱，但并无包销全数之责任。(6) 此外另设一公栈，又日军驻守监护。规定分销员向总经理取货，总经理向总办取货。总经理之资格又有规定如下：(1) 凡声(申)请为总经理者，须提银行存款 20 万元以上之证明，收到声(申)请书三月后，分别予以答复。总经理须将赢利项下每月拨 10 万元，付给勃拉姆及日当局，作为酬报费。惜烟商对此通盘计划置之不理，日方亦因内部意见纷歧，不予考虑，遂搁起未成。”[②]仔细琢磨这一情报的内容，与后来公布的华中宏济善堂的鸦片销售计划是基本吻合的。1938 年的 2 月(正月杪)，正是日本加紧筹划、组织傀儡政权之时，同时也是积极通过各种关系编织华中地区毒品销售网络之时，所以，1938 年 3 月份华中宏济善堂基本组成应是事实。至于 1939 年 5 月或 6 月，可以看成是华中宏济善堂从隐蔽的方式开始走向公开化的时间。

华中宏济善堂从楠本实隆指使里见甫筹组鸦片销售机构到 1939 年 6 月 5 日正式挂出牌子，应当说其组成和运行并不是很顺利。那么，导致难产的原因究竟是什么？国民政府的情报分析基本是正确的。上海一带的鸦片营业历来为中国大鸦片商人操纵，日本不欲插足则已，如欲牟取鸦片利益，则必须与此辈商人合作不可。推究其故，不外有下列几条：鸦片烟商拥有雄厚资本，商业经验和政治常识告诉他们，与日伪当局打交道是危险的。抗日战争爆发之前，上海的黑社会与鸦片行业以杜月笙为首领，历来代表鸦片商人与租界当局进行周旋。上海

---

① 《国民政府内政部呈报国际最近禁烟及关系敌人阴谋情形案》1938 年，马模贞主编：《中国禁毒史资料》，天津：天津人民出版社，1998 年，第 1537 页。

② 《国民政府内政部呈报国际最近禁烟及关系敌人阴谋情形案》1938 年，马模贞主编：《中国禁毒史资料》，天津：天津人民出版社，1998 年，第 1537 页。

失陷之后，杜月笙逃避到香港。上海的大鸦片商人中缺乏大亨级的人物，无论是对于里见甫还是盛文颐等都缺乏信心，加之彼此猜疑未定，难于拍板定案。一般鸦片商人想发财，虽积极表态愿与日本人合作，但由于缺乏雄厚资本，难以投资经营大规模的鸦片生意。上海一带，由于处在政治动荡时期，治安情形十分混乱，商业也由于战争而遭受严重破坏，人心惶惶，前途难以预测。再说，日军顾及国际社会的强烈谴责，未便直接站在前台，需要借助傀儡政权之手达到其罪恶目的。是时，南京政权正在筹组过程中，所以，华中宏济善堂的组成需要一个过程。不仅如此，华中宏济善堂组成之后，它的纵毒活动在没有得到南京伪政权的法令许可条件下，也只能采取隐蔽的方式。这就是华中宏济善堂从1938年春天事实上已经开始操纵华中地区的贩毒活动，而到了1939年6月才正式挂牌的奥秘所在。

这里还需要指出的是，朱庆葆教授说："南京维新政府成立不久，实业部长王子惠即与日人松井勾结，全力以赴想抢得烟毒之利。因日方忽然派楠本实隆来代替松井而未成。楠本到沪后，任华中方面军特务部总务班长，负责主持占领区内所有政治、经济、文化等事务，他邀请由日本参谋本部第八课课长影佐祯昭大佐推荐的里见甫，到上海负责整个苏浙皖地区的鸦片等毒品贩卖工作。"①这种说法似乎有些问题。松井，即松井石根，1938年7月任上海派遣军司令长官，8月任华中方面军司令长官，带兵侵入南京，制造了震惊世界的南京大屠杀惨案。日本投降后，松井石根被列为甲级战犯，1948年被判处死刑，执行枪决。楠本实隆担任上海派遣军特务部总务班长的时间是1937年9月，为筹集特务部经费，他先是派人与三井物产株式会社订购伊朗鸦片，后是任命里见甫筹设"日满商事株式会社"。这些活动都是在日军未占领南京之前就开始进行的。显然，楠本实隆不是在南京伪维新政府成立之后才到达上海的。另外，南京陷落的时间是1937年12月13日，伪维新政权成立于1938年3月28日。朱说"1938年3月18日在南京成立了以梁鸿志为'行政院长'的'中华民国维新政府'"，显然是笔误。

汪伪南京政权内政部次长袁愈佺在南京监狱的供词中谈到华中宏济善堂成立的情况，也谈到其业务范围和戒烟总局的关系。他说："因原田（伪维新政府的最高顾问）、楠本之支持，里见甫乃与盛文颐组织宏济善堂，而由盛文颐负责拉拢土商参加，设中央行，十家共同出资，向东北及内蒙采运烟土，并于上海、南京、苏

① 朱庆葆：《日本侵华毒化机构——华中宏济善堂研究》，王宏斌主编：《毒品问题与近代中国》，北京：当代中国出版社，2001年，第314页。

州、无锡、镇江、芜湖、杭州、松江等地设立地方行，负责承销……维新政府所设之戒烟总局名义上为宏济善堂之监督机关，实际上除按月照收少数之捐税外，一切不得过问，各地土商悉听命于宏济善堂。所有宏济善堂之运销烟土数量以及中央行、地方行之营业情形，从来概不呈报戒烟总局，故宏济善堂历年收益，虽其主管机关之戒烟总局亦莫可稽考，外界更无从推测。至于日方对于宏济善堂运销烟土之业务，系由兴亚院负责监督，每年该堂运销烟土数量须由兴亚院核定。”①

六　华中宏济善堂 1939 年 6 月以前的毒化活动

华中宏济善堂在华中地区从事毒化活动，以 1939 年 5 月为界，大致可以分为两个阶段：前一阶段是隐藏在暗地里进行的；在后一阶段，不仅公开操纵各种贩毒活动，而且参与毒品政策的制订和实施。

1939 年初，美国在上海的情报官员侦察得知日本在华中地区的毒化计划，认为非常周密，而且很庞大。这项计划以上海为中心，向长江中下游的苏、浙、皖、赣、鄂五省区输送鸦片、吗啡和海洛因等毒品，每年计划利润所得为 3 亿元，②约合 7 500 万美元。据估计，日本在华中地区每天可以销售鸦片 10 万两，每月则可销售 300 万两，每年总计 3 600 万两鸦片。与此同时，日本人还大量兜售吗啡、海洛因和可卡因等烈性毒品，按每天 5 000 两计算，每年可以销售 180 万两烈性毒品。③

上海在 1937 年以前，平均每月消耗鸦片为 600 担左右(约合 96 万两)，其中官土 400 担，主要来源地是四川、云南和贵州三省，200 担私土来自波斯和伪满。1937 年秋天上海被日军占领之后，与国民政府统治地区处于战争状态，川、滇、黔的鸦片不能正常运入上海，上海的鸦片出现严重的供不应求局面，价格暴涨。战争爆发之前，每两鸦片的销售价格为法币 3 元，1938 年涨到每两 15 元左右。此时，上海消耗的鸦片除了三井物产株式会社运入的伊朗鸦片之外，大部分是小鸦片贩子的走私品。“市上所售皆为私土无疑，北货为热河及满洲土，南货为云南及波斯土，来自天津、大连、福州、厦门、汕头、香港诸埠，由小本烟商偷运分批入口。刻下南市之土膏行店，专雇暗商兜销于租界内之旅馆及住宅，取价甚昂，按期用自行车分送，顾客随时亦得以电话定货，甚称便利。米商及菜贩往来上海四乡，持有日本特发之通行证者，往往偷带私土，从中渔利。日籍浪人亦颇活动，

---

① 袁愈佺：《宏济善堂之内幕》1946 年 1 月 22 日，南京市档案馆编：《审讯汪伪汉奸笔录》，南京：江苏古籍出版社，1992 年，第 1048 页。

② 华中地区的日本军用券价值与日元相等，1939 年每 4 元军用券可兑换 1 美元。

③ Pritchard and Zaide, eds., *The Tokyo War Crimes Trials*, pp. 4884 - 4885, p. 4872.

惟皆须赖华贩为之牵引。由大连运入上海租界之波斯土，亦皆经托华人贩运，于中南饭店等华商旅馆中兜售。是项波斯土，售于烟商，甲等售价每磅120元，乙等每磅115元，经售人可得佣金约15%至12%。其零售价每两约14元至16元。”①

如果说在日军刚刚占领上海时，各种贩毒活动还有所顾忌的话，那么，当日本的毒化政策公开实施后，各种毒品势力便立即猖獗起来。1938年2月4日，伪上海大道市政府以经费无着为借口，由伪财政局发布公告，要求上海烟民在10日内一律登记，领取许可证后方准吸食。许可证分为三种：甲种收费5元，乙种收费3元，丙种0.6元。尽管很少有人响应，但鸦片销售等于合法了。销售鸦片的商人按照华中宏济善堂的规定，组成了大大小小的同业行会，以其营业额的大小分别叫作“大同行”和“小同行”。此类鸦片行店上海不下200余家，有的大同行雇佣日本浪人作为保镖，连警察也不敢过问。上等土行保证金是5万元，中等土行须交纳12 000元，下等土行须交5 000元，由公卖总局转交到华中宏济善堂，得到特许方可正式营业。伪市政府设立公卖总局于虹口，同时在南市、闸北、浦东和沪西设立分局，忙忙碌碌征收毒品税收。至于鸦片烟馆（时称燕子窝）则到处都是，鸦片瘾者随时可以找到吞云吐雾的场所，要多方便有多方便。

上海沦陷之后，由于价格便宜、吸食便利，吗啡、海洛因等烈性毒品的传播速度明显加快。沪西的毒品销售在1938年秋天公开化，沿着公共租界的外围地带出现了60～70家毒品店，贩卖者多是日本人、朝鲜人和台湾人，推销的主要对象是工人。海洛因的来源主要是日本人在本地开设的毒品加工厂，这些毒品加工厂由日本陆军的特务部门控制。例如，坂本智惠雄在蓬莱路大码头78号开设坂本洋行，专门制造海洛因，每月需要6万两鸦片为原料，动用轮船、火车运到上海。同时，吗啡、海洛因也从大连、天津等华北沦陷区源源不断运来。这里我们需要听一听公共租界警察的证词。

萨顿：日军占领以后，有关鸦片的状况，在上海地区发生了怎样的变化？

奎尔：状况恶化了……1938年10月前后，日本官宪及傀儡政权的官吏之间，就有关设置鸦片局或专卖机关的问题，进行了交涉……交涉的事项之一，就是在上海西部设置了两处鸦片吸食所……条件之一是这些鸦片吸食

① 《国民政府内政部呈报国际最近禁烟及关系敌人阴谋情形案》1938年，马模贞主编：《中国禁毒史资料》，天津：天津人民出版社，1998年，第1538页。

所每家应有20名鸦片贩卖者……1939年初前后，在公共租界外，向人民贩卖鸦片的贩卖所开始一个接一个地出现了。

萨顿：你知道宏济善堂吗?

奎尔：宏济善堂是1939年5月建立的组织，是为分配上海地区的鸦片而设立的组织。

萨顿：他们是怎样活动的？请简单介绍一下。

奎尔：就我职务上所知，在上海，鸦片几乎肯定是由日本的船输送来的。这些船到了上海，就在日本方面的码头上卸货……鸦片就是从这些码头上运到仓库的。然后，是从那里弄到鸦片贩卖所去的。

南京作为国民政府的首都，在1937年12月13日被日军占领以前，由于认真开展了禁烟运动，毒品势力遭受沉重打击，既没有人敢于公开贩卖毒品，也没有人在公众场合吸食，个别年龄较大的绅士只能躲在家中偷吸。至于烈性毒品的买卖更是少见。但是在日军占领之后，南京先是遭受了将近两个月的断断续续地大屠杀，接着是野蛮的法西斯统治，与此同时，各种毒品也倾泻到南京。据贝特教授(Prof. Bates)调查，1938年初南京市禁烟局设立了17家土行，根据伪禁烟总局的划分标准，按照等级交税：一级每月须交纳4 200元，二级交纳2 800元，三级交纳1 420元。每天销售的鸦片至少有6 000两，每月销售200万两左右。从11月15日开始，有40家鸦片烟馆开始挂牌营业，有9盏鸦片烟灯的每月纳税150元，6盏鸦片烟灯的每月纳税100元，3盏灯的纳税50元。此外还有大量的私人烟馆，妓院、旅馆也提供鸦片烟和其他毒品。[①] 南京买卖、吸食鸦片的公开程度可以从一则广告中看出来。1939年5月1日，伪政府机关报纸《南京新报》刊登广告称："莫愁售吸所仿照香港上等烟馆，设备布置异常考究，研煮高等烟土，异香扑鼻，不分等级，价廉物美。地址：南京大戏院对面。"[②]既然官方的报纸登载招徕吸食毒品的广告，所有的"禁"令都毫无意义了。与此同时，烈性毒品的买卖、吸食也达到了公开化的程度。有人估计，日本人、朝鲜人在南京兜售的烈性毒品每月价值有300万元，大约有5万南京市民，相当于市民总人口的1/8吸食吗啡、海洛因或可卡因。[③] 在零售贩毒者当中，也有不少当地人加入，但他们的毒品都是侵略者供应的。这些公司表面上经营食品或药品，实际兜售的

① 王德溥著，郦玉明译：《日本在中国占领区内使用麻醉毒品戕害中国人民的罪行》，《民国档案》1994年第1期，第59页。

② 《南京新报》1939年5月1日，第1版。

③ Pritchard and Zaide, eds., *The Tokyo War Crimes Trials*, P. 2653.

是海洛因。日本浪人雇用中国工人，薪酬往往以毒品来支付。

在江苏省府所在地的苏州，1938 年有 500 家鸦片烟馆，参与设立鸦片土膏店的各色人物都有，既有日本宪兵队、宣抚班、特务队和伪军的军官，也有禁烟分局的科长与科员，警官与警察，甚至连地方报馆的头面人物也按月领取津贴。

在无锡，既有负责批发毒品业务的大小土行，又有上百家(一说 200 家)专门从事零售业务的鸦片烟馆。仅仅城内崇安寺前的观前街就有戒吸所 8 家，每家每月纳税 30～60 元不等。鸦片烟馆公开书写牌匾招徕顾客，有的这样写道："冷笼冷膏，女人招待，铺位舒适。"无锡的"官土"有两个来源：一是上海运来的由华中宏济善堂配给的波斯鸦片、伪满鸦片；二是日伪军自安徽鸦片产区掠夺的鸦片，当地称作"浆子"，或"花叶子"。无锡禁烟分局对于毒品推销公开采取奖惩制度，完成定额的，予以奖励，未满定额的，予以处罚。

武汉水陆交通便利，历来是四川、云南、贵州、陕西、山西、甘肃等省的土产鸦片汇集之地，并由此转运长江下游地区，在这里设立严密的稽查机构，控制鸦片的运输，是历届中国政府查禁鸦片走私或增加税收的重要手段。1938 年 10 月日军占领武汉以后，立即在"治安维持会"之下设立戒烟局控制此地的鸦片运输。戒烟局之下设置检查所、派出所，在本省其他城市则设立检查公所。武汉的鸦片行店在 1938 年有 32 家，加入行会者须交纳 2 000 元作为股本；鸦片烟馆 400 余家按季度纳税，甲级 40 家，乙级 160 家，丙级 120 家，丁级 80 家，每季度纳税数元到数十元不等。①

1938 年 6 月，国联中央鸦片常设委员会在日内瓦举行一年一度的禁毒会议，胡世泽代表中国发言，列举大量事实，强烈谴责日军在中国占领区推行的毒化政策，尤其是播放了在武汉日本人内租界查获的毒品加工厂等纪录影片，使日本代表恼羞成怒。接着是美国、埃及、加拿大、比利时等各国代表发言，公布了日本在中国实施毒化政策的各种证据，使日本代表始终处于正义法庭的被告席上，陷于四面楚歌声中。日本代表于 1938 年 11 月 2 日宣布退出国联中央鸦片常设委员会。尽管日本代表退出了国际联盟中央鸦片常设委员会，但它不能逃脱人类对抗毒品的义务，它在远东占领区的纵毒罪恶必须予以彻底清算。

七　鸦片利益的你争我夺

南京伪维新政府于 1938 年 3 月 28 日成立，在伪内政部之下设立了禁烟总局。办公地点不在南京，而在上海外滩的百老汇大楼(今上海大厦)六楼，目的自

① 夏国尧、黄少吟：《日伪武汉戒烟局的黑幕》，《武汉文史资料》第 7 辑，第 78～79 页。

然是为了控制上海的大宗毒品销售利润。11 月 20 日拟订的《维新政府戒烟制度要纲》规定：鸦片税每两征收 1.2 元，对于各地方的烟膏店相应征收营业税，甲种小卖店(即小土行)每月征收营业税 50 元，甲种戒烟所(即鸦片烟馆)每月须交纳营业税 30 元。还规定，华中宏济善堂贮存于禁烟总局所属仓库内的鸦片，除每月每两鸦片纳租 0.3 元之外，尚须每月每两交纳 1.2 元的税；在南京、苏州、杭州、芜湖、扬州和蚌埠等城市设立地方禁烟局，开办售吸所，收取执照费 100～500 元不等。禁烟总局的如意算盘是，按每年输入伊朗鸦片 1 500 箱计算(每箱为 1 920 两)，约有 288 万两鸦片，若按每两鸦片征税 2 元计算，则禁烟总局的税收就可以达到 576 万元。①

几个月后，伪南京维新政府在日本占领军的指使下，制订了一个全面纵毒计划，即《关于今后五年内临时政府管内鸦片的需求量调查》。在这份文件中，规划了华中地区不断增加的鸦片需求量。

表 58 伪南京维新政府规划华中地区 1940—1945 年鸦片需求量（单位：万两）

年　度	需求量	管内生产	蒙疆移入	伪满输入
1940	2 500	1 500	500	500
1941	4 000	3 000	500	500
1942	5 000	3 500	800	700
1943	6 300	4 300	1 000	1 000
1944	8 000	6 000	1 000	1 000

10 月 11 日，日本"兴亚院"在东京举行有关调整中国鸦片供需关系商谈会议，对于中国各占领区的毒品政策进行了全面调整和安排。会议确定蒙疆应达到最大限度的增产计划，华北和华中地区应在限定地区内扩大罂粟种植面积增加鸦片产量，伪满洲国应给予协助。会议决定：华中地区的总需求量为 976 万两，计划从伊朗进口 576 万两，从蒙疆输入 200 万两，管内生产 100 万两，由伪满洲国输入 100 万两。按照这一计划，每两鸦片以最低征税 2 元计算，就有 2 000 万元的税收。这一数据无论是对于日本占领军还是伪政权来说都是巨大的，对于维护其存在都是极为重要的。按照伪南京维新政府的"五年计划"(表 58)，鸦片利益更为巨大。所以，在鸦片利益面前，日本占领军与伪政权是各怀鬼胎。不仅如此，伪政权的各个机构也是互相觊觎。

① 南京中国第二历史档案馆藏：《修正维新政府戒烟制度要纲说帖》，档号 2010/6203。

1939 年 9 月 1 日，德军开始进攻波兰，两天后英国、法国向德国宣战，世界大战全面爆发。在中国战场上，日本法西斯加紧了诱降与胁迫步骤，试图通过扶植有影响力的傀儡政权来瓦解中国的抗日力量，进而达到其“以华制华”的目的，巩固其占领区的统治。日军参谋本部第八课课长影佐祯昭开始与汪精卫的代表周佛海在上海进行秘密接触和谈判。双方谈判进展缓慢的重要原因之一是鸦片利益由谁来控制的问题。汪精卫、周佛海坚持未来的政权应控制鸦片、赌场利益，以解决财政需要。日本军方稍作让步，不再坚持控制鸦片的配销，但以解决伤兵费用为名，保留了对鸦片输入的控制权，三井物产株式会社继续进口伊朗鸦片，允许一家中国鸦片商作为三井的代理商，把此项鸦片转交给伪政权的专卖机关。

周佛海在日记中这样写道：“伊藤约里见（甫）来谈特税问题，此事日人恐不愿放手，惟鸦片问题余亦不愿力争。”于此可见，日本的毒化政策是既定的，没有根本改变的可能。1940 年 3 月 30 日，汪伪南京政府成立，对外宣称“国府还都”。在伪行政院院务会议上，李圣五等人提案，要求修正《维新政府戒烟制度要纲》，汪精卫批准修正意见 5 条，其中包括加重毒贩量刑标准。日本人为此很不高兴，楠本实隆与里见甫约见汪精卫、周佛海等人，明确告诉他们不要插手日本在长江流域的毒品经营活动。声称：“鉴于目前的特殊事态等原因，请将下列原则作为改组机构的指导方针：甲、废除以前国民政府采用的表面上的严禁主义，采取实质上的忏悔主义；乙、考虑到东亚鸦片政策执行地区的情况和华北、蒙疆、满洲等地原料供给的情况，贩卖机构暂维持原状；丙、行政院制订直属委员会制度，戒烟总局局长隶属该委员会。”[①]

在另外一份文件中，日本占领军更加明确地指使汪伪政权废除国民政府在 1935 年开展的“两年禁毒，六年禁烟”运动时期制订的有关法令，改变断禁主义，实施所谓的“渐禁的政策”，即“为代替旧的国民政府的禁烟法，尤其是有关刑罚的法令，准备根据渐禁的政策，由中央发布有关合理使用鸦片与兴奋剂的法令”。汪精卫、周佛海对于日本人的毒化政策当然心知肚明，立即发布公告说：“军兴以来，烟禁废弛已逾一年，现值更新举办之始，禁令似稍取宽大，并予投资之商家以确定保障，而后可以逐步进行，以臻完善。至于一切名称，概如管理方法，似可尽采用前手定章。一则，对外无须更费解释宣传，不致横招国际疑义；一则，对内商民吸户均已习惯相安，不致滋生误会而起纠纷。”[②]这样，两只罪恶之手就握在了

---

① ［日］江口圭一：《日中アヘン战争》，东京：岩波书店，1988 年，第 135 页。

② 梅思平 1945 年 12 月笔供《办理禁烟之经过情形》，南京市档案馆编：《审讯汪伪汉奸笔录》，南京：江苏古籍出版社，1992 年，第 434 页。

一起，承认了日伪当局先前炮制的有关毒品的法令，等于承认了日军在华中推行的毒化政策的“合法性”。

“于是，特货营业完全操于李见夫(里见甫)、盛文颐二人之手，维新政府无从过问。据盛文颐言，其利益支配情形甚为机密，系与东京直接往来，即在华日机关亦无从知其详也。维新政府仅提取细微之税款，即戒烟总、分局之人事及行政亦完全为宏济善堂所剥夺。因之，战前禁烟政策即无从继续实施，而宏济善堂既为营业机关，又无人监督，鸦片烟土不过为统制商品之一种，贩卖者惟利是图，于是不问城市与乡村到处公然开设售吸所，吸食者漫无管理，限期勒戒等设施更谈不上。及民国二十九年三月初，维新政府行政院决议，以戒烟总局移归内政部管辖。不久，南京国民政府成立，直至民国三十二年冬，前后四年间禁烟问题无从改善，政府已无法办理，只得置诸不闻不问之列。”①

图 11
百老汇大厦，今名上海大厦，1934 年为英商所建。汪伪南京政府内政部设立禁烟总局于六楼。1949 年，上海市人民政府将其命名为上海大厦。

汪伪政权对于此前“维新政府”公布的法令，采取略加修正的方式予以默认。首先，规定伪行政院院长为“禁烟”最高长官，下设禁烟总局(图 11)。由于上海是鸦片运输的枢纽和主要消费地，禁烟总局机关继续设在上海。其次，规定鸦片运输与销售采取“一税制”，即在上海鸦片完税之后可以通行各地。此外，规定该禁烟总局在各大城市设立分局和分栈，核准土膏行店、分店，颁发营业执照，实施烟民登记，发给吸食执照。关于鸦片输入问题，《修正维新政府戒烟制度要纲》声明：准许鸦片商人自行输入国内外鸦片，唯一的要求是“凭证申请设栈纳税”，税率为每两鸦片征收 1～1.5 元。禁烟总局为了便于接收三井物产株式会社输入的伊朗鸦片，专门成立了商业公司，允许该公司向国外产地采购“特

① 梅思平 1945 年 12 月笔供《办理禁烟之经过情形》，南京市档案馆编：《审讯汪伪汉奸笔录》，南京：江苏古籍出版社，1992 年，第 434 页。

货”,“由政府商取驻军合作,准许特货在某一地点(如上海之虹口)进口”。[①]

1940年10月,伪财政部长周佛海与内政部长梅思平等人多次商议鸦片问题,以鸦片关系内政,要求变更隶属。随后,汪伪内政部颁布了《内政部戒烟总局组织纲要》等文件,任命张秉辉为戒烟总局局长。为了掩人耳目,规定华中宏济善堂理事长、副理事长接受其监督,这些条款都是虚设的,没有任何实际意义。汪伪政权还公布了《宏济善堂暂行组织法》,规定该善堂设理事长一人(月薪1 200元,办公费1 200元),副理事长二人(月薪各为1 000元,办公费亦各为1 000元),秘书主任一人(月薪700元,办公费500元)。下设四组:总务组、营业组、会计组和调查组,每组设组长一人(月薪500元,办公费200元),下属有帮办、一等、二等、三等办事员、驻外监督等职。理事长由里见甫兼任。各组帮办为日本人担任,掌握实际权力。办事员也多是日本人。例如总务组,除帮办是日本人之外,二等办事员三人中有一人为日本人,三等办事员则全是日本人,甚至连管理栈房的人员也全是日本人。例如,总务组帮办川崎文吉、营业组帮办中西达夫、会计组帮办濑户贡、调查组帮办葛西克良。[②]

1941年8月12日,华中宏济善堂在上海新亚酒楼召集大会,讨论新的组织规程草案,调整组织系统和选举理事长、副理事长。出席会议的有代理理事长里见甫以及中央行8家、地方行40家,零售商98家,共146家特业商的代表,伪戒烟总局局长张秉辉、上海地方戒烟局局长颜肃雍列席会议。华中宏济善堂设理事长、副理事长各一人,设理事9人,由加入各特货商用记名方式选举,任期三年,期满可以连选连任。加入华中宏济善堂的146家鸦片商人均有选举权。到会各特商代表采取记名投票方式,推举里见甫为理事长,郑芳熙为副理事长,钟景熙为秘书主任。徐长春、张瑞堂、蓝希叔、郑芳熙、汪兆卿、罗鸿仪、朱振华、陈佐庭为理事。

会议通过的华中宏济善堂《组织规程草案》20条,虽然规定该善堂“为纯粹商业机关,由具经验与资本之商人联合组织之”,但看一看它的业务,就知道它的货色是什么。“草案”规定华中宏济善堂负责鸦片的买进、卖出与运输,统治鸦片销量,厘定鸦片价格,“取缔私种、私运和私贩”,“各土膏行店申请营业之许可与撤销”。如果说,将鸦片的输入、销售以及厘定价格等特权赋予一个垄断的商业组织,并不违背特殊商业管理规范的话,那么,作为商业组织,华中宏济善堂拥有“取缔私种、私运和私贩”权力,拥有批准和撤销土膏行店的特权,尤其是拥有调

① 南京中国第二历史档案馆藏:《修正维新政府戒烟制度要纲》,档号2010/6203。
② 南京中国第二历史档案馆藏:《宏济善堂组织人事应用印信等文书》,档号2010/7466。

配罂粟种植面积与垄断华中地区鸦片征购的特权，就是极不正常的，因为这些权力应当归入政府的管理范围。①

关于如何贩卖蒙疆鸦片，里见甫的供词是：

> 1939年底，宏济善堂也贩卖蒙古鸦片。大部分蒙古鸦片……是由中华航空株式会社所有、所用的飞机运来的。这些来自蒙古的鸦片，通过与波斯鸦片不同的方法另行处理。在东京的兴亚院总部把各支部所需鸦片的要求，通知蒙古政府(指伪蒙疆政权)，蒙古政府将鸦片运往华北的中央分配地北平，华中、华南的中央分配地上海。然后再从这两个中央分配地装货运往两区域内的各城市。蒙古来的鸦片到达后，先藏到政府的仓库里。宏济善堂从戒烟总局得到从仓库里提取鸦片的许可后，将这些鸦片带到戒烟总局设立的检查所，在那里进行包装、分类、按税印。宏济善堂所卖鸦片的价格是应向蒙古政府支付的价格，加上运费及保险费，由戒烟总局确定的关税及其他税，再加上成为宏济善堂纯收入的8%以下的手续费。兴亚院决定应向蒙古政府支付的数额，兴亚院的方针是尽量加大蒙古政府的收益。……鸦片的供给无论如何也满足不了需要。实际上，对使用鸦片，根本就没有予以积极地禁止，戒烟总局和宏济善堂都组织过走私监视队，但其目的在于防止走私及非法吸食鸦片。②

八　华中宏济善堂的纵毒新措施：种植与采办

按照“兴亚院”的最初计划，伪满洲国热河省与蒙疆地区等鸦片基地生产的鸦片基本可以满足其中国占领区的鸦片供应。但是，随着战争范围扩大、战场医药用量急剧增加、占领区面积扩大以及军费开支的迅速增长，侵略者日益感到鸦片供应量不足，需要进一步扩大鸦片产量才能满足其战争需要。为此，重新调整了各个占领区的鸦片政策，要求华北与华中占领区划定罂粟种植范围，大量生产鸦片，建立“自给自足体制”。

长江中下游省区大多是水田，适宜种植水稻等作物，因此，除了苏北和皖北之外，其他地区很少种植罂粟。该地区的鸦片供应主要来自云南、贵州、四川、陕

① 南京中国第二历史档案馆藏：《戒烟总局呈华中宏济善堂组织法、组织规程草案及会议记录》，档号2010/6216。

② [日]江口圭一著，宋志勇译：《日中鸦片战争》，天津：天津人民出版社，1995年，第84页。

西等省。抗日战争全面爆发之前,该地区奉令实施了严厉的禁烟禁毒政策,率先实现了禁种任务。日军占领长江中下游地区之后,先是失去了上游地区的鸦片供应,接着由于与英法等国家处于战争状态,从西亚采购、运输鸦片成了不安全的事情。显然,仅仅依靠从伊朗的不稳定进口和蒙疆、伪满的调配,既无法满足华中地区的市场需求,也不能实现毒品利润的最大化。按照"兴亚院"的指令,宏济善堂从 1940 年初即开始积极设法扩大华中罂粟种植面积和提高鸦片产量,以保证本地区的货源供应。

事实上,在伪维新政府统治时期已经开始采取措施鼓励鸦片生产了。伪戒烟总局局长朱曜曾经在伪满洲国采购了一批罂粟种子分发给淮北地区的农户。1940 年 3 月,"兴亚院"安藤司长指示在安徽蚌埠成立所谓"查禁烟苗委员会",要求华中宏济善堂、戒烟总局、所在地戒烟分局共同组成班子,负责有关事宜,强调有关鸦片统制的一切问题均由华中宏济善堂负责解决,诸如鸦片产地的确定、计划种植面积的大小、鸦片品质的分类与鉴定、征收数量的多少与方法、私种的取缔与处罚、鸦片的包装、运输与储藏等,都成了华中宏济善堂的业务范围。[①]

1940 年 7 月,到了鸦片收获和采购的季节,华中宏济善堂委任汪少丞、张瑞堂为查禁安徽烟苗委员会蚌埠办事处主任,萧子贞充副主任,徐长春、罗鸿仪充芜湖办事处主任,梅云生充副主任,同时在各县设立办事处。规定:凡是境内生产的鸦片,不分登记,每亩交纳登记手续费 2 元,要求种植罂粟的农民在收割之后,应将全部鸦片送交各县办事处;绝对禁止私相买卖,如有发现,治以重罪;如有掺假,全部没收。1941 年 2 月,芜湖地方戒烟局制订了种植罂粟登记办法,规定:凡是想种植罂粟的人,必须填写登记表,如实填写种植人姓名和面积,派人勘察后,树立标牌即可种植;鸦片采集后,应当全部呈交办事处、戒烟分局,最后汇总售给华中宏济善堂。[②]

从 1940 年到 1945 年,每逢春天,在安徽江南与江北地区的田野里到处都可以看到盛开的罂粟花,蚌埠、凤阳、亳县、宿县、灵璧、泗县、滁县、嘉山、五河、怀远、合肥、巢县、和县、含山、当涂、怀宁、天长、寿县、定远、太和、盱眙、芜湖等地都有大片的罂粟生长。1940 年 3 月,宿县种植罂粟面积已经达到 12 000 亩,凤阳县有 2 000 亩,怀远县有 9 000 亩。1945 年,合肥县种植的罂粟面积有 23 370 亩(计第一区 50 亩,第二区 8 370 亩。第三区 4 100 亩,第四区 4 900 亩),巢县有

---

① 南京中国第二历史档案馆藏:《戒烟总局呈送调查登记烟浆及处罚私浆简则收毁暂行办法》,档号 2010/6206。

② 南京中国第二历史档案馆藏:《芜湖地方戒烟局订定种植罂粟登记办法卷》,档号 2010/6214。

14 300 亩(第一区 300 亩,第四区 4 000 亩,第五区 10 000 亩)。“每届收割季节,巢(巢县)、合(合肥县)两县各城镇土商云集,俨然城市公开批卖,敌商洪济恩堂(即华中宏济善堂)常携巨款住撮镇伪警隔壁,专司大批收买。”[①]

每到鸦片采集季节,华中宏济善堂就派出大批采办委员到各地采购烟浆。例如,1941 年 5 月,华中宏济善堂在上海设立华中采办委员会,里见甫亲自担任委员长,下设 15 个委员。采办委员会设立总务、采办、会计、调查四个小组,每个小组设组长 1 人,每组办事员 4～6 人。为了在采购中得到有力配合,采办委员会专门聘请伪禁烟总局局长、江苏省、安徽省、河南省伪政府主席为最高顾问,并以采购地区的戒烟分局长为顾问。为了确保采购质量和防止掺假,每一位采办委员都分配有化验员跟随,随时随地进行化验。根据规定,每一批收购的烟浆经过晾晒后,应将其重量和质量详细列表呈报。6 月份,里见甫指派的采办委员到达蚌埠、芜湖、川沙、彰德(河南省辖区)等地,分别设立办事处,以半年为期,直接办理采办业务。1942 年,徐州的罂粟种植达到一定规模,到了采集季节,里见甫也专门指派了采办委员,在徐州设立了办事处,聘请伪苏淮特别区行政长官、徐州特务机关长和伪戒烟总局局长为顾问。[②] 鸦片采办后经过晾晒,分别按其数量和质量打包装运到上海。为了垄断烟浆的采购,华中宏济善堂还在 1941 年 6 月专门组织成立了两支缉私队,一支派到芜湖,一支派到蚌埠。每支缉私队设队长一人带领,下设分队若干支。缉私队按规定由采办委员发给薪金,队长每人每月薪金为 500 元,办公费 200 元,队员薪金 100 元。缉私队的活动一般要求戒烟分局给予配合。华中宏济善堂缉私队的组成,首先由华中宏济善堂日本人葛西克良、濑户贡等提出申请,经伪戒烟总局、内政部批准,并商请日本华中派遣军宪兵司令部、特务机关本部等同意协助。[③] 华中宏济善堂规定,查获的私货没收充公,随时送交蚌埠和芜湖的办事处,按其质量等级发卖。甲等每两售价法币 8 元,乙等 6 元,丙等 5 元。所收私货变卖价值,八成作为奖金。

华中宏济善堂控制下的鸦片销售采取配给方式,名义上鸦片由伪禁烟总局附设之公栈配给特业公会,再由该公会配给所属各行商,由行商销售给戒烟所,实际上是华中宏济善堂根据情况分配给各地分堂,由分堂分售给各个行店,由行店售给鸦片烟馆,煮成鸦片烟膏后,供人吸食。华中宏济善堂为了增加毒品利

---

① 《三十五年元月二十四日军事委员会调查统计局军字第 142 号公函》,马模贞主编:《中国禁毒史资料》,天津:天津人民出版社,1998 年,第 1594 页。

② 南京中国第二历史档案馆藏:《华中采办委员会及采办烟浆委员会组织规程办事通则草案》,档号 2010/6219。

③ 南京中国第二历史档案馆藏:《华中宏济善堂采办特货卷》,档号 2010/6243。

益，为了最大限度地扩散毒品，采取强制推销办法。1939年，制订的《维新政府行政院戒烟总局烟民登记给照规则》规定：烟民登记以两个月为限，须如实填写姓名、年龄、性别、籍贯、住址、吸食原因、数量，请领执照等级。逾期不登记的一律拘押。强制登记的目的是为了准确掌握吸毒人数，预算消费鸦片数量，增加鸦片税收。在农村，按户配发鸦片烟膏，定期回收鸦片烟灰。有的地方为了推销鸦片，甚至以鸦片为薪金，发给警察和官兵，鼓励以鸦片作为招待客人的必备应酬品。

为了顺利实施鸦片专卖制度，华中宏济善堂还加强了鸦片的运输管理。无论是从采办地区集中运输到上海的公栈，还是从上海运销到各地，华中宏济善堂的鸦片都得到了伪戒烟总局的配合，所运鸦片贴上印花，盖上印戳，即成为“官土”。1941年3月以前，经伪戒烟总局总务科科长（日本人）设计的印花有6种，分别为18元、15元、7.5元、1.5元、7.5角、3.75角。1941年4月1日起，使用新的印花，也是6种，但以鸦片数量来表示，票面分为14两、5两、1两、5钱、2钱、1钱。[①] 与此同时，还实行特货运输护照制度。1941年10月以前，上海与各地之间的运输护照样式不一，不便检验；1941年10月以后，伪戒烟总局为便于查验，统一制作了“运输护照”“知会单”和“委托书”。护照有效期一般为7天，详细填写发出时间、运输路线、运输公司、运输数量、批文号码。

九　1939年6月以后的鸦片烟毒泛滥形势

华中宏济善堂的贩毒活动自1939年6月公开化之后，华中地区的毒品泛滥形势越来越严峻。一项统计显示，1943年1月，上海沪西与南市一带的鸦片烟馆就有235家，鸦片烟馆的数量远远超过了饭店。1939年6月以后的上海，烈性毒品的贩卖越来越猖獗，贩毒数额越来越大。上海公共租界警察局毒品组组长季尔（Harold Frank Gill）在东京审判日本甲级战犯法庭上的证词的主要内容是：1940年以后，他在公共租界抓捕的毒贩中，贩毒数量越来越大，海洛因通常在50～100两之间。这些海洛因常常装在塑料袋子中，上面印有日文标记，大多是从天津或华北其他城市运来的。携带毒品者往往是朝鲜人和台湾人。[②] 根据日本驻北京使馆特派员（嘱托）渡边寅三郎的估计，每月从北京运往上海的海洛因有180磅之多，海洛因携带者每磅可以获利5 000元。[③]

---

① 南京中国第二历史档案馆藏：《戒烟总局呈送特货新印花样张卷》，档号2010/6245。

② Pritchard and Zaide, eds., *The Tokyo War Crimes Trials*, P. 4416.

③ ［日］山田豪一编：《オルド上海鸦片事情》，东京：亚纪书房，1995年，第132～133页。

1939年6月后的南京，鸦片烟毒泛滥形势也明显加重。根据贝特教授(Prof. Bates)的调查，南京的贩毒活动虽然还没有达到公开化的程度，但危害已经相当严重。在南京的贩毒者当中有号称“四大天王”者，他们的手下有2 400余人，每天奔走在大街小巷兜售毒品，吸毒人数达到总人口的1/4，或1/3。不仅伪政权的政府官员、警察和士兵普遍吸毒，一些男孩、女孩也成了受害者。一位教师忧心忡忡地指出：“十年后南京将无一好人。”南京市的警察报告说，每天奄奄一息的嗜毒者有20～30人，他们的尸体需要许多垃圾工人来掩埋。1945年春天，仅在扬州一地，就有大烟馆五六十家，每日贩卖额多达560万元，这些烟馆表面上冠以“戒烟所”名义，其实全是毒品消费场所。①

同一时期，汉口市的毒品问题也呈迅速蔓延趋势。1940年汉口有鸦片烟馆340家，兼营鸦片烟的旅馆有120家。毒品的流通自汉口戒烟局开始，经过土膏公卖处、土膏店，到达售吸所、消费者。毒品利润则反向流回戒烟局。如此这般循环的结果是，1940年汉口消费的鸦片估计有635 203两，1941年为636 000两，1942年超过820 000两。日军在湖北的新占领区里所做的第一件事情就是实施鸦片专卖政策，这种专卖政策一下子贯彻到基层的县、区、乡、镇。例如，1942年公布的《宜昌县阿片专卖处要领》规定：宜昌县内所需鸦片由伪县政府戒烟股负责购买；县政府在各区公所设立戒烟分所，同时在各乡镇设立戒烟支所，分别以区长、乡镇长担任分、支所长；县戒烟股的鸦片，经由各分支所销售给特许的吸烟所；由各区、乡、镇长负责详细调查管内吸食鸦片人数；申请开办吸烟所的人，须填写申请书和交纳保证金。申请书应如实填写姓名、住所、年龄、设备、销售鸦片量、销售区域、本人资产以及保证人。提交申请书时，须向伪县政府缴纳登记费200元，保证金200元。鸦片的专卖价格是：“县政府卖给区戒烟分所65元，区戒烟分所卖给乡镇支所67元，乡镇戒烟支所卖给吸烟所69元，卖给一般瘾者70元。”②每个月县政府向各乡分发鸦片200两至500两，强迫伪职人员出售，强迫青年男女吸食，“县属机关之经费以烟税款收入而定，伪机关工役之薪水用鸦片支付，津贴随鸦片销售量浮动”。③

在荆门，伪荆门县政府翻译徐向阳反正投诚后报告：“敌在湖北荆门大量运售烟毒，迫伪组织代为勒销或压迫汉奸开设烟馆，每月售烟2万余两，收入90余

---

① [日]江口圭一著，宋志勇译：《日中鸦片战争》，天津：天津人民出版社，1995年，第124页。

② 《宜昌县阿片专卖处要领》，马模贞主编：《中国禁毒史资料》，天津：天津人民出版社，1998年，第1555页。

③ 王德溥著，郦玉明译：《日本在中国占领区内使用麻醉毒品戕害中国人民的罪行》，《民国档案》1994年第1期，第59页。

万元。敌宣抚班之经费,多取给于鸦片。”[1]在通山县,日军大量运入鸦片,“并以鸦片配发伪和平军及保安队薪饷”。[2] 在云梦县也是这样:“敌寇在云梦县施行毒化日甚一日,除公开运销、售卖外,并强迫伪县政府及伪区署按月销售红土,规定伪县府每月300两,伪区署每月60两,定价每两715元。”[3]

在江西省,同样是日本军旗所到之处,毒品势力立即复活,毒品传播立即加快。1939年冬季,日军攻占瑞昌县,立即从汉口,经过九江、武穴运入大批鸦片,鸦片直接成了殖民工具,他们利用鸦片吸引烟民组织伪维持会。在安义县,敌宣抚班胁迫伪政权在娱乐场所设立鸦片烟馆,诱惑青年吸食。同时强迫烟民登记,发给烟民登记证,强征吸户月捐。在德安县,日寇利用流氓聂锡光等,在城内开设鸦片烟馆6家,并由伪农民合作社代销毒品。在新建县,敌人设立鸦片公卖所,税收列入县政府预算经常费,鸦片定期由南昌特务机关从上海运来“配发各伪组织转售各地,每年推销额约在80 000余两”。为了招徕烟民,竟然在县城的大街小巷张贴这样的广告:“真正红土,芬芳可口,美女招待。”[4]

40年代初期,一家名字叫作“东光公司”的日本毒品加工厂开始大量生产“东光强壮剂”,每月产量5 000公斤。这种“强壮剂”据说是专门为中国人研制的,原材料是海洛因,他们却大力兜售说:“自从满洲国正山博士创制一种戒烟药品叫作‘东光剂’,实开戒烟药之新纪元,此药名称想诸位在报纸上时常看到,有嗜好的诸君对于新出品戒烟药更为注意,不过有许多观望、怀疑,或是以为故意烘染宣传,或是怀疑未必真有特效,更有神经过敏的人,以为等于中国最霸道的戒烟药铁刷子。其实大大的不然,这宗药品是经过满洲国康生医院实地实验成功。去冬年终统计,满洲国各地康生医院用此药戒除成功者已达64万余人,这是人家确实的报告。咱们拿他做个参考。去岁春间,华北禁烟总局由满洲国要来200份,交北京戒烟所试验其成效究竟如何……观其戒后成绩,结果不论瘾之大小,年之深浅,嗜好种类,抽吸针扎,结果皆异常良好……本市唐山康复医院手续简便,随时挂号即可入院。本医院一切挂号费、药费一概不收,仅收七日之饭

---

① 《国民政府内政部关于日本在湖北及港九实施鸦片专卖公函》1943年1月15日,马模贞主编:《中国禁毒史资料》,天津:天津人民出版社,1998年,第1558页。

② 《国民政府内政部关于日本在湖北通山县实行毒化情形致外交部函》1943年4月27日,马模贞主编:《中国禁毒史资料》,天津:天津人民出版社,1998年,第1563页。

③ 《国民政府内政部关于日本在湖北云梦县实行毒化情形致外交部函》1943年5月24日,马模贞主编:《中国禁毒史资料》,天津:天津人民出版社,1998年,第1563页。

④ 《国民政府内政部关于日本在第九战区沦陷县份毒化情形公函》1943年2月17日,马模贞主编:《中国禁毒史资料》,天津:天津人民出版社,1998年,第1560页。

费。本院戒烟药品专用东光剂。”[①]日本东兴公司在其推广“东光剂”的申请中，将其目的暴露无遗，即“以其制造的强壮剂‘东光’交换敌占区的军用物资以及第三国的援蒋(即蒋介石——笔者注)物资，并将交换所得物资移交军队当局。这既可削弱敌军物资供给力，又可利用青帮获取未占领区的情报，这正是报答国恩而欲尽的义务”。[②]

1941 年 1 月，“东光公司”的推销者与华中的青帮头目进行接触，准备将 17 000公斤“强壮剂”全部运入中国，以每公斤 776 元的价格倾销到华中与华南。预计批发给汉口 500 公斤、南昌 200 公斤、徐州 200 公斤、杭州 200 公斤、福州 200 公斤、广州 500 公斤、上海 200 公斤、南京 200 公斤，总批发价为 4 853 339 元，用以购买日本急需的五金、矿产、棉纱、油料等物资。

总之，1939 年 6 月以后，随着宏济善堂纵毒活动的公开化，华中地区的毒品泛滥明显开始加快加重。不仅在大城市里普遍设立了各级鸦片专卖组织，大肆兜售毒品，严重毒化了市民，而且利用军队占领把毒品带到广大县区乡镇，采取强制性措施推销鸦片烟毒，使农村的鸦片烟毒也呈现出严重泛滥的趋势。一项统计显示：华中的吸毒人数有 780 万，约占华中地区总人口的 5%。[③]

十　席卷长江下游城市的青年学生抗议运动

日本侵略军在华中地区推行的“毒化”政策，不仅严重破坏了当地的经济发展，而且严重摧残了中华民族的社会肌体，还严重削弱了中国的社会经济力量。敌寇的阴谋是毒辣的，但并不能彻底摧毁中国人的反抗意志，1943 年 12 月 17 日晚上，南京数千名青年学生高喊着禁毒口号，以捣毁毒品机构的实际行动，公开表示了对于日本“毒化”政策的强烈不满与抗议。

江泽民同志在《忆厉恩虞同志》一文中写道：“我回想起抗日战争时期，在日伪统治下的南京，中共地下党组织曾经领导爱国进步学生发动过一场轰轰烈烈的清毒运动，也自然回忆起那场运动的领导人：厉恩虞同志。……在一个非常寒冷的夜晚，我们几千学生高呼禁毒口号，游行到夫子庙一带，冲砸了所有的鸦片烟馆，把醉生梦死的吸毒者揪了出来，其中不少是敌伪官员，还抄出了大量鸦片、毒品和烟具。我们在国民大会堂广场前焚烧收缴的鸦片、毒品和烟具，同学们围着熊熊的篝火，齐声高唱《毕业歌》。……在我们后面，日本宪兵队持枪列

---

① 南京中国第二历史档案馆藏：《华北禁烟总局及所属单位办理宣传禁烟事项有关文件》1945 年，档号 2050/200。

② 上海市档案馆编：《日本帝国主义侵略上海罪行史料汇编》，上海：上海人民出版社，1997 年。

③ 南京中国第二历史档案馆藏：《沦陷区毒化概况》，档号 12(2) /1312。

队，虎视眈眈地对着我们。大家悲愤满腔，情绪激昂，毫无畏惧。其情其景，大长了中国人民的志气，也唤起了群众的觉醒。”[①]1941 年，中国共产党在南京建立地下党工委，并成立“青年救国社”，厉恩虞与王嘉谟任正副社长。南京学生抗议日本“毒化”运动，与“青年救国社”的活动有密切关系。

此次运动共捣毁鸦片行店、戒吸所 388 家、零售商 60 家。此外还捣毁了一批赌场和舞场，例如在南市捣毁了“西园”“绿宝”等赌场，在南京路捣毁了“爵禄”“大沪”等高级舞厅。这一运动显然是有组织的。12 月 17 日晚上 10 点钟，青年学生开始成群结队聚集在夫子庙闹市区附近，组织者一声令下，青年学生即分头冲入鸦片烟馆“云裳阁”“百乐门”，捣毁了所能见到的牌照、烟膏以及烟具和账簿。第二天晚上 11 时，在夫子庙又聚集起 2 000 多人（一说 4 000 人），学生们高呼“铲除烟毒”等口号。游行队伍到达平江府贡院东西街，又集体冲进大型鸦片烟馆“桃花宫”“广寒宫”“逍遥阁”“瞻园”“衡庐”等，将店内的设施尽力予以破坏，同时将朱雀路、太平路、中华路上的许多家小鸦片烟馆也予以砸毁。19 日下午 2 时许，青年学生准备再次出动捣毁其他鸦片烟馆，因伪政府出动大批军警拦阻而未能成行。[②]

这一“除三害”（鸦片烟、赌博和跳舞）运动很快影响到长江下游城市。12 月 29 日，芜湖的青年也组织了游行示威活动，在游行中冲进“裕记”“源记”“永和”“川江”“公记”“文林”“同兴”“钰记”等鸦片烟膏行店，搜出了 26 车鸦片烟膏和烟具，当众付之一炬。同一天，杭州部分学生也捣毁了“谦泰”“紫竹林”“清和”“悦来”“好运道”等 5 家鸦片烟膏店。1944 年 1 月 6 日，南通市中学生 1 000 余人也分别冲入“安乐宫”“于福记”等鸦片烟膏店，将所有鸦片烟具和烟膏尽力予以砸毁。与此同时，上海也有数千名青少年举行了抗议“毒化”的游行活动，他们在南市高呼着“打倒汉奸”的口号，将大型鸦片烟馆“裕昌”以及小型鸦片烟馆“一峰”等 78 家尽力予以捣毁，其中有“远东号”等日本鸦片行 3 家。[③]

1943 年底的抗议运动波及上海、杭州、芜湖、南通等长江下游各大中城市，成为一次重要事件。但是，关于其策划、组织者有各种说法：第一种说法，如前所说是中国共产党南京地下组织负责人厉恩虞所策动。

第二种说法是汪伪政权为夺取日本人控制下的华中宏济善堂的巨额毒品利

---

① 江泽民：《忆厉恩虞同志》，《世纪风采》1998 年第 8、9 期，第 4 页。

② 南京中国第二历史档案馆藏：《华中宏济善堂呈报各地特业商店被青少年团捣毁情形》，档号 2010/7468。

③ 南京中国第二历史档案馆藏：《华中宏济善堂呈报各地特业商店被青少年团捣毁情形》，档号 2010/7468。

润而设计的。鸦片买卖在华中是个暴利行业，为了垄断或分取鸦片利益，日伪之间、各派系之间相互勾心斗角。伪上海市市长陈公博对于盛文颐极为不满，对于宏济善堂垄断华中的鸦片销售也极为不满，三番五次向日本军部提出取消宏济善堂的要求，主张由伪南京行政院设立专门的鸦片销售机构。日本军部是宏济善堂经销鸦片的最大受益者，不肯轻易让步，以宏济善堂是商业机构，军部无权干涉为由，一再推托。陈公博看上层走不通，就让汪伪政府内政部部长兼宣传部长林柏生策动学生抗议。[①] "青少年团"上街示威，打出的旗号是"除三害"。

1943 年 12 月，学生在南京、上海、杭州及其他都市破坏鸦片店和舞场，发起示威运动，一般国民之情绪达到顶点，但日本军队并未对此加以干涉，而是派遣经济顾问到南京谈判。伪南京政府在与日本代表谈判鸦片问题时，采取了如下立场："(1) 维持前军事委员会之鸦片禁止政策，五年禁止政策亦需尽速执行，务必自 1944 年 4 月起之三年内去除鸦片之害恶；(2) 依据战前之规定，内蒙古之罂粟栽培应予禁止，按照情况，以务必减少生产取代完全禁止，每年宏济善堂达 300 万盎司(约合 236 万两)以上之蒙疆产鸦片输入，至少应予减少一半；(3) 战前调解生产者、商人、鸦片常用者之军事委员会所强调之规则，应予遵守，日本当局不保护日本及中国之恶徒，对此，应协助中国。"[②]

谈判的结果是，日本接受了汪伪政权恢复禁烟的要求，被迫下令停办华中宏济善堂。抗战胜利后，横行一时的盛文颐被收入监狱，1949 年以后，在提篮桥监狱死去。

第三种说法是林柏生与汪精卫之妻陈璧君向华中宏济善堂索要 40 万元，未能如愿，乃派人策划了这一事件。1946 年 1 月 3 日审讯汉奸盛文颐的笔录可以为证。

问：伪宣传部长林逆柏生向宏济善堂要求津贴若干？

答：宏济善堂自民二十八年八月间成立起，林逆柏生还在香港，伪南京国民政府尚未成立。到民三十二年九月间，伪宣传部长林逆柏生及陈逆璧君等托人向宏济善堂说每月津贴四千余万元，我没有答应。最后陈逆璧君

---

① 林柏生(1902—1946)，别号石泉，广东信宜人。1920 年考入广州岭南大学，1925 年任汪精卫秘书，同年赴莫斯科中山大学留学。1926 年 9 月回国任黄埔军校政治教官。1927 年随汪精卫去法国，曾创办《欧美通讯》。1929 年在香港创办南华通讯社。1932 年在上海创办《中华日报》。1934 年任国民党政府立法委员。1938 年 10 月随汪精卫从重庆逃到河内。汪伪政权成立后，任伪国民党中央常委、宣传部长、伪安徽省长兼蚌埠绥靖公署主任。日本投降后，于 1945 年 8 月 25 日逃亡日本，10 月 3 日被押解回国。1946 年 5 月 31 日，首都高等法庭判处其死刑，10 月 8 日以汉奸罪在南京被处决。

② 《南京高等法院 1946 年 5 月 25 日联合军最高司令部总本部国际检查局(阿片吸烟禁止处理经过事情)》，《极东国际军事裁判记录检查侧证据书类》，第 82 卷，检查侧文书 9560/7 号。

托人来说每月减至一千余万元，陈逆公博、周逆佛海等到我家劝我继续帮忙下去，我们始终没有承认。到民三十三年二月间，宏济善堂就结束了。

问：民三十二年伪内政部长是谁？

答：民三十二年九月前是陈逆群，自是年十月起为梅逆思平，次长是袁愈佺。

问：每月津贴梅逆思平、袁逆愈佺若干？

答：听说里见夫于年节时送一二十万元礼物给梅逆思平，到了民三十三年二月间宏济善堂结束后，由伪内政部接办，组织禁烟总局，听说是由袁逆愈佺作主。至于如何勾结土商，内情我不甚详细。

问：宏济善堂由内蒙贩运鸦片到沪，每月为数若干？

答：自民二十八年八月间起至民三十二年底止，宏济善堂经售烟土不到一千万两，其中有蒙古土、热河土、蚌埠土、芜湖土、波斯土等。

问：宏济善堂所获盈利是供给东条内阁作为机密费及津贴敌国会议员吗？

答：听说里见夫以盈利供给敌登(军)部小军官是实在，并没有听说作为敌内阁机密费及敌国会议员津贴的事情。

问：林逆柏生发动新青年运动，殴打土膏行及烟馆有这件事吗？

答：因为伪组织林逆柏生、陈逆壁君等要宏济善堂每月津贴四千余万元未遂，所以他们于民三十二年十月及十一月间发动青年运动，殴打土膏行及烟馆。如果宏济善堂对于敌内阁或敌国会议员有津贴，不至于发生此事，宏济善堂亦就不会就此结束了。

问：你今天讲的话实在吗？

答：实在的。[①]

以上这三种说法各有根据，共产党的地下活动是事实，日伪之间在鸦片利益的分配上存在矛盾也是实际，林柏生与陈璧君是否因索要四千余万元不成而策划也很难加以排除。对于汪伪政权来说，试图染指鸦片收益的大有人在，伪教育部长邓祖禹也曾伙同大汉奸周佛海之妻杨淑慧、李士群之妻叶吉卿，勾结奸商王益之以开设"中华烟草公司"为名，向蚌埠、芜湖等地输送鸦片。[②]

---

① 《审讯盛文颐录供》，南京市档案馆编：《审讯汪伪汉奸笔录》上卷，南京：江苏古籍出版社，1992年，第485页。

② 邓祖禹有妻妾七八人，在南京中正路吉祥里及朱雀路之四象桥各置主宅一处。《陆军总司令部调查室关于邓祖禹勾结奸商贩毒致首都高等法院函》1946年5月27日，南京档案馆编：《审讯汪伪汉奸笔录》下卷，南京：江苏古籍出版社，1992年，第1109页。

一场迅速掀起的青年学生运动，社会起因可能是多方面的，的确是“戏中有戏”，不可否认陈公博与林柏生有趁机夺取华中宏济善堂鸦片利益的企图。无论如何，青年学生涌向街头抗议日本的“毒化”运动是符合民意的，策划者的个人动机只有与学生主流的意愿相符合才能发挥作用。正是由于中国人民对于日本毒化政策的痛恨，才会发生抗议示威运动。任何一场社会运动的出现，都是复杂的社会原因相互作用的结果。对于任何社会运动的定性，研究策划者的动机是必要的，但个人动机毕竟不是唯一的尺度。因此必须肯定，1943 年与 1944 年之际发生在长江下游各大城市的抗议日本侵略“毒化”的事件，是中日战争时期的一次学生爱国运动，其背后则有各类操纵人物。

“首都全市之青少年环视如此黑暗之现象，正义之心觉起而义愤填膺，为了激励战时生活，并体验青少年总奋起运动之主旨，各学校青少年千余人特于 17 日在青年馆自动自发集结，决议将严格实践禁烟、禁舞、禁赌，而且将宣言文及抗议要求书，以及标语口号予以油印分发，并立即前往各舞场、吸烟所进行宣传。”①

席卷华中地区各大城市的抗议“毒化”运动，打击了日本在该占领区的“毒化”政策。华中宏济善堂的头目里见甫在东京审判时承认这是关闭华中宏济善堂的主要原因。他说：“至 1943 年末，由学生和知识界掀起的反对鸦片示威运动连续爆发，我认为这是辞职的好机会，得到兴亚院和南京政府的允许后，我便辞去了职务。”②日本政府方面向伪南京政权表示：如果中国方面希望实施战前的禁烟政策，则日方不加阻拦，“惟蒙疆政府以此为政费之重要收入，请予考虑”。伪政权得知日方对于鸦片收入有放弃的念头，根据他们与日本人交往的经验，不敢轻易相信。

伪内政部长梅思平在笔供中这样写道：“一、内蒙既以此为收入，如果凭藉日方压力，逼令倾销，则南京政府不啻为代人销售烟土之经理。二、当时南京政府之财政情形，收支尚可相抵，特税之有无无关轻重。但日本如果藉口特税收入增加，而要求减轻其他税率，以便日商，则反为害。三、历年与日方交涉之痛苦，每遇一事初则声明决不干涉，其后则往往遇事牵阻政令，中国方面负责者无从办理，深恐禁烟问题亦不能例外。”③

经过交涉，日方表示同意。1944 年 3 月上旬，华中宏济善堂在各大报刊上

---

① 《申报》1943 年 12 月 19 日。

② ［日］江口圭一：《日中アヘン战争》，东京：岩波书店，1988 年，第 196 页。

③ 梅思平 1945 年 12 月笔供：《办理禁烟之经过情形》，南京市档案馆编：《审讯汪伪汉奸笔录》上卷，南京：江苏古籍出版社，1992 年，第 435 页。

刊登了结束启事。[1] 华中宏济善堂的匆匆收场既是学生运动激烈反对的结果，也是中国社会各界普遍不满的结果。

最后还需要查实的是东条英机与宏济善堂的关系。按照袁愈佺的说法，宏济善堂呈交给“兴亚院”的华中鸦片收益一部分交给了东条英机，这件事情尽管里见甫与盛文颐做得很机密，但还是走漏了风声，以致引起日本议员对东条内阁的质询。他说：“惟据日方传闻谓宏济善堂供给东条英机巨额机密费（盛文颐亦屡次以此自豪）。迄民国三十二年，东条之反对派曾藉此大肆攻击，其国会议员竟有人公然指摘在华日军贩运烟土之事实，几致引起严重问题。日本大本营报导部长（谷荻少将）曾为此公开声明：‘在华日军绝对不干与（预）鸦片问题。’并说明宏济善堂系中国人盛文颐主持，与日军并无关系。但宏济善堂与东条之关系，经此日方之声明，实反欲盖弥彰。”[2]这种说法在东京审判时没有得到完全证实，但在南京审判时伪内政部长梅思平的笔供也有同样说法。[3]

十一　华中宏济善堂的草草收场

1944 年初，汪伪政权利用学生激烈反抗“毒化”运动所表达的民意，与日本占领军展开谈判。基本要求有三条：第一条，继续南京国民政府于 1934 年开始的禁烟禁毒运动，1944 年 4 月实行完全禁烟禁毒；第二条，蒙疆地区应与全国各地一样全面禁种罂粟，华中地区的鸦片输入应大幅度减少，过去华中宏济善堂每年自蒙疆输入的鸦片大约有 300 万两，此后至少应减少一半；第三条，鸦片与其他毒品的生产、贩卖应如战前一样加以禁止，日本当局对此应当予以协助，不可继续庇护日本、朝鲜和中国的贩毒者。[4]

是时，在世界大战的格斗场上，胜利的天平已经倾向反法西斯阵营一方。1943 年 2 月，苏联红军取得了斯大林格勒大会战的胜利。夏季，又赢得了库尔斯克战役的胜利。在北非战场上，1943 年 9 月，英、美盟军在取得北非战役的胜利后，打响了进攻意大利的战斗，墨索里尼政权垮台，法西斯轴心国集团开始瓦解。1943 年 2 月以后，美军连续赢得珊瑚海、中途岛等一连串海战胜利，先后攻占布干维尔岛、马绍尔群岛、塞班岛、关岛和菲律宾群岛。与此同时，中国和美国

---

① 《中华日报》1944 年 3 月 1 日，《新闻报》3 月 2 日，《申报》周刊 3 月 3 日。

② 袁愈佺：《宏济善堂之内幕》1946 年 1 月 22 日，南京市档案馆编：《审讯汪伪汉奸笔录》下卷，南京：江苏古籍出版社，1992 年，第 1048 页。

③ 梅思平 1945 年 12 月笔供：《办理禁烟之经过情形》，南京市档案馆编：《审讯汪伪汉奸笔录》上卷，南京：江苏古籍出版社，1992 年，第 435～438 页。

④ 梅思平 1945 年 12 月笔供：《办理禁烟之经过情形》，南京市档案馆编：《审讯汪伪汉奸笔录》上卷，南京：江苏古籍出版社，1992 年，第 435～438 页。

军队在缅北战役中也取得胜利。整个太平洋战局的主动权已经掌握在反法西斯阵营一边。11月22日至26日，美国、英国、中国三国首脑罗斯福、丘吉尔和蒋介石在开罗举行会谈，12月1日发表了《开罗宣言》。宣言指出：三国继续对日军作战，直至其无条件投降；剥夺日本自1914年第一次世界大战以来在太平洋所夺取的一切岛屿，使日本侵夺的中国领土，如东北、台湾、澎湖列岛全部归还中国。11月28日至12月1日，美国、英国和苏联三国首脑在伊朗德黑兰举行会议，主要讨论如何加速击败法西斯德国。开罗会议和德黑兰会议确定了战胜法西斯侵略集团的总战略。

在战场上遭受重创以后，日本侵略者面对日益强大的反法西斯阵营，面对中国人民反抗侵略情绪的空前高涨，不能不稍稍收敛其先前的蛮横态度，多少考虑一下汪伪政权的意愿，不能不采取一些必要的措施，平息一下"毒化"政策在中国人民心中所激起的强烈不满与愤怒。在这种情况下，日方政府代表不得不退后一步，同意撤销华中宏济善堂，声称不再直接干预汪伪政权的禁烟禁毒措施。但是，他们仍然坚持要顾及所谓蒙疆政府的财政收入，反对全部禁绝蒙疆鸦片的输入。① 此处，日本政府所强调的顾及蒙疆财政收入的理由当然是虚假的。实际上，日本政府继续坚持在蒙疆大量生产鸦片，继续坚持将其大量输入华北、华中和华南地区，主要是顾及本身的鸦片利益。因为，伪蒙疆政权所得到的鸦片利润只是其输出鸦片利润的一小部分，利润的绝大部分掌握在"兴亚院"(1943年以后改为"大东亚省")及其各地联络部负责配给的日本人手中，而后通过银行汇入日本大藏相的账户里，这才是日本不愿松手鸦片控制的真实原因。

1944年1月，汪精卫因病赴日本疗养，陈公博成为南京国府代主席、代军事委员会委员长，同时集行政院长、上海市市长、禁烟总监于一身。"禁烟"问题由内政部长林柏生控制。1944年3月，在华中宏济善堂草草收场的同时，伪内政部颁布了一系列禁毒规则，规定鸦片烟毒患者必须到戒烟机关登记，所有市内鸦片行店、售吸所全部关闭，同时在南京市搜捕了几名臭名昭著的毒品贩子，其中包括在日本宪兵队担任特务的曹玉成，立即予以枪决，从而使各类贩毒分子立即敛迹，公开的贩毒活动在上海、南京、武汉、杭州等大城市立即转入地下，鸦片销售量也大为减少，蒙疆地区的鸦片输入量也相应减少，华中地区每月鸦片需求量降为10万两左右。尽管1944年的华中禁毒并没能彻底消灭该地区的鸦片势力，没能杜绝鸦片烟毒的继续生产、加工、运输和消费，没能使日本政府彻底放弃其毒化政策，但它毕竟迫使大规模的鸦片犯罪从公开转入地下，迫使海洛因等毒

---

① 南京中国第二历史档案馆藏：《华中宏济善堂呈准结束》1943年12月31日，档号2010/7467。

品工厂迅速消失，迫使鸦片等毒品消费量大大减少，迫使烟毒势力处于收束状态。与此同时，南京政权通过禁烟行政的实施，也得到了不菲的财政收入：1944年“自四月至年终，每月平均不到10万两，较之宏济善堂每月运销20余万两者，已减少百分之六十以上……每月约计解交财政部四千万元至五千万元，均有誊账可稽也”。[①]

关于1943年冬季所发生的青年学生捣毁鸦片土膏店以及后来鸦片政策的变化，作为检察方面的书面证明，国民政府南京高等法院提交的主要文件是《禁止吸食鸦片处理事情经过》，而这个文件是以当事人汪伪政权内政部长梅思平的笔供为基础的。文件这样写道：

> 1943年12月，上海、杭州及其他城市的学生发动了捣毁鸦片店、鸦片窟的示威运动，一般国民的感情达到了顶点。但是，日本军队并未予以干涉。结果，日本政府表示，在南京政府考虑“鸦片利益是蒙疆自治政府的主要财源”这一事实的条件下，如果中国希望恢复战前的禁止鸦片法案的话，日本将予以帮助，并向南京政府派遣了经济顾问。
>
> 南京政府与日本进行交涉，并提出了如下要求：（一）继续实行战前国民政府的禁烟政策，从1944年4月开始，3年内实现禁烟；（二）禁止内蒙古栽种鸦片，从内蒙古输入的鸦片减半；（三）战前的鸦片生产者、商人、常吸者要遵守有关规定，“日本当局对日本及中国的恶徒不能予以保护”；（四）为禁止鸦片走私贸易提供援助。结果，日本完全接受了这些条件，采取了禁止鸦片的措施。[②]

1944年3月，华中宏济善堂宣布解散，汪伪南京政府正式收回所谓“禁烟”权力。要么采取措施，彻底禁止鸦片烟毒；要么继续纵毒，从中谋取利益——这是摆在伪政权面前的两条路径。事实证明伪政权选择了继续纵毒的政策。伪行政院通过《禁烟办法大纲》，规定在三年内实现禁绝鸦片。5月，梅思平委任其亲信章骏担任伪禁烟总局局长。[③] 自1944年5月至12月，以各种名目解缴伪政府

---

① 梅思平1945年12月笔供《办理禁烟之经过情形》，南京市档案馆编：《审讯汪伪汉奸笔录》上卷，南京：江苏古籍出版社，1992年，第436页。

② ［日］江口圭一著，宋志勇译：《日中鸦片战争》，天津：天津人民出版社，1995年，第120页。梅思平1945年12月笔供《办理禁烟之经过情形》，南京市档案馆编：《审讯汪伪汉奸笔录》上卷，南京：江苏古籍出版社，1992年，第435页。

③ 任期为1944年5月至12月。此前为范忠，任职2星期。1945年1月至8月伪禁烟总局局长由陈公博的亲信陈实秋担任。

财政机关的鸦片税收为 233 732 042 元，除各项支出外，盈余为 83 674 215 元。详情如表 59 所示。

表 59　1944 年 5—12 月解缴伪南京政权各项鸦片税收　　(单位：元)

盈　余	特　税	地方税	治安附捐	福利附捐	总　额
83 674 215	46 150 675	3 257 755	23 922 036	3 354 116	233 732 042

十二　关于毒品利润的一项概略估价

在中日全面战争时期(1937—1945)，日本侵略者通过鸦片等毒品在华中地区究竟掠夺了多少社会财富？由于在战后撤退时负责这一政策的日本关键人物带走和销毁了大量原始资料，现在要清算这笔罪债是十分困难的。李恩涵先生在《日本在华中的贩毒活动》中借助推算的方法，进行了有益的尝试。

他说："我们可以进一步推论：就华中地区而言，在上述中日全面对抗的八年期间日本到底在贩卖鸦片、海洛因、吗啡等方面赚得了多少利润？如果我们以 1939 年作为一个标准年来估计，因为这一年的毒品销售额可算是一个中间数量，而在此年之前的 1937—1938 年的年销售额可能较此为低，而此年之后的 1940—1943 年的年销售额可能较此为高；因此，这些年每年都可计算为'1'个单位(1937 年 7 月战争爆发，故 1937 年 7 月至 1938 年底，只能算是 1.5，1939 年为 1，1940—1943 年为 4；由于 1944 年 1 月之后，汪政府开始发动'清毒运动'，此后之年销售额可能只为标准年销毒额的 1/2，而 1945 年 8 月日本即投降了，故 1944 年 1 月至 1945 年 8 月之销毒量，应为 1.5×1/2)，所以，1937 年 7 月至 1945 年 8 月之销毒'单位'为 7.25(1.5+1+4+1.5×1/2=7.25)。由于根据美国在上海的财政情报，1939 年日本在华中贩毒所获的利润大致为 3 亿元(以日本军用券元为计算单位，军用券的币值与日币相同，此时大致日元 4 元=美金 1 元)，所以，我们可以推算出在中日战争的约略八年期间，日本在华中贩毒所获的利润，约略为 21.75 亿元。此 21.75 亿日元如折合为美金，则为美金 5.36 亿元。如运用此款于建造日本当时最新型载重 25 675 吨、可载飞机 84 架的航空母舰(每艘造价 8 000 万日元)，上述在华中贩毒所赚利润的专款每年即可建造该型航母 3.75 艘，八年合计，则可建造 27.19 艘。"

又说："但此一数额只是就日本在华中贩毒所获的利润而言，如果我们合理地假定其一般利润为 30%(海洛因的一般利润为 35%，鸦片的一般利润为 30%，但我们系将两者的利润合计而作保守的估计为 30%)，则 1939 年日本与其傀儡政府在华中的毒品销售总额即应为10亿元(3亿÷30%)。”①

笔者认为,在缺乏系统资料的情况下如此进行概略性的估价是解决问题的捷径,而担心这种概略性的估算在每年都缺乏旁证资料支持的情况下,很难被严肃的史家所接受,他们相信的是真凭实据。因此,采用这种方法处理如此重要的问题应当谨慎从事。

十三 伊朗鸦片输入华中地区的总量及其利润

一种说法是,1938年与1939年,华中宏济善堂一共销售伊朗鸦片9 150箱,但这种说法目前缺乏旁证资料。② 现在综合分析各种资料,能够得到证实的是4 400箱。

东京审判厅提出的书面证明显示,由三井物产株式会社输入中国的伊朗鸦片有4 400箱,合计704 000磅,即319 334.4公斤,1931年国民政府颁布《度量衡法》,1市斤等于16两,1两等于31.25克,按每两31.25克计算,则折合10 218 701两(输入情况如表60)。若按里见甫的说法,每箱160磅,折合1 920两,即每两为37.8克,③折合8 448 000两。显然里见甫是按照关平计算的,但这种计算单位的对象一般是白银。

表60 1938年4月—1940年11月三井物产株式会社输入的伊朗鸦片

时　间	箱数	折合(磅)	金额(日元)	平均价格	船舶名称	销售机构
1938年4月	428	68 480	2 808 000	41.00	新加坡丸	宏济善社
1939年1月	972	155 520	5 187 370	33.36	赤城丸	宏济善社
1939年4月	1 000	160 000	4 114 286	25.71	赤城丸	宏济善社
1939年10月	1 000	160 000	4 525 600	28.29	玉川丸	宏济善社
1940年10月	500	80 000	2 469 136	30.86	最上川丸	宏济善社
1940年11月	500	80 000	2 291 000	28.64	加茂川丸	宏济善社
合　计	4 400	704 000	21 395 392			

资料来源:江口圭一著,宋志勇译:《日中鸦片战争》,天津:天津人民出版社,1995年,第64页。

① 李恩涵:《日本在华中的贩毒活动(1937—1945)》,台北《中央研究院近代史研究所集刊》第29期,1998年,第220～221页。

② 中华民国时期库平1两等于37.24克,关平1两等于37.799 4克。

③ 1938年,里见甫与盛文颐合伙销售的第一宗伊朗鸦片就有2 000箱(每箱72公斤,合160磅,或1 920两)。1939年销售了7 150箱鸦片,其中由三菱商事株式会社运入伊朗鸦片3 000箱,由三井物产株式会社运进伪满鸦片3 000箱,同时运进伊朗鸦片1 150箱。Pritchard and Zaide, eds., *The Tokyo War Crimes Trials*, pp. 4884 - 4885, P. 4861, “U. S. Treasury Attache at Shanghai (April 5, 1939)”, (Exhibit No. 424.)

这里首先必须指出的是，江口圭一的原表缺少1939年1月与1939年10月两批鸦片销售价值额，他的推算方法是先求得平均每箱价格，再补充缺项。本表推算方法略有不同，是按照每一缺项的前一次与后一次平均每磅销售价格相加，求得平均价格，再乘以销售量所得，因此，比江口圭一的估价精细一些，数额也略大一些。另外，江口圭一教授在将英磅换算成国际制时出现了错误，按照他的计算，704 000磅折合为316.8吨，实际应是319.334 4吨，相差2.534 4吨(即2 534.4公斤)。

还需要说明的是，朱庆葆教授在《日本侵华毒品机构——华中宏济善堂研究》一文中说："几年间，宏济善堂至少销售来自伊朗的鸦片23 616 000两。"这种说法可能有误解。按照这种说法，按每箱1 920两计算，应有12 300箱，实际上到现在能够证明的只有4 400箱。之所以有这样大的出入，是由于以下两个错误造成的。

第一，1939年由三菱商事株式会社输入的3 000箱鸦片，目的地是伪满洲国，没有明确资料能够证实这批鸦片经过华中宏济善堂输入华中。由于朱教授的引文主要是江口圭一的著作，笔者仔细阅读江口圭一的原著，并无输入华中的内容。原文是："在满洲国，因热河鸦片歉收，决定1939年2月底以前，由三菱进口伊朗鸦片3 000箱。1938年12月13日，三菱签订了这个契约。"①

第二，1941年输入的4 000箱鸦片也不能成立。因为朱教授所列举的资料是里见甫的口供，而里见甫的口供说的是经由他销售的伊朗鸦片总数，而非这一年销售了4 000箱鸦片。里见甫的供词原文是："我卖的鸦片在该组织中占多大比例已记不清了，大致有波斯鸦片4 000箱，蒙古鸦片1 000万两。"②

4 400箱伊朗鸦片的输入价值为21 395 392日元，那么，宏济善堂从这笔毒品输入中赚取了多少利润呢？根据里见甫的说法，是2 000万美元。他说："宏济善堂用波斯鸦片赚到的钱约达2 000万美元。这些钱特务部存在时交给了特务部，特务部撤销后交给了兴亚院。"③ 2 000万美元，按照1939年美元与日元1∶4的比价，相当于8 000万日元，利润率是374%，也就是说每投资1日元，就有3.74元的利润回报。有了销售利润率和鸦片输入总价值，就可以推算出在华中地区的总销售价值：21 395 392日元×(1＋3.74)＝101 414 158日元，即25 353 540美元。其中鸦片输入价值折合5 348 848美元，纯利润为20 004 692美元。

---

① [日]江口圭一：《日中ァヘン战争》，东京：岩波书店，1988年，第100页。
② [日]江口圭一著，宋志勇译：《日中鸦片战争》，天津：天津人民出版社，1995年，第84页。
③ [日]江口圭一著，宋志勇译：《日中鸦片战争》，天津：天津人民出版社，1995年，第64页。

1938 年 12 月 10 日，美国驻上海领事馆财务官在报告中指出："日军特务机关每箱获利 3 000～4 000 美元。"这是一项概略性估计，与实际利润有一定差距。国际检察官经过精细计算，认为每箱波斯鸦片的利润是 4 545 美元，即 18 180 日元。1939 年 4 月输入的波斯鸦片价格为 4 114 日元，1940 年 10 月每箱波斯鸦片的输入价格是 4 938 日元，每箱鸦片的利润相当于输入价格的 4 倍左右。可见在 1938 年到 1940 年间，宏济善堂仅仅从三井物产株式会社进口的波斯鸦片中就为日军特务部和"兴亚院"赚取了 2 000 万美元的巨额战争经费。

江口圭一教授的看法与国际检察官的推算近似。他认为："伊朗鸦片总共获利约 8 000 万日元，每箱获利达 1.818 万日元。由于总输入价值约 2 100 万日元，每箱平均 4 812 日元，即获取了 3.8 倍的暴利。"[①]

还需要注意的是，向华中地区输入波斯鸦片的不单是三井物产一家，三菱商务株式会社也是大宗鸦片的走私商。现在我们还不知道这家公司在同一时期向华中输入了多少，这个问题的真正解决有待于新资料的发现和证实。

十四　蒙疆鸦片输入华中的总量与利润研究

1939 年 9 月世界大战爆发之后，波斯鸦片的运输日形困难，最后一批鸦片的运输不得不依靠军舰保护。在波斯鸦片的输入于 1940 年底中断之后，宏济善堂经销的鸦片主要来自蒙疆地区。那么，从蒙疆究竟输入了多少鸦片？价值几何？

首先，我们需要确定一个计算利润的尺度。1939 年每两生鸦片在平津的黑市价格为 20 元，而在鸦片产地万全县，农民交纳一两鸦片只能得到 3 元左右，[②]其间差价为 17 元，除去飞机运输费用 1 元左右，每两获利不下 16 元。按照这一说法，鸦片的收购价格与销售价格的比值为 1∶6.67。但由于这个比值反映的是黑市价格，不宜作为日伪政权获取利润的标准。

1941 年在绥远省托克托县，鸦片收购价每两按上中下规定约在 7～9 元之间，[③]平均每两 8 元。这一年，蒙疆运到上海和华中的鸦片每两售价 40 元左右，获利至少在 32 元以上。[④] 按照这一说法，产地鸦片征收价格与华北、华中的消费价格为 1∶5 左右，适当考虑运输费用和华北过境费（每两费用为 0.5 元），其

---

① ［日］江口圭一著，宋志勇译：《日中鸦片战争》，天津：天津人民出版社，1995 年，第 65 页。

② 王金城：《万全县鸦片毒害的始末》，《张家口文史资料》第 22 辑，第 224 页。

③ 《陈应道就敌伪在绥远省托县种毒获取高额收入致傅作义电》1941 年 12 月 8 日，马模贞主编：《中国禁毒史资料》，天津：天津人民出版社，1998 年，第 1546 页。

④ 南京中国第二历史档案馆藏：《国民政府内政部关于日本在察哈尔毒化情形致外交部电》1942 年 8 月 24 日，档号不详。

比值是1∶4.7，鸦片的销售利润正好是蒙疆收购价格的3.7倍。这一说法与1938年至1940年间华中宏济善堂销售波斯鸦片的利润率是相同的，与江口圭一在其著作中计算得到的“3.8倍的暴利”也是一致的。①

从现有资料来看，1939年华中地区得到了蒙疆地区配给的鸦片10万两，②当年平均收购价格每两为3.74日元，每两配价9.55～10.55日元，平均为9.91日元。本年度使用飞机运输，每两鸦片的运费是0.7日元，每两配价与运输费合计为10.61日元，购买10万两蒙疆鸦片，华中宏济善堂为此要付出1 061 000日元。以收购价格(即每两平均3.74日元)的4.7倍计算，其售价为1 757 800日元，从中扣除蒙疆的配给价值，纯利润为696 800日元，本年度1日元可以兑换0.25美元，折合348 400美元。

1940年蒙疆地区实际收缴了4 925 989两鸦片，当年收买价格为一等品8日元，二等品7日元，三等品6日元，政府再以平均8日元的价格从“土药组合”手中收缴，然后加上每两税金2.5日元，即10.5日元的价格出售给土药组合。土药组合根据指令，将其以15～16日元(部分以18日元)的价格配给各地。蒙疆鸦片输入华中地区最初使用飞机运输，1940年秋天的大批量运输改为火车运输，每两鸦片向华北地区缴纳运输费0.15元、过境费0.35元，运输费和过境费合计0.5元，每两到达华北的鸦片配给价不会超过16日元。③ 华中宏济善堂购买蒙疆鸦片2 005 000两，需要付出配价与运费32 080 000日元。根据宏济善堂的鸦片定价可知，1940年2月运到上海的蒙疆鸦片成本费为法币20元，是时日本在上海发行的军用券(与日元同值)80元相当于法币100元，20元法币正好折合军用券16元。此后法币继续贬值，鸦片成本费依照法币计算自然随之提高，11月法币29元。1940年秋季在上海蒙疆鸦片的销售价格每两为法币40元左右，折合军用券33元左右，正好是蒙疆鸦片收购价格7元的4.6倍。因此，本年的销售价值相当于收购价值的4.7倍，应当是比较接近实际的。按照销售价格相当于收购价格的4.7倍计算，则其销售价值为65 964 500日元，从中扣除需要支付蒙疆的32 080 000日元，纯利润为33 884 500日元，本年度1日元对美元的汇率为0.24日元，折合8 132 280美元。

1941年度，“兴亚院”确定的鸦片供需计划是：蒙疆收缴700万两，其中350

---

① ［日］江口圭一著，宋志勇译：《日中鸦片战争》，天津：天津人民出版社，1995年，第65页。

② ［日］江口圭一著，宋志勇译：《日中鸦片战争》，天津：天津人民出版社，1995年，第48页。

③ “蒙疆土药运往华中售卖，向用飞机运输，每两运费7角。现在运往华中土药约200万两，拟改火车运输，每两运费约需1角5分。拟向我方缴纳通过华北辖境运费，每两3角5分，请发通过运输执照。”(《伪华北禁烟总局请示蒙疆土药运往华中所征过境费标准稿呈》1940年10月25日，马模贞主编：《中国禁毒史资料》，天津：天津人民出版社，1998年，第1540页。)

万两输入华北，350 万两输入华中。实际上这一年由于罂粟种植面积大幅度增加，产量提高，收缴量也大幅度提高。总收缴量达到 11 145 866 两，与预计量的 7 550 000 两相比，提高了 47.6%。配给华中的鸦片数量也因此达到 3 848 000 两。本年度，蒙疆鸦片供应价格"兴亚院"原计划为每两 14 日元，因秋季供应过剩，每两收购价格平均 7 日元左右，配给价调低为 13～13.5 日元，平均为 13.25 日元。① 加上过境费、运输费每两 0.5 日元，运输到华中的鸦片每两成本费为 13.75 日元，加上其他因素，也高不过 14 日元。因此，华中宏济善堂为得到蒙疆的 3 848 000 两鸦片，大约需要支付 53 872 000 日元。本年度上半年蒙疆鸦片在上海的销售价格为中储券 43 元左右，②折合军用券 34 元，相当于原来收购价(7 日元)的 4.7 倍。按照这种销售价格比例，我们推得 1941 年度宏济善堂销售蒙疆鸦片总值大约为 126 599 200 日元，从中扣除支付蒙疆鸦片的费用，纯利润为 72 727 200 日元，本年度 1 日元可以兑换 0.23 美元，折合 16 727 256 美元。

1941 年度，华中管内收购鸦片预计为 445 000 两，假定这一计划如数完成，其价格与利润也按蒙疆鸦片计算，华中宏济善堂还可以得到 11 525 500 日元的利润，折合 2 650 865 美元。所以，1941 年度，华中宏济善堂与伪政权通过收购管内土产鸦片和销售蒙疆配给鸦片所获得利润有 19 378 121 美元。

1942 年度，蒙疆鸦片实际收缴量没有达到"兴亚院"的要求，但是，由于上年剩余很多，实际配给华中的鸦片仍然达到了 5 027 000 两。③ 每两配给价大约是 16.5 日元，加上运费、过境费等需要支付 0.5 日元，合计每两 17 日元。因此，宏济善堂为此需要支付 85 459 000 日元。蒙疆运到上海和华中的鸦片，每两售价一般在 40 日元以上。④ 若以蒙疆鸦片收购价 7.1 日元推算其利润，华中宏济善堂的销售价值为 167 750 990 日元，从中扣除需要支付蒙疆等的费用，纯利润为 82 291 990 日元，本年度 1 日元可以兑换 0.23 美元，折合 18 927 158 美元。⑤

本年度"兴亚院"的华中鸦片收购计划量是 130 000 两，假定这一计划如数完成，同样按照蒙疆鸦片收购价格计算其利润，则华中宏济善堂由此也可获得 3 415 100 日元，折合 785 473 美元。这样，1942 年度，华中宏济善堂通过收购本

① [日]江口圭一著，宋志勇译：《日中鸦片战争》，天津：天津人民出版社，1995 年，第 80～81 页。

② 1941 年 1 月伪中央银行储备券刚刚发行，与法币的兑换率为 1 比 2；法币购买力继续下跌，100 元只能兑换军用券 40 元左右。

③ [日]江口圭一著，宋志勇译：《日中鸦片战争》，天津：天津人民出版社，1995 年，第 93 页。

④ 1942 年 8 月 24 日《国民政府内政部关于日本在察哈尔毒化情形致外交部电》："其大批烟土，伪政府以官价 4 元至 8 元收买，航运上海售价 40 元之巨。"(马模贞主编：《中国禁毒史资料》，天津：天津人民出版社，1998 年，第 1554 页。)

⑤ 就现有资料来看，从 1941 年 7 月到 1942 年 6 月的一年时间内，由华中宏济善堂配销到各地的鸦片有 5 153 000 两：苏、浙、皖三省 3 276 000 两，湖北 710 000 两，广东 886 000 两，福建 281 000 两。

地鸦片和销售蒙疆鸦片所获得的利润有 19 712 636 美元。

1942 年度由于蒙疆没有完成收缴任务，在“大东亚省”召开的鸦片供需会议上，配给华中和华南地区的鸦片只有 1 950 000 两。1943 年蒙疆鸦片的收缴价格平均仍然是 8.2 日元，政府补偿价格是 11 日元，配给价格 16.5 日元，加上每两鸦片 0.5 元的过境费和运输费，宏济善堂为 1 950 000 两蒙疆鸦片所支出的费用是 33 150 000 日元。从 1942 年 8 月开始，法币在伪政权统治的华中地区逐渐崩溃，同时中储券也严重贬值，各种物价暴涨，[①]因此宏济善堂的蒙疆鸦片定价也一路攀升(如表 61)。法币、中储券、军用券之间比价激烈波动，货币形态杂乱，换算极为困难，而且难以达到准确。这里，只能依照每两收购价格 8.2 日元的 4.7 倍加以推算：半年度销售总价值为 75 153 000 日元，从中扣除支付蒙疆地区的费用，纯利润为 42 003 000 日元。当年，日元对美元的比价略有下跌，大致在 5∶1 左右，折合 8 400 600 美元。

表 61　1942 年 6 月—1943 年 10 月 1 两蒙疆鸦片在上海的销售价格(中储券)

时间	1942 年 6 月	1942 年 9 月	1942 年 11 月	1943 年 3 月	1943 年 6 月	1943 年 10 月
价格	75 元	106 元	116 元	144 元	268 元	596 元

资料来源：南京中国历史第二档案馆藏：《宏济善堂订定各项特货价目》，档案号 2010/7470。

由于 1943 年底在华中各城市爆发了群众性的抗议“毒化”运动，华中宏济善堂于 1944 年 3 月草草收场，其毒品事业被汪伪政权所继承。关于 1944 年度华中鸦片的配给量，蒙疆方面没有明确记载，可资参考的只有该年度的蒙疆预算数字，一般会计的岁入、岁出都是 14 631 万余日元，清查榷运特别会计的岁入为 18 292 万余日元，岁出为 13 713 万余日元，岁入余额为 4 579 万余日元。但由于蒙疆地区通货膨胀严重，不便进行直接比较。华中方面的资料是：“从 1944 年 4 月开始到同年年底，从内蒙古输入的鸦片月平均在 10 万盎司以下，是宏济善堂时期输入额的 40%以下。”[②]根据这一说法，1944 年 4 月以后，平均每月的输入量为 90 718 两，[③]那么，这一年的后 9 个月输入的蒙疆鸦片应为 816 466 两。1944 年 4 月以后的每月平均输入量相当于华中宏济善堂在 1944 年 3 月以前月平均输入额的 40%。由此，可以推算出 1944 年第一季度每月的

---

① 依照中储券计算，一石粳米的售价是：1942 年 6 月为 343.13 元，9 月为 435 元，11 月 682 元，1943 年 2 月 1 219 元，6 月为 1 054 元，9 月 1 786 元，11 月 1 942 元，1944 年 2 月 3 238 元，6 月 9 450 元，9 月为 10 250 元，11 月为 24 000 元。(朱斯煌：《民国经济史》，百宋铸字印刷局，1948 年，第 543 页。)

② [日]江口圭一著，宋志勇译：《日中鸦片战争》，天津：天津人民出版社，1995 年，第 80～81 页。

③ 即 10 万盎司，每盎司合 28.349 5 克。华中当时市秤与蒙疆地区相同，每两合 31.25 克。

输入量为 196 872.5 两,[①]3 个月累计为 590 617.5 两(78 749÷40%×3=590 617.5两)。1944 年度,华中输入的蒙疆鸦片总量为 1 407 083 两。

推算 1944 年度鸦片利润所遇到的最大困难,不是输入华中的鸦片总量的多少,而是缺乏蒙疆的收购价格和配销价格,同时由于 1943 年以后华中地区通货膨胀相当严重,特别是后半年物价上涨指数变化很大,很难找到相对稳定的数据,所以在此不得不借用 1943 年度的蒙疆鸦片收购价格(8.2 日元)、配销价格(17 日元)和日元对美元的兑换率,由此推得表 62。华中伪政权销售蒙疆鸦片总值为 54 228 979 日元,除了支付蒙疆 23 920 411 日元外,纯利润为 30 308 568 日元,折合 6 061 714 美元。

根据以上综合分析,参考表 2,将推算结果制成表 62,这是宏济善堂推销蒙疆鸦片的初步结论。在此必须指出,所谓纯利润自然不是纯的,还有许多费用需要从总利润中开销,诸如"国税""总局利益金""分堂利益金""股东红利""总公会费""地方会费""特业公会费""汇水借金""准备金"以及各种办公费等。参与瓜分利润的人员自然更多,在此不必一一细究。宏济善堂从 1939 年 6 月宣布成立,到 1944 年 3 月宣布撤销,共计销售蒙疆鸦片 13 520 612 两。这一数据比里见甫供词中提到的"1 000 万两"精确一些[②],与事实基本吻合。

表 62　1939—1944 年蒙疆鸦片输入华中情况一览表

时　间	计划配给量(两)	实际配给量(两)	配价(日元)	输入价值(日元)	鸦片利润(日元)	按当年汇率折合(美元)
1939 年		100 000	9.91	1 061 000	696 800	348 400
1940 年	2 000 000	2 005 000	16	32 080 000	33 884 500	8 132 280
1941 年	3 500 000	3 848 000	13.25	53 872 000	72 727 200	16 727 256
1942 年	3 760 000	5 027 000	17	85 459 000	82 291 990	18 927 158
1943 年		1 950 000	17	33 150 000	42 003 000	8 400 600
1944 年		1 407 083	17	23 920 411	30 308 568	6 061 714
合　计		14 337 078				58 597 408

汪伪南京政权内政部次长袁愈佺在供词中曾经谈及宏济善堂历年配销蒙疆鸦片的数量。他说:"兴亚院历年核准宏济善堂运销烟土之数量:民国二十九年

① 1944 年 3 月以前,蒙疆鸦片每月平均输入华中 196 872.5 两,也是基本可信的,因为 1943 年由蒙疆配给华中的鸦片全年为 1 950 000 两。

② 里见甫在供词中说:"我卖的鸦片在该组织中占多大比例已记不清了,大致有波斯鸦片 4 000 箱,蒙古鸦片 1 000 万两。"(江口圭一著,宋志勇译:《日中鸦片战争》,天津:天津人民出版社,1995 年,第 84 页。)

度约五百余万两，三十年度约四百五十万两，三十一年度约三百五十万两，三十二年约三百万两。”[①]这种说法不够精确，仅供参考。

上述蒙疆鸦片只是华中宏济善堂经手的鸦片来源之一，事实上输入伪满鸦片与征收管内鸦片也是华中宏济善堂的实施毒化阴谋的重要手段。关于输入伪洲鸦片的资料，现在也不完整，难以窥见真相，而有案可稽的，至少有这样几笔：第一笔是 1940 年由“兴亚院”配给的 100 万两；第二笔是 1941 年经古海忠之、夏目忠雄、池田金人、安滕道夫以每两 35 满元的价格将 10 万两鸦片出售给华中宏济善社；[②]第三笔是 1944 年 10 月，由武部六藏与古海忠之出售给南京伪政权的 30 万两，“这笔买卖双方的经手人，伪满方面是总务厅长古海忠之，南京政权方面是驻伪满大使陈济诚。这项鸦片 10 月交货后，由陈济诚亲自押运到南京。这批鸦片的卖价，每两 50 元。该年伪满政府向种烟农民收买的价格，特等每两 18 元，一等每两 16 元，二等每两 14 元，三等每两 12 元。据说当时伪满的私行市价每两约 600 多元，可以想象南京、上海的黑市价格会更高”；[③]第四笔是 1945 年 4 月根据华中的要求，古海忠之卖给其 10 万两，每两价格是 50 元，这笔资金主要充当在华中的“满洲国职员”的物价津贴，剩余的资金，伪满洲国购买了汽车和棉织品。

以上四笔热河鸦片合计为 150 万两，前两笔鸦片 110 万两由宏济善堂负责配销，后两笔 40 万两由汪伪政权转卖出去。由于缺少热河的收购价格，加之 1944 年以后华中地区通货膨胀严重，各种货币比价变化没有规律，推算其价值存在一定困难，这里不得不借用宏济善堂在华中配销蒙疆鸦片每两获得纯利 1.3 美元的平均价格进行推算：配销 150 万两热河鸦片，纯利为 1 950 000 美元，华中宏济善堂可以获取 1 430 000 美元，汪伪政权可以得到 520 000 美元。

华中宏济善堂还在占领区开放罂粟种植禁令，指定苏北和皖北生产鸦片，每年派出大批采办委员到各地采购鸦片。根据 1939 年“兴亚院”的计划，1940 年度华中管内鸦片收缴量为 100 万两，1942 年度华中管内的鸦片收缴量是 13 万万两，实际上宏济善堂在华中地区收购了多少土产鸦片？这方面的资料明显缺乏，暂且不论。

综上所述，宏济善堂销售波斯鸦片 4 400 箱，获利 20 000 000 美元；销售蒙

---

① 袁愈佺：《宏济善堂之内幕》1946 年 1 月 22 日，南京市档案馆：《审讯汪伪汉奸笔录》下卷，南京：江苏古籍出版社，1992 年，第 1048 页。

② 中央档案馆编：《日本帝国主义侵华档案资料选编・东北经济掠夺》，北京：中华书局，1991 年，第 846、820 页。

③ 中央档案馆编：《日本帝国主义侵华档案资料选编・东北经济掠夺》，北京：中华书局，1991 年，第 846、820 页。

疆鸦片 14 337 078 两，获取纯利 58 597 408 美元；销售热河鸦片 1 500 000 两，牟取暴利 1 950 000 美元。三项合计 80 547 408 美元，这还不包括管内生产的鸦片利益。高达 8 055 万美元的鸦片利润，绝大部分由里见甫呈交给“兴亚院”（或“大东亚省”），汪伪政权只拿去了其中极小一部分。

“以战养战”是日本侵略政策的既定方针，“以毒养战”则是这个侵略政策的重要组成部分。那么，日本侵略者为什么要采取这种赤裸裸的反人道政策和方针呢？毒品收入由谁来支配呢？汪伪政权的内政部长梅思平是重要当事人之一，自然了解其中秘密。他这样写道：“至于鸦片之贩卖，则为日本政府高级人员之有系统的计划，其原因有下列数点：一、日本自占领内蒙后即成立所谓自治政府，但内蒙收入甚微，而当地农民又素有种植鸦片之习惯，于是‘蒙疆政府’即不得不以收卖鸦片为政费之大部分收入。二、日本自战争以来财政困难，故在中国到处搜括，无孔不入，鸦片收入自为彼所垂涎。内蒙收卖鸦片之汇兑系先解东京，由大藏省支配，其中即有一部分为大藏省所截留，其数字甚为机密，无可估计，但事实则确然有之。至烟土运至上海等处，卖出后其利益又大部分直解东京。据调查所知，在东条内阁时此种款项即为内阁之机密费，内阁对国会议员之津贴即从此款开支。事虽秘密，但知者甚多，日本国内亦有以此攻击东条者，此亦确有之事实，但证据则不易搜集（若宏济善堂簿据能够搜获，则可略见痕迹）。”[①]这种说法与前引伪内政部次长袁愈佺的笔供是完全一致的。[②]

---

① 梅思平 1945 年 12 月笔供：《办理禁烟之经过情形》，南京市档案馆编：《审讯汪伪汉奸笔录》上卷，南京：江苏古籍出版社，1992 年，第 433～434 页。

② 袁愈佺 1946 年 1 月 22 日笔供：《宏济善堂之内幕》，南京市档案馆编：《审讯汪伪汉奸笔录》下卷，南京：江苏古籍出版社，1992 年，第 1049 页。

第七章　日本在华南地区的纵毒活动(1938—1945)

从1938年到1945年，日军为了灭亡中国，多次在华南地区发动攻势，曾经占领福建、广东和云南等省部分地区，控制了厦门、广州、香港、海口等沿海大中城市和云南的龙陵地区。在这些占领地区，日军尽管没有形成有效的政治和军事统治，没有编织成严密有效的贩毒网络，但仍然利用一切机会和手段强行推行其既定的毒化政策。

日本在华南地区推行毒化政策先是通过“兴亚院”厦门联络部，后是通过“大东亚省”驻华南事务所进行的。厦门的“福庆公司”“福裕公司”“福和公司”以及广州的“福民公司”都是日军直接操纵的贩毒机构。在日军侵略中国的过程中，毒化政策始终是一个非常重要的方面，凡是日本军旗飘扬的地方，毒品势力立即猖狂起来，以至于中国老百姓干脆把日本的太阳旗看成是鸦片的商标。

这里有必要首先指出，太平洋战争爆发后，日本的军事势力一度扩大到东南亚各国，华南地区与菲律宾、越南、缅甸等国家也一同处于日本南方派遣军的铁蹄践踏之下，所以华南的毒品问题与东南亚各国又联系在一起。因此，在研究华南地区的日本毒化政策时，我们将适度关注日军在整个战区的毒化方针和政策。

一　1934年前日本浪人对厦门的毒品进攻

1895年日本占领台湾之后，对于海峡对面的福建省一直垂涎欲滴，试图将其划入日本的势力范围，攫为己有，但是，福建毕竟是英国的禁脔之地，日本不便公开下手，只好采取偷窃的办法悄悄向厦门渗透。清末民初，当中国的禁烟运动逐渐走向高潮以后，英国的鸦片势力开始逐渐从中国撤退，日本侵略者看准时机，立即派遣大批毒品贩子向福建沿海地区发动毒品进攻。在厦门和福州，无论是日本浪人还是台湾无赖，无论是沿街串巷还是坐地开店，这些到处兜售毒品的贩子手里拿着吗啡、可卡因和海洛因，怀里揣着日本领事馆的护照。

1926年驻厦门的日本领事井上庚二郎报告说，厦门的“台湾籍民”6 831人，依靠贩卖鸦片为生的人竟然有2 051人。在厦门，“台湾籍民”开设的大小鸦片烟馆不下200家，福州的“台湾籍民”开设的鸦片烟馆1930年也超过了200家，[①]营业总额每日在10万日元以上。这些毒品贩子在日本人的怂恿下，藐视中国禁烟法令，胆大妄为，屡次查获，旋释旋犯，既有白天破获而夜间复业者，也有屡经破获而仍然开设者。

1930年8月15日，中国警察查获福州高节里5号开设的鸦片烟馆，证据确凿，依法取缔，贴上封条。日本领事馆闻讯前往，声称该商店是经营海产，将封条揭去。1931年，福州另一家烟馆被查封取缔，日本领事又派人将封条揭去，加上日本领事馆封条，公开庇护毒品犯罪。上海《大陆报》指出：“日人在福州势力之大与行动之不法，已达极点，开鸦片馆及非法之当铺，恣行种种，完全漠视中国主权。”1933年，“福州和厦门有些地带，依然烟馆林立，每个烟馆门口都飘着一面太阳旗，挂着洋行的牌子，中国的军警，是不敢也不能随便进入检查的”。[②] 难怪中国老百姓把日本的太阳旗看成是日本人贩卖鸦片的商标。[③]

1932年，厦门的“台湾籍民”人数达到9 000余人，1937年进一步激增到10 000余人。在这批“台湾籍民”中，绝大多数是经营正当生意的商人，也有从事抗日活动的爱国青年，但是不可否认也有见利忘义的无赖之徒，甘心情愿充当侵略者的帮凶。他们在日本领事馆的庇护下，猖狂从事贩毒活动，在资金上得到台湾银行的支持。此外，还有一批当地人加入了日本国籍，成为日本籍浪人。这些家伙一边替日本人搜集军事情报，一边推销毒品。例如，谢龙阔毕业于日本明治大学政治系，接受了间谍训练，担任《全闽新日报》的社长，成为政界活跃人物，下属党羽王昌盛专门从事贩毒生意，为其提供活动资金。晋江人曾厚坤加入日本国籍后，成为三井物产株式会社以及浅野洋行的代理人，雇佣日本保镖数人，一边经营毒品，一边经营赌场。[④] 在基隆、厦门、汕头与香港海域有日本大阪商船株式会社的两艘载重30吨的船只定期穿行其间，一艘叫作“广东丸”，一艘名为“香港丸”。这两艘船只装载着棉布、生丝、鱼干、煤油、烟酒和食糖，同时也装载

---

① 例如，在福州开设的大鸦片烟馆和土栈有合源洋行、永华洋行、财记洋行、东光洋行、春大洋行、宝泰洋行、仁源洋行、山海洋行、意发洋行、三信洋行、合春洋行、日兴泰洋行、松山洋行、公平洋行、高德记洋行和源泰洋行。《日人在闽庇烟纵毒》，《民国日报》1930年4月13日。

② 上海文史馆编：《旧上海的烟赌娼》，上海：百家出版社，1988年，第38页。

③ 关东军副参谋长、陆军中将池田纯久1953年在《陆军葬仪委员长》中写道：九一八事变时，“一群在日本混不下去了的人，流入了中国内地，有不少人从事鸦片私卖。他们以治外法权作盾牌，悬挂太阳国旗，公然贩卖鸦片。因此，有不少中国人看到太阳旗，以为是鸦片商标，还不时地发生凌辱日本国旗的事件，以致发展成外交问题。后经仔细调查，才发现中国人不知道那是日本国旗，以为是鸦片商标。简直是笑话。”江口圭一著，宋志勇译：《日中鸦片战争》，天津：天津人民出版社，1995年，第112页。

④ 《厦门日籍浪人记述》，厦门文史资料研究委员会编印：《厦门文史资料选辑》第2辑，1963年3月，第6页，第39～40页。

着鸦片、吗啡和海洛因。厦门、福州的毒品主要是靠这两艘日本船只运来的。

九一八事变后，日本关东军很快占领了中国东北全境，并立即扶植了一个傀儡政权。驻扎在台湾的日本军队也想如法炮制，吞并福建。但是，这一计划需要大量军费支持，日本政府刚刚吞并了中国东北，需要一段时间来消化，因此迟迟没有批准驻台军队的行动计划。1933 年 11 月，李济深、蔡廷锴率领十九路军发动反抗南京政府的事变，成立了福建人民革命政府，日本驻福州领事试图加以操纵，但因此一事件很快平息，未能得手。十九路军失败后，日本又派人与军阀杜其云联系，为其提供了价值 10 万元的鸦片。杜其云原为北洋军阀的一位旅长，驻扎闽西，与当地的土匪头子关系比较密切。1934 年，杜投靠了中央军。是时，蒋介石正在对付十九路军，任命杜为暂编旅长。不料，杜其云一到福建就接受了日本人的贿赂，很快与泽喜信取得联系，阴谋成立"华南国"。这一阴谋被南京政府发现，杜其云被擒，随行的日本特务也被处死。①

对于鸦片消费国而言，鸦片不仅是极为有害健康、破坏社会、导致犯罪的重大问题，而且能动摇社会经济基础和政治稳定。

二 福建的禁烟运动与日本人的蓄意破坏

1935 年 4 月 1 日，国民政府军事委员会委员长蒋介石向全国发布禁烟禁毒通令："对于烈性毒品，则规定自二十四年(1935)至二十六年底止，以两年为彻底禁绝之限期；对于禁烟方面，则按六年禁绝期限，即自二十四年(1935)至二十九年(1940)底为止。"②全国禁烟禁毒运动由此掀起高潮。

按照禁毒规定，在两年禁毒期限内，凡是制造、运输和贩卖毒品者，一经发现，立即按照条例处以死刑，从犯视其情节轻重分别判处无期徒刑，或者 5～12 年有期徒刑。两年期限过后，自 1937 年 1 月开始，凡是制造、运输和贩卖人犯，一经发现，不论主从，一概处以死刑。至于吸食烈性毒品者，限制在 1935 年内必须戒断毒瘾，逾期未戒，除了拘押勒戒之外，并处以 5 年以下有期徒刑。两年禁毒期限过后，自 1937 年起，凡是使用毒品者，一经发现，立即处以无期徒刑或死刑。在禁毒过程中，一经发现公务人员在毒品的制造、运输和贩卖中有帮助行为，均处以死刑。

按照禁烟规定，福建、广东、广西、湖南等省都是绝对禁种罂粟省区，必须在

① 《厦门日籍浪人记述》，厦门文史资料研究委员会编印：《厦门文史资料选辑》第 2 辑，1963 年 3 月，第 6 页，第 39～40 页。

② 上海市禁烟委员会编印：《禁烟专刊》第 1 期，1935 年 12 月，第 30 页。

第一年实现禁种目标，并且要保证此后不能有任何反复。凡是已经报称禁绝的县份，如今后再有罂粟出土，一经查实，该管县长、查禁委员以及保甲长、种户，概以军法从严惩治。有敢聚众反抗者，为首之人立予枪决。县长对于辖区内有烟苗而不报告或采取措施消灭者，一经查实，也立即枪决。关于烟民登记与戒断烟瘾问题，规定实施严格的登记制度，办理暂时吸食执照，以 1935 年最后登记截止时的人数为准，按照年龄分为五期，一年戒断一期，到 1940 年实现完全戒绝。此外，规定党政、军队和学校生员一律禁止吸食。关于鸦片的运输，一律由禁烟督察处公运，严禁私运。关于土膏行店的取缔也按照每年递减的原则执行，至 1940 年全部取消。

1935 年禁种计划实施后，福建省尽管由于政治情况复杂，但都采取了查拔罂粟的措施，取得了显著成效。就全国来说，福建种植罂粟面积历来不是太大，但在有些地区仍然有不少以生产鸦片牟利者，惠安、泉州、晋江、安海、石狮、金井等沿海县区都曾经有过大面积种植，尤其是诏安、梅州、云霄等县，民风强悍，历来对于禁令置之不理。1935 年春天，根据军事委员会委员长蒋介石的命令，八十师师长陈琪派遣旅长齐国桓带领 239 旅与 238 旅 4763 团进驻诏安，乡民竟然有开枪反抗者，“军队还击，死伤烟民八九人”，在县长的亲自督促下，全部铲除了烟苗，风潮始告平息。为了防止铲后再种，当局相信，只有重刑，才能收效，规定：“种户枪毙，乡长连坐。”并将这一命令印刷了 80 万份，用飞机在福建的西部和南部广为散发，同时通令各县：“自保甲长起至区县长止，按层具肃清烟苗切结。如有检举发现，一体连坐。各县区烟馆，一律限三日内封闭。如此雷厉风行，自有相当成效。”①在禁吸方面，由绥靖公署通令本省各县政府，迅速设立戒烟所，采取暂时领照吸食制度，经过连续补行登记，到 1937 年，福建登记的烟民人数有 111 482 人。经过采取强制性措施，福建有 38 844 人先后戒断了毒瘾。在禁毒方面，福建省对于禁毒工作办理得也比较认真。针对本省沿海地区毒品流行情况，多次派遣军警进行查稽，不仅查获了一批贩毒案件，而且捣毁了若干制毒场所。例如，1936 年 12 月 1 日，厦门海关在一艘货船上查获日本产吗啡 65 公两。②

总的来说，福建省在 1935 年到 1938 年期间，在日军尚未侵占的情况下，认真开展了禁烟禁毒运动，并且取得了相当显著的成效，基本实现了禁种罂粟的任

---

① 《各省市禁烟概况》1934 年春—1935 年春，马模贞主编：《中国禁毒史资料》，天津：天津人民出版社，1998 年，第 1067 页。

② 福建省民政厅编：《福建省禁烟概况》，第 75～76 页。

务，大大限制了毒品的传播。即使没有实现彻底清除毒品的任务，但在国民政府统治时期，毒品犯罪被压制在不敢公开的状态之下，这是有目共睹的事实。1939年9月20日，美国驻厦门领事麦亚斯(M. S. Myers)在写给本国政府的报告中指出："该市被日军夺取以前，鸦片的贩卖及使用被中国政府所禁止。他们为消灭这种交易而进行的努力，被认为取得了相当大的成果。"①

应当说，福建省的禁烟禁毒运动取得这样的成果是相当不容易的。我们必须看到，福建在这一时期政治是不稳定的，不仅军队派系矛盾复杂，而且地方土匪势力猖獗。当然，最主要的原因是日本人的公开阻挠和破坏。1935年，在厦门与福州仍有642家大大小小的鸦片烟膏店，大多是日本人或者台湾籍民开设的。在这些人当中，有为日本搜集情报的间谍，也有为国民政府服务的特工人员，还有同时为中国和日本服务的"双面间谍"。②

1936年，日本人继续在福建寻找土匪势力，阴谋策划福建独立事变。德化县土匪首领张雄南在日本人的怂恿和支持下，挂起了"福建和平救国军第一集团军"的旗帜，自任军长。此一事件发生后，福建省主席陈仪采取果断措施，迅速击毙了张雄南，日本人的阴谋未能得逞。

1937年中日战争全面爆发前夕，在福州开设鸦片烟馆的日本浪人、台湾籍民仍有390家，这是公开对抗中国政府的禁令。③

三　厦门鸦片的大盘、中盘与小盘

1938年5月中旬，日军海军占领了厦门，成立了伪治安维持会。为了筹集战争经费，出资10万元成立了鸦片公卖局，后来感到这个名字过于赤裸裸，才将其改为禁烟局，任命台湾籍民林济川为局长。鸦片专卖局虽然由日本海军司令部直接控制，但利益按照协议则由日本海军当局、日本驻厦门领事馆与伪厦门治安维持会三方面均分。1939年春天，"兴亚院"厦门联络部成立，海军大佐原忠一负责其事，厦门的治安维持会改名为厦门市政府，伪市长为李思贤。

无论是"治安维持会"还是挂着堂皇招牌的"厦门市政府"，无论是赤裸裸的"鸦片专卖局"还是披着遮羞布的"禁烟局"，都是日本海军当局控制下的傀儡。厦门的鸦片生意按照经营情况被当地人分为三类：大盘，又称顶盘，主要经营大

---

① ［日］江口圭一著，宋志勇译：《日中鸦片战争》，天津：天津人民出版社，1995年，第68页。

② 许雪姬：《黄海波先生访问记录》，台北中央研究院近代史研究所编：《口述历史》1995年第6期，第189～191页。

③ 许雪姬：《黄海波先生访问记录》，台北中央研究院近代史研究所编：《口述历史》1995年第6期，第189～191页。

宗鸦片加工和批发业务；中盘，又称二盘，是指比较大的鸦片烟馆，可以向小盘批发鸦片烟膏；小盘，又称三盘，是指比较小的鸦片烟馆。伪鸦片专卖局的基本任务是秉承占领军首脑人物的旨意，负责监督三个大盘（福裕公司、福庆公司与福和公司）的鸦片供应，负责颁发二盘、三盘鸦片烟馆的营业执照并征收其税金。

福裕公司负责输入生鸦片、加工鸦片烟膏与大盘批发业务，创办于1938年12月，设有董事会，董事大多为台湾籍民，名义上以陈长福为常务董事，办理一切事宜，实际控制权却在林济川手中。该公司加工的鸦片烟膏分为“天字”“福字”“红狮”“特字”等名目，每月生产20万两，利润中的35%作为红利和职员的奖励金，其余65%上缴“兴亚院”。[①] 福庆公司（后来改称福隆公司）创办于1939年，创办人也是林济川、陈长福等人，凡是禁烟局批准给中盘商人和“兴亚院”批准由交通船外销的鸦片，均由福庆公司供应，每月销售鸦片大约有3万两左右。福和公司虽然名义上是独立核算的，实际只是福裕公司下属的配制鸦片烟膏原料的一家工厂[②]。

厦门市在沦陷时期大约有30家（一说50家）中盘鸦片烟馆，130家小盘鸦片烟馆。按照规定，鸦片烟馆的营业执照由禁烟局负责颁发，每两年更换一次。能够得到中盘鸦片烟馆执照的人大多是有功于日军的台湾籍民和对日本人表示亲善的鸦片烟馆老板。持有中盘营业执照，每月可以在禁烟局领取600两配销的鸦片。小盘鸦片烟馆最初有130家，也大多是台湾籍民和“维持会”有关系的人开设的，鸦片烟膏来自中盘商。

“兴亚院”厦门联络部的鸦片收益主要是两个方面：一是三家大盘公司缴纳的配销税金，二是中盘、小盘鸦片商人交纳的营业税。1939年4月，厦门市已经有中盘20家，小盘130余家。每家中盘鸦片商人需要向禁烟局交纳1 000元的保证金，每月交纳10元营业费；小盘商人需要交纳保证金200元，每月营业费5元。

生鸦片最初从澳门运来，后来依靠三井物产株式会社的船只供应。1939年厦门一共配销了399 000两鸦片，绝大部分是波斯鸦片，只有3 000两云南鸦片，是从上海运来的。三井物产的船只一般停靠在金门附近，然后通知厦门取走华南的配额。本年度买入价每两3元，卖出批发价为4元。“不特将烟毒销售本市，且极力设法倾销沿海各县。”[③]

---

① 魏宏运：《三四十年代日本的鸦片侵华政策》，张海鹏主编：《第二届近百年中日关系史研讨会论文集》，北京：中华书局，1995年，第73页。

② 《厦门日籍浪人记述》，第43页；《厦门沦陷时期的警察机关》，第63～64页。

③ 《日本毒化罪行资料》，马模贞主编：《中国禁毒史资料》，天津：天津人民出版社，1998年，第1597页。

为了笼络卖身投靠的汉奸，按照日本海军的旨意，禁烟局还以特别许可证的名义向伪政府的官员配给低价的鸦片，让他们转手出售，从中获得利益。市长、局长每月一般可以得到 150 两低价鸦片。这种特权也不完全限于特权人物，社会闻人、当地绅士，只要愿意投靠日本人，甚至连著名妓院也可以得到这种特权。

日本人还指定金门为罂粟种植区，该岛罂粟种植面积 1941 年达到全部农业土地的 20%以上，收缴鸦片 15 000 两。到了 1943 年，金门的罂粟种植面积进一步扩大，根据报告，全年收割的鸦片达到 100 万两，“悉由厦门敌派员收购，每两给价 20 元，民间不得私藏。……金门伪县政府近设立广大农业实验场一所，专门试验种鸦片 5 000 余斤，均由厦门伪公卖局收买，每斤伪币 640 元，转销香港、澳门广州各地”。[①]

1940 年，厦门的鸦片销售额为 170 000 两，1941 年度为 329 000 两，其中蒙疆产鸦片为 214 000 两，伊朗鸦片 99 000 两，金门鸦片 15 000 两。

美国驻厦门领事 K. 马克比写于 1939 年的报告作为检察方面的书证提交给了远东审判法庭。报告指出：“日军入市(厦门)不久，这种(鸦片)生意显著增加，而且做这种生意的人大部分被认为是台湾人。这些台湾人肯定得到了日本海军提供的方便及默许。日本海军虽不在中国傀儡政权的前场露面，却有力地统制着该市。”[②]

抗日战争时期，日军曾经两次侵入福州：第一次是 1941 年 4 月 21 日，侵入时间为 135 天；第二次 1944 年 9 月 27 日，226 天后撤退。在占领福州短短几个月的时间内，日军也没有放松纵毒活动。日军在下杭路设立特务机关，由长河田主持鸦片销售，以敌伪情报人员张嘉成辅助其事。为虎作伥的有台湾籍民郭佑来、马路鉴、卞南春等人。“侦缉队总队长、特务机关情报员台湾人江逸仙、敌宪兵队情报员陈依庆、伪侦缉队长周文清等，皆输送烟土，供给各烟馆需用。敌警备队长松木一格、北部警备队长西内正五郎、伪市政委员会委员长王之纲等，亦协力推销烟土，帮助毒化。”1945 年春季，占领军在鼓楼大根区派遣台湾籍民张嘉成主持，设立 8 家鸦片烟馆，每日销售鸦片 40 余两。同时在台口区设立鸦片烟馆 40 家，每日销售鸦片 100 余两。鸦片按照经营情况分为五类，每月收捐 200 元至 500 元不等。“敌人引诱不肖之徒，遍设烟馆，胁迫民众吸烟。所有烟土均用商船或舰艇，自敌国并厦门南竿塘等处运来，交由日伪特务机关分配各烟

---

① 《敌伪在沦陷区施行毒化政策情报》1943 年 6 月，马模贞主编《中国禁毒史资料》，天津：天津人民出版社，1998 年，第 1564 页。

② [日] 江口圭一著，宋志勇译：《日中鸦片战争》，天津：天津人民出版社，1995 年，第 68 页。

馆，或由奸商代贩各处零售。每日数量当在200余两以上。”①一则广告这样写道：“最佳波斯鸦片，经由专家制作，一角可买一钱，漂亮女佣侍奉。”

1941年12月日军偷袭珍珠港之后，太平洋战争爆发。日军很快占领了马来西亚、菲律宾、印度尼西亚等岛国。英国、美国迅速作出宣战决定。“大东亚省”考虑到太平洋战争全面爆发，从伊朗继续进口优质而廉价的鸦片已经不可能了，立即决定加紧推行“共荣圈”内的鸦片自给自足计划。根据“兴亚院”的调查，华侨在东南亚英国、美国、法国和荷兰的殖民地总人数有6 793 220人，其中吸食鸦片的有203 800人，这是一个巨大的鸦片消费市场，如果占有了这个市场，鸦片利税可以解决南方派遣军一大部分的军事费用。1942年8月20日，“兴亚院”作出了在蒙疆和伪满洲国加紧生产鸦片的决定，准备向“南方”输出鸦片24万两，用鸦片来“宣抚华侨”。这里的“南方”指的是东南亚国家和地区。在占领之前就作出这样的鸦片计划，可见其处心积虑。

1942以后，厦门的鸦片主要是蒙疆鸦片或伪满鸦片，也有一部分金门鸦片，运输任务主要由厦门在勤海军武官府负责，运出则由日本领事馆负责。销售机构为直属于领事馆的“物资交易组合公司”，毒品加工厂为福裕公司。1945年8月厦门收复后，接收伪禁烟局“天”“福”等字纯鸦片烟膏4 328两，波斯、金门、蒙疆鸦片烟膏半成品6 951两，“天”“福”特字鸦片膏4 643两，料膏9 481两，蒙疆鸦片17 779两，金门鸦片3 775两，合计43 182两。②

关于烈性毒品的倾销情况，我们现在掌握的还不多，无法彻底揭露其秘密。就现有片段资料来看，在华南地区的毒品推销，也如同华中地区的销售系统一样，是由日本军方直接经营的。例如，1942年秋天，日军将3 000两吗啡和红丸自台湾运入厦门，由于吸食习惯问题，贩卖者寥寥，滞积数月，无法顺利出手。最后，采用了强盗的推销手段：“除强迫各走私船只每艘每次须带运百两外，并强迫码头交通船船员须夹带内地销售，每船每次约携带5至10两，否则货物不准出口，并停止该船的航行权。”③

以上这些纵毒事实中国记者也是清楚的，报道指出：“闽南方面，日寇早在金门强迫我人民种植罂粟，并设有大规模的毒品制造厂，攻陷厦门以后，毒化区域当然更加扩大了。日寇用飞机大炮来侵略我们，目的是在亡我国家；用鸦片毒品

① 《日本毒化罪行资料》，马模贞主编：《中国禁毒史资料》，天津：天津人民出版社，1998年，第1597页。

② 《日本毒化罪行资料》，马模贞主编：《中国禁毒史资料》，天津：天津人民出版社，1998年，第1597页。

③ 《国民政府内政部关于日本在厦门毒化情形致外交部电》1942年11月25日，马模贞主编：《中国禁毒史资料》，天津：天津人民出版社，1998年，第1597页。

来毒化我们，目的是在灭我种族。”①

1946 年 7 月 26 日，伪厦门市禁烟局局长林济川供述，在日军占领厦门期间，“敌人采取放任政策，听任人民自由贩卖鸦片……虽无烟瘾之人，亦可自由吸食鸦片”。②

四 鸦片大王叶清和的罪恶一生

叶清和是厦门鼓浪屿人，1898 年生于一个杂货店老板家庭，少年时期曾就读于英国教会学校——英华书院。青年时期开始经商与贩毒，后来成为厦门大鸦片贩子丘俊的押运员，时常从上海向厦门押运鸦片。不久，被提升为“裕记”鸦片行驻上海办事处的经理。1924 年，“裕记”行上海办事处因为偷漏鸦片税被公共租界工部局发现，叶清和与另一职员被逮捕，鸦片也被全部没收。叶清和在监狱里关了一年多，狱中发生越狱事件，事前叶清和曾与试图越狱的人一道密谋，而后又串通巡捕告了密，因此获得提前释放。

出狱之后，叶清和利用小老婆李惠珍的关系与上海流氓大亨杜月笙拉上了关系，被安插进禁烟局。有了禁烟局的肥缺，叶清和抓住一切机会走私鸦片，很快发了财，在禁烟局干了一年多，或者通过公开敲诈，或者通过暗地走私，便拥有了数万的家产。1925 年，叶清和辞去禁烟局的职务，在上海法租界吉祥街德福里 95 号开办了自己的“和源行”，公开的业务是代理德国洋行的颜料和五金，实际是推销鸦片。狡兔三窟，叶清和不仅在上海有了自己的行店，而且在厦门让自己的弟弟开了分店，名字叫作“和益行”。有了先前的教训，叶清和为了贩毒的便利，购买了葡萄牙国籍作“护身符”，随时准备逃避打击。“和源行”推销的鸦片主要来自伊朗。在上海经营鸦片生意的人很多，但由于经营毒品风险很大，真正能够做大做强的并不多。叶清和之所以能够成为上海滩上的“鸦片大王”，除了依靠自己手腕之外，关键是依靠了他的合伙人。他的合伙人华清泉、汪少丞(杜月笙的徒弟)、黄彰发、郑耀光(潮州帮鸦片商人)等人全是上海的大流氓。

1926 年，叶清和在国民药房二楼设立了“源和行”，专门贩卖海洛因。这些海洛因主要来自法国，采取罐装方式，每罐重量 1 公斤，每月供货一次，每次大约 100 罐左右。海洛因在当时已经被定性为毒品，不能公开大量输入，只能采取走私方式。叶清和走私这批毒品主要使用了偷天换日的方法。按照当时海关的惯例，凡是转运其他口岸的货物，一律上岸入仓，上海海关一般不开箱检验，等到运

① 《中共宣传、政治两部就厉行烟禁以摧毁敌人的毒化政策告国人书》，《新华日报》1938 年 6 月 3 日。
② 厦门市档案馆编：《厦门抗日战争档案资料》，厦门：厦门大学出版社，1997 年，第 429～432 页。

到目的地以后，由当地海关负责查验。叶清和就钻了这个空子，在法国马赛装船时，诡称这批货物是运往天津的，运到上海以后，利用在仓库等待转运的机会，通过已经收买的仓库管理员悄悄将海洛因取走，然后把同样的瓶装罐头装进去，转运到天津。利用这种方法走私毒品，叶清和从未失手。源和行销售毒品的方法也很安全，海洛因从不进入行里。从法国购买的海洛因一般放在法租界的一个流氓家中，客人在源和行购买海洛因，谈好价格后，由叶派人在指定地点交货，客商从不知道货物自何而来。海洛因整瓶售价在上海大约为 1 100 银元，散装价格要翻一番。

20 年代末期，四川军阀范绍增曾经派遣代表驻在上海，为其秘密购买武器。一次，军火买卖出了问题，代表王君白在法租界被捕，国民政府要求引渡。范绍增十分着急，想通过杜月笙摆平事件，派人与叶清和取得联系，允诺事成之后，将在四川设厂生产海洛因的特权交给叶清和。叶清和一口答应下来，花费 5 万元，利用杜月笙的关系释放了王君白，叶清和也在范绍增的合伙帮助下在重庆设立了毒品加工厂。双方合伙的条件是，各投资 50 万元，范的投资是掠夺来的鸦片，叶的投资是机器设备和化工原料。技师最初由叶清和从国民药房雇佣而来，但因生产出来的海洛因质量不佳，又改换日本技师，但仍然没有生产出高质量的海洛因。为了顺利销售在四川制造的毒品，叶清和准备在上海设厂，进一步加工成精细的海洛因。为此，聘用了一个日本技师，每月工资 1 000 元，于 1931 年底在法租界十三层楼附近开始了加工。1932 年夏天加工厂转移到公共租界的虹口，辞退了日本技师。代替日本技师的是自己的两个亲信，一个叫周养元，一个叫王开炎，都是叶的同乡人，拜把子兄弟。原来在法租界设厂之前，狡猾的叶清和就考虑到必须培养出自己的技师，以防止日本人垄断技术。因此，当他高薪聘请日本技师后，就指使周、王二人担任总务，随时准备窃取加工海洛因的秘方。日本技师也很狡猾，生怕自己的秘方泄露，失去月薪 1 000 元的岗位，所以，他在配药时，总是把自己一个人关在工作室里，不让任何人接近。但是，为了窃取配方，周、王二人也费尽心机，凡是发给日本技师的药剂，都尽量装在有刻度的量器中。等到日本技师离开工作室之后，他们偷偷进入工作室查看使用了多少药剂，然后与生产海洛因的数量加以核算，求出配方。但是用这种方法得到的配方每次都不一样，试制了三次都失败了。那么，为什么每次的配方都不一样呢？经过周、王反复观察，终于找到了秘密。原来日本技师在配完药剂之后，每一次在洗手时，都随意将一部分药剂倒入通到地下的水管里，用意很明白，就是防止有人盗用他的配方。发现这个秘密之后，周、王在叶清和的指使下，派了两名水泥工匠，趁日本技师晚上下班回家，连夜在地下管道下面装了一个玻璃瓮，专门盛接日本技师倒掉的药剂和废水。接着，周、王继续采用先前的方法进入日本技师的工作室，记录下药剂的存量，然后把玻璃瓮里的水取出来，聘请药剂师化验成分，终于得到了真正的配方。这么一来，日本技师的饭碗也就丢掉了。

重庆制毒厂生产出来的海洛因是通过邮局以中药川贝的名义寄到上海的。在重庆寄出时，靠范绍增的庇护，不用检查。到了上海，叶清和通过贿赂在邮局派驻的海关人员，使检验成为过场。重庆的制毒厂大约存在了两年多的时间就停办了，原因是靠山倒台，失去了范绍增，毒品生产无法继续下去。叶清和不甘心失败，又在成都找到了一个军阀，将重庆的机器设备和化学原料全部搬到了成都。成都制毒厂的合作方式类似于重庆，叶清和投入资金 80 万元，派了两个亲信去经营。成都的制毒厂生产了两批海洛因，姓谢的合作者就死掉了，新厂又一次停产。

不过，真正使叶清和倒霉的是上海的毒品加工厂。上海的毒品加工厂提高了质量，销路好了起来，这对于叶清和来说本来是发财的好机会，然而利益发生矛盾，引起了竞争对手的嫉妒。一天，趁叶清和未在上海，公共租界查封了虹口的毒品加工厂，将厂里亲信一网打尽。公共租界之所以出手这么坚决，是因为另一家海洛因加工厂收买了租界的华人侦探长陆廉奎，而陆廉奎肯效力又是因为本来就与叶清和有宿怨。据说，叶清和在公共租界设厂之初，陆廉奎前来敲竹杠 1 万元。叶清和认为自己与工部局关系密切，不吃这一套，因此得罪了陆廉奎。陆廉奎积怨在心，伺机报复。叶清和自天津返回上海后，探知被查封的底细，托人与陆说项，但陆认为叶清和翻脸不认人，不能与他有交易，声称要将他缉拿归案。叶清和受此恐吓，活动十分谨慎，但最后还是被陆廉奎捕获。叶清和被捕后，托人找关系，获得保释，保释条件是一家殷实的店铺与 4 万元保金。叶清和保释之后，心有不甘，用重金聘请著名律师章士钊试图翻案，控告工部局侦探队长陆廉奎敲诈未遂，滥捕无辜。官司一直打到高等法院，连续败诉。陆廉奎赢了官司，不肯歇手，责令保释人追回被保人叶清和。事到如今，叶清和看到无力回天，只好悄悄逃离了上海。毒品加工厂被查封，官司连续败诉，赔偿保释人的损失，前前后后至少花了 20 万元。

1933 年，叶清和潜回厦门避祸。是时，掌握福建统治大权的是十九路军，总指挥蒋光鼐担任省主席兼民政厅长。1930 年代前半期，禁烟禁毒在各地都在真真假假地进行，福建也不例外，组织了一个禁烟委员会，委员长由蒋光鼐亲自担任，副委员长由高等法院院长魏大同兼任，委员有当地著名人士萨镇冰、高登艇、邓世增等十多人，各省市也都设立了禁烟督察员。十九路军在福建的禁烟未能使鸦片走私中断，却使鸦片价格涨了一倍。叶清和熟知鸦片行市与走私经营方法，立即与老搭档黄彰发联络，与先后担任台湾公会会长的台湾籍民施范其、曾厚坤、陈长福等人合伙组成了“五丰公司”。五丰公司的总公司设在厦门，另外在福州的南台上海路设有分公司，专门进口伊朗鸦片。1934 年 1 月十九路军失败，叶清和很快与负责镇压十九路军的总司令蒋鼎文取得联系，以资助数万军饷的代价，弄到了鹭通股份有限公司包销鸦片特货的权利。鹭通股份有限公司成立于 1934 年 9 月，半年后改名为裕闽公司，叶清和担任董事长，股东仍是陈长福、曾厚坤等人，公司设在厦门升平路惠通巷 7 号。

鹭通公司包销闽南特货，是向禁烟督察处福建办事处厦门事务所承办的，条件是每月交纳 7 万元。有了这样的特权之后，“鹭通公司就在闽南各县遍设所谓代理处，把各县的包销权专卖给各该县的军阀、土匪、地富、劣绅。鹭通公司在各县的代理处，有金门的浯通公司、龙溪的龙通公司、海澄的德通公司、永春的百龄公司、泉州的泉通公司、德化的百合公司、仙游的仙通公司、南安的南通公司、惠安的惠通公司、同安的同通公司、安溪的溪通公司、南靖的靖通公司”。[①]鹭通公司最初经销的特货是从上海运来的四川、云南鸦片，贴有禁烟督察处的印花。

鹭通公司运转不久，财源滚滚而来。但叶清和仍不满足，继续在销售特货之外，设法走私毒品，并且为了逃避打击，接受了在上海的教训，加入了日本国籍。1935 年以后，全国掀起禁烟运动高潮，军统特务系统利用禁烟督察处将其势力扩大到福建，叶清和认为自己有日本国籍的护身符而有恃无恐。1937 年 6 月，省保安处通知叶清和到福州开会，牢狱之灾又一次逼近。临行之前，叶清和感到似乎要出问题，但又觉得问题不大，即使出了问题，按照他的人生经验是可以用钱摆平一切的。叶清和带领陈长福到达福州后，开了几天会，于会议结束后在外寻花问柳时被军统特务秘密逮捕。本来叶清和靠的是“台湾公会会长”的护身符，但被逮捕时陈长福却在睡大觉。陈长福一觉醒来，没有看见叶清和，立即向日本领事馆汇报。日本领事馆出面交涉，福建省政府只是答应代查下落而已。

叶清和被捕后，先是关在省保安处，而后押送到南京，被判处五年徒刑，罪名是破坏特货信誉，非法牟取暴利。叶清和入狱不久，中日战争全面爆发，日军攻占上海后，南京国民政府准备撤退，下令将判处十年以上的囚犯就地正法，将十年徒刑以下的运往芜湖。运载叶清和的船只在江中遭遇日本飞机轰炸，船头中弹，沉没。叶清和自幼生长在鼓浪屿，会游泳。船沉之后，给他造成了逃跑的绝佳时机。脱网之后，叶清和不敢回国民政府仍然控制的福建，在其狐群狗党的帮

---

① 上海文史馆编：《旧上海的烟赌娼》，上海：百家出版社，1988 年，第 40 页。

助下经过武汉，逃到了香港。[①]

逃到香港以后，叶清和先是住在付扶林道，后来搬迁到盆咸道。他凭借着与日本大特务头山满儿子的关系，又东山再起，开设了福兴公司，经营进出口贸易和运输业务。日军占领广州，叶清和在广州和澳门又开设了分公司，主要是从香港运输汽油、粮食到广州，然后从广州走私日本的军票到香港，并接受日本新兴公司的委托，从越南运输大米到厦门，供应军需。伪厦门禁烟局用鸦片销售的利润来套购大米，伪市政府的官员则以大米来交换鸦片，鸦片一时成为市场上的中介品。

叶清和在南方一边替日军搜购军需品，一边想着如何在上海东山再起。1941 年，叶清和乘坐香港渣华公司"芝字"号轮船回到上海，试图通过接近伪财政部长周佛海在上海开设一家大赌场，同时兼营鸦片生意。据说，南京方面已经同意了他的要求，但在上海筹办时，日伪机关不认账。个中原因是，盛文颐等人不想让叶清和染指赌场和毒品，抢走他们的利益。

1941 年太平洋战争爆发后，叶清和接受了头山满儿子头山左比(时在香港领事馆工作)的派遣，到广东的海丰和陆丰替日军搜购军用物资。最初，叶清和使用棉纱与海丰、陆丰奸商在海面交换钨矿，后来改在陆地交换。1944 年，叶清和发现派去交换物资的人赚了他的钱，想亲自出马查个究竟，但出门后被中国共产党领导的抗日武装东江纵队擒获。叶清和被捕的消息传到香港，家人立即托人活动，试图花钱营救叶清和出狱，结果一切落空，这个罪恶累累的民族败类病死在狱中，47 岁就早早结束了可耻的一生。

五　1937 年前广东的禁毒情况

广东在中国近代史上一直是鸦片烟毒的重灾区，从 1800 年清朝政府宣布禁止鸦片输入到 1950 年前后，毒魔一直纠缠着广东人民，尤其是广州地区的人民深受其害。广东本地鸦片生产历来无多，鸦片消费主要依赖输入。19 世纪 20 年代以前消费的主要是印度鸦片，此后由于英国鸦片势力退出中国，广东地区消费的鸦片除了一小部分仍是国际走私品之外，大多由滇土、川土和黔土代替。由于吸食鸦片风气历来盛行，销费量巨大，该地区的统治者一直把鸦片看成是重要的财源，从不轻易放弃对流通的控制。1920 年代的军阀把鸦片税收看成是维持统治的支柱，国民革命北伐军也把征收鸦片税看成是革命成功的重要手段。

---

① 另一种说法是，叶清和被捕后，日本领事出面交涉，要求立即释放，福建省府最初表示拒绝，后来在日本的压力之下将其释放。山田豪一编：《ォルド上海鸦片事情》，东京：亚纪书房，1995 年，第 129～133 页。

1929年以后，广东的军政大权掌握在军阀陈济棠手中，15万军队的军饷靠的就是鸦片和赌场。[1]

“两广事变”后，南京国民政府的政治力量开始进入广东，并开展了禁烟运动。1936年冬季，在广东省政府主席黄嘉松的督促下，广东省各级政权在禁烟方面采取了五项措施：第一，扩大禁烟宣传，要求各学校组织禁烟宣传队，于节假日轮流露天演讲，同时要求各机关印刷标语，广为散发，宣传鸦片危害；第二，广设公立、民立戒烟院所，方便烟民就近戒毒；第三，加强禁烟考成工作，“以烟民戒绝多少为比例，以定协助禁烟成绩之高下”；第四，扩建正当娱乐场所，如电影院、排球场、音乐社、读书报社，以引导社会新风尚；第五，加强各地缉私力量，严厉查禁私运、私售和私吸。[2] 同时，各地区对于罂粟种植“无不尽量铲除”。到1938年，根据内政部禁烟委员会报告，广东作为绝对禁种的省区，也基本上完成了禁种任务，“查禁均甚严厉，尚无种烟情事”。[3] 至于登记烟民与戒吸也取得一些进展。1937年，广东登记的烟民人数为182 242人。同时按照要求，分别设立了戒烟医院、戒烟所、戒烟分所。有的采用注射疗法，有的采用安眠戒烟法，有的采用递减法，到1939年，各省区戒断烟瘾的人数明显增加，广东有19 773人。尽管这些成绩并不十分理想，但考虑到戒毒的难度，广东省当局也是尽了力的。最起码，广东的烟毒势力处于被压制状态。

六 “福民堂”与广州沦陷时期的鸦片烟毒

1938年夏天，日军多次出动机群，经过对广州多次狂轰滥炸之后，于10月20日攻陷了广州。与其他沦陷城市稍有不同的是，在广州扶植傀儡政权并不顺手，一直到50天后，才将社会影响不大的彭东原与吕春荣护送到伪治安维持会正副会长的位置上。伪维持会的牌子虽然迟迟没有挂起，鸦片烟毒却在日军占领后立即泛滥起来。挂着“戒烟室”“谈话室”的鸦片烟馆复活了，兜售吗啡、海洛因、红丸的毒品贩子开始公开叫卖了，红丸摊、海洛因摊公开出现在广州市的大街小巷。广州市民叹气说：“此等情形为广州有史以来所未见，流毒之甚，不堪设想。”

1939年3月（一说5月），台湾籍民陈思齐在日军的授意下在广州设立了“福民堂”，包揽了广州的两年鸦片专卖权。[4] 按照双方的协议，陈思齐第一次向

---

① 陈大猷：《1926年至1934年间的广东禁烟》，《广州文史资料》第9辑，1963年，第130～132页。

② 《广东禁烟纲要五则》，《越华报》广州，1936年11月9日。

③ 内政部编印：《禁烟禁毒工作报告书》，南京中国第二历史档案馆藏。

④ 陈思齐是台湾人，曾经在广州广雅中学读书，毕业回了台湾，投靠了日本人，成为日本南方派遣军特务机关长矢畸的亲信。

日军特务部门交纳了 20 万元(军票，1 元等于 0.010 4 美元)的报偿金，每月再交 1 000 元。后来虽然每月增加到 50 万元，不过同时也把鸦片的专卖权扩大到广东全省的沦陷区范围内。陈思齐的资金靠陈之月等人提供，因此，陈之月成了“福民堂”的总经理。“福民堂”的招牌挂在十三行路华南银行原址上，二楼办公，一楼是鸦片烟膏加工厂。

“福民堂”的下边有 6 个分销处和 70 多家售吸所。分销处分布在惠福、永汉、东山、陈塘、河南和芳林 6 区。售吸所须向分销处申请营业牌照，按照不同等级交纳营业税；等级是按照烟灯数量来划分的，甲等为 16 盏烟灯，乙等 12 盏，丙等 6 盏。“福民堂”既是鸦片的销售行店，又是名义上的“禁烟”机关，因此，在“福民堂”之外的鸦片商人要营业，必须取得“福民堂”的许可。1940 年，广州市的 7 家大鸦片商、10 家中等鸦片商与 329 家售吸所共同构成了“福民堂”的鸦片销售网络。按照规定，大鸦片商除了要交纳押金 5 000 元之外，每月须交规费 100 元；中等鸦片店除了交纳 2 000 元的押金之外，每月须交纳 100 元；鸦片售吸所除交纳押金 50 元之外，每月须交 10 元。此外，每两鸦片烟膏的消费税是 0.3 元。除了广州市外，“福民堂”还在南海、番禺、顺德、新会、三水等 7 县设立了分销处。花县设立了“福民堂”的毒品加工厂，主要加工海洛因。

广州沦陷时期的鸦片供应最初来自澳门，接着是依靠华中宏济善堂供应的波斯鸦片，后来主要依靠伪满洲国的鸦片。1940 年 11 月，美国总领事麦亚斯(M. S. Myers)在《广东地区鸦片及其他麻醉品交易之情况》中报告说，伪满洲国的鸦片在广州被叫作“热河土”，由于是从大连装上船只运输的，因此也叫“大连土”。波斯鸦片每箱重 160 磅，售价 23 000 元，在广州的批发价每箱为 31 680 元。“福民堂”将其加工成鸦片烟膏出售，批发给大、中鸦片商，每两定价为 16.92 元，大、中鸦片商批发给售吸所的价格是 18 元，售吸所的出售价格一般为 20 元。

1940 年，南京汪伪政府成立后，任命陈公博为广东省政府主席，以汪精卫妻弟陈耀祖为代主席。同年 8 月，伪广州市政府成立禁烟局。1941 年 2 月，伪广东省禁烟局成立，“福民堂”改组为戒烟药膏专卖所。但这是换汤不换药的货色，“福民堂”除了丢掉所谓“禁烟权”之外，营业性质没有发生任何变化。不仅如此，营业范围还扩大到了广东省的所有沦陷地区。在“福民堂”经营鸦片业务的 4 年时间里(1939 年 3 月到 1943 年 5 月)，据说每天可以净赚 3 万元，每月除向日本特务机关交纳 50 万元的规费外，至少有 10 万元的盈利。但这 10 万盈利，除了陈思齐支配一小部分外，多数还要转交给日本特务部。因此，日本特务部是广州毒品利润的真正受益者。

根据美国驻广州总领事麦亚斯的估计，1940 年初，广州市有 100～200 家营业的鸦片烟馆，每家顾客以 50 人计算，每日消费鸦片的人数至少有 2 万人，每天消费的鸦片至少有 50 磅，加上广州附近各县的鸦片销售量，估计每天消费的鸦片至少有 100 磅，每月的鸦片消耗量 3 000 镑。这一估计只是针对“福民堂”的鸦片销售系统做出的，在“福民堂”系统之外的合法或半合法鸦片烟馆还有不少，具体数字难以估计。

麦亚斯最后一针见血地指出：“该项贸易由日军特务部管理。现在一般认为，当局至少将许可收入的一部分移交给了中国傀儡政府。但全面的迹象表明，这项有利可图的贸易的最大部分，被列入了非常奇怪的日本的‘特别资金’。仅广州 1 个月的许可费及税金收入就达约 9 万日元，仅该市的月销售额就达 30 万日元以上。从人们熟知的日本对这种麻醉剂贸易的态度及广东占领区经济呈现损耗状态来推断，这种鸦片贸易肯定是作为日本金库容易而且不断流入资金的最佳可能来源而继续受到鼓励的。”①

“广州的毒品交易是日军特务部管理的，这种收入的一部分被转让给中国的傀儡政权了。但从一切征兆看，这种有利可图的交易的最大部分利润已经成为了日本的‘特别资金’。应该让世人了解日本政府对这种药物交易的态度以及这种药物交易给广东的日军占领区在经济上造成的损害，更应该让世人知道这种药物交易是日本军队金库的最容易补充的源源不断的资金来源。正因为如此，可以肯定，这种药物交易正在并将继续受到鼓励。”②

根据广州医院的估计，全广州除了有 852 家有营业执照的鸦片烟馆之外，还有 300 家没有营业执照的隐蔽性鸦片烟馆。在日军占领的广州到处都是鸦片烟馆，到处都有毒品的推销者。关于烈性毒品吗啡、海洛因和红丸的贩卖、传播情况，在广州沦陷时期也相当普遍，没有任何限制。不仅在任何一家鸦片烟膏店都可以购买到红丸和海洛因，而且在任何一家妓院都可以得到各种毒品服务项目，有的俱乐部门口公开贴着“附设打波妇女招待”的字样。更为可耻的是，在征用中国劳工时，日本人支付的酬劳竟然是鸦片或其他烈性毒品。

关于鸦片生产情况，从 1939 年下半年开始，日伪当局就开始在广州近郊的从化和番禺鼓励种植了。当年，番禺播种了 3 400 亩，第二年按照每亩 40 元征了税。此外，日军在潮安等地也贴出告示，公开鼓励种植罂粟。当然，不能排除因战争造成的社会动荡而出现的私种，但这毕竟是日军侵略造成的。1942 年，

① ［日］江口圭一编著：《日中战争期间阿片政策》，东京：岩波书店，1985 年，第 111 页。
② ［日］江口圭一编著：《日中战争期间阿片政策》，东京：岩波书店，1985 年，第 112 页。

广州市周围的罂粟种植已经相当普遍，因产地不同而有各种名字：番禺北部出产的被称为“禺北土”，南部出产的叫“禺南土”，黄埔出产的叫“黄埔土”，东莞出产的为“东莞花叶”。“在花县沦陷区，敌伪毒化政策甚为毒辣，公开设立售吸所，贩卖鸦片，遍地种烟及组织‘福民堂’，鸦片制造处甚多。县东隅之莲塘、石角等处，均设立分销处，民众受毒甚深。”①“潮安等地日人，公然张贴布告，劝令民众申请种烟，并规定烟亩生产由敌官价收买。”②

七 日军在华南其他占领区的纵毒活动

日军在广东占领地区极力纵毒，在香港，在澳门，在其他占领区也无不如此。鸦片之所以成为全球性的商品，西方国家，尤其是英国要为毒品贸易的发展承担责任。正是它们为了平衡贸易，为了牟利起见，用走私毒品的手段，给中国人造成了无穷的灾难。日本人后来者居上。

1841 年，英国侵占香港，鸦片在此地长期成为合法商品。1908 年 5 月，一项议案被通过。该议案建议，在皇家殖民地，尤其是香港和锡兰应采取步骤尽快结束鸦片烟馆的合法营业。但这项法案在香港受到抵制。不过，在 1909 年至 1910 年间，香港所有的鸦片烟馆还是被关掉了。在香港开设鸦片烟馆是非法的，但买卖和消费鸦片仍是合法的。1914 年，香港结束了鸦片垄断体制，改为由政府控制的鸦片特许制度，香港政府机关负责加工鸦片，然后通过许可证制度进行销售，而价格则由政府控制。实际上，香港总督就是鸦片垄断商。从 1932 年开始，香港总督府才决心彻底关闭鸦片烟馆。不过，香港在 1935 年还有 2 500 家非法鸦片馆。又过了 5 年，香港才把鸦片列为非法毒品。这一时期，吸食鸦片烟的人数开始减少，但是，与此同时年轻人开始吸食海洛因。当时海洛因大半做成粉色的药丸。海洛因消费数量的增加可以从香港警察署的统计数字中看出。1931 年，查获了 5 000 粒药丸；1935 年，查获了 50 万粒药丸。

1941 年 12 月 25 日，日军占领香港。伪香港总督矶谷廉介于 1943 年 1 月 24 日发布命令，任命藤田一郎为鸦片专卖总督，在香港和九龙设立分销处 19 处，每家须缴纳保证金 5 000 元(军票)，规定每人每日吸食 1 钱，个人不得贮藏鸦片，凡是家有鸦片者，一律按照 43.5 元(军票)收购。在日本占领时期，香港消

① 《国民政府内政部关于日本在广东花县、潮安等毒化情形致外交部电》1943 年 2 月 10 日，马模贞主编：《中国禁毒史资料》，天津：天津人民出版社，1998 年，第 1558 页。

② 《1942 年 12 月 31 日广东省政府报告及 1943 年 11 月 4 日中央调查统计报告》，马模贞主编：《中国禁毒史资料》，天津：天津人民出版社，1998 年，第 1579 页。

费的鸦片主要来自伪满洲国或华北地区。[①] 不久，随着战争形势朝着不利于日本的方向发展，进口鸦片的运输线被卡断。成千上万的鸦片瘾君子由于突然断绝供应而死亡，当然也有一部分人死里逃生，戒断了毒瘾。澳门被日军占领以后，鸦片消费主要依赖日本和越南的鸦片供应。“抗战胜利后，日本所存港、粤及华南各地之烟土，多数为澳府贱价吸收。”[②]

1942 年 1 月，日军从泰国兵分两路向缅甸进攻。应英国方面的要求，中国政府先后派出第五军、第六军和第六十六军进入缅甸参加作战。经过在缅甸北部的浴血奋战，在失利情况下，中国远征军于 5 月分成两部退出了缅甸北部，一部分进入印度，一部分退回云南。日军尾追中国撤退的军队，占领云南怒江以西的龙陵地区。此后，中日军队以怒江为界形成对峙状态，一直到 1944 年 11 月 3 日中国军队收复龙陵为止。

日寇在占领龙陵地区的两年半时间内同样极力纵毒，并把纵毒行为说成是“他们的公正美德”，“优待吸烟人”。龙陵在失陷以前，已经按照政府禁令拔除了罂粟苗，播种了玉米、大豆等谷物，然而日军在占领龙陵以后，立即命令伪县政府开放禁令，增加鸦片生产。战地报道说：

> 敌人为大量毒化我一般无知人民计，乃将鸦片售卖，让人民自由公开交易，并勒令订低其价格，若用军票交易，尤为便宜多购。一时腾龙、芒市等地之经营此项交易者，为数甚多……你若是做大烟生意的，就有搭军车的资格，沿途又无任何检查……敌人和伪县府常常向民间抽用役夫，为之工作，但所得之每日薪工部分不发给金钱，均为鸦片……譬如某甲每月需吸用大烟 5 两，敌人就如数发给某甲大烟 5 两，以代月薪所得。总之，你能吸用多少，数目那是只有多余，无差少的。敌人说，这是他们的公正美德。又，若某甲是吸用大烟的，那么他在做工时可以得到优待，抬东西，他可以少抬一点。敌人说，这是优待吸烟人。在这种情况下，不知无形中利诱了多少不吸烟的青年，为减除本身所受的痛苦，而学会了吸用大烟。如此一来，敌人的毒化政策，又收到了一大效果。敌人和伪县府，也常常向民间抽用壮丁，不论老少，一概难免，唯有吸用大烟者，可缓役，或甚至不要，即使把吸大烟的调入

---

① 《国民政府内政部关于日本在湖北及港九实施鸦片专卖公函》1943 年 1 月 15 日，《1942 年 12 月 31 日广东省政府报告及 1943 年 11 月 4 日中央调查统计报告》，马模贞主编：《中国禁毒史资料》，天津：天津人民出版社，1998 年，第 1579 页。

② 《广东省政府关于澳门华侨烟毒情况致内政部公函》1946 年 3 月 8 日，马模贞主编：《中国禁毒史资料》，天津：天津人民出版社，1998 年，第 1298 页。

军队,他们还是仍然可领到每月所必须的大烟数量,而且在军队中,还可得到意外的优待,一般乡民为避免壮丁之抽征,而吸用大烟者,为数甚多。综观敌人在龙陵之毒化政策,他是采取了消极的方法,使你会轻轻地忘了他的恶毒阴谋。可是,铁一般的事实,又怎能掩饰他那血红的面目呢?[①]

① 许颖贤:《敌人在龙陵之毒化》1946年5月,马模贞主编:《中国禁毒史资料》,天津:天津人民出版社,1998年,第1574页。

第八章　结论：有计划有组织的国家机关犯罪

从第二次世界大战开始，有三种违反国际法的犯罪被认为是战争罪。一是反和平罪，包括计划、准备、发动和实施侵略战争，或违反国际条约、协定或诺言的战争，或参与为实现上述任何战争的一种共同计划和同谋。二是战争罪，又称常规战争罪，包括违犯战争法规与惯例，诸如杀害、虐待、放逐被占领地的平民。杀害或虐待战俘或海上人员，杀害人质，抢劫公私财产，对市镇村进行放肆的军事上不必要的破坏。三是反人道罪，包括在战前或战争中杀害、灭绝、奴役平民和其他对平民的非人道行为，或以政治的、种族的或宗教的理由，在实施其他战争罪或与其他战争罪有联系时对平民进行迫害。

日本蓄谋发动了对中国、朝鲜、菲律宾、越南、泰国、缅甸、马来半岛等亚洲国家的侵略战争，对美国的珍珠港发动了突然袭击，犯下了野蛮的“反和平罪”；日军在占领地区疯狂实施杀光、烧光和抢光的“三光”政策，犯下了极为严重的“常规战争罪”；日军在占领区公开推行毒化政策，秘密进行生化武器实验，并对活人进行解剖，犯下了不可饶恕的“反人道罪”。

鸦片、吗啡、海洛因和可卡因等是国际公约明文规定严禁滥用的麻醉品。日本政府签署了这些条约，就应当遵守这些条约；这些毒品也是中国政府设法取缔和法律明确规定的禁用品。日本在中国各个占领区推行的毒化政策既违反了国际公约，也破坏了中国的禁烟禁毒法令。这种毒化政策，是由日本国家决策机关专门讨论制订的，是由其分支机构和占领军共同负责实施的。具体来说，日军对中国的毒化政策是由“兴亚院”制订的，而“兴亚院”是以首相为总裁，外务，大藏，陆、海军大臣为副总裁的日本政府决策机关。“兴亚院”通过一年一度的鸦片供需会议不断调整其在华鸦片政策，并通过张家口、北平、上海和厦门联络处有计划、有步骤地推行这种毒化政策。各地伪政权的“禁烟”机构和以各种名义成立的贩毒公司虽然作用有所不同，但都是“兴亚院”驻各地联络处直接操纵的工具。所以，日本在中国占领区所推行的毒化政策，既是有组织的，也是有计划的，是一种地地道道的国家犯罪。

日本侵略者在中国占领区推行毒化政策有两个可耻的目的：一是利用毒品

的生产、制造、贩运和推销搜刮社会财富，筹集军费，以战养战，扶植傀儡政权，维持占领区的殖民统治；二是利用麻醉品大量毒杀中国人，亡其国而灭其种。

在通过鸦片等毒品掠夺中国社会财富方面，有统计资料可以核实的是：1897—1941年台湾总督府的鸦片收入折合94 695 033美元；1932—1940年伪满洲国的鸦片收入折合73 745 220美元；1907—1920年大连都督府收取的鸦片特许费折合8 823 500美元；1938—1944年，日伪政权在蒙疆地区的鸦片纯收益按照精细的计算和比较保守的估计不会低于5 871万美元；1938—1945年日伪政权在华北获得的鸦片收益大约为3 110万美元；1938—1943年华中宏济善堂销售伊朗、蒙疆与东北鸦片得到的利润可以折合80 547 408美元；1944—1945年因销售蒙疆鸦片，汪伪南京政权的鸦片收益至少为6 061 714美元。以上7项合计为353 682 875美元。

这里必须指出，各地有关鸦片收益的统计是很不完整的，比较重要的缺项是：1941年到1945年伪满洲国的鸦片收益，现在只知道1944年的鸦片预计收入为121 197 550日元，1945年的预计鸦片收入为227 013 200日元；1921年以后大连都督府的鸦片特许费；1938年华中宏济善堂收购和销售本地鸦片的统计资料；1938年到1945年华南日伪政权的鸦片收益。尽管销售的波斯鸦片与蒙疆鸦片收益已经包含在华中宏济善堂的收入中了，但收购和销售本地鸦片的利润情况则不详。

关于烈性毒品的利润，更是一个难以推算的问题。现在不仅缺乏毒品生产方面的统计数据，而且缺乏从欧美走私毒品的数量统计；不仅缺乏系统的销售价格资料，而且无法确定毒品生产者、销售者的利润分配比例。但我们知道毒品利润十分巨大，例如从1916年至1920年的5年间，日本所生产与输入的吗啡减去合法输出的，尚剩余68 540公斤，除了合法的医疗消耗外（日本每年大约需要900公斤，5年合计不过4 500公斤），尚有64 040公斤吗啡走私进入中国。用同样的方法计算海洛因与可卡因的剩余量，所得到的数据是，海洛因为6 600公斤，可卡因为6 700公斤。每年数以吨计的烈性毒品走私进入中国。暴利几何，很难估价。再如，渡边寅三郎估计1943年华北消费的毒品达到35 639磅，按照1939年的价格推算，这一批毒品价值约为154 432 697美元。华北一地一年如此，加上蒙疆、东北、华南和华中，每年的毒品暴利都需要以万万美元为计算单位。可惜，这方面的资料十分有限，我们无法作出基本的数量估价。

鸦片、吗啡和海洛因在日本侵略者手中是一种配合军事侵略的特种武器。这种侵略武器首先用于征服台湾，而后是中国的东北、内蒙古、华北、华中和华南。利用毒品大量毒害中国人，如同战场上的屠杀一样，但这是一种特殊的屠杀方法。对于一个民族来说，他们的战士及其后备队伍一旦成为烟毒患者，必然丧失抵抗的意志，这是侵略者最想看到的局面。在这种隐性的征服中，既看不见被烧毁的村庄，甚至看不见被破坏的城镇，但它所产生的破坏力又远远大于血腥屠杀，因为它摧残的是一个民族的生产力和抵抗意志。日本在中国的毒化政策严重削弱了中国战斗力量的聚集，严重摧残了中国的劳动生产力。

根据 1944 年伪满洲国公布的统计，鸦片烟毒患者大约有 100 万人，未成年吸毒者约有 50 万人左右，未登记的潜伏瘾者约有 120 万人，三项合计，东北地区的鸦片烟毒患者约有 270 万人，约占总人口的 9%，比日本占领前的烟毒患者 20 万人增加了 250 万人，该地区因吸毒而中毒死亡的人数约有 15 万人。事实上，伪满洲国内务部还有一项内部报告，其中说，在 3 000 万居民中有 900 万人经常吸食鸦片，约占总人口的 1/3 左右，而且其中 69%的吸毒者是年龄不满 30 岁的年轻人。[①] 蒙疆地区作为日军的鸦片生产基地，随着罂粟种植面积的扩大和时间的延长，吸毒成瘾的人数越来越多，据当地人回忆，在罂粟种植区域吸食鸦片人数达到 30%左右，吸毒成瘾的人占总人口的 10%～15%。

一项统计资料显示，北平被日军占领时期，经常吸食鸦片的人有 103 000 人。这个数字，再加上吸食吗啡、海洛因的下层民众 4 万余人，经常吸食毒品的人数应接近 15 万人，估计还有偶尔的吸食者 5 万余人。1943 年北平人口有 156 万，20 万的吸毒者相当于总人口的 13%。如果在总人口中去除 1/2 的妇女和 1/3 的儿童，吸毒人数几乎接近成年男子总数的 38%。1945 年天津的鸦片烟吸食者约有 15 万人，吸食海洛因等烈性毒品的人数约有 4 万人，再加上偶尔的吸毒者 5 万余人，总吸毒人数估计有 25 万人，比率还要高于北平。

在日本占领时期，山西成为毒品严重泛滥的重灾区。1943 年，日本“大东亚省”北京事务所指定山西罂粟推广面积不得低于 40 万亩，要求鸦片产量达到 1 000 多万两。由于大面积种植罂粟，鸦片随处可以购买、吸食，有的村庄吸食鸦片的人占一半之多。根据抗战胜利后国民政府官员的说法：“各村烟铺林立，大量销售鸦片及料面(吗啡)、金丹等毒品，人民吸用烟毒者达 50%以上。”[②]

上海沦陷之后，由于宏济善堂极力纵毒，毒品供应充足，价格便宜，吸食便利，吗啡、海洛因等烈性毒品的传播速度明显加快，毒品泛滥达到了空前绝后的程度。南京在日本占领时期，鸦片烟毒同样严重泛滥，吸毒人数达到总人口的

① [苏]Л·Н·斯米尔诺夫、Е·Б·扎伊采夫著，李执中、史其华等译：《东京审判》，北京：军事译文出版社，1987 年，第 119 页。

② 《日本在中国占领区毒化罪行备忘录》1946 年，马模贞主编：《中国禁毒史资料》，天津：天津人民出版社，1998 年，第 1578 页。

1/4，或 1/3。不仅伪政权的政府官员、警察和士兵普遍吸毒，一些男孩、女孩也成了受害者。南京市的警察报告说，每天奄奄一息的嗜毒者有 20～30 人，他们的尸体每天需要许多垃圾工人来掩埋。按照这种说法，南京一年死亡的瘾君子大约有 10 万人。一个城市如此，华中地区每年牺牲在鸦片枪下的人有多少？中国沦陷区一年被毒魔夺走了多少生命？在八年的侵华战争中，日本法西斯军队利用毒品这种软武器究竟毒害了多少中国人？一种说法是海洛因吸食者大约有 70 万人，另一种说法是全国吸食各种毒品的总人数大约有 3 298 万，约占沦陷区总人口的 8.8%。[①] 因此，用“数以千万计”来描述，绝对不是夸大其词。任何有良知的人进行了这种调查和推算后，都不能不为之动容，为之震颤！

当时中国政府和人民曾经反复揭露其阴谋诡计。1932 年 3 月，日内瓦国际联盟调查九一八事变的李顿调查团到达中国，中国代表顾维钧就日本在伪满洲国推行的鸦片专卖政策向调查团提出了《日人与日公司在华售卖走私麻醉毒品备忘录》，指控日本侵略者在中国各地兜售吗啡、海洛因，毒害中国人民。

1938 年 6 月 13 日，国际联盟中央鸦片常设委员会开会讨论远东问题，中国代表胡世泽发言，首先说明中国政府禁烟的诚意以及取得的成绩，然后用事实说明日本在中国沦陷区内的暴行，谴责日本军队使用军用汽车运输毒品，抗议日本在中国各个城市的领事馆庇护日本人和朝鲜人的贩毒勾当。

1939 年 6 月 3 日，蒋介石在纪念林则徐虎门销烟纪念大会上猛烈抨击了日本帝国主义的毒化政策。他指出：“敌寇知道(军事镇压)这种摧残，断断不能消灭诸位同胞的抵抗精神，反而同仇敌忾的情绪必然更加激昂，所以他就双管齐下，施用毒化政策，尽量制造烈性毒品来倾销，企图使诸位同胞，人人都投到自杀路上，只要几年工夫，所有中毒的人都成了冢中枯骨，自然不会抵抗，那时他便可高枕无忧，安享宰割。同时，敌寇更因作战以来，他们的国内经济已败，竭泽而渔，快要山穷水尽，眼看就不能支持，所以要想从我们沦陷区同胞身上搜刮，但又明知我们同胞不会甘心贡献，因此就利用它在东北四省和察、绥等省强抢来的烟，以及加工制造成的吗啡、金丹、白丸等烈性毒品，来吸收我们民间的法币，以便套取外汇，购买军火，将我们同胞的财富来补充它要崩溃的经济。”[②]

1939 年 6 月 12 日，在日内瓦国际联盟中央鸦片常设委员会第二十四次会议上，中国代表胡世泽继续揭发日本在中国占领区推行的毒化政策，认为日本侵略者在中国推行毒化政策的主要罪恶目的是，可以得到大量财政收入，可以毒害

---

① 南京中国第二历史档案馆藏：《沦陷区毒化概况》，档号 12(2) /1312。

② 《总裁二十八年六三纪念训词》，《湖南禁烟月刊》第 17 期，1939 年六三禁烟纪念专号。

中国人的身心，弱化中国人的抗日意志力。

1940年6月3日，《新华日报》发表署名文章，揭露指出："敌人现于军事侵略之外，又复实行其毒化我国政策于游击区域，组织专卖机关，尽量贩卖吗啡、海洛英等等毒品，视人道主义若罔闻，置国际禁烟公法于不顾，非仅欲亡我国家，意在灭我种族，凡陷入敌手之城市，几已遍为敌人所毒化，用心之狠毒，无以复加。敌人之欲灭亡我国家，摧毁我民族，既以武力侵略与毒化政策同时并进，吾辈欲挽救国家，复兴民族，务须一面积极抗战，一面严厉禁烟，齐头并进，乃克有成。"①

1946年，中国政府明确指出："日本侵略我国，无所不用其极，而施行毒化政策，摧毁我国民健康，企图灭绝我种族，尤为其一贯之手段。在战前即已利用领事裁判权及租界、租借地、铁路用地等为护符，制造毒品，贩运烟毒，无所不至，使中国禁烟禁毒政策遭受绝大障碍，同时并间接破坏国际间之麻醉药品管制工作。九一八以后，加紧制造、贩运之外，复强迫栽种、吸用，以致敌骑所及之处，毒气弥漫，我人民所受损害，实与兵灾战祸同其酷烈。"②

国际社会在第二次世界大战期间也曾多次强烈谴责日军的毒化罪行。1936年5月18日至6月5日，在国际联盟中央鸦片常设委员会第二十一次会议上，美国代表富勒(Stuart T. Fuller)尖锐指出："冀东区内不可想象之情势，天津及北平到处卑污可耻之状态，河北乡村吸鸦片恶习之蔓延，以及上海之现状，均涉及以鸦片毒害别人的政策，无一非日本人所造成。""无论何时，只要日本势力所侵之地，随踵而至者，辄为私贩毒品之现象。"③

1938年6月，在日内瓦的国际联盟中央鸦片常设委员会第二十三次会议上，美国代表富勒再一次强烈谴责日本人的纵毒政策，强调指出日本必须限制海洛因等毒品蔓延，"日本应对输入华北的鸦片现状负责"。④ 英国、加拿大与埃及代表也都同声谴责日本的毒品政策。国际联盟大会通过了对日本实行经济制裁的决议。《基督教科学箴言报》对此发表评论指出："宋庆龄称日本军队为了削弱中国的国民精神及抗日战线，甚至鼓励鸦片交易。当然，宋庆龄的看法也许是一种错误的解释。但日本通过把中国置于自己的统治之下，使欧美各国长期以来防止鸦片买卖的人道努力化为泡影，这一事实是不能隐瞒的。以上事实表明，仅

---

① 周仲岳：《禁绝烟毒与民族复兴》，《新华日报》1940年6月3日。

② 《日本在中国占领区毒化罪行备忘录》，马模贞主编：《中国禁毒史资料》，天津：天津人民出版社，1998年，第1575页。

③ 王德溥著，郦玉明译：《日本在中国占领区内使用麻醉毒品戕害中国人民的罪行》，《民国档案》1994年第1期，第55页。

④ ［美］《基督教科学箴言报》，1938年7月11日。

用半个世纪左右的时间就加入世界列强行列的日本，尽管在模仿西洋文明外表方面即限于工业、军备及自然科学方面出现了比欧美各国并不逊色的效率，但在道德方面并未达到现代世界的标准，而是落后了一百年。"①

1940年5月，在国际联盟中央鸦片常设委员会第二十五次会议上，美国代表针对日本代表的辩解指出：在各项国际毒品公约中，缔约国有义务限制医药与科学研究以外的麻醉品的制造、运输、贩卖和消费。日军在占领区对麻醉品所采取的行动，"不能被认为系符合对麻醉毒品的限制生产与控制分配之举"。

1942年，一位美国作者指出："战争时期，日军特务部实与中国沦陷区的贩毒直接相关，甚至日军中的下级军官直接参与贩卖，其特务部在各城市则用毒品引诱中国军民泄密，贩毒收入是各省市伪政府的主要财政来源之一。"②

1943年9月，美国国务院发表的一份备忘录指出，日本人使用被国际组织禁用的麻醉品毒化占领地，是得到日本政府支持和怂恿的。"1936年以后，全世界仅有一国之领袖仍鼓励鸦片与危险性药品之吸用，此即日本是也。凡日军所到之处，鸦片之买卖均随之而来。日军现占据菲律宾群岛、中国一部分、安南、泰国、缅甸、海峡殖民地、马来联邦、马来属邦、英属北婆罗州、荷属东印度、帝汶以及其他西南太平洋区域。在上述区域内，皆有日本军队主持公开售卖非医药用途麻醉药品之机构。"③

当然在初期，面对世界各国的强烈谴责，日本在日内瓦国联中央鸦片常设委员会的代表对于本国官员在中国推行的毒化政策进行了掩饰和抵赖。1935年5月，日本委员(Prof. Miyajima)矢口否认本国的纵毒事实，认为国际社会的批评"多系根据报纸的消息，或不熟悉当地情形之私人观察"。他狡辩说，伪满洲国的鸦片历来如此，无论是姜桂题、汤玉麟控制热河，还是张作霖、张学良父子统治东北地区，"烟毒流行一如既往"。1932年，伪满洲国宣布"独立"后，立即颁布禁烟法令"实施渐禁政策，此种政策乃根据以往断禁政策失败之经验而加以改良"。接着，他利用一系列虚假的数字说明伪满洲国禁烟取得的成绩，欺骗国际社会，把伪满洲国强迫种植罂粟的事实说成是"无知人民不知政府鸦片政策之本意"，把外国人观察到的大面积种植情况说成是"观光者的误会"。他矢口否认说："满

① John R. Pritchard and Sonia M. Zaide, eds., *The Tokyo war Crimes trials: The Complete Transcripts of The Proceedings of the International Tribunal for the Far East*, N. Y.: Garland Publishing Inc., 1981, P. P. 4668 - 4669.

② Frederick T. Merrill, *Japan and the Opium Menace* (N. Y.: Institute of Pacific Relations and Forreign Policy Association, 1942,)P. P. 62,72.

③ 《日本在中国占领区毒化罪行备忘录》，马模贞主编：《中国禁毒史资料》，天津：天津人民出版社，1998年，第1575页。

洲国政府因以往种烟遍及全境，于 1934 年乃严行限制种烟区域。当设立公卖制度之始，多数人以为政府系奖励种烟，殊不知沿铁路附近之罂粟，系无知人民不知政府鸦片政策之本意，特沿铁路栽种罂粟，以防土匪之侵害，因之曾引起偶至该国观光者之误会。”①

1938 年，在国联中央鸦片常设委员会上，日本代表天羽面对中国、美国、加拿大、英国、埃及、瑞士、波兰、比利时等国代表所举日本官吏、军人在中国纵毒的大量事实，“极力否认”。② 对于日本代表的顽固态度，各国代表均表示强烈不满，一致通过决议强烈谴责日本在远东地区的纵毒政策。1938 年 11 月，在外交上陷入千夫所指孤立困境的日本代表宣布退出日内瓦国联中央鸦片常设委员会。

英国议员弗莱彻(R. Fletcher)在下院的报告证明：“在 1937 年日本占领的众多中国城市里，鸦片和海洛因交易公开进行，烟馆和海洛因沙龙接连出现，鼓励开办烟馆、沙龙的办法五花八门，没钱买烟之穷人可赊账吸食。只要想吸食鸦片，到处都可以得到支持。日本‘鸦片贸易总行’在各地有分支机构，实际上遍布各地。日本人的报纸充满广告，鼓励鸦片销售，他们把鸦片叫作‘长寿丸’。在各家鸦片销售店门前，烟瘾者排长队，等候购买他们所需的麻醉毒品，这些人都是由日本警察引导来的。普通烟卷由浸泡海洛因的烟叶制成，凡吸这样烟卷的人自然会染上吸食鸦片之习惯。含有毒品成份之药物几乎每个乡村都有销售，但他们都标榜此药可治愈肺病。妓院和舞厅是最易销售鸦片的地方。烟瘾者得到鸦片如同我们在上午得到牛奶和报纸一样，只要他们有鸦片和提炼物，就不会一蹶不振。中国劳工之薪饷以鸦片替代。所有这些勾当都是日本人或朝鲜浪人所为，他们与日方政府有密切的关系，享有特权。”③

当然，在战争时期，日本人从不把国际舆论放在眼里，在他们的思想中，日本是为了建立新的国际秩序而战。这个国际秩序绝对不是自由平等的现代国际关系，而是所谓“各得其所”“各安其分”的国际等级秩序，并且把他们置于高踞于国际等级制的金字塔的顶端，把自己打扮成东亚的救世主。1940 年，德国、日本和意大利签订条约，在其宣言中就强调“使世界各国各得其所，乃持久

---

① 《国联中央鸦片常设委员会日本委员调查满洲国鸦片政策报告》1935 年 5 月，马模贞主编：《中国禁毒史资料》，天津：天津人民出版社，1998 年，第 1529 页。

② 《国民政府内政部呈报国际最近禁烟及关系敌人阴谋情形案》1938 年，马模贞主编：《中国禁毒史资料》，天津：天津人民出版社，1998 年，第 1536 页。

③ 王德溥著，郦玉明译：《日本在中国占领区内使用麻醉毒品戕害中国人民的罪行》，《民国档案》1994 年，第 1 期，第 57 页。

和平之前提”。[1] 为此，日本人一再宣称他们要建立的“各得其所”和“各安其分”的世界秩序就是“大东亚共荣圈”；并且认为，他们为此目的所采取的措施都是正义的，从不认错，对于他们犯下的罪恶，从无忏悔之心。

总而言之，日本在中国台湾、东北、内蒙古、华北、华中和华南实施的毒品政策，凸显了日本军国主义的侵略性和野蛮性，与纳粹德国、法西斯意大利盟友相比，是有过之而无不及之，尤其是在利用毒品、以毒养战、麻醉征服方面更胜一筹，希特勒、墨索里尼、里宾特洛甫、戈培尔都没有想到利用麻醉品这一套。国际公约对于日本来说，只是一张纸片，毫无约束力。

1946 年 1 月 19 日，盟军驻日最高司令麦克阿瑟将军颁布了一份关于审判远东主要战犯的国际军事法庭宪章。按照远东军事法庭宪章规定，该法庭共有成员 6～11 人，由签署受降文件的 9 个国家以及印度、菲律宾等国家提名组成。该法庭未采取由每个国家各任命一名检察官的办法，而是由盟军最高司令任命一名总检察官，其他参加国各任命一名助理检察官。法庭包括 11 个国家(澳大利亚、加拿大、中国、法国、印度、荷兰、新西兰、菲律宾、苏联、英国和美国)的代表。法庭以“破坏和平罪”“杀人罪”“普通战争犯罪及违反人道的犯罪”三类犯罪对战犯进行起诉。规定被告人执行政府及上司的命令，不能作为免除罪责的理由，但可酌情从轻量刑。法庭可以宣告任何集团组织具有犯罪性质，如果作出了这样的宣告，任何签字国的国家法庭、军事法院或占领地法院均可审讯曾参加该组织的人员。远东审判从 1946 年 5 月 3 日起在东京举行，由澳大利亚韦布爵士主持，美国的基南任首席检察官，共开庭 2 年多，于 1948 年 11 月 4—12 日宣读判决书。在 28 个被告人中，其中 7 人被判处绞刑，16 人被判处无期徒刑，2 人被判处较轻的徒刑，有 2 人在审判期间死亡，1 人被宣告为不适于受审。

在东京审判时，土肥原贤二作为恶贯满盈的甲级战犯，作为对华毒化政策的主要策划人在被告席上接受了法官关于毒品犯罪的法庭调查。[2] 中国法官登上起诉席位，以无可辩驳的大量事实证实了侵略者的纵毒政策、措施和行为。他最后指出：“日本军队对人道的犯罪，涉及一切占领地区和整个占领期间，最典型的例子是 1937 年占领南京后发生的事件……这些暴行发生在整个地区，受害者达 95 000 多人。这些屠杀行为是日本所特有的战争方式。日本军队为了扩大侵

---

① ［美］鲁恩·本尼迪克(Ruth Benedick)著，吕万和、熊达云等译：《菊与刀》(*The Chrysanthemum and the Sword*)，北京：商务印书馆，1996 年，第 31 页。

② 土肥原贤二(1883—1948)，日本陆军大学毕业，早年从事刺探中国情报工作，任日本驻天津和奉天特务机关长。九一八事变后任奉天伪市长，伪满洲国建立后，继续任奉天特务机关长。旋又扶植“冀东防共自治政府”。1937 年 8 月率部侵入华北，出任“对华特别委员会”负责人。1945 年 8 月作为甲级战犯被指控犯有“破坏和平罪”“杀人罪”和“反人道罪”，判处绞刑，于 1948 年 12 月 23 日执行。

略，还使用了鸦片及其他麻醉药品，企图以此来使反抗侵略的人丧失意志和能力。日本的目的，显然是企图通过麻醉药品的鼓励政策，使中国民众的体力下降，削弱抗战意识；获取巨额收入，以资助军事、经济侵略。"①

英国作家蒙哥马利·马丁这样写道："同鸦片贸易比较起来，奴隶贸易是仁慈的，我们没有摧残非洲人的肉体，因为我们的直接利益要求保护他们的生命，我们没有败坏他们的品格，没有腐蚀他们的思想，没有扼杀他们的灵魂。可是鸦片贩子在腐蚀、败坏和毁灭了不幸的罪人的精神世界以后，还折磨他们的肉体。贪得无厌的摩洛赫时时刻刻都要求给自己贡献更多的牺牲品，而充当凶手的英国人和吸毒自杀的中国人彼此竞争着向摩洛赫的祭台上贡献牺牲品。"②此处的"摩洛赫"，就是基督教所说的贪得无厌的地狱之王。蒙哥马利·马丁对于英国鸦片贩子的谴责完全适合日本侵华时期的情形，土肥原贤二就是现实世界中把无数中国人推到"摩洛赫"祭台上的极端残忍的家伙(图 12)。他制订的鸦片政策不仅摧残了中国人的反抗精神，而且毁灭了无数中国人的肉体。

图 12

土肥原贤二，日本甲级战犯，于 1948 年 12 月 23 日被处以绞刑。在东京审判法庭上，以"破坏和平罪""杀人罪""反人道罪"三项罪名被起诉。在策划对华毒化政策方面是日本的首要人物，因此，国际法庭对他进行了重点调查。

接着，美军上尉桑杜斯基援引美国 1939 年 6 月 1 日给日本的抗议照会，胪陈了一系列事实，强烈谴责日本以麻醉品毒化中国沦陷区的民众，从而粗暴地践踏了日本同其他国家共同签署的禁止麻醉品的国际公约。日本前驻上海武官原田作为证人提供了极为重要的证言："我当特务部长官时，奉命通过军事渠道保证向中国人供应鸦片。我同中国地方政府讨论了这个问题，并成立了禁烟局。1933—1935 年，我在满洲担任关东军司令部和'满洲国'政府的联络官，那时鸦片组织非常强大，工作很有成效。关东军司令部特务课不是直接地，而是通过驻'满洲国'政府的日本顾问向'满洲国'政府提出建议。后者研究了对鸦片的需求，听取了日本的建议，然后建立了鸦片专卖局……没有日本的帮助就不能获得需要的

① [日]《朝日新闻》东京审判记者团著，吉佳译：《东京审判》，石家庄：河北人民出版社，1988 年，第 90 页。

② Martin, R. Montgomery: *China*, *Commercial and Social*. Vol. 2, London, 1847，转引自《马克思恩格斯全集》第 12 卷，北京：人民出版社，1962 年，第 585 页。

结果。”①最后,法庭还宣读了伪南京政府内政部部长梅思平的笔供。公诉人最后在法庭上非常肯定地指出,利用妖艳的罂粟花为侵略战争服务,“这项发明的专利特许证应属于土肥原贤二”。②

现在我们必须指出,当年国际军事审判法庭检察官已经就日本的毒品政策和犯下的罪行列举了大量证据,既有当事人的口供,又有日本占领区的大量人证和物证。可惜,日本毒化政策的原始档案大都被销毁和藏匿。现在沼野带回的部分公文档案资料终于公布于世,这些资料以无可辩驳的证据充分证实了中日战争时期日本政府一贯的毒化政策,尽管这些资料只是片段的(表 63)。

表 63　日本蒙疆鸦片政策 31 个公文一览表

成文时间	发文机关	公　文　名　称	页数	备　考
1941.5	满铁・北支经济调查所	蒙疆之鸦片	198	极密
1941.9	厚生省卫生局	参考资料	9	
1941.9		蒙疆经济概况所附蒙疆鸦片事情概说	69	密
1942.3	“兴亚院”华中联络部	有关透过大东亚共荣圈各地区确立鸦片政策之事项	3	
1942.3	三井物产株式会社	有关东亚共荣圈内之鸦片供需状态及满蒙政权之一考	7	密
1942.3		最近蒙疆经济特殊事情	11	
1942.4	“蒙古自治政府”经济部烟政盐务科	蒙疆之罂粟鸦片	298	极密
1942.8	“兴亚院”	昭和十七年度支那鸦片供需计划量	1	极密
1942.8	“兴亚院”蒙疆联络部	有关蒙疆鸦片事情之报告及意见	18	
1942.8		现地状况报告及意见开陈	19	蒙疆政权纸
1942.9	“兴亚院”蒙疆联络部	蒙疆北支间经济调整会议申合事项	3	密

① [苏] Л・Н・斯米尔诺夫、E・Б・扎伊采夫著,李执中、史其华等译:《东京审判》,北京:军事译文出版社,1987 年,第 123～124 页。

② [苏] Л・Н・斯米尔诺夫、E・Б・扎伊采夫著,李执中、史其华等译:《东京审判》,北京:军事译文出版社,1987 年,第 123～124 页。

续 表

成文时间	发文机关	公 文 名 称	页数	备 考
	经济部	成纪七三六年度经济部所管清查榷运特别会计岁入岁出决定计算书	14	密
	“兴亚院”华北联络部		1	
	“兴亚院”华中联络部	南方占领地区之鸦片政策暂定要领	9	
	清查总署	成纪七三五年度鸦片收纳实绩一览表	1	极密
	配给股	成纪七三五年度配给关系统计表	1	极密
		成纪七三六年度罂粟栽培及鸦片收纳贩卖实绩概况	59	密
		成纪七三六年度鸦片收纳事业概况及实绩调查	1	极密
		成纪七三六年度烟政事业概况	12	密
		成纪七三六年度罂粟栽培区域及面积指定协议会议案	8	密
		满洲国之鸦片政策	18	清查总署纸
		成纪七三四年度财政部所管清查榷运特别会计岁入岁出决定计划书	9	密
		成纪七三五年度财政部所管清查榷运特别会计岁入岁出决定计划书	13	密
		鸦片买卖契约书	6	
		鸦片蒐荷对策	7	
		鸦片蒐荷工作状况	2	蒙古政权纸
		丰镇县缴土工作实施要领	4	
		鸦片特殊收买方策案	4	密
		成纪七三七年度收纳鸦片贩卖预定	2	蒙古政权纸
		鸦片让渡契约书	4	
		成纪七三八年度鸦片蒐荷方策案	9	密
		依据大陆联络会议之鸦片蒐荷紧急对策案	7	

资料来源：江口圭一编：《日中战争期阿片政策：蒙疆政权资料を中心に》，东京：岩波书店，1985 年。

关于日本在中国推行的毒化政策，日本诚实的历史学者江口圭一在对蒙疆资料进行仔细研究后，坦白地指出："日本的鸦片政策是国家犯罪，它表明了日本对中国的战争是多么肮脏。这种国家犯罪是兴亚院与傀儡政权及军方的有关机关直接导演的。但许多普通的日本人也与此有关。"[①]

江口圭一对于日本政界漠视这一历史事实的情况极为不满，他以对中日历史负责任的态度批评说："关于日本的这种国家犯罪，东京审判作了某种程度的追究，但是，日本政府鸦片政策的当事人至今仍不想触及这一事实。例如，大平正芳对蒙疆政权的鸦片政策发挥了重要作用。尽管这是确切的事实，但《大平正芳回忆录》中却对此丝毫没有提及。因为这是严重的明明白白的反人道的犯罪，没有任何辩解的余地，故而有关人员不愿提及此事，这种心情是可以理解的。但是，无论怎样羞愧，越厌恶越羞愧就越应正视历史事实。日中战争是如何不正当和非法的，如果对明证这一历史事实闭目不见，就不能想象能对日中间的相互理解和友好作出贡献。"[②]

让日本某些人正视这一历史事实是不容易的。就是这一明明白白的、严重的、反人道的、没有任何辩解余地的国家犯罪，江口圭一教授在参加撰写高中日本教科书——《日本史第三版》时，想在日中战争的记述中增加一个说明这一历史真相的脚注。1988 年 2 月，日本文部省在检查审定中以"研究刚刚开始"为借口，针对这一脚注下达了"难以认可的指示"。经过江口圭一的坚持和编辑一再努力，文稿一连修改了 4 次，最后才确认了这样一句话："在内蒙古等地生产鸦片，向中国占领区贩卖。"[③]将这一句话作为脚注写入日本的教科书，就一个历史学家来说，的确是不容易的，但就这种犯罪的严重性来说，还是远远不够的。

如果日本人不能正确地认识 1945 年前给亚洲人民造成极大伤害的这段侵略历史，并承担其责任，就不可能与中国、韩国等亚洲国家建立稳定的面向未来的信任关系。现在的日本人固然不必对 20 世纪上半叶的日本法西斯战争罪行负责，但不应采取回避和否认的态度看待那场野蛮的侵略战争，起码应对第二次世界大战时期日军反和平、反人道的战争罪行感到羞耻！

---

① [日]江口圭一著，宋志勇译：《日中鸦片战争》，天津：天津人民出版社，1995 年，第 128 页。
② [日]江口圭一著，宋志勇译：《日中鸦片战争》，天津：天津人民出版社，1995 年，第 128 页。
③ [日]江口圭一著，宋志勇译：《日中鸦片战争》，天津：天津人民出版社，1995 年，第 129 页。

附录　国际禁毒公约

一　《海牙禁烟公约》

1912年1月23日

德意志国、美利坚合众国、中国、法国、英国、意大利国、日本国、荷兰国、波斯国、葡萄牙国、俄国、暹罗国，大皇帝、大君主、大总统因一千九百零九年上海禁烟大会已为先路之道，今欲表明更进一步将鸦片、吗啡、高根（现在译名为可卡因——编者注）之瘾习及由此等之质料制成、提取之药物能传播相同之瘾习者，从此逐渐禁绝，知各国协商之举在所必需，且有裨公益，并信此举为推广仁爱起见，有关系之国，定能全体赞成。为此订立条约，遣派全权大臣如左：

美利坚合众国大总统

德意志国大皇帝兼普鲁士君主

中国驻德全权公使

法兰西共和国大总统

英吉利国大君主兼印度皇帝

意大利国大君主

日本国大皇帝

荷兰国大君主

波斯国大皇帝

葡萄牙共和国大总统

俄国大皇帝

暹罗国大君主

以上各员将所奉全权文据交阅合例后，议定各条如左：

第一章　生鸦片

释义　生鸦片由罂粟花之子房内取出之汁自然凝结而成，但略施人工以便包装及载运。

第一条　缔约各国应颁布有效力之法律或章程以检查生鸦片之出产及散布，其已有法律或章程以规定本条所指事项者，不在此例。

第二条　缔约各国各视其商务不同情形，应限定市区、口岸及各地方，由该处准将生鸦片输出或输入。

第三条　缔约各国应设立办法如下：甲、阻止生鸦片运往拟禁绝进口之国。乙、检查生鸦片运往已限制输入之国。其已有办法以规定本条所指事项者，不在此例。

第四条　缔约各国应颁布章程，凡装生鸦片以备出口之包件均须标明其内容，至每件重量当在五启罗以上。

第五条　缔约各国应只准由正当许可之人将生鸦片输入或输出。

第二章　熟鸦片

释义　熟鸦片由生鸦片原料特别制造而成，如溶解，如滚沸，如煎熬，如发酵，经次第加工炼成净质，可供吸食之用，熟鸦片并包括膏渣及烟灰在内。

第六条　缔约各国应设立办法，以逐渐切实禁止熟鸦片之制造及国内之贩卖并吸食，惟仍以与各该国情形相宜为准，其已有办法以规定本条所指事项者，不在此例。

第七条　缔约各国应禁止熟鸦片之输入及输出，惟各国中有尚未准将熟鸦片之输出立时禁止者，务当从速禁止。

第八条　缔约各国如有尚未准备将熟鸦片之输出立时禁绝者：甲、应限定市区、口岸及各地方准由该处将熟鸦片运出。乙、应禁止将熟鸦片运往现在已禁或将来当禁其输入之国。丙、应先行严禁凡鸦片一概不得运往愿限制进口之国，惟按照该输入国所定章程而运往者，不在此例。丁、应设立办法令装运熟鸦片出口之包件，均载有特别标记以注明内容之物。戊、应只准有特别许可之人将熟鸦片输出。

第三章　药料鸦片　吗啡　高根等物

释义　药料鸦片系将生鸦片煮至熟度六十生的格郎姆，其内含吗啡不减于百分之十，或成粉屑，或成丸粒，或以中和性之材料掺合而成。吗啡为鸦片之主要质料，化学形式 $C_{17}H_{19}NO_3$，高根为哀里脱洛克西隆高加树叶中之主要质料，化学形式 $C_{17}H_{21}NO_4$，安洛因(现在译名为海洛因——编者注)为第阿赛的尔吗啡，化学式 $C_{21}H_{28}NO_5$。

第九条　缔约各国应颁布法律或章程以施诸制药业，限制吗啡、高根及其化合质料之制造、售卖、使用，但可供医药正当之需，其已有法律或章程以规定本条所指事项者不在此例，各国并应彼此协力以阻止此等药物之供使用。

第十条　缔约各国应竭力检查，或令检查所有制造、输入、售卖、散布、输出吗啡、高根及其化合质料之一切人等，并检查此等人经营此等工商业之处所，为此缔约各国因(应)竭力采用下开各办法，其已有办法以规定本条所指事项者，不在此例。甲、凡经准许之特别厂肆及地方，造册登记。乙、凡制造、输入、售卖、散布、输出吗啡、高根及其化合质料之一切人等，须有特权，或有准据，方得为此等事业，或向该管官署禀明立案。丙、以上一切人等务须将吗啡、高根及其化合质料之制造数目、输入品售卖及其他授受品输出品各立簿册以备稽查，但此项规则不强施于医生药方及官准药商之售卖品。

第十一条　缔约各国应设立办法以禁止在其本国商务中未经准许之人所有吗啡、高根及其化合质料之一切授受，其已有办法以规定本条所指事项者，不在此例。

第十二条　缔约各国按照各该国特别情形，应竭力将准许之人所有吗啡、高根及其化合质料之输入，并加限制。

第十三条　缔约各国应竭力采用或令采用各办法，凡吗啡、高根及其化合质料，由此缔约国本境领地、殖民地、租借地出口向他缔约国本境、领地、殖民地、租借地，只能运交照输入国所定法律或章程而有特权，或有准据之人。为此各政府可将特权或有准据得输入吗啡、高根及其化合质料之人开列名单，随时知照输出国政府。

第十四条　缔约各国应施行吗啡、高根及化合质料之制造、输入、售卖、输出一切法律及章程：甲、施行于药料鸦片。乙、施行于一切调(剂)药品内含吗啡千分之二(0.2%)以上或高根千分之一(0.1%)以上(凡在药铺中及不在药铺中并所称戒烟药一并在内)。丙、施行于安洛因及其质料并内含安洛因千分之一以上之调(剂)药品。丁、施行于新出品之从吗啡、高根及其化合质料之取出者，或其他鸦片中取出之要质等物，为科学所发明，大概须经公认能传播与鸦片相等之痼习，并有同一之害人结果。

第四章

第十五条　缔约各国与中国有条约者，应会同中国政府设立必需之办法，以阻止在中国地方及各国之远东殖民地、各国在中国之租借地将生熟鸦片、吗啡、高根及其化合质料，并本约第十四条所指各物私运进口。一面由中国政府设立相同之办法以禁止将鸦片及以上所指各物从中国私行运往各国殖民地、租借地。

第十六条　中国政府应订颁制药律以施诸本国人民，吗啡、高根及其化合质料并本约第十四条所指各物之售卖、散布一概取缔，并将此项制药律通知与中国有条约之各国政府，由驻京公使转达。凡缔约各国与中国有条约者应研究此项制药律，如以为可，允即设立必须之办法，使此律实行于在中国之各该国人民。

第十七条　缔约各国与中国有条约者，应从事于采用必需之办法，以限制及检查在中国之各国租借地、殖民地及租界内吸食鸦片之习，并与中国政府同时进行，以禁绝现在尚有之烟馆及与烟馆相类之所，其公众娱乐处及娼寮内，亦禁止吸食鸦片。

第十八条　缔约各国与中国有条约者，应设立切实办法与中国政府所设办法同时进行，务令在中国之各国租借地、殖民地及租界内现在尚有之售卖生熟鸦片烟店逐渐减少，并采用有效力之办法，以限制及检查租借地、殖民地及租界内之零碎鸦片营业，其已有办法以规定本条所指之事项者，不在此例。

第十九条　缔约各国在中国设有邮政局者，应采用有效力之办法，以禁止各该邮政局将生熟鸦片、吗啡、高根及其化合质料并本约第十四条所指各物作为邮便包件违禁运入中国，并不得由中国此埠向彼埠违禁转运。

第五章

第二十条　缔约各国应酌度情形以颁布法律或章程，使违禁私有生鸦片、熟鸦片、吗啡、高根及其化合质料者当受惩罚，其已有法律或章程以规定本条所指之事项者，不在此例。

第二十一条　缔约各国应彼此互相通告，而由和兰(荷兰——编者注)外务部转达者如下：甲、现有行政法律及章程之明文关于本约所指事项者，或因本约各条款而颁布者。乙、统计报告关于生鸦片、熟鸦片、吗啡、高根及其化合质料并本约所指其他各种药品或其质料制剂，此项统计务当详细并以迅速为宜。

第六章　结　款

第二十二条　此次未与会各国均得将本约画押。为此荷兰政府应自本约经与会各国全权大臣画押后，即时请欧美各国之未与会者，如阿根廷共和国、奥匈、比利时、玻利维亚、巴西、布(保)加利亚、智利、哥伦比亚、哥斯达黎加、古巴共和国、丹麦、多尔(米)尼加共和国、厄瓜多尔共和国、西班牙、希腊、危地马拉、海地共和国、匈度拉、卢森堡、墨西哥、孟的因葛、尼加拉瓜、脑(挪)威、巴拿马、巴拉乖(圭)、秘鲁、罗马尼亚、萨瓦多尔、赛耳(塞尔)维亚、瑞典、瑞士、土耳其、乌拉圭、委内瑞拉，合众国曾派代表一员给予全权文据，以便在海牙将本约画押。本约由上列各国画押系用一“未与会各国画押文件”加于与会各国画押之后，并载明每次画押日期，荷兰政府按月每次加入画押，知照画押各国。

第二十三条　各国为其本国，并为其领地、殖民地、保护国、租借地，均经将本约或上条所指加入文件画押以后，荷兰政府请各国将本约及此文件批准，倘至一千九百十二年十二月三十一号所请各国未能一律画押，荷兰政府即于时日请画押各国派代表员赴海牙以便研究方法，仍将各该国批准书送交。批准书务当从速办就送交海牙外务部。荷兰政府按是月将是月内所收批准书知照画押各国。画押各国为其本国并为其殖民地、领地、保护国、租借地所有批准书经荷兰政府收齐后，荷兰政府即将收到最后批准书之日期知照已将本约批准各国。

第二十四条　本约从上条末节所指荷兰政府照会中声明之日期起，三个月以后为实行之期，关于本约所指明之法律、章程及其他办法，应将各草案编定，至迟不得过本约实行后六个月，至法律由各政府交议院成立法部亦在六个月期限之内，即有他故亦当在此期限满后第一次开会之时。此项法律、章程及办法之实行以何日为始，应由缔约各国据荷兰政府所请彼此协商决定，倘有关于本约之批准，或关于本约及本约所指法律、章程、办法之实行而生出之各问题，若无他项方法以解决之，当由荷兰政府请缔约各国派代表员海牙聚会。俾将各问题即时公同议妥。

第二十五条　倘有缔约各国中之一国，愿意出约，应备出约文件知照荷兰政府，该政府即时将此出约文件抄录校正之后照送各国，并声明收到日期，凡一国知照出约须从荷兰政府收到文件之日起一年以后，方有效力，各国全权大臣在本约上画押，以照信守。

一千九百十二年正月二十三号订于海牙。正本一份留存于荷兰政府档案中，另备抄稿经校正后，由外交官送交与会各国。

（《海牙鸦片公约》，《美国对外关系文件》1912 年，第 193～204 页。）

二　《日内瓦禁烟协定》

1925 年 2 月 11 日

第一条　(1) 除本条(3)所列关于鸦片零售、输入、贩卖及分配办法应由政府专卖管理外，所有鸦片输入、贩卖，或分配诸权利不得借让、允准，或委托于任何人办理之。

(2) 制成熟鸦片以便贩卖，亦应由国家专卖之，惟须按情势所需要而定。

(3) A. 鸦片零售及其分配只能由国家雇人办理，付给规定薪金，但不能给予贩卖鸦片之委任职责，且该项制度应在行政长官实力能监察之各县内试办之。B. 各地鸦片零售及其分配，只应由政府特许之人经营之。

凡烟民经特许吸食与按定量吸食制度，现行各地该烟民已获得同等或更有效力保证者，本条 A 项即无施行必要。

第二条　售卖鸦片与未成年者吸用，应由国家严禁。缔约国须设法禁遏未成年者吸食鸦片，以免其范围之扩大。

第三条　未成年者私入烟寮，应行禁止。

第四条　缔约国应设法限制国内零售鸦片烟铺。各地烟寮经许准售卖者，亦应限制其数目。

第五条　烟灰(dross)非经特许专卖者，所有一切贩卖权，应加取缔。

第六条　(1) 各地输出生熟烟土，以供吸食之用者，应即严禁之。

(2) 熟土经过或拨运各地者，亦应加严禁。

(3) 生土经过或拨运之各地，在缔约国领土范围外者，亦应严禁。惟经输入政府发给入口凭照，并由消费国担保不作非法使用者，不在此例。

第七条　缔约国应尽力推广拒毒教育，宣传禁烟文字，或利用各项方法，在其领土内劝戒人民，俾勿吸用鸦片，惟缔约国政府认为在其领土现有状况之下，该项办法不甚适宜者，不在此例。

第八条　缔约国须相互合作，俾各该管长官得直接交换消息及意见，以期制止鸦片及麻醉药品非法贩运。

第九条　缔约国须以惠爱精神，酌度情形，使在其本国领土内他国侨民遇有违犯烟禁者，予以惩罚。

第十条　缔约国须互通消息，藉知各国吸食鸦片之人数，并将该消息呈达国联秘书长，以便公布。

第十一条　本协定各项条文，对鸦片专用于医药及科学方面者，概不施行。

第十二条　缔约国须常检查各国对于《海牙禁烟公约》第二章与本协定所有施行情形之如何，然后规定时期，以便一致进行讨论。至第一次大会至迟应于1929年内举行之。

第十三条　本协定只就缔约国在远东占领地、领土以及租借地、保护地范围内所有熟土使用暂经特许者施行之。缔约国在批准本协定时，即须声明在其保护权下各领土，不概括在内，以后如再行加入，亦可通知国联秘书长，待国联收到该通知加入书后，即备抄稿转知缔约各国。

第十四条　本协定样本，系以英、法两国文字为证，得由各国批准之。国联收到各国批准书以后，应即由秘书厅保管之。本协定非经两国批准后，不能发生效力，并应在国联秘书长接到第二次批准书之日起90天后方能施行。嗣后本协定对缔约各国批准发生效力，亦以国联收到该国批准书90日以后为准则。

第十五条　倘有缔约国之一国愿意退出本协定，应备退约文件，知照国联秘书长，该秘书长即将该文件抄录、校正之后，照送各国，并声明收到日期。凡一国知照国联退出本协定者，所发生效力，只单限于该国。但须从国联秘书长收到该文件之日起，一年以后方为有效。

三 《日内瓦禁烟公约》

1925 年 2 月 19 日

鉴于 1912 年 1 月 23 日海牙公约之条款自各缔约国实施以来，已收有重大之效果，而公约内所指物品之走私及滥用仍在进行。深以该项物品之私贩及滥用，非取比较该公约所载更有效力之办法限制其出产及制造，并于国际贸易非施更严厉之管理，不能切实禁绝。极愿采纳更进一步之计划以达到该公约所规定之目的，并使其条款更加完满而强固。兹因此等限制及管理，必须各缔约国之合作。深信此为人道之努力，将得各关系国全体一致之赞同。各缔约国于是决定为此签订一公约，任命全权如下，呈出全权认明妥协合例，共同议定下列条款。

第一章 定 义

第一条 各缔约国赞成为本约而采用下列之定义。

生鸦片(Opium Prut)谓一种自然干凝之汁，取自罂粟花之子房，但略施必要之手工以便包装及运输者，不论其成分所含吗啡若何。

药用鸦片(Opium Medicinal)谓鸦片之经过必要手续，使合于医药上之用途者，或制为丸，或揉为细粒，或与其他中性之物质混合，随方药书所需求而定。

吗啡(Morphine)谓鸦片内之主要生物碱基，其化学方程式为 $C_{17}H_{19}NO_3$。

底埃西吗啡(Diacety Morphine)，即海洛因，具有 $C_{21}H_{28}NO_5$ 化学方程式者。

古柯叶(Feuillasde Coca)谓哀里沙洛高加拉麦克(Erythroxylum Coca)之叶及哀里沙洛西隆、那复格兰那顿斯依洛你默斯之叶及其各种分类，凡属于哀里沙洛西隆之种类或其他同种之叶，可直接提出高根，或经化学分析而可取得者。

生可卡因(Crude Cocaine)谓由古柯叶中所榨取而得之物质，直接或间接可用以制造高根者，可卡因(Cocaine)谓彭兆一而爱哥宁拉复之米替的以太(〔a〕D20°＝－16°4)，在含有百分之二十克劳洛方姆内分析所得者，其化学方程式为 $C_{17}H_{21}NO_4$。

爱哥宁(Ecgonine)谓拉复爱哥宁(〔a)D29°＝－45°6 在含有百分五之水中)分析所得者，其化学方程式为 $C_9H_{15}NO_3H_2O$，及其余一切由拉复爱哥宁所取得，用之于工业上，可使其复变为爱哥宁者。

印度大麻(Indian Hemp)谓 Cannabissativa L. 树之生花或生果之雌枝干梢，而其树胶尚未榨取者，不论其在商业上行用何项名称。

第二章 生鸦片及古柯叶之国内管理

第二条 各缔约国互允颁布法律及章程，以担保其对于生鸦片之出产分销及输出为一种有效力之管理，其已有法律及章程者不在此例，并互允于必要时按期检阅，务使此项法律及章程上之各点更有效力，该各点即系依照一九一二年海牙公约之第一条而颁布者。

第三条 各缔约国各视其商务情形之不同，应设法限制其都市口岸及其他区域之数目，在所限之地段内，始准将生鸦片及古柯叶输入或输出。制造药品之国内管理。

第四条 本章之条款施用于下列物品：A. 药用鸦片；B. 生可卡因及爱哥宁；C. 吗啡、底埃西吗啡、可卡因及彼等之盐；D. 一切药用或非药用之配合剂(包括所谓戒烟药者在内)含有过于千分之二吗啡或千分之一高根者；E. 一切配合剂之含有底埃西吗啡者；F. 所有用 Galenical Preparations 法提炼与染色之印度麻配合剂；G. 其他一切麻醉药品，本公约得依照第十条所规定而适用者。

第五条 各缔约国应颁布有效之法律及章程，严格限制本公约所载物品之制造、输入、售卖、分销、输出及使用，仅以医学及科学用途为限，并应彼此协力阻止该物品之流作一切别种用途。

第六条 各缔约国应加管理于制造、输入、售卖、分销或输出、本公约内所载物品之人，及此等人所藉以经营工业或商业之场所，各缔约国为此应取下列办法：A. 只准有执照之工厂或局所制造第四条 B、C 及 G 所载之物品；B. 凡制造、输入、售卖、分销、输出该项物品者，应具有准许办理此等事务之执照或特准；C. 该项人等应将其制造、输入、输出、售卖及其他种种方法分销该物品之数量记入册内，本规定并不适用于医生所消耗之数目及特准药房依照药方而售出之数量，惟每次药方必须由医生或药房保存之。

第七条 各缔约国对于其国内贸易应设法禁止关于本章所指之物品在无执照人间之一切授受或占有。

第八条 倘使联盟会卫生委员会提出问题于巴黎国际公共卫生处常驻委员会争取意见，与报告之后，验得若干种配合剂，虽含有属于本章所规定之各种麻醉药品，惟因其与他种药料和合之故，已失去成瘾之性质者，则卫生委员会应将其所验得者，通知联盟会行政院，行政院应转知各缔约国，本约因是于该项配合剂上不能适用。

第九条 各缔约国得准许药房之主人，于紧急情形内有立即施用下列之安神药，如鸦片、丁几西唐汉鸦片药酒、兜佛丸等之必要时，供给该项药品于大众，但虽在特别情形内，最高之服量不得过含有药用鸦片二十五生丁格兰姆。又，卖药者应按照第六条之规定，将此供给之数量登入册内。

第十条 倘联盟会卫生委员会提出问题于巴黎国际公共卫生处常驻委员会争取意见与报告之后，验得无论何种麻醉药品，虽不在本公约规定范围以内，但极易与本公约所指定之物品发生同类之滥用及同样之恶果时，卫生委员会应即通知行政院，并申请本公约之条款可适用于该项物品，行政院应将此申请案，知照各缔约国，无论何一缔约国如愿采纳此申请案，应即通知联盟会秘书长，由该秘书长转达其他缔约各国，于是本公约之条款，在采纳上列申请案之缔约国中，应适用及于该项物品。

第三章　印度麻

第十一条　一、除本公约第五章各条款应适用于印度麻及由印度麻所榨取之树胶外，各缔约国相互允许：A. 禁止由印度麻中取得之树胶及该树胶为盐基之寻常配合剂（Hashishesrar，chiras，djamba 等），对于禁止施用该项物品之国境内之输入，如在输出准许之情形内，则须得输入国政府之特别执照，并须在执照上说明准其输入以专供执照上所指明之用途，并说明此树胶之配合剂不将再运出口。B. 在依照本公约第十三条发给允准印度麻输出之执照以前，应先检验输入国准其输入，并指明专供医学及科学用途之特别执照。

二、各缔约国应采用一种有效之管理，务使印度麻于国际上无法私运，尤以树胶为最。

第四章　国际贸易之管理

第十二条　各缔约国于每次输入无论何项在本公约指明之物品时，应查验其每次准许输入之执照，该执照上应注明输入之数量、输入人之姓名、住址并输出人之姓名、住址。输入执照上应规定一限期，该项输入须在此限期内实行，但执照得允许一项输入，分作数次运送。

第十三条　一、各缔约国于每次输出无论何项在本公约指明之物品时，应查验其每次准许输出之执照，该执照上应注明输出之数量，输出人之姓名、住址，并输入人之姓名、住址。

二、缔约国在发给输出执照以前，应令领照人或领照之厂肆，呈验输入国政府所发给之准许状证明，此项输入已邀核准，各缔约国互允尽力所致，以采用附于本公约之输入凭证之格式。

三、输出执照上应规定一限期，该项输出须在此限期内实行，同时并应注明输入执照之号码日期，及发给执照之机关。

四、输出执照之一份应与输出物相随，而发给输出执照国之政府，另寄抄本一份于输入国之政府。

五、输入国之政府于输入手续完竣后，或规定之输入限期业已告满，应将输出执照送还发给该项执照国之政府，并于执照之背面签字，注明业经输入之数量。

六、假使实在输入之数量低于输出执照上所载之数量时，则有管辖之官厅应于输出执照上及其他一切之抄本上记明之。

七、凡遇有请求输出者，拟将输运品输入于某国关卡之货栈，而已得该处有管辖权之官厅准其为此目的而输入之特别凭证，视为与上述之输入凭证相等，其遇此等情形，输出执照上应注明此运输物之输出，其目的为存于货栈字样。

第十四条　为图本公约各条款在自由口岸及自由地界内，亦能得完全之实施及应用起见，缔约各国互允关于本公约内所载之物品，在其境内之自由口岸及自由地界适用，与其他境内各地方之同样法律及章程，并施以同等之监视及管理。但本条目并不阻止各缔约国，关于本公约所载之物品，在其境内之自由口岸及自由地界内，采用较他处更加严厉之条款。

第十五条　一、在本公约内指明之无论何项物品之运输，由一国运往他一国时，无论其是否由舟车转运，不应准其通过第三国，但如有输出国所给之输出执照，随同运输物或具有按照下节所规定之手续而发给之转路特别凭证，以呈验于第三国有管辖权之官厅者，不在此例。

二、凡一国内有管辖权之官厅，对于本公约所指明之无论何项物品之运输业已取得通过境内之允许时，应采取种种必要之方法，以防阻该项物品之运输到达于随同运输品之输出执照(或转路凭证)上所指定之运往地以外，但如有他一国政府之特别转路凭证准许其转路者，不在此例。转路凭证之发给，应按照第十三条所规定，先取得运输品拟转入国政府之输入执照，该凭证上应具有第十三条所规定，输出执照上应该记明之同样各点，并应注明该项运输品最初输出之国名，凡第十三条所列各条款，可适用于输出执照上者，亦应适用于转路凭证，又允许运输品转路国之政府于运输品到达其境内时，应收留随同运输品之最初出口执照或转路凭证之副本，并应寄还于发给该执照之政府，而同时通知其准许运输品之转路至某某国。

三、如转达之途径在空中时，本条上列各条款，对于飞机经过第三国之境界而不停落者不适用，如飞机停落于第三国之境界，则上列各条款，将鉴其情形之可能而施用之。

四、本条第一至第三节于该物品在直接转运时并不妨碍，各缔约国为规定管理本公约内所指物品而签订之无论何项国际协定。

五、本条各条款不适用于由邮局转运之物品。

第十六条　凡本公约所指明之无论何项物品之运输，如业已在一缔约国登陆而寄存于海关之货栈时，非有输入国政府准与输入之进口凭证呈验于海关货栈之主管机关，不得由存栈内提出。该机关于每次提出上述之运输品时，应发给一特别执照，以替代上列第十三条第十四条第十五条所规定之输出执照。

第十七条　凡本公约内所指明之物品之运输，于经过某缔约国之国境，或积存于其海关货栈时，不得使用任何手续，以变更其性质，如未得有管辖权之官厅之准许，并不得变更其包装。

第十八条　缔约国者之一国，如因与别一非缔约者之国家贸易，不能应用本章之某项条款时，则此缔约者只须鉴其情形之可能，以施行本章诸条款。

第五章　中央鸦片常设委员会

第十九条　本公约实施后三月，应组织一中央鸦片常设委员会(即中央鸦片监察处)。委员会以八人组成之，将由彼等之专门技能及公平独立之态度，取得全世界之信用。委员会之委员由国际联盟会行政院委任之。美洲合众国及德意志国将被邀请指派一人以参与该项任命，在举行该项任命时，务须计及委员会会员，应为出产国及消耗国中具有熟谙麻醉药知识之人，且在各国中选出充任委员之人数，亦应相等。委员会会员不得兼任附属于各该本国政府下之职司。委员会会员任期五年，选举者得连任。委员会将自行选出其会长，并制定会内诸章程。委员会之开会以会员四人之出席为法定人数。委员会关于第二十四条及第二十六条之决议应得全体大多数之通过。

第二十条　国际联盟会行政院取得委员会之同意后，应采取必要之处置，以对付该会之组织及进行，以期使该会办理本约职务上之专门事宜时，得有完全之独立，并由联盟会秘书长之协助，使其于行政事宜上得充分之实施。秘书长经委员会之示意并行政院之赞同，得委派会内之秘书及其他办事员。

第二十一条　缔约各国允许每年于十二月三十一日以前，将其下年所需要输入国内应用于医药、科学及其他项用途关于本公约所指明之每项物品之数量预算，送交依照第十九条组织之中央鸦片常设委员会。此项预算之数字，关系国之政府不得视为有义务性质，但足为委员会施行职权时之一种引导耳。如一年之内因环境关系有变动其预算之必要者，该国即应将其修正之预算案送交中央鸦片常设委员会。

第二十二条　一、各缔约国允许依照中央鸦片常设委员会指定之办法，至迟于每年年终三月内(如遇有 C 节情形时，则五月)，将过去一年间之最正确最完全之统计送交中央鸦片常设委员会，该统计开列：A. 关于生鸦片及古柯叶之出产；B. 关于本公约第三章第四条 B、C、G 所指各物品之制造，及用以为此等制造之原料，若该项物品用作其他转制品，而该转制品不载于本公约内者，则该物品之数量应分别说明之；C. 关于本公约第二、三章所指明之物品之存货将以销行于国内，而非为国家应用者；D. 关于本公约第二、三章所指明之物品之消耗，而非应用于国家用途者；E. 关于本公约所指明之各项物品因非法输入或输出而没收者之数量，并说明该没收物之如何处置，及关于没收及使用没收物之其他种种报告。上列关于A节至E节之各项统计，中央鸦片常设委员会应据以通知各缔约国。

二、各缔约国允许依照中央鸦片常设委员会指定之办法，于每季后四星期内将其过去三月间在本公约所指明之每项物品之运往何国之输出及由何国运来之输入之统计，送交委员会。以上各统计应用电报送达，但其数量在委员会所规定每项之最少数以下者，不在此例。

三、各政府依照本条所规定而报告其统计时，应分别说明为国家用途而输入或买进之总数，以期得以核定该国内医药上及科学上所需要之数量。中央鸦片常设委员会对于为国家用途而输入或买进之数量及其支配之用途，不得提出任何问题，或表示任何意见。

四、根据本条之意思，凡为国家所保管输入或买进之物品，预备为不时之售卖者，不能视为国家用途而保管输入或买进。

第二十三条　欲使关于处理世界生鸦片之供给，而报告于中央鸦片常设委员会之消息更加完备起见，凡暂准施用熟烟之各国政府，至迟于每年年终后三月内，除在第二十二条所规定之统计外，应添制一份最正确最完备之统计送交委员会，该统计所应载者，为过去一年间(一) 熟烟之制造及原来之用于此项制造者，(二) 熟烟之消耗。此为显明之事，委员会对于此项统计无权提出任何意见，而第二十四条条款对于本条所指各问题不能适用之，惟如经委员会查得非法国际贸易正在竭力进行中，则不在此例。

第二十四条　一、中央鸦片常设委员会应时时监察国际贸易，如遇本公约所载物品累积于无论何国，而该国大有变成非法贸易之中枢之势，则可请联合会秘书长出面，有权询问该国政府解释一切。

二、如于相当时期内无答复，或其答复不满意，中央鸦片常设委员会有权请各缔约国政府与联合会行政院注意此事，并劝告本公约所载物品或其中无论何一物不可再出口运入该国，直至中央鸦片常设委员会报告该关系国对于该项述及物品之情形视为满意为止，委员会同时将其所作之劝告通知该国政府。

三、该关系国有权将此问题提交联合会行政院。

四、无论何一出口国政府，不愿依照中央鸦片常设委员会之劝告而行事，亦有权将此事提交行政院。如其不将此提请行政院解决，则即行通知委员会解释何以不愿依照其劝告而行事之理由为最佳。

五、中央鸦片常设委员会对于此事，有权印一报告递送行政院，而行政院将转送之于各缔约国。

六、无论何一事件，委员会之决议如非一致，则少数人之意见亦将详述。

七、无论何一国政府，当委员会集议为讨论直接于其有关系之问题应请其参与在内。

第二十五条　各缔约国于友谊上均有权请委员会注意，似应查究之各项事件，惟本条不能视为扩张委员会权能之范围。

第二十六条　关于非签订本约之国，委员会据其所得消息观之，某国大有变成非法贸易中枢之势，亦能采取如在第二十四条内指定之办法，第二十四条第三、四、七节在此情形亦能适用。

第二十七条　委员会当采取所有计划，以使依照第二十一条至第二十六条，而所得之预算统计消息及解释不泄露于公众，而利奸商易于行事，及有碍合法贸易。

第二十八条　各缔约国允准如有违犯为实行本公约之法律者，当与以相当之刑罚，如在相称事件中亦可将其关系物充公之。

第二十九条　各缔约国将以诚意研究，取用正当法律计划之可能，俾得惩治在其统治权内之人民，在国外无论何处举行或协助一事件，该事件为违犯该地法律行动，而该法律则有关于本公约处理之事宜。

第三十条　各缔约国以联合会秘书长为中央人，互相通知对于本约所指及事务之现存法律及章程，如此互相通知之事尚未实行者，并互相通知为欲使本约有力，而遵颁布之法律及章程。

第三十一条　本约在缔约各国中，为补足一九一二年正月二十三日在海牙签订条约之第一、三、五章条款，该条款在不缔本约，而签订海牙公约，及参与入海牙公约各国中仍有效力。

第三十二条　一、两缔约国对本约之解释以及施用，如有意见不同，而不能由外交上解决，但为和平了结起见，在上诉法庭及请公断以前，可将争端交国际联合会所派之专门机关征求其意见。

二、专门机关即于六个月中，自争端呈出之日起，除非争讼国互相愿意延长时期，得提出意见，并规定一期限，在此期限内，争讼国必须决定是否采纳其意见。

三、专门机关之意见，不能束缚争讼国，除非经其采纳。

四、如争端既不能直接解决，亦不能依上述专门机关劝告之意见而解决之，如经诉讼一国请求之后，即应提交国际永久法庭，惟如因其他现存条约之施用关系，或特别签订之合同双方已得和解，则此争端毋须公断，或用其他办法以解决之。

五、向法庭起诉手续，则须按该庭规定第四十条。

六、争讼国如决定将争端提交国际联合会所派之专门机关请示，劝告或公断，则应将其决定意见通知秘书长，该秘书长再通知各缔约国，而缔约国对此诉讼应有干涉权。

七、争讼国须将在专门机关诉讼时，所呈出之国际公法上之各点，并解释本公约之各问题，提呈永久法庭判决，该各点及各问题业经专门机关或公诉院，根据诉讼国中一国之请求，声明法庭之解决该各点及各问题为解决争诉之必要者。

第三十三条　本公约自本日起以英、法二文作准，凡参加预备本公约会议各国，为联合会会员之各国，收到行政院所发本公约抄本之各国，于一九二五九月三十日以前，均可签字。

第三十四条　本公约应即批准(或有批准之必要)，批准文据应交联合会秘书长存储，该秘书长接受之后，应通知联合会缔约之会员及缔约各国。

第三十五条　一九二五年九月三十日以后，所有参与预备本公约会议之国而未签字者，联合会会员收到联合会行政院所发本公约抄本之国均可入约。入约手续须用文件通知联合会秘书长，该文件须存于联合会档案中，秘书即将此等存案通知联合会会员签订本公约各国及各缔约国。

第三十六条　本公约经十国批准以后，方能发生效力，该十国内应包括行政院依第十九条而委派参与中央鸦片常设委员会之七国，而七国之中最少二国为联合会行政院常年会员。联合会秘书长接到末次批准文据后之第九十日，为产生效力之日。嗣后接受各国批准文据后之第九十日，在批准该公约各国，本公约即有效力云。照联合会约章第十八条，联合会秘书长将本公约实行日期登陆入册。

第三十七条　联合会秘书长将作一特别记载表，以表示本公约已经何国签字批准，何国加入或退出本公约，此记载表应时时出示联合会会员，缔约各国应依行政院之指挥时常印刷。

第三十八条　如有联约国中之一国愿意出约，应备出约文据送交联合会秘书长，出约文据自联合会秘书长收到文据之日起，一年后方可发生效力，而退出本约只关出约一国。

第三十九条　所有签订或加入本约之国，在签订批准入约时，可声明采取本约，并不包括在其主权下或势力范围内之某属地，或所有殖民地、海外属地、海外领土，或因受联合之训令而属于其势力下之地，惟此等除外之地，以后亦能依第三十五条而加入，各保护地、殖民地、属地、海外领土亦能依第三十八条而分别出约。上列全权签字，以昭信守。

一九二五年二月十九日于日内瓦，正本一份留存于联合会秘书厅档案，其正式之副本将送交参与会议之各国及联合会会员。

四 《限制制造及调节分配麻醉药品公约》

1931年7月13日

为欲补充1912年1月23日海牙及1925年2月19日在日内瓦所订国际鸦片公约之规定，以国际协定限制麻醉品之制造，专供世界医药上及科学上之合法需要，得以发生实效，并调节此等药品之分配起见，爰决定缔订公约，特派全权代表如下：（略）各全权代表业将所奉全权证书互相校阅，认为妥善，议定条款如下：

第一章 定 义

第一条 后列各定义除有相反之规定外，在本公约内均适用之。

（一）《日内瓦公约》系指1925年2月19日在日内瓦签订之国际鸦片公约而言。

（二）"鸦片"系指下列各种药品而言，不论系半制品或精制品均包括在内。

第一组 甲组：(1) 吗啡及其盐类，包括由生鸦片或药用鸦片直接制成之制剂而含有吗啡在百分之二十以上者。(2) 双醋酸基吗啡(Diacetylmorphine)及其他之吗啡碱类(Esters of morphine)，并其盐类。(3) 可卡因(Cocaine)及其盐类，包括由古柯叶(Coca leaf)直接制成之制剂而含有可卡因在千分之一以上者及爱可宁碱类（Esters of ecgonine），并其盐类。(4) 二沅可待因酮(Dihydrohydrooxycodeinone)，其注册名字为欧可达(Eucodal)者，系其盐类。二氢可待因酮(Dihydrocodeinone)，其注册名为狄可多(Dicodide)者，系其盐类。二氢吗啡酮(Dihydromorphinone)，其注册名为地勒代者(Dilaudide)，系其盐类。醋酸基二氢可待因酮（Acetyldihydrocodeinone）或醋酸基双一烷二氢蒂巴因(Acetyldimethylodihydrothebaine)，其注册名为阿衰地康(Acedikon)者，系其盐类。二氢吗啡(Dihydromorphine)，其注册名为假性吗芬(Paramorfan)者，系其盐类。上述各药品之碱类(Esters)及此等药品之任何碱类及其之盐类氧化吗啡(Morphine-N-N-oxide)，其注册名为基洛吗啡(Genomorphine)及氧化吗啡衍生物(Morphine-N-oxidederivatives)以及其他五原子价氮之吗啡衍生物。乙组：爱哥宁(Ecgonine)蒂巴因(Thebaine)及其碱类一烷因基吗啡(Benzylmorphine)与其他吗啡碱类（Other esters of morphine），并其盐类，惟一烷吗啡(Methylmorphine)与二烷吗啡(Ethylmorphine)及其盐类除外。

第二组　一烷吗啡(可待因)与二烷吗啡及其盐类。本项所述各种物质虽由综合法制成者，亦以药品论。第一组与第二组系分别指本项第一组、第二组两组而言。

(三)“生鸦片”系指由罂粟壳取出之汁凝结，略施人工，以便包装及载运者，至其中吗啡含量之多寡在所不问。

“药用鸦片”系由生鸦片按照国定药典之规定经必要之调制而成，以供医药之用者，不论其为粉末或小粒或与中和物品混之他种形状。

“吗啡”系指鸦片之主要生物碱(Alkaloid)者，其分子式为 $C_{17}H_{19}NO_3$ 者。

“双醋酸基吗啡”(海洛因)系指其分子式为 $C_{21}H_{28}NO_5(C_{17}H_{17}\langle C_2H_3O_2\rangle O_3N)$ 者。

“古柯叶”系指属于 Erythroxylaceae 科之 Erythroxylon Coca Lamarck and the Erythroxylon novogranatense hieronymus 之叶及其他同属异种之叶，能直接或用化学方法，自其中提出可卡因者。

“可卡因”系指一烷安息香酸基左旋性爱哥宁，其百分之二十卤仿溶液之旋光度“a”D_{20} 为左旋十六度四，其分子式为 $C_{17}H_{21}O_4N$。

“爱哥宁”系指左旋性爱哥宁，其百分之五水溶液之旋光度“a”D_{20} 为左旋四十五度六，其分子式为 $C_9H_{15}O_3NH_2O$，及工业上得再制为一般左旋性爱哥宁之衍生物。

下列药品之定义以其分子式表明如下：

药品类别

二沅可待因酮(Dihydrohydrooxycodeinone)　$C_{18}H_{21}O_4N$

二氢可待因酮(Dihydrocodeinone)　$C_{18}H_{21}O_3N$

二氢吗啡酮(Dihydromorphinone)　$C_{17}H_{19}O_3N$

醋酸基二氢可待因酮(Acetyldihydrocodeinone)或醋酸基双一烷二氢蒂巴因(Acetyldimethylodihydrothebaine)　$C_{20}H_{23}O_4N(C_{18}H_{2O}\langle C_2H_3O\rangle O_3N)$

二氢吗啡(Dihydromorphine)　$C_{17}H_{21}O_3N$

氧化吗啡(Morphine-N-oxide)　$C_{17}H_{10}O_4N$

一烷吗啡(Methylmorphine)　$C_{18}H_{21}O_3N$

蒂巴因(Thebaine)　$C_{19}H_{21}O_3N$

二烷吗啡(Ethylmorphine)　$C_{19}H_{23}O_3N(C_{17}H_{18}\langle C_2H_5O\rangle O_2N)$

一烷因基吗啡(Benzylmorphine)　$C_{24}H_{25}O_3N(C_{17}H_{18}\langle C_7H_7O\rangle O_2N)$

(四)“制造”亦指精制而言。

“改制”系用化学方法将一种药品变成另一种药品，惟一生物碱变成盐类者，不在此限。其以此等药品之一种变成另一种药品，谓之改制。对于后一种药品谓之制造。

“估计书”系指本公约第二条至第五条编制之估计书而言，除条文中有相反之规定外，包括补充估计书在内。

关于任何药品所称“保留贮存品”者，指下列各款所需之药品：（甲）在一国或一国领域内贮存，或平常国内消费之用者。（乙）在一国或一领域内供改制之用者。（丙）供输出之用者。

关于任何药品所称“政府贮存品”，指由政府保管以供政府需用，并备以应付特殊情形需用之药品，“输出”包括再输出而言，但条文中有相反之规定者，不在此限。

第二章　估计书

第二条　（1）各缔约国对于适用本公约之该国各领域应依照本公约第五条之规定，按年编制各项药品之估计书，送交根据《日内瓦公约》第六章所设立之中央鸦片常设委员会。

（2）缔约国倘有不能在本公约第五条第四项规定之期限内，编送其适用本公约之任何一领域之估计书时，该项估计书在可能范围内得由本公约第五条第六条所规定之“监察机关”编制之。

（3）对于本公约不能适用之国家或领域，中央鸦片常设委员会得请其依照本公约之规定编送估计书，其有未编送者则在可能范围内，得由“监察机关”自为编制之。

第三条　缔约国于必要时，得对于任何年度及对于任何领域，编送该领域该年度之补充估计书，并说明其编制该项补充估计书之理由。

第四条　（1）依上述各条规定所编制之估计书，其关于一国家或一领域内消费所需之任何药品，应仅以该国家或领域内医药上或科学上所需要者为限。

（2）于保留贮存品外，各缔约国得设置并保持“政府贮存品”。

第五条　（1）本公约第二条至第四条所规定之估计书，其格式应由中央鸦片常设委员会随时规定，并通知国际联合会会员国及本公约第二十七条所指之非会员国。

（2）每一估计书应将每一国家或每一领域内每年应需之药品，不论为生物碱或盐类或生物盐类之制剂，依照下列各款分别注明：（甲）医药上及科学上所需用之数量，其供制造制剂用之数量，而此等制剂之输出不须输出证者，不论其系供国内消费或输出均包括在内。（乙）改制上所需用之数量，不论其系供国内消费或输出，均包括在内。（丙）所拟保持之保留贮存品之数量。（丁）依本约第四条之规定，为设置并保存政府贮存品所需之数量。每一国家或一领域各项估计书之总数量，系指本项(甲)、(乙)两款之总数量，另加保留贮存品及政府贮存品所欲达到之必需限度之数量，或减去此等贮存品，超过此项限度之数量。但上述数量之增加或减少，除非经各关系缔约国于有效时间内向中央鸦片常设委员会编送必需之估计书时，无须计及。

(3) 每一估计书应副一说明书，解释其计算各项数量所采用之方法，若计算之数量留有需要上可能之伸缩余地者，则估计书上必需将伸缩之限度标列明白。在公约第二组内，所列或列入该组之任何药品，其数量之伸缩限度，得较其他药品为大。

(4) 所有各项估计书为次年度所编制者至迟应于本年八月一日以前，送达中央鸦片常设委员会。

(5) 补充估计书应于编就后，随即送达中央鸦片常设委员会。

(6) 估计书应经监察机关审查，该机关由国际联合会鸦片及其他危险药品贸易顾问委员会、中央鸦片常设委员会、国际联合会、卫生委员会及国际公共卫生局各委派一人组织之。监察机关之秘书处，由国际联合会秘书长派员组织，俾与中央鸦片常设委员会易收合作之效。监察机关得向业经编送估计书之国家或领域除政府所需要之药品外，索取必要之追加报告或详细说明，俾原有估计书益增完备，或于原有意义加以解释，如经该国政府之同意，得依据索得之材料，将估计书予以修正，但关于本公约第二组所列或可列入该组之药品只需一提要之声明。

(7) 依照本条第六项之规定，估计书经监察机关审查之后，又依照本公约第二条之规定，各国家或领域之未能编制估计书者，经该监察机关代为编定后，该监察机关至迟应于每年十一月一日以前，将各国家或各领域之估计书编成报告，经由国际联合会秘书长，转送国际联合会各会员国，及第二十七条所指之非会员国，此项报告监察机关认为必要时，得另附节略，载明依照本条第六项规定所索得之说明，及该监察机关对于该估计书或说明或请求说明之意见。

(8) 每年内送达中央鸦片常设委员会之一切补充估计书，监察机关应依照本条第六、第七两项规定之手续，立即处理之。

第三章　制造之限制

第六条　(1) 在任何国家或领域于任何年度内，对于任何一种药品之制造，其数量不得超过下列各项数量之总数：(甲) 该国家或该领域对于该年度医药上及科学上所需药品之数量，在估计书之限度以内者，其供制造制剂用之数量，而此等制剂之输出不须输出证，并不论其供国内消费或输出均包括在内者。(乙) 该国家或该领域在估计书之限度以内，对于该年度改制上所需用之数量，不论其系供国内消费或输出者。(丙) 该国家或该领域于该年度内依照本公约之规定,为履行输出定货所需药品之数量者。(丁) 该国家或该领域为保持该年度保留贮存品所需药品之数量,而与估计书规定之限度相等者。(戊) 该国家或该领域为保持该年度政府贮存品所需药品之数量,而与估计书规定之限度相等者。

(2) 缔约国于年终发现其制造药品之总数量超过前述规定之总数量时,除减去第七条第一项所规定之数量外,其超过之数量应在次年制造总数内扣除之,各缔约国向中央鸦片常设委员会编送各年统计时,应说明此项超过之理由。

第七条　对于每一药品在一国家或一领域内应于任何年度,依第六条所许可制造之数量中减去下列各项数量:(甲) 该药品输入之数量,凡输出退回之该药品除再输出者外,一律包括在内。(乙) 缉获之药品用为国内消费或改制之数量者。如在本年内所有上述药品之数量,不能自总数量减去时,则年终所有剩余之数量应于次年估计书内减去之。

第八条　一国家或一领域依照估计书输入或供制造、改制、使用之任何药品之数量,应于该估计书适用之期限内尽量用于改制。于上述期限内,如该国或该领域不能将该项药品之总量用完者,则年终所余未用之数量应于次年估计书内减去之。

第九条　如于本公约全部条文发生效力时,在一国或一领域内,所有某种制造现存之数量,已超过按照该国或该领域之估计书中拟保持之保留贮存品之数量者,其超过数量应依照本公约之规定,在本年所能制造或输入药品之数量内减去之,如未照上述程序办理,则于本公约全部条文发生效力时,所有现存制造之超过数量,应归政府保管以后,仅可遵照本公约所规定之数量按期发放,其每年发放之数量,应按照情形,自该年可制造或输入之总数量内减去之。

第四章　禁止及限制

第十条　(1) 缔约国应禁止自其领土内输出双醋酸基吗啡或其盐类,与含有双醋酸基吗啡或其盐类之制剂。

(2) 缔约国得因不制造双醋酸基吗啡政府之请求,准许双醋酸基吗啡或其盐类与含有双醋酸基吗啡或其盐类之制剂输往该国,以供该国医药上及科学上之需用,惟此项请求应附具输入证书,并应向证书上所指定之政府机关为之。

(3) 上述输入之双醋酸基吗啡之数量,应由输入国政府负责分配之。

第十一条　(1) 凡鸦片之生物碱之制造品,或古柯叶之爱哥宁生物碱之制造品,在本日尚未为医药上或科学上之需用者,任何国家或领域,不得以该项药品为贸易,或制造该项药品以供贸易之用,但有关系之政府认为该项制造品于医药上或科学上确有价值者，不在此例。与此情形，除该政府认为该项制造品或改制他项制造品后，均不致使人养成瘾癖者外，其准许制造之数量，在下述决定未成立前，不得超过该国家或该领域内医药或科学上所需与输出国外所需之总数量，本公约之规定于该项制造品适用之。

(2) 缔约国准许以上述药品为贸易，或制造该项药品以供贸易之用时，应立即通知国际联合会秘书长，以便转知其他缔约国及国际联合会卫生委员会。

(3) 卫生委员会于咨询国际公共卫生局常务委员会后，应决定该项制造品能否使人养成瘾癖(致与本公约第一组甲组所列药品同类者)，或该项制造品改制他项药品后，能否使人养成瘾癖(致与本公约第一组乙组或第二组所列药品同类者)。

(4) 如卫生委员会决定上述药品其本身虽非使人养成瘾癖之药品，但能改制为该项药品者，则该药品应否列入第一组乙组或第二组中，应由专家三人组成之委员会，从科学方面及技术方面决定之。其人选应由关系国政府、国际联合会鸦片顾问委员会各推举一人，再由该二人公推一人。

(5) 依照本条第三、第四两项所为之决定，应通知国际联合会秘书长以便转达国际联合会会员国及第二十七条所指之非成员国。

(6) 如经专家决定，认为上述药品本身或改制他项药品后，能使人养成瘾癖时，则缔约国在收到国际联合会秘书长通知后，应视该药品是否第一组或第二组分别实施本公约所规定之适当管理方法。

(7) 任何缔约国根据较深之经验，得请求国际联合会秘书长，依照上述手续将上述之决定修正之。

第十二条 (1) 各缔约国非遵照本公约之规定，不得将任何药品输入或输出其领域。

(2) 每年输入任何一国或任何一领域之任何药品，不得超过本公约第五条所规定之估计量，与该年度该国或该领域输出数量之总数，但应将该年度在该国或该领域内制造之总数，于总数内先行减去之。

第十三条 (1) (甲) 各缔约国对于本公约第一组所列药品，应适用《日内瓦公约》之规定，而为该公约第四条(或相等之规定)开列之各项物质所适用者，此项规定并应适用于《日内瓦公约》第四条所载吗啡及可卡因之制剂，及本公约第一组其他各药品之制剂，但该公约第八条规定认为可以除外之制剂，不在此限。(乙) 凡吗啡或可卡因或其盐类，若与无害液体或固体混合，或成为溶液或稀薄液，其结果所含之吗啡成分在千分之二以下，或可卡因成分在千分之一以下者，其管理方法应与成分较高之制剂相同。

(2) 各缔约国对于本公约第二组所列或可列入该组之药品，应用《日内瓦公约》下列之规定(或相等之规定)。(甲) 第六、第七两条关于此项药品之制剂输入输出及批发之规定。(乙) 第五章各条之规定，惟化合物之含有此项药品而作正当治疗之用者，不在此项。(丙) 第二十二条第一项(乙)、(丙)、(戊)各款及第二项之规定。但，A. 各国输出输入药品之统计每季呈报者，得改为一年呈报一次。B. 凡制剂之含有此项药品者，不适用《日内瓦公约》第二十二条第一项乙款及第二项之规定。

第十四条 (1) 各国政府对本公约第一组所列或可列入该组之药品发给输出许可证，输入不适用本公约及《日内瓦公约》之任何国家或领域者，该输出国应即通知中央鸦片常设委员会，但输出药品数量在五公斤或五公斤以上者，输出国政府必待中央鸦片常设委员会证实该项输出药品不致使输入国或领域超过其药品估计量方可发给输出特许证，如经中央鸦片常设委员会通知，认为该项药品将超过其估计量者，则输出国政府不得准许输出超过该估计量之数量。

(2) 根据送达中央鸦片常设委员会之输出、输入报告，或根据前项所定送达中央鸦片常设委员会之通知，发现药品输出或输入准许输出至某国或某领域之数量，超过该国或该领域依照本公约第五条所定估计书之总数量与已输出数量之总和时，中央鸦片常设委员会应立即通知各缔约国，在该年内不得准许再运鸦片至该输入国或领域，惟下列情形不在此限：(一) 由该国或该领域将输入过多之数量，编成补充估计书。(二) 遇有特殊情形输出国政府认为药品之输出能为人类谋利益或供治疗病人之需用者。

(3) 中央鸦片常设委员会每年应编制报告书将各国或各领域前一年之下列各种事项一一载明：1. 每种药品之估计书；2. 每种药品消耗之数量；3. 每种药品制造之数量；4. 每种药品改制之数量；5. 每种药品输入之数量；6. 每种药品输出之数量；7. 制造制剂所用每种药品之数量，此种制剂以不需输出证亦得输出者为限。如上项报告书中发现任何缔约国未依照本公约履行义务时，中央鸦片常设委员会得经由国际联合会秘书长转请该缔约国申述理由，关于此种事项《日内瓦公约》第二十四条第二项至第七项规定之程序得适用之。

中央鸦片常设委员会应速将上述报告书公布，除认为非必要者外，并应将依照前项规定所申述理由之撮要，及中央鸦片常设委员会对于该项理由之意见，一并附入，中央鸦片常设委员会依照本公约规定所收到之药品统计及其他报告，如有促进投机者之经营，或有碍缔约国之合法贸易者，不得公布之。

第六章 行政规则

第十五条 各缔约国应采取立法上或其他必要办法，使本公约条文在其领域内发生效力，缔约国如未采行上述办法时，应设置一特殊行政机关，其目的为：1. 实施本公约一切条文；2. 调节、监察并管理药品之贸易；3. 组织拒毒运动，采取有效办法，组止毒癖之蔓延，并抑制非法贩运。

第十六条 (1) 缔约各国对于下列各项应实行严厉监察：(甲) 各制药存积药品原料之数量及制成药品之数量以供制造或改制或其他用途者；(乙) 药品之数量及含有此项药品之药剂之数量；(丙) 制成之药品及制剂之销售法，尤须注意其出厂交货方法。

(2) 缔约国不得准许任何制药人存积原料之数量超过市场上合于经济的营业所需之数量，无论何时任何制造人存积原料之数量不得超过该制药人在最近六个月内制造所需之数量，惟政府经相当调查后，认为有特殊情形，须存积额外数量者，不在此限，但无论如何该存积之总数量不得超过一年所需之数量。

第十七条 各缔约国应使其领域内各制药人按季呈报下列事项：(甲) 进厂之各种原料及各种药品之数量，与由此项原料药品制造而成之任何制造品之数量，制药人在呈报进厂原料之数量时，应说明其中所含或其中可产出吗啡、可卡因或爱哥宁碱类之成分，此项成分之检定法，应以政府所规定者及经政府认为满意者为准。(乙) 在本季内所销售之原料之数量或由该原料制成之产物之数量。(丙) 每季终结时所有存积之数量。各缔约国应使其领域内之药品批发人于每年终结时，呈报该年内含有药品之制剂输出量或输入量，此种输入均以不需特许证者为限。

第十八条 各缔约国缉获非法私运之药品为本公约第一组所列者，如不须再经过司法手续或其他行政长官之处置时，应由该国政府或由该国政府监督将该药品销毁，或改制为无毒性物质，或专作医药上或科学上用途，惟双醋酸基吗啡无论如何，必须使其销毁或改制。

第十九条 凡发售任何药品或含有药品之制剂，缔约国应使之在标签上，注明其中所含药品之成分，并在标签上载明该国法定药名。

第七章 通 则

第二十条 (1) 每一缔约国在本公约发生效力时，于其领域内制造或改制任何药品，或拟于本公约发生效力时，或以后特准制造或改制任何药品者，均应通知国际联合会秘书长，声明该项药品制造或改制，抑只供国内需用或兼供国外输出，并须注明何时着手制造或改制，与制造或改制药名之名称，及该特许制药人或药行之名称及住址。

(2) 缔约国于其领域内停止制造或改制任何药品时，应即通知国际联合会秘书处，声明该项药品已于或拟于或何时何地停止制造或改制，并指明该项药品之名称,及该制药人或药行之名称及住址。

(3) 依本条第一、二两项所为之通知,应由国际联合会秘书长转送各缔约国。

第二十一条　各缔约国应将使本公约生效所公布之各项法规,经由国际联合会秘书长通知其他各缔约国,并应依照鸦片及其他危险药品贸易顾问委员会所编定之表格,将各该国执行本公约情形,逐年编制报告,送达国际联合会秘书长。

第二十二条　缔约国应将制药人及批发人为混合制剂所需药品之数量,列入每年统计送达中央鸦片常设委员会,至于此种制剂是否供国内消费,或不需输出证而得输出国外者,在所不问。缔约国并须将各制药人依照本公约第十七条所呈送之报告撮要列入每年之统计。

第二十三条　凡缔约国于发现非法贩运药品任何案件时,如其案件对于贩运药品之数量或其来源,或非法贩运人所用运输之方法,有重要之关系者,应于最短期间将一切情形送交国际联合会秘书长,通知各缔约国。前项通知之详情应尽量包括下列事项:1. 非法贩运之药品种类及数量;2. 该项药品之来源及其商标与标签;3. 该项药品成为非法贩运之地点;4. 该项药品发出之地点,运送经理人,或交付人姓名,交付之方法,如知悉收受人者,其姓名及住址;5. 私贩所用之方法及路由,如系船只装载者,船只之名称;6. 政府对于私贩人(尤应注意一般领有特许证或执照者)之处分及所施之惩罚;7. 其他事项之能有助于制止非法贩运者。

第二十四条　本公约系就缔约国间之关系,以补充 1912 年海牙公约及 1925 年日内瓦公约,而本公约缔约国至少应受以上两项公约之一之拘束者。

第二十五条　各缔约国间对于本公约之解释或适用发生争执,虽经外交手续,亦不能圆满解决者,应按照缔约国间现行解决国际争执之协定解决之。倘该缔约国间无此协定,则该项争执应提交仲裁,或按司法手续解决之,倘另行选择法庭不能同意,而争执各国皆为 1920 年 12 月 16 日国际常设裁判法庭规约议定书之签约国时,该项争执得因任何一争执国之请求,提交该处法庭处理,如该争执国中有一国非 1920 年 12 月 16 日议定书之签约国时,应交依照 1907 年 10 月 18 日海牙和平解决国际争执公约所组成之仲裁法庭处理之。

第二十六条　各缔约国于签订批准或加入本公约时,得声明其本身虽接受公约,但对于该国一切或任何殖民地、保护国、海外领域,或在其主权统治,或受国际联合会委托代理之领域,该国不负任何义务,则本公约对于该声明所指各地不适用之。各缔约国嗣后无论何时,得通知国际联合会秘书长,愿将本公约适用于前项声明中所指一切或任何领域，则本公约对于该通知中内所列之领域，应即适用其效力与批准，或加入本公约之国家相同。缔约国于本公约第三十二条所定五年期限届满之后，无论何时得声明本公约对于该国一切任何殖民地、保护国、海外领域，或在其主权统治，或受国际联合会委托代理之领域停止适用，则本公约对于该声明中所列各项领域应即停止适用，与本公约第三十二条所指定之退约相同。国际联合会秘书长应将根据本条所收到之各项声明及通知，转达国际联合会会员国及第二十七条所指定之非会员国。

第二十七条　本公约以法英两国文字为准，约上载明本日(约)之日期。自本日起至1931年12月31日止，凡国际联合会会员国或非会员国参加起草本公约会议者，或经国际联合会行政院寄送本公约一份请签字者，均得签字于本公约。

第二十八条　本公约应经批准手续，批准书应送达国际联合会秘书长，由该秘书长通知国际联合会各会员国及上条所指之非会员国。

第二十九条　自1932年1月1日起，凡国际联合会会员国及本公约第二十七条所指之非会员国得加入本约。加入证书应送达国际联合会秘书长，由该秘书长通知国际联合会会员国及第二十七条所指之非会员国。

第三十条　本公约自国际联合会秘书长收到国际联合会会员国或非会员国二十五国之批准书或加入书之日起，九十日后发生效力，惟此二十五国须包括下列之任何四国：法国、德国、大不列颠及北爱尔兰联合王国、日本、荷兰、瑞士、土耳其及美国。但本公约之规定除第二条至第五条外，仅可自依照第二条至第五条编送估计书之第一年一月一日起适用之。

第三十一条　批准书或加入书在本公约发生效力以后，收到者应自国际联合会秘书长收到该项文书之日起九十日后发生效力。

第三十二条　自本公约发生效力之日起，五年期满后，得退出本公约，但应以书面声明，送交国际联合会秘书长，此项退约声明，倘该秘书长系在任何年七月一日或该日以前收到者，应于下年一月一日发生效力，倘在七月一日以后收到者，其发生效力之日期，与在下年七月一日或该日以前收到者同，各退约声明，仅对于此项声明之国际联合会会员国或非会员国发生效力。国际联合会秘书长收到各国退约声明后，应通知国际联合会会员国及第二十七条所指之非会员国。倘缔约国同时或继续退约，致受本公约拘束之国际联合会会员国及非会员国为数不足二十五国时，自最后一国退约声明，依据本条之规定发生效力之日起，本公约即失其效力。

第三十三条　任何受本公约拘束之国际联合会会员国或非会员国，无论何时得函达国际联合会秘书长，请求修正本公约，该秘书长应将此项请求，通知受本公约拘束之其他国际联合会会员国或非会员国，倘赞成修正之国家达三分之一时，缔约国得开会讨论修正本公约。

第三十四条　本公约应于发生效力之日，由国际联合会秘书长登记，为此各全权代表在本公约签字，以昭信守。

1931 年 7 月 13 日签订于日内瓦，正本一份存于国际联合会秘书厅档库，另备签证之抄本，分送国际联合会会员国及第二十七条所指之非会员国。

参考文献

一　档案与资料长编

1. 南京中国第二历史档案馆藏、山西省档案馆藏、内蒙古档案馆藏、辽宁省馆档案馆藏、河南省档案馆藏、河北省档案馆藏、张家口市档案馆藏、承德市档案馆藏有关鸦片烟毒的档案资料。
2. 南京市档案馆编:《审讯汪伪汉奸笔录》,南京:江苏古籍出版社,1992年版。
3. 伪华北政务委员会政务厅法制局编:《华北政务委员会法规汇编》上册,1941年。
4. 马模贞主编:《中国禁毒史资料》,天津:天津人民出版社,1998年版。
5. 中央档案馆等编:《日本帝国主义侵华档案资料选编・东北经济掠夺》,北京:中华书局,1991年版。
6. 孙邦主编:《经济掠夺》,长春:吉林人民出版社,1993年版。
7. 徐雪筠等编译:《上海近代社会经济发展概况(1882—1931)》,上海:上海社会科学院出版社,1985年版。
8. 天津市政协文史资料研究委员会编:《天津租界》,天津:天津人民出版社,1986年版。
9. 上海市文史馆编:《旧上海的烟赌娼》,上海:百家出版社,1988年版。
10. 罗运炎:《毒品问题》,上海:商务印书馆,1936年版。
11. 陈锦荣编译:《日本据台初期重要档案》,《台湾总督府公文类纂,1895—1898》首卷,乙种,永久保存1—3册,台北:台湾省文献委员会,1978年。
12. 徐百齐编:《中华民国法规大全》,上海:商务印书馆,1937年版。
13. 上海公共租界工部局编:《上海公共租界工部局年报》,1937年。
14. 内政部禁烟委员会编:《禁烟年报・禁烟禁毒工作报告书》,1936年。
15. 军事委员会委员长行营编:《军事委员会委员长行营政治工作报告》,台北:文海出版社,1987年影印本。
16. 谢远达编:《日本特务机关在中国》,汉口:新华日报馆,1938年版。

17. 天津市政协文史资料委员会编:《天津租界》,天津: 天津人民出版社,1986 年版。
18. 上海市档案馆编:《日本帝国主义侵略上海罪行史料汇编》,上海: 上海人民出版社,1997 年版。
19. 任秉钧:《德穆楚克栋鲁普与傅作义争夺鸦片过境税》,《内蒙古文史资料》第 5 辑,呼和浩特: 内蒙古人民出版社,1979 年版。
20. 吴应禄口述,贾汉卿整理:《绥远的烟土行》,《内蒙古文史资料》第 19 辑,呼和浩特: 内蒙古人民出版社,1985 年版。
21. 中国国民拒毒会编:《中国烟祸年鉴》第四集,1929 年。
22. 中国国民拒毒会编:《拒毒运动指南》,1931 年。
23. 黄嘉惠:《国民拒毒运动之意义与任务》,《拒毒月刊》1928 年第 4 期。
24.《极东国际军事裁判速记录》,东京: 雄松堂书店,1968 年版。
25. "专卖总局"编印:《满洲国鸦片专卖概要》,1938 年。
26. "清查总署"编印:《阿片收纳机构及方式改革私案》,1940 年。
27. "南满洲铁道株式会社经济调查会"编印:《满洲国专卖制度の现状》,1935 年。
28. "满洲经济调查委员会"编印:《朝鲜阿片麻药制度调查报告》,1943 年。
29. [日] 江口圭一编:《日中战争期阿片政策: 蒙疆政权资料を中心に》,东京: 岩波书店,1985 年版。
30. [日] 江口圭一编,《證言日中ァヘン战争》,东京: 岩波书店,1991 年版。
31. [日] 江口圭一著,杨光尘等译:《日本对中国的毒品战》,《近代史资料》总 86 号,北京: 中国社会科学出版社,1994 年版。
32. [日] 大平正芳著,辛华等译:《我的履历书》,北京: 北京出版社,1979 年版。
33. [日] 大平正芳回想录刊行会编,武大伟、郑国仕等译:《大平正芳传》,长春: 吉林人民出版社,1984 年版。
34. [日] 冈田芳政、多田井喜生、高桥正卫等:《续现代史资料》(12),"鸦片问题",みすず书房(美铃书店),1986 年版。
35. [日] 江口圭一著,金海、白拉都格其译:《蒙疆政权》,《内蒙古近代译丛》第 1 辑,呼和浩特: 内蒙古人民出版社,1986 年版。
36. [日] 野波静雄:《国际鸦片问题》,台北: 平凡社,大正十四年(1925)版。
37. [日]《朝日新闻》东京审判记者团著,吉佳译:《东京审判》,石家庄: 河北人民出版社,1988 年版。
38. [日] 二反长半:《战争と日本阿片王——阿片王二反长音藏の生涯》,东京:

すばる书房，1977 年版。
39. (苏) Л·Н·斯米尔诺夫、Е·Б·扎伊采夫著，李执中、史其华等译：《东京审判》，北京：军事译文出版社，1987 年版。
40. Merrill, Frederick T., *Japan and the Opium Menace*, New York: International Secretariat Institute of Pacific Relations and the Foreign Policy Association, 1942.
41. John R. Pritechard and Sonia M. Zaide, eds., *The Tokyo War Crimes Trials: The Complete Transcripts of the Proceedings of the International Military Triburnal for the Far East*, Vol. 2, N. Y.: Garland Publishing Inc., 1981.
42. Yu-ming Shaw, *An American Missionary in China: John Leighton Stuart and Chinese American Relations*, Cambridge, Mass. Harvard University Press, 1992.

二 著作

1. 刘明修：《台湾统治と阿片问题》，东京：山川出版社，1983 年版。
2. 王宏斌：《禁毒史鉴》，长沙：岳麓书社，1997 年版。
3. 王宏斌主编：《毒品问题与近代中国》，北京：当代中国出版社，2001 年版。
4. 蒋秋明、朱庆葆：《中国禁毒历程》，天津：天津教育出版社，1996 年版。
5. 苏智良：《中国毒品史》，上海：上海人民出版社，1997 年版。
6. 邵雍：《中国近代贩毒史》，福州：福建人民出版社，2004 年版。
7. 赖淑卿编：《国民政府六年禁烟计划及其成效》，台北：国史馆，1986 年版。
8. [韩] 朴橿：《中日战争与鸦片(1937—1945)——以内蒙古地区为中心》，台北：国史馆，1998 年。
9. [韩] 朴橿：《鸦片与二十世纪中国》，国史馆印行，2008 年。
10. 李恩涵：《战时日本贩毒与“三光作战”研究》，南京：江苏人民出版社，1999 年版。
11. [澳] 骆惠敏编，刘桂梁等译：《清末民初政情内幕》，上海：知识出版社，1986 年版。
12. [英] 琼斯 F. C. 著，胡继瑗译：《1931 年之后的中国东北》(*Manchuria Since 1931*)，北京：商务印书馆，1959 年版。
13. [日] 高田源清：《满洲及支那の组合制度》，东京：丛文阁，1941 年版。
14. [日] 小林英夫：《“大东亚共荣圈”の形成と崩溃》，东京：御茶の水书房，

1975 年版。
15. ［日］江口圭一：《日中ァヘン战争》，东京：岩波书店，1988 年版。
16. ［日］江口圭一著，宋志勇译：《日中鸦片战争》，天津：天津人民出版社，1995 年版。
17. ［日］黑羽清隆：《十五年战争史序说》，东京：三省堂，1984 年版。
18. ［日］山田豪一编：《ォルド上海鸦片事情》，东京：亚纪书房，1995 年版。
19. Frederick P. Smith 编：张绍丽等译：《法庭毒品分析手册》，北京：中国人民公安大学出版社，2011 年版。
20. ［美］马丁·布思（Martin Booth）著，任华梨译：《鸦片史》（*Opium: A History*），海口：海南出版社，1999 年版。

三　论文

1. 江泽民：《忆厉恩虞同志》，《世纪风采》1998 年第 8、9 期。
2. 王宏斌：《中国鸦片源流考》，《河南大学学报》1995 年第 5 期。
3. 王宏斌：《鸦片史事考》，《近代史研究》1993 年第 5 期。
4. 王宏斌：《民国初年禁烟运动述论》，《民国档案》1996 年第 1 期。
5. 王德溥著，郦玉明译：《日本在中国占领区内使用麻醉毒品戕害中国人民的罪行》，《民国档案》1994 年第 1 期。
6. 陈大猷：《1926 年至 1934 年间的广东禁烟》，《广州文史资料》第 9 辑，1963 年。
7. 邓一民编：《日本鸦片侵华大事记（1912—1945）》，《近代史资料》第 98 期，1999 年 12 月。
8. 李恩涵：《“九一八”事变前后日本对东北的毒化政策》，台北《中央研究院近代史研究所集刊》第 25 期，1996 年 6 月。
9. 李恩涵：《日本在华北的贩毒活动（1910—1945）》，台北《中央研究院近代史研究所集刊》第 27 期，1997 年 6 月。
10. 李恩涵：《日本在华中的贩毒活动（1937—1945）》，台北《中央研究院近代史研究所集刊》第 28 期，1998 年 6 月。
11. 李恩涵：《日本在华南的贩毒活动（1937—1945）》，台北《中央研究院近代史研究所集刊》，第 31 期，1999 年 6 月。
12. 《鸦片政策为日本人的得意杰作》，载《日本统治台湾秘史》，台北：武隋出版社，1989 年版。
13. 余籍传：《禁绝鸦片与抗战建国》，《湖南禁烟月刊》第 17 期，1940 年。

14. 王金香：《日本鸦片侵华政策述论》,《抗日战争研究》1993 年第 3 期。
15. 魏宏运：《三四十年代日本的侵华政策》,《第二届近百年中日关系史国际研讨会论文集》,北京：中华书局,1995 年版。
16. 耿宝元：《日伪时期衡水城关的白面馆和土膏店》,《河北文史资料》第 3 期,1989 年。
17. 许雪姬：《黄海波先生访问记录》,台北"中央研究院"近代史研究所编：《口述历史》第 6 期,1995 年。
18.《厦门日籍浪人记述》,厦门文史资料研究委员会编印：《厦门文史资料选辑》第 2 辑,1963 年 3 月。
19. 孙云年：《江苏沦陷时期日伪的毒化政策》,江苏省政协文史资料委员会编：《江苏文史资料》第 129 辑,2000 年。
20. 上海市禁烟委员会编印：《禁烟专刊》第 1 期,1935 年 12 月。
21. 王金城：《万全县鸦片毒害的始末》,《张家口文史资料》第 22 辑,1992 年。
22. 田果如：《日伪在热河制造的烟害》,《河北文史资料》第 3 期,1989 年。
23. 张开琏：《六年来之禁政及今后善后办法》,《湖南禁烟月刊》第 17 期,1940 年。
24. 毓运：《日本洋行在山东潍县制贩海洛因毒品的情况》,《文史资料存稿选编》经济下,北京：中国文史出版社,2002 年版。
25. 李桂兰、杨万堂：《鸦片在张北的种、吸、禁始末》,《张家口文史资料》第 22 辑,1992 年。
26. 田章一：《王道政治と阿片》,《东洋》1937 年第 4 期。
27. [日] 山田豪一著,穆传金译：《1910 年前后日本对华走私鸦片吗啡的秘密组织的形成》,《国外中国近代史研究》第 12 辑,1989 年。
28. [日] 森久男：《台湾鸦片问题》,《アジア经济》1978 年第 11 期。
29. R. K. Newmman, *India and the Anglo-Chinese Opium Agreements*, 1907 - 1914, Modern Asian Stddies, 23 - 3(1989), P. P. 529 - 532.

跋

《鸦片：日本侵华毒品政策五十年(1895—1945)》一书是 2004 年应河北人民出版社责任编辑李方女士的约请撰写的。笔者认为，从 1895 年日军侵占台湾，到 1945 年日本天皇宣布无条件投降，在长达半个世纪的时期内，日本侵略者在中国占领区有计划、有组织、有步骤地推行了一种阴险毒辣的毒化政策。实施这种毒化政策有两个罪恶的目的：一是通过公开兜售鸦片、吗啡和海洛因，搜刮社会财富，以毒养战；二是最大限度地麻醉中国人，以消磨他们对侵略者的抵抗意志，达到强化殖民统治的效果。远东国际军事法庭判决书明确指出，日本的鸦片专卖机关不过是奖励使用麻醉品的征税机关而已。撰写这本书时，正是日本政坛向右转之时，一晃 12 年过去了，今天的日本自民党的历史观更加令人担忧了，东北亚的地缘政治更加令人关注了。东北亚之所以成为世界聚焦的区域，不仅与美国的亚太再平衡战略密切相关，也与日本右翼政客的历史观密切相关。

是书出版后，尽管得到国内外学界不少点赞，但笔者仍觉得资料不够丰厚，继续留心搜集中文、日文、韩文和英文等相关资料。此次受上海社会科学院出版社之邀，修订再版，于资料方面略有补充，于图表略有增加，俾更有助于观点的表达。古之学者，学问注重广博，索引钩沉，功力深厚，令人崇敬。笔者喜欢读清人著作，于中华民国资料不甚其详，难免挂一漏万，不足之处，恳请博雅君子斧正。恭书于此，愿承读者智慧之光。

王宏斌，河南洛阳人，1954 年生。先后毕业于河南大学历史系、中山大学历史系，获历史学博士学位。曾在河南大学历史系任教，现为河北师范大学历史文化学院教授，博士研究生导师，兼任中国史学会理事等职。主要著作有《禁毒史鉴》《赫德爵士传》《清代前期海防：思想与制度》《晚清海防：思想与制度研究》《晚清海防地理学发展史》《晚清边防：思想政策与制度》《晚清货币比价研究》《清代价值尺度：货币比价研究》等。此外，在《历史研究》《近代史研究》《世界历史》和《光明日报》等报刊发表论文 80 余篇。

图书在版编目(CIP)数据

鸦片 ：日本侵华毒品政策五十年 ：1895—1945 / 王宏斌著 .— 上海 ：上海社会科学院出版社，2016
(禁毒研究)
ISBN 978-7-5520-1631-4

Ⅰ.①鸦… Ⅱ.①王… Ⅲ.①日本—侵华—毒品—政策—1895—1945 Ⅳ.①K256.3

中国版本图书馆 CIP 数据核字(2016)第 276794 号

鸦片：日本侵华毒品政策五十年(1895—1945)

著　　者：王宏斌
责任编辑：黄飞立
封面设计：夏艺堂
出版发行：上海社会科学院出版社
上海顺昌路 622 号　邮编 200025
电话总机 021-63315947　销售热线 021-53063735
http://www.sassp.cn　E-mail:sassp@sassp.cn
排　　版：南京展望文化发展有限公司
印　　刷：上海景条印刷有限公司
开　　本：710 毫米×1010 毫米　1/16
印　　张：19.5
插　　页：1
字　　数：345 千
版　　次：2016 年 12 月第 1 版　2022 年 10 月第 3 次印刷

ISBN 978-7-5520-1631-4/K·372　定价：69.80 元